谷根千工房 編著

町のアーカイヴス

ベスト・オブ・谷根千

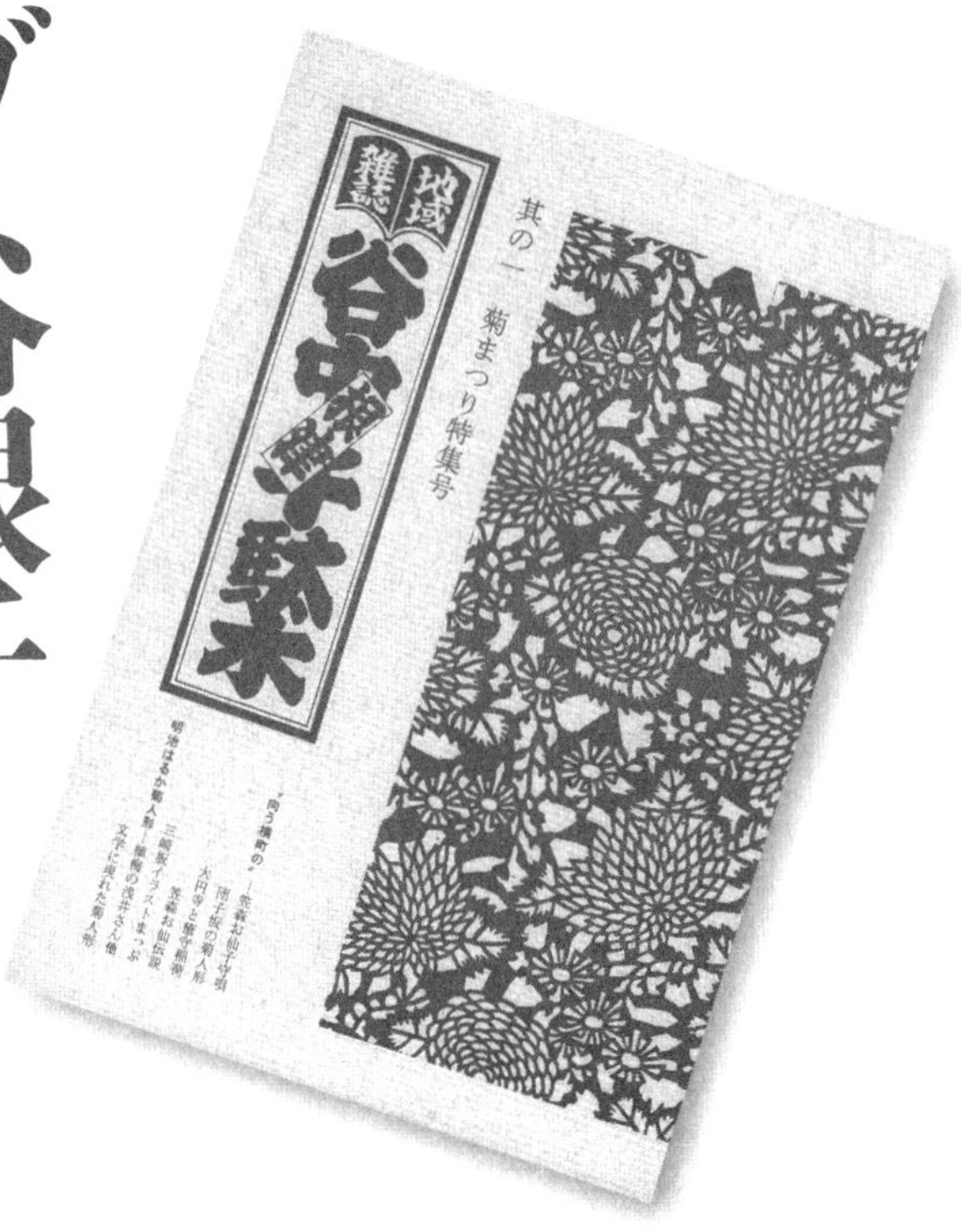

亜紀書房

はじめに

一九八四年十月十五日、地域雑誌『谷中・根津・千駄木』が産声を上げた。つくり手は、仰木ひろみ、森まゆみ、山﨑範子。いずれもこの町に住む若い母親だった。創刊号は、谷中・大円寺の「菊まつり」にあわせて出したもので、表紙を含めてもわずか十二ページ。

2号からは以下の「口上」が掲載されている。

江戸の面影を残す寺町■谷中
かつては遊郭も栄えた職人の町■根津
鷗外、漱石ゆかりの■千駄木山
芸術家の卵を育てた■上野桜木
日の暮れるのも忘れる風雅の里■日暮里
帝大生の青春の町■弥生

私たちの街には東京には珍しい自然——樹々や鳥や風と、戦災・地震に耐えた建築物、史跡、そして形にはならない暮らしぶり、手の芸、人情がまだたっぷり残っております。
それを調査記録、紹介し、良い環境を大切に次代に手渡す手立てとして、
「谷中・根津・千駄木」を発刊いたしました。

懐古趣味ではなく、古き良いものを生かしながら、暮らすのが楽しい、生きのいい町として発展するのに少しでもお役に立てたらと思っています。まだ若く非力な私たちに街の皆々様のお力をお貸し下さいませ。

その言葉どおり、地域雑誌『谷中・根津・千駄木』は毎号、地域に根ざした特集を組み、季刊ペースで発行されてきた。今年（二〇〇八年）十二月には91号に達している。

町の人に会って話を聞き、できあがった雑誌を地域内の店に配達し、その帰りにまた別の人に話を聞く。町の中を自転車で回りながら、企画も編集も販売もできてしまうわけだ。町の人々に親しまれるようになり、雑誌の略称だった『谷根千』は、いつの間にか、この地域を指す言葉にまでなった。いまでは、町のさまざまな店に最新号のポスターが貼られている。

また、森まゆみは谷根千工房と並行して、作家として幅広い活動を行なってきた。著作のうち『鷗外の坂』や『彰義隊遺聞』は、『谷根千』の特集がきっかけとなって生まれたものである。『小さな雑誌で町づくり』（文庫版では『谷根千の冒険』と改題）、『とびはねて町を行く』などのエッセイを通じて、『谷根千』やこの町のファンになった読者も多い。

本書はこの『谷根千』のうち、創刊号から80号（二〇〇五年七月）までを対象として、とくに興味深い記事を選んだアンソロジーである。

全体を三部に分け、Ⅰ「まち」、Ⅱ「ひと」、Ⅲ「わたしたち」とした。

Ⅰには団子坂、不忍通り、上野桜木町といったエリアや、町での生活に関するものを選んだ。Ⅱは、町に暮らす人の聞き書きを中心にした。Ⅲは谷根千工房の活動や、関わってきたさまざまな運動についてである。

『谷根千』の誌面には文章のほか、写真やイラスト、手書きのコメントなどが盛り込まれており、それが魅力のひとつになっている。本書ではその雰囲気を伝えようと、数本の特集をそのまま復刻している。

また、ある号の特集を出した後、そのテーマに関する新しい事実や聞き書きを「補遺」として載せるケースがしばしばある。連載やシリーズ記事も多い。それらについては山﨑範子が追記で説明した。巻末の年表は、谷根千工房のホームページに掲載されているものを土台にして、二〇〇三年から谷根千工房に加わった川原理子が作製した。

選定にあたっては、川原を含む四人が「どうしても載せたい」と思う記事を選んだが、それだけで数冊分になってしまうため、編集者の判断で絞り込んだ。最後の段階で泣く泣く落とした記事もある。『谷根千』の熱心な愛読者なら、アレが入ってない、コレを入れるべきというご意見をお持ちだろう。べつの機会に選べば、まったく違う内容になるはずだ。総目次を見ながら、自分なりのアンソロジーを編集してみるのも一興かと思う。

二〇〇七年二月、『谷根千』は二〇〇九年に発行予定の93号を「最終号」とすることを発表した。しかし、新しい号が出なくなっても、バックナンバーは残っている。本書をお読みになって、『谷根千』に興味を持たれたら、ぜひ本誌にも手を伸ばしてほしい。

本書が、『谷根千』の幅広く、豊かな世界への入り口となることを願っている。

二〇〇八年十二月二十二日

・再録にあたっては、明らかな誤字を正した以外は、初出の表記通りとした。
・復刻部分（十四〜六十四、百三十八〜百六十八ページ）は、誌面をそのまま再現している。広告などはすべて当時のままである。
・記事や写真の掲載にあたっては、関係者の許諾を得るようにつとめたが、連絡の取れない方もあった。お気づきの方は、谷根千工房までご連絡いただければ幸いです。

ベスト・オブ・谷根千　町のアーカイヴス——目次

I まち

II ひと

III　わたしたち

［やねせんこぼれ話］

I まち

棚谷勲「坂のある風景　谷中・あかじ坂」 11号（1987年3月）

千駄木アトリエ坂から

森まゆみ

……そのうち、私は『谷中・根津・千駄木』という町の歴史と現在を記録する地域雑誌をはじめ、その1・2号を見てくれた棚谷さんが、この雑誌で界隈の坂のシリーズをエッチングでしてみたいといってくれて、人見知り同士の淡い行き来がはじまった。(中略)

広島に生まれた棚谷さんもまた、芸大を卒業し、谷中に育った画家の娘と暮し、ここ千駄木の岡にアトリエを移して、この町の風土と関わりが濃いようだ。静かな枯木の間に鳥の舞う公園を眼下に、はるか谷中の岡に輝く夕陽を眼に映して、棚谷さんが重いエッチングの機械をゆるゆる回す。そんな画業が、生き馬の目を抜くようなテンポのこの東京で成立していることが、本当に有り難いことに思える。

『不昧彩黎揮　棚谷勲銅版画集』(村松書館、一九八七年)より

たなたに・いさお

一九四三年、神戸市生まれ、広島育ち。九八年没。画家。画集・著書に『潜球飛行』『絵画思考』(村松書館)、『窓の中の肖像』(アトリエ千駄木)などがある。

OMY鼎談〈1〉まち

O（仰木ひろみ）　創刊号が出たのは一九八四年の十月だけど、いつ頃から準備してたっけ？

M（森まゆみ）　忘れちゃった（笑）。私、記憶力弱いもの。

Y（山﨑範子）　私は覚えてる。この年の四月に保育園で私とMが会って、五月の遠足で「雑誌をやろう」って話になった。ちょうどMが『谷中スケッチブック』の取材をしてたときで、谷根千のいろんな所に連れてってもらったね。

O　私も赤ん坊連れで取材について行った。「墓地にひとりで行くとコワイから」と誘われて（笑）。

M　その頃私は『本の森』、Yは『いっと』という売れない雑誌の編集者だった。薄給でこきつかわれて、フラストレーションが溜まってたの。

O　私は雑誌をやりたいなんて一切思わなかった。谷中に住んでいるときに誘われて、創刊の前に千駄木の団子坂マンションに引っ越した。昼間家にいるからって、むりやり事務所番にさせられちゃった。

Y　翌年に創刊しようと思ってた。三崎坂のお寿司屋の野池幸三さんに会ったら、秋に大円寺で「菊まつり」を始めるというので、それに合わせて出すことになったの。

M　で、菊まつりを手伝いながら、そのパンフレットとしてつくることにした。

Y　創刊号は定価百円。印刷代は千部で六万円ぐらいかかった。でも、お祭りの一日だけで七百部売れたんだよ。そのあと、新聞に載ったのを見て電話がかかってきて、残りもすぐになくなった。それで五百部増刷して近所の本屋さんに置いてもらった。その後も増刷して、結局一万数千部。

M　創刊号でもう聞き書きをしてるよね。地元の人のナマの声を載せるようにした。この「明治はるか菊人形」では浅井美恵子さんのお名前を間違えて、平謝りだった。

O　テープが回ってなかったのよね。あとでそのテープが欲しいと言われて困った。

M　そういうこと、よくあったわねえ（笑）。

Y　裏表紙に「宅配もします」って書いちゃったから、大変だった。その後までずっと宅配してた。

M　私の『谷中スケッチブック』の広告も創刊号に出てる。実際に出たのは一年後の6号のときだった。出版社（エルコ）より私たちのほうがずっとフットワークが軽かった。

Y　だって2号が出たのは創刊号の二カ月後よ。いまからはとても考えられない（笑）。

O　ほかにやることなくて、ヒマだったんだよね（笑）。

M　苦労した記事は多いけど、7号の「平和地蔵を救え！」は大変だった。戦争の話を聞こうとすると嫌がられた。まだ生々しかったんだわね。

O　それで36号でやっと「集団学童疎開」を特集できた。さらにずっと後、戦後六十年めに実現した特集が80号の「わが町の空襲」だった。

Y　だから、『谷根千』ってじつは補遺が面白いのよ。最初に調べたときには分からなかったことでも、そのうちに誰か詳しい人に出会える。そんなときは、長い間やってきてよかったなあと思う。

谷根千・底地買い・「再開発」読本

不忍（しのばず）通りが大変だァー

昭和六十二年の不忍通り
医大坂下から根津方面をのぞむ。

心にすこし時間ができて
ふとたちどまるとき
まちかどは昨日のまちかど
でなくなっていて
私たちはうろたえながら
記憶をぬりかえる
そしてまたいそがしさに
まぎれこんで忘れ
ようやく思い出して
ふたたびたちどまるとき
まちはもう
私たちのものでなくなって
いることに気づく

永井和子

「建築とまちづくり」vol. 121より

明治三十三年の谷田田圃。
左右の雪の畔道辺が今の不忍通り。
正面千駄木山の大銀杏は大給坂の銀杏。

I 不忍通りの形成史

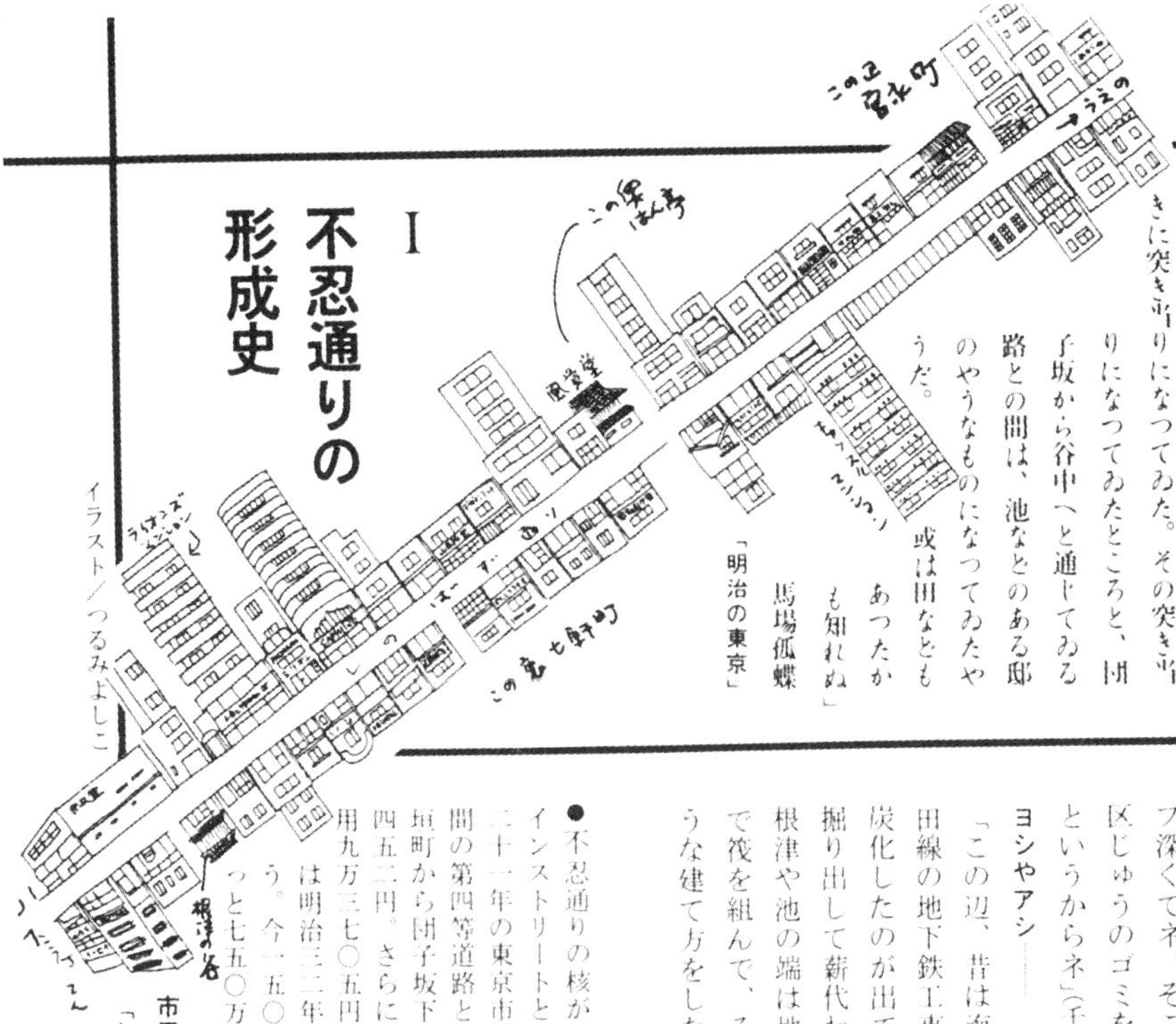

イラスト／つるみよしこ

「今では、根津の大通りは動坂の方へと突き抜けてをるのだが、昔はあの道は直きに突き当りになつてゐた。その突き当りになつてゐたところと、団子坂から谷中へと通じてゐる路との間は、池などのある邸のやうなものになつてゐたやうだ。或は田などもあつたかも知れぬ」

馬場孤蝶「明治の東京」

底なし田んぼ――

「不忍通りっていうのは、昔は千駄木の底なし田んぼといわれたくらい、ズブズブ深くてネ。そこに道を引くときは本郷区じゅうのゴミを持ってきて埋めたてたというからネ」（千駄木・故山口大次郎さん）

ヨシやアシ――

「この辺、昔は海の入江でしょう。千代田線の地下鉄工事のとき、ヨシやアシの炭化したのが出てきたからね。昔はあれ掘り出して薪代わりに売ってる人もいた。根津や池の端は地盤が悪いから、まず木で筏を組んで、その上に家を乗っけるような建て方をしたものだ」

（根津・小瀬健資さん）

●不忍通りの核が江戸の岡場所根津遊廓のメインストリートというのがおもしろい。明治二十一年の東京市区改正条例に基き、幅員八間の第四等道路として道ができた。根津八重垣町から団子坂下までが明治三二年。費用九四五二円。さらに動坂下まで明治四四年、費用九万三七〇五円。このときの土地買収価格は明治三二年で坪当り一円九〇銭位という。今一五〇〇万円として八八年間にざっと七五〇万倍になったことになる。

市電が引けて――

「大正六年、市電が引けたとき、町の連中はおかげでさぞかし根津が賑うと喜んだら、みんな市電に乗って上野広小路へ行っちゃった。呉服屋も足袋屋も寄席もさびれたものだ。今度のビル化もそれと同じような予想外の問題が起きるのではないかな」（小瀬健資さん）

●市電開通のため大正三年に不忍通りを十二間幅に拡幅。最初は坂下のＮＴＴの場所が車庫。さらに伸びて神明町が車庫になると坂下の空地は新道が原とよばれ子供の遊び場に。

出水・浸水――

「昔はこの辺、よく水が出たですよ。道の中程に水が乗ってくると、それからが早い。あっという間に床下まで来るから、急いで売物を上に上げた。この頃は都や区の下水道改善で出なくなりました」

（千駄木・染谷家具店主人）

●大正五年の大雨では浸水により天井裏に寝起きしたり、素人作りの筏で買出しにいく騒ぎとなり、これを機に暗渠工事が行なわれた。戦後もキャスリン台風（22年）、伊勢湾台風（34年）などで大浸水。

◆　◆

●町の形成が古く、震災・戦災に多く焼け残り、地主、家主、店子の権利関係が入り組んでいたため、幹線通りにしては開発が遅れ、ビルも少なかった不忍通りに、このところ次次と高層ビルが建ちはじめた。

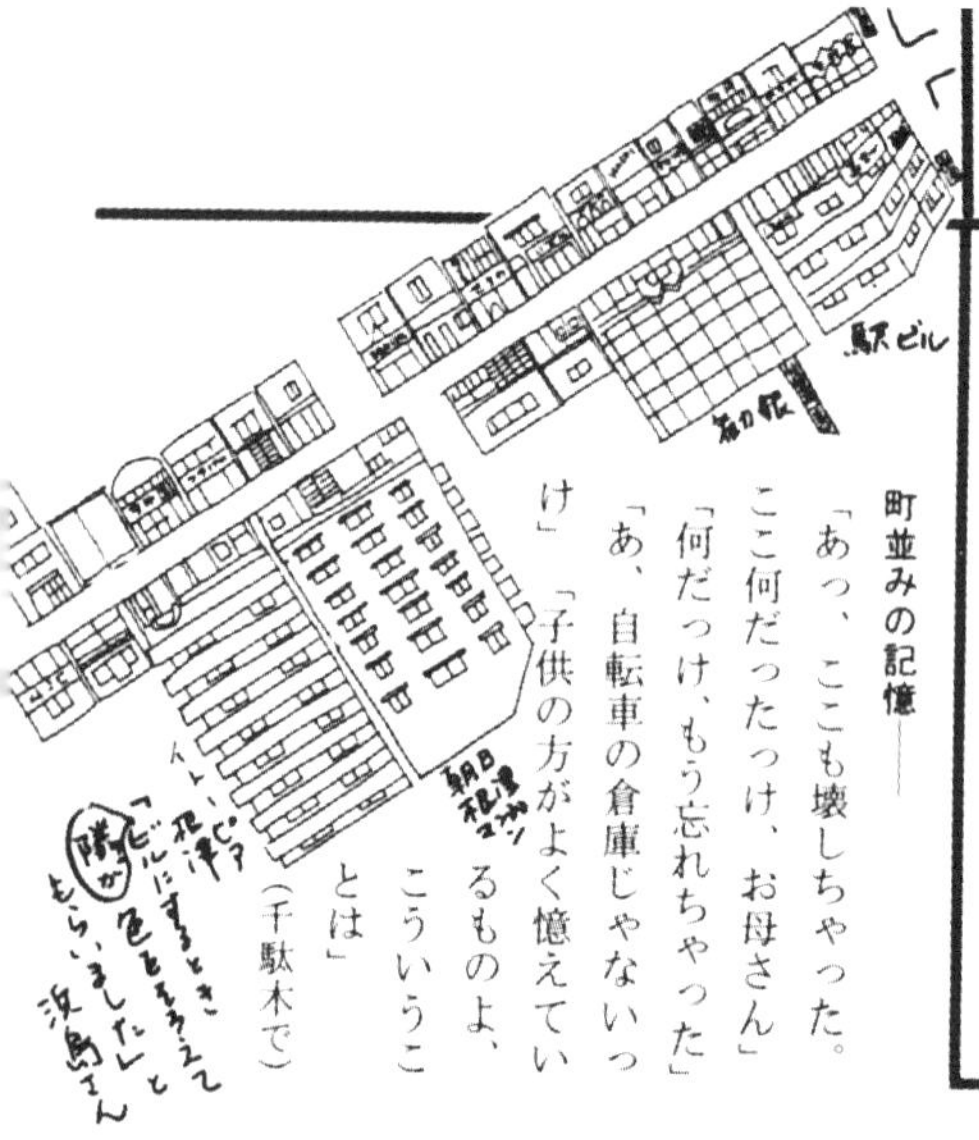

II 町がビルになると

今日では、ビルの乱立と大気汚染でもはや遠景が失なわれた。……他方、自動車が都市交通の主役となり、あわただしい世の中でじっくり町を歩くことが少なくなったため、建築細部の繊細な装飾性が失なわれ、遠くからでも目立つ大ざっぱでけばけばしい建物に変わってきた。

陣内秀信「東京の空間人類学」

町並みの記憶——

「あっ、ここも壊しちゃった。ここ何だったっけ、お母さん」

「何だっけ、もう忘れちゃった」

「あ、自転車の倉庫じゃないっけ」「子供の方がよく憶えているものよ、こういうことは」

（千駄木で）

日照——

「前のビルが建ってから日は射さないし、冬は寒くてね。電灯も早くからつけないといかんし、冬の暖房費もかさみます」

（根津・工務店主Sさん）

風害——

「千駄木駅の階段を上ると、前がイトーピア、脇が壱番館弐番館のマンションでゴオゴオ風が吹くでしょ。家の洗濯物も鯉のぼりも北向いたり南向いたり、とにかく風の向きがメチャクチャなの」

（千駄木・天野真知子さん）

電波障害——

「不忍通りぞいにビルが立つたび、うちのテレビの映りが悪くなる。そのうち裏の家は山に囲まれた田舎の家みたいに、高いアンテナを立てるようになるんじゃないの」

（谷中・田辺武さん）

景観——

「前にビルが建っちゃっていろいろあるけど、一番残念なのは店番していて夕陽が見えなくなったことです」

（千駄木・M店女主人）

工事の振動——

「ちょっと風邪ひいて寝てたら、体が小刻みに揺れるんです。帰った主人に今日、

納得のいく業者に

——まつもとや・小堤良造さんに聞く

——裏の赤津湯さんが駐車場に変わってからもずい分、がんばられましたね。

K ぜったいに、S工業には売らないつもりでいました。

——まつもとやさんはいつから根津で。

K 両親が神田で菓子屋をしていて震災に会い、その後の区画整理で昭和二年にここに来ました。私は大正十四年の生れです。この度、一家で茨城の石岡に行くことにしたんです。

——離れることを決心なさったわけは。

K 私んとこは息子が彫刻家ですし、自分の年齢も考えて汐時かな、と。いつまでも売らない、と言っていたわけではなく、きちんとした業者になら、と思っていました。

とにかく商売の方がガタ落ちで。昔は根津って所はたくさん子供がいて菓子屋が多くても十分成り立ってたが、坪千五百万なんてとこがでてくると町の様子がガラッと変わった。

菓子屋じゃ等価交換などで元の場所にもどれたとしても、仮店舗や引越しの為の費用、管理料、固定資産税…まかなえるもんじゃありません。

——土地もお持ちだったわけですね。所有権とその他で問題はありましたか。

K ここらは元の大家が国に物納した土地で、昭和二十八年に大蔵省が払い下げしたもんです。その時十三坪を八万円で買いました。昔は汲み取り通路もあったし、境界線なんかは

地震なかったと聞いたら、お前とうとう熱で三半規管がオカシくなったって。でも次の日、やっぱり本棚のガラスが音をたてていた。マンションの工事音だったんです」　（千駄木の主婦・Tさん）

危くて歩けない――

「こっちの工事が終わったと思うと、こんどは裏側でビル。全部がビルに建て替るのに何年かかるのかしら。子供を連れてあの工事中の下を通ると、頭の上からクレーンが落ちてくるようでゾワッとするの。工事車両の出入りで、とても怖くて子供を外に出せない」（千駄木の主婦Nさん）

排気ガスは――

「そもそも大気汚染のひどい所ですがこれでビルの壁ができると、窒素酸化物がこもる。それが上にのぼるにしても、マンションの上の階の人にも良くないでしようね」　（根津診・赤沢潔先生）

どうなっちゃうんだろ。私たちの環境。

不忍通りの気になるお店――❶

アザミヤ

手作りのYシャツを作り続けて60年。注文して10日でできる。値段はおよそ5千～8千円。

「営業してたらこの値段じゃムリ。だからうちはじっと待っているだけ。もちろん、自分で来てもらわなければピッタリしたのは作れません」

一度着たら他のは着れない。そんな着ごこち、アザミヤのシャツ。

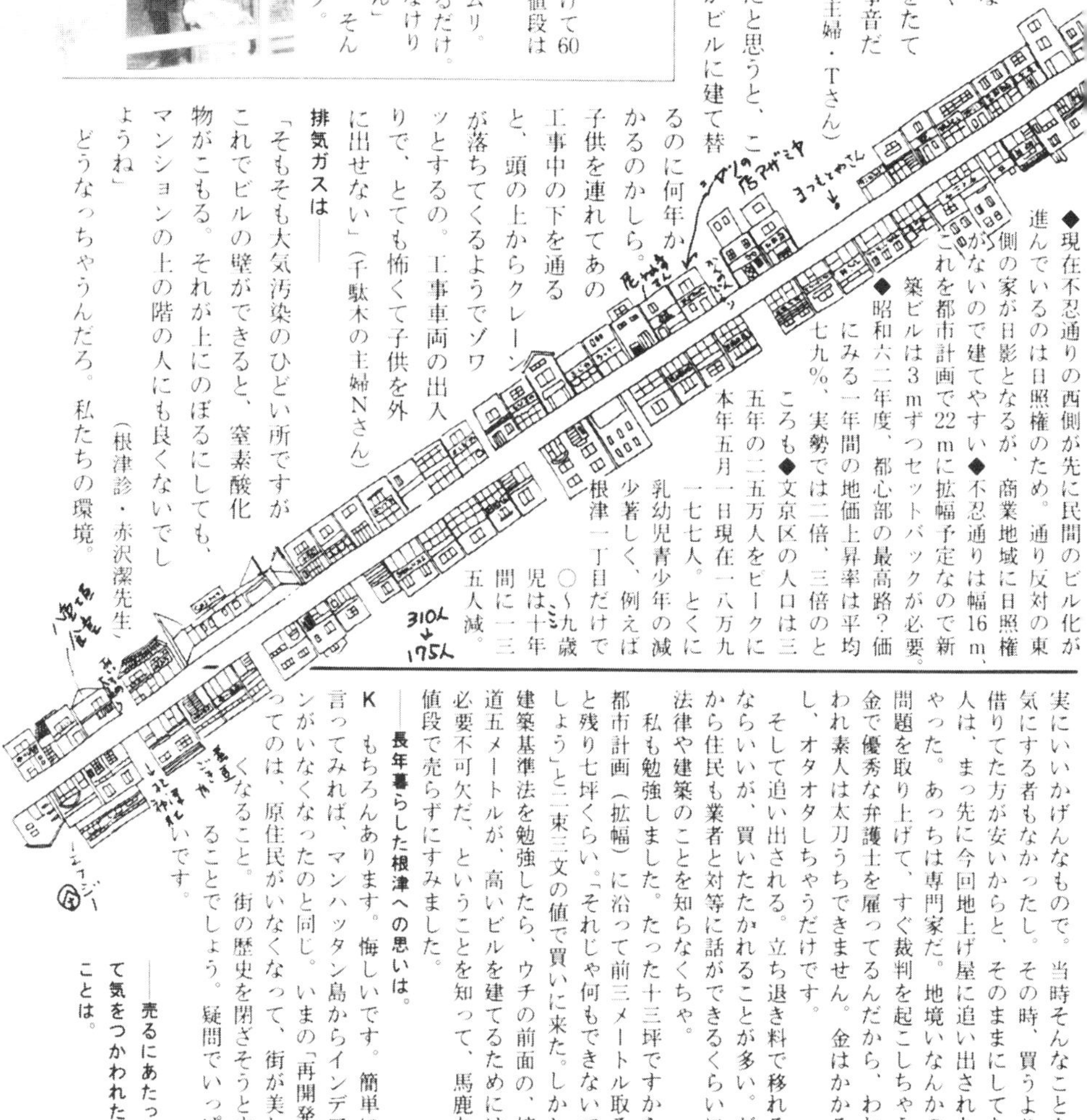

◆現在不忍通りの西側が先に民間のビル化が進んでいるのは日照権のため。通り反対の東側の家が日影となるが、商業地域に日照権がないので建てやすい◆不忍通りは幅16m、これを都市計画で22mに拡幅予定なので新築ビルは3mずつセットバックが必要。◆昭和六二年度、都心部の最高路？価にみる一年間の地価上昇率は平均七九％、実勢では二倍、三倍のところも◆文京区の人口は三五年の二五万人をピークに本年五月一日現在一八万九一七七人。とくに乳幼児青少年の減少著しく、例えば根津一丁目だけで〇～九歳児は十年間に一三五人減。

実にいいかげんなもので。当時そんなことを気にする者もなかったし。その時、買うより借りてた方が安いからと、そのままにしてた人は、まっ先に今回地上げ屋に追い出されちやった。あっちは専門家だ。地境いなんかの問題を取り上げて、すぐ裁判を起こしちゃう。金で優秀な弁護士を雇ってるんだから、われわれ素人は太刀うちできません。金はかかるし、オタオタしちゃうだけです。

そして追い出される。立ち退き料で移れるならいいが、買いたたかれることが多い。だから住民も業者と対等に話ができるくらいに法律や建築のことを知らなくちゃ。

私も勉強しました。たった十三坪ですから都市計画（拡幅）に沿って前三メートル取ると残り七坪くらい。「それじゃ何もできないでしょう」と二束三文の値で買いに来た。しかし建築基準法を勉強したら、ウチの前面の、接道五メートルが、高いビルを建てるためには必要不可欠だ、ということを知って、馬鹿な値段で売らずにすみました。

――長年暮らした根津への思いは。

K　もちろんあります。悔しいです。簡単に言ってみれば、マンハッタン島からインデアンがいなくなったのと同じ。いまの「再開発」ってのは、原住民がいなくなって、街が美しくなること。街の歴史を閉ざそうとすることでしょう。疑問でいっぱいです。

――売るにあたって気をつかわれたことは。

III 持てる者 持たざる者

世には地境を移す者……
貧しい者を道から押しのける者がある
世の弱い者は皆
彼らを避けて身をかくす
また悪人のぶどう畑で拾い集める…
町の中から死のうめきが起り
傷ついた者の魂が助けを呼び求める

（旧約聖書ヨブ記　二四章）

相続税——

「地主だって土地の値が上るのがいいと思う人はもういない。おじいちゃん亡くなったらどうしようって話があちこちで出てますよ。息子が結婚して近くに住もうったってマンションの家賃が高いしねえ」

（谷中・店主T子さん）

固定資産税——

「あちこちで底地買いの話ばかり。元の住民はしょうがなくて売るんです。姉がいまF工業がビル建ててる所に住んでたが、隣にビルが建てば日陰になるし、取り残されれば二束三文。ほとんど追い立てられるように手放した。それで杉並の方へ行ったら、建ぺい率とかで、根津で三十坪の土地に建つ家が、六十坪ないと建たないの。

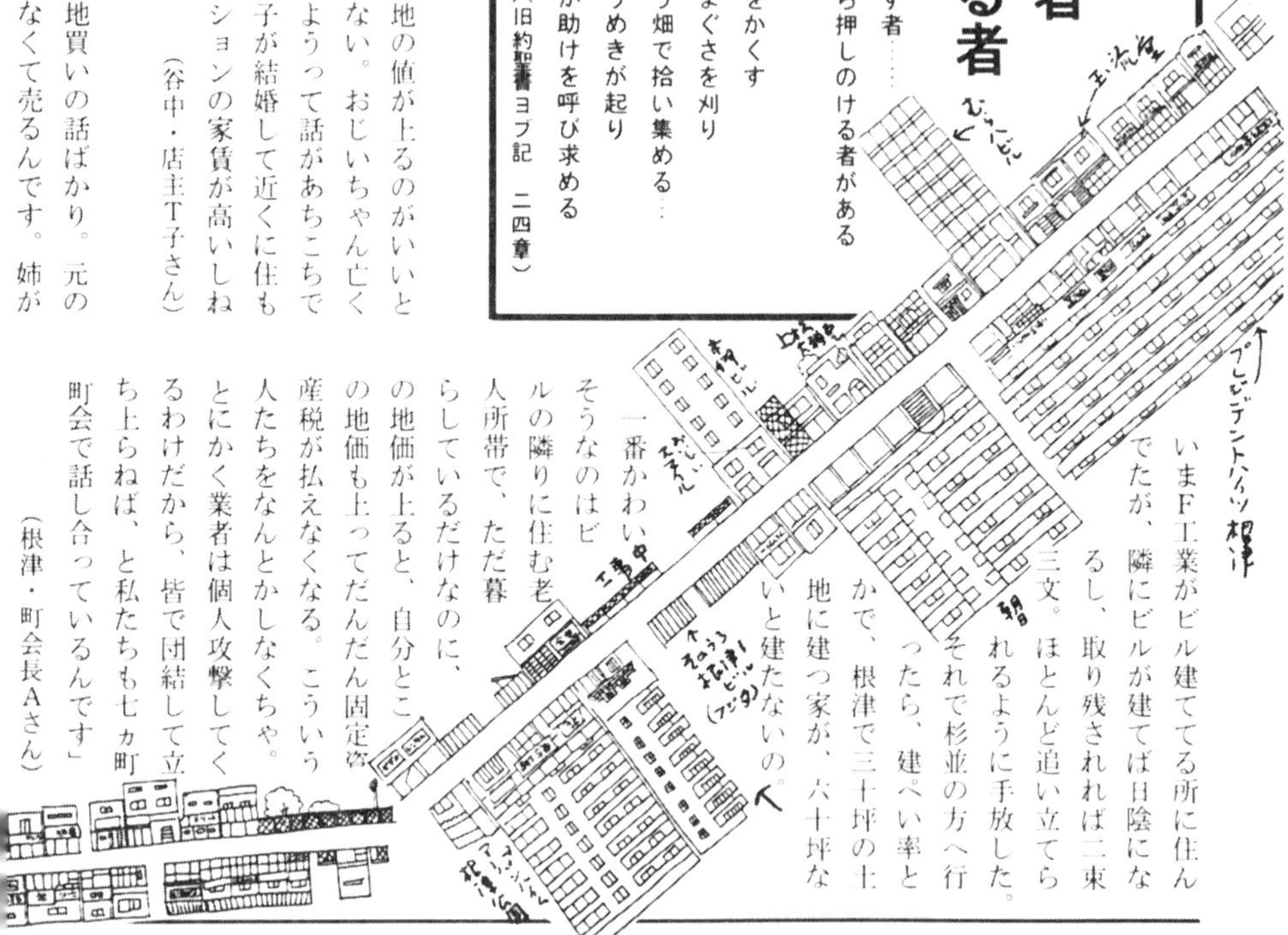

一番かわいそうなのはビルの隣りに住む老人所帯で、ただ暮らしているだけなのに、この地価が上ると、自分とこの地価も上ってだんだん固定資産税が払えなくなる。こういう人たちをなんとかしなくちゃ。とにかく業者は個人攻撃してくるわけだから、皆で団結して立ち上らねば、と私たちも七ヵ町町会で話し合っているんです」

（根津・町会長Aさん）

K　地元の人に不信を残さないで出るということです。長く町会の役員もしてきましたし、私はこの通りあけっぴろげだから、若い連中にも、次は君たちの問題だよ、いいか、よく見とけよ、といって私の例を話しました。

——**最後に「再開発」について何か。**

K　炭鉱や造船が役目をはたし、時の流れでダメになっていった。同様に根津における我我の使命も終ったのでしょう。ただ戦後の町の基礎を築いたのは、我々やその上の年代なのに、その人たちが住んでいられない、出ていけという態度は許せるもんじゃない。町の歴史を積み上げた者に対して最後まで世話をするのが当然じゃないか。それが国も都も区も、行政が追い出す方に加担しているんです。それと法律とか建物とかは目に見えるものだが、悪いのは、人間関係や人間の倫理を高める基準がないことなんです。

（Y）

人間性を売り渡すことはできない

——服部浩久さんに聞く

不忍通り・千駄木三丁目バス停ぎわの一画

不忍通りの気になるお店——

尼ヶ崎科学標本社

理科教材の人体や骨格標本、地学模型、動物の剝製などを製作。「経験が必要な仕事だから、貴重な動物の剝製はたいがいウチで」上野のパンダもてがけた。

ごきや食料品店

昭和2年から煮豆、佃煮を自家製造、販売している。もうけて税金払うより、町の人に還元したい、ととにかく安い。日本医大に入院中、お土産にもらった患者さんが、退院後ファンになってしげしげ通ってくるとか。

「マンションをいいとき買ったわね、財産増やしたっていわれるけど、住んでる立場じゃ関係ないわよ。たとえ売って買い替えようと思ったって、ヨソも上ってるんだから、もっといいとこへ移れるわけじゃなし」（千駄木の主婦Sさん）

「小石川では、底地買い業者を撒くために入院して、そのまま亡くなったお年寄りもいます。こういうのは殺人罪が適用されないんですか」（文京町づくり懇で）

谷根千のせい——

「あそこの建て売り、建って三年もたたないのにもう業者が買いに来たんだって。表通りからつなげて大きなマンションにするつもりらしいけど、無駄な話じゃない。でも、こんなに地価が上るのは、谷根千がこの辺のことをいい、いいって書きまくるからだって奥さんいってたわよ」（千駄木・Fさん）

それはエン罪です。

借家人——

「ここ六軒は震災後に建ったんですが、渋谷にいた大家さんが亡くなって、子供が相続でもめて、結局私たち借家人が知らないうちにHという不動産業者に売ったそうです。あと一～二年したらビル化の話に入りたいようですよ。今は会社の人が家賃の集金にくるだけです。こっちは家主よりずっと長く住んでるんだし、とつぜん家主が変わりましたっていわれてもねえ」（根津・商店主Iさん）

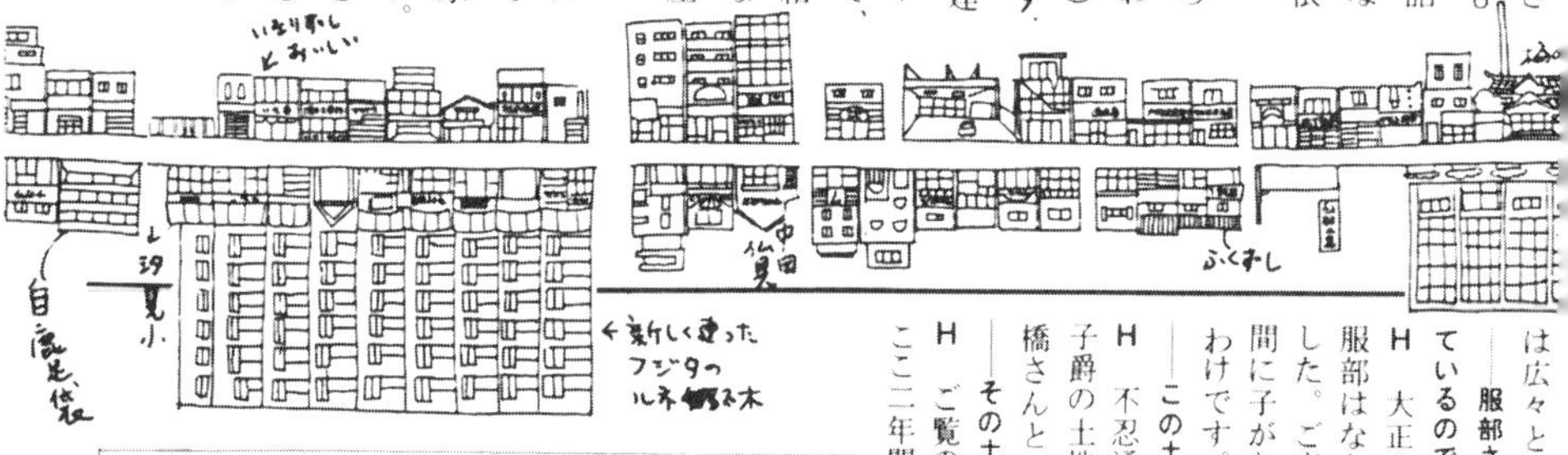

は広々とした空地にK商事の波板塀。

——**服部さんはいつから坂下町でご商売をなさっているのですか。**

H　大正五年にこの五軒長屋ができたとき、服部はなという人がここで煙草屋をはじめました。ご亭主はべっ甲職人でしたが、二人の間に子がなく、私の父母が夫婦養子で入ったわけです。父の丑蔵は大工でもありました。

——**この土地はもともと誰の所有ですか。**

H　不忍通りが引ける前は一面田んぼで大給子爵の土地です。私どもは昭和二十六年に高橋さんという方から買いました。

——**その土地がどうしてこんなことに。**

H　ご覧の通り、底地買い業者にねらわれ、ここ二年間で何十世帯もあったほとんど全部

不忍通りの気になるお店——

柳屋高級鯛焼本舗

ご主人、林章三さんが人形町から根津に移って30年。昔も今も、しっぽまであんこがびっしり。つつじ祭りのお客さんが「去年ここの鯛焼買って帰ったらおいしかったから」と来た。すかさず「今年もおいしゅうございます」。「町は変わり人も変わっていくけど、いつも変わらぬ柳屋の鯛焼」

不忍通りの気になるお店⑤

中田仏具店

ご主人は、高野山の北、仏具鋳造（特に鐘などの鳴物）の町粉河の出身。上京し、昭和六年仏具店を開く。「当時仏具屋は五、六軒あり、商売はむずかしかったね。始めて浄光寺さんが来てくれたときはうれしかった。店のおもての梵鐘？あれも商品」

土地ころがし——

「二十坪で六千万で出てる、あの辺も高くなったな、と思ううち、同じ家が図面でくると一億三千五百万かになってる。つまり業者間で五〜六回転売してるわけ。結局ババ抜きみたいなもので、最後に物件をつかまされた業者が損する。そんなベラ棒な値じゃ売れないから。業者がかんでない物件は、やや高めとはいえ、また別の値で推移する二層分解になっている。とはいえ、業者はそういう安く出る物件をウの目タカの目で探して押えちゃうからね。だって素人さんなら買おうかな、と思ってから家族に相談したり資金繰りするわけでしょ。業者は即決、三十分で金持ってくるもの。結局今の地価や住宅の高騰は、本当に住みたい人の売買じゃないんですよ」（谷中・A不動産）

有効利用？——

「私たちはいまの強引なやり方の底地買いには賛成できませんが、土地は有効に利用しなくてはね。老夫婦が二人でこんな空気の悪い町中に住むことはないと思う。そこを十階のビルにすれば、お金を出してでも住みたい、利用したい人が大勢いるわけです。私共も、十坪くらいの狭くて暗い家に住んでいたご夫婦を、日のさんさんと当る広い家にお世話したことがあります。まるで天国みたい、こんなことなら早く移るんだ

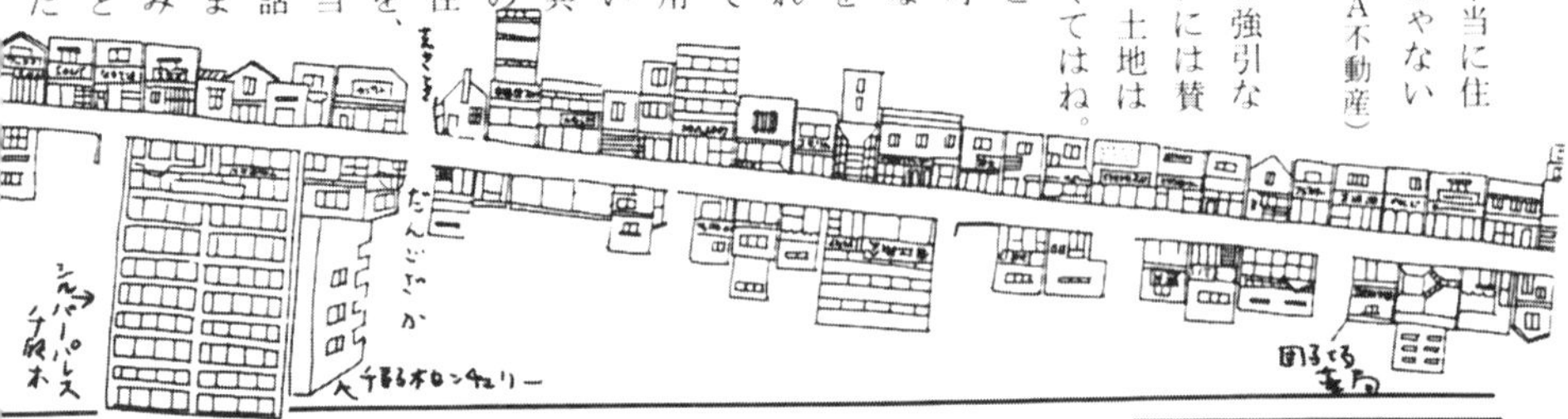

が立ち退きました。まるで強制疎開、いやもっとひどい。

——**業者が入ってきたきっかけは？**

H　まったく災難としかいいようがない。でも今思えば、昭和五十二年、区からこの地区一帯の再開発計画が出されたのがきっかけのような気がする。その時は読売新聞販売所から私どもまで裏はコシヅカハムさんのよみせ通りまで〇・七ヘクタールに十五階建てというとても大きな計画でした。道路整備、老朽化対策、不燃化をすすめる、公共施設を作る、といった目的だったようです。

私どもは「千駄木三丁目の環境を守る会」を作って近所の高層ペンシルビルに反対しはじめていたところで寝耳に水で。道灌山下の助葬会を会場に何度か説明会もあり、再開発をすすめる住民の組合も作られましたが、結局不調整におわりました。

——**なんでこの計画は流れたんですか。**

H　まず私どもには再開発って言葉の意味が良くわからなかった、いや未だにわからないんですが。賛成の人たちは役所のやることだからまちがいはない、お上に従え流の、下町特有の対応のしかたでした。が、行政はあく

ったと喜ばれました」（根津・B不動産）

若い人の悩み――

「このマンションは建物も古いし子供の勉強机も入らないから、もう少し広い所と思うけど動けないのよ。1DKで七万三千円。これでも安い方で、新規なら十万位する。大体子供が二人いて貸してくれる所なんてないんだから。更新時の家賃二ヶ月分はきついけどね」（千駄木・主婦Yさん）

銀行も増えました――

「どんどん支店ができるのは銀行さん商売になるんでしょう」「いやあ、それだけ動いてますよね。私どもではご相談に乗る以外にも、積極的に資産運用のお勧めをしております。この辺ですと、持ってるだけでは相続税や固定資産税で財産が目減りしますからね。木造の平屋、庭付きなんて、もう一番ぜいたくなんです」

「それじゃ谷根千のやってることは道化みたいね」「いやいや、ビルになるからこそ記録しといて欲しいですし、マンションに入る方も土地の歴史を知りたいだろうと思いますよ」（東京相互銀行の人）

あちこちでみかける

アメリカ買ってもおつりがくる――

「東京の地価の上昇には目を見張るというか、目を覆うようなものがあります。現在、東京の土地全部を買うお金で、アメリカ全土が買えるそうです、計算の上では……。いっそ東京をアメリカに売っぱらって、東京人は広いアメリカ行って暮したらいいんじゃないですか」（東大生産技研・藤原惠洋さん）

◆　◆

「この大空大地を製造するために彼ら人類はどれくらいの労力を費やしているかというと尺寸の手伝いもしておらぬではないか。自分が製造しておらぬものを自分の所有と極める法はなかろう」と土地私有を一蹴したのはご存知、夏目漱石の猫チャンである。

この辺もウロついてた

不忍通りの気になるお店――⑯　茂原商店

ちっちゃな赤ちゃんの帽子から、野球帽、ゴルフ帽、ベレー帽に麦藁帽まで帽子の専門店。大正2年の創業当時と変わらない店内に入るとタイムスリップしたみたい。81歳とは思えない若々しいご主人の鉱次さん、6年前まで店の奥で一日六十コの学生帽を作っていた。

まで事業主体は組合で、区は手伝うだけで最終的な責任は取らないという。それではこの体制でできるのかな、と疑問だらけでした。

――で、例のヨソ者の地上げ屋が来たのはいつですか。

H　五十八年ごろですか、ある人が二百八十万で売った土地があれよあれよという間に三百万、三百五十万、四百五十万とはね上がっていった。そんな怖いことがあちこちで起って、問題のK社長が、山梨ナンバーの車から降りてきたのが六十年の十一月です。

でも名刺一枚で、先祖代々の土地を売れ、というのも失礼な話なのではっきり断わり、もう来ないでくれ、といいました。それからK社長とは一度も会っていません。

――底地買いの順番でいうとどの辺から。

H　モトモトは京成不動産が買ったTさんの土地五十坪くらいをKが三百万で買った。そこをタネ地に裏の平和不動産のアパートを坪百五十万位で買いあそこの一人暮しの老人などをみんな追い出しました。「アンタ、今はんこつくなら五十万立ち退き料をやる。そうでなけりゃ明日○○が来る」。○○は差別用語ですから私からは申し上げられません。

東京オリンピック——

「不忍通りに来たのは昭和二十五年、当時は信号も車も少なくて、往来を行ったり来たり。路地にはチリンチリンと鐘を鳴らしてゴミ屋さんが来て、その音が聞

Ⅳ コミュニティが壊される

ここは　どんづまりの淀みの中
たえまない車の流れと
**　うす青い排気ガスの世界**
大都市の幹線道路につらぬかれた
つまらぬ町だ
やがて　ぼくは知った
ここでは　死んでいったものは
たちまち忘れ去られていくことを

三木卓「わが町」より

こえるとみんな台所からさっと生ゴミ出したもんだわ。そういえば竹を乗せた馬車が家の前を通ったことがあって田舎を思い出したわねえ。そんなのも東京オリンピックを機にがらっと変わっちゃった」（千駄木・S家具店女主人）

三井のパークハイム千駄木——

「わー、すごいのが建ちましたね。明るくはなったけど、自分の町じゃないみたい」（千駄木・旧秋邸前の坂で）

人が増えない——

十階のマンションが建っても住民票移してそこに住んでる人は少ないんじゃない。荒川や台東の小金持ちで、子供を文京区の学校に入れたいって不忍通りのマンションをキープしてる人もいるんだって。越境が多いもの。S小では越境の子が多すぎて、住所録も作れない。年賀状出すのにお互い電話かけて住所聞くんですって。学校から帰って誰と遊ぶのかしら…遊ばないのかしら」（千駄木の主婦Uさん）

それから次々と買収して、ついに表通りの私共の並びは十二坪で一億二千万。もちろんいくらで売ったかは近所の人はいいませんが噂ではない。向うの弁護士が証書をチラつかせて見せましたから。

——服部さんのところへはもう来なかったのですか。

H　売る気がないのを知って直接には来ません。そのかわり執拗な嫌がらせが始りました。

買ったところを昼日中からブルドーザーでぶち壊すので、私どもの営業の邪魔にはなるわ、ホコリで洗濯物は干せないわ。そう苦情をいうと、今度は地境ギリギリに威嚇的な高い塀をはりめぐらしました。それから同じ長屋つづきの二階で、業者は自分が買ったのだから何をしてもよいというわけで、徹夜で麻雀を大声でやる。昼間には泥酔した労務者風の男をウロウロさせる。

——どのような対抗手段を取りましたか。

H　せいぜい一一〇番するくらいです。でも警察は通り一ぺんの対応しかしませんし、根本的な原因を取り締る法もないわけですからいたちごっこみたいなものです。

それから私のところギリギリまで隣を切って壊し、ただビニールをかけたママでしたでしょ。長屋のただの板壁ですよ。そして兵糧攻めみたいに私どもが店を借りているNさんから土地ごと買って、二階と裏を壊しちゃったので芝居の書き割りみたいになりました。

さらに長屋の裏の通り道を通らせない、というんです。つまりうちの裏口は使えなくなっちゃうんです。そこで私は通行地益権をめ

人間不信――

「この辺でも家に鍵がかけてなくて、こんにちは、といえば、まあ上ってってなんていい合うとこはお宅とウチくらいのもんよねえ。最近じゃよその人を家に上げないのよ。こんど建ったビルじゃ、入口の鍵持った人しか中に入れないんでしょ。要するに人を信じられない町になったのよね」

（根津・西巻きよさん）

入りにくい――

「八百屋でも洋品屋でも家具屋でも、なんかビルの中に入ると、前ほど気軽に入れない気分でね。建物がきれいすぎると、セーター一枚でも、あーらいいわね、なんて触っちゃいけないみたいでさ」

（根津・一人暮しのTさん）

不忍通りの気になるお店――⑦

平出商店

ショーウィンドーに大小さまざまのブラシ。何とここでブラシを作っている。戦後開業したご主人亡き後、店を守る女二人。「嫁と姑と書いといて。ブラシ作りはもちろん、仕入れや配達何でもやるのよ」。試験管洗いから煙突ブラシまで何でもある。一升瓶洗い280円。健康たわし250円。特大たわし170円。

表現の自由――

路地の家だと軒先で選挙ビラを手渡もできますが、最新型マンションだと入口のポストにビラ入れるだけで住居不法侵入で捕まる例も。これじゃどうやって政策を知ってもらったらいいか、表現の自由の問題です。

（千駄木・Kさん）

子供がいない――

「町内では敬老の日のお祝いばかり多く出て、就学祝いがたったの二件しかないのが悩みです」

（谷中・商店主夫人Iさん）

馴染んだ家――

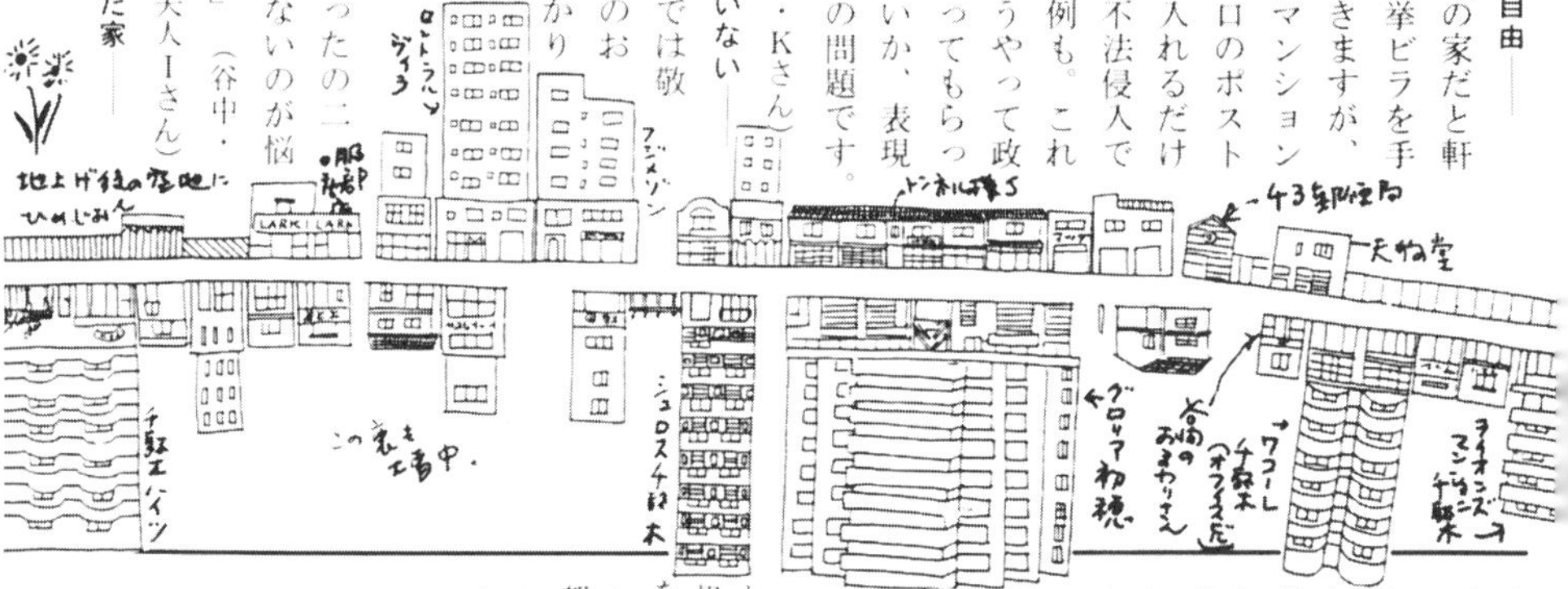

ぐる裁判をおこしました。

――そこは昔から長屋の共有路みたいな形で通行してきたところでしょう。

H　そうです。その点でもご先祖様はありがたく、ちゃんと大正五年時点で、この裏道は長屋の住人が誰でも通ることを妨げず、売るときは長屋の住人の合意で売る、という証文が出てきて、今のところ裁判は私どもに有利に展開しています。

――でも服部さんがついに売ったという噂もしょっちゅう聞きますが（笑）。

H　こんな商売してますんで、よくお客様に「とうとうお売りになったそうで」「いつお引越しで」とか心配していただくんですよ（笑）。底地買い業者というのは地域社会を壊す方へ壊す方へと不信をバラまいていきますね。「お宅にだけ一千万出すから、ご近所には言わないように」これも業者の手ですね。父、祖父の時代から仲良くして町を守り、お惣菜を分けあい、戦時中も隣組でがんばってきたんじゃないですか。それなのにこの件以来、朝のあいさつもしなくなったんです。

――まあ、土地を売らないのも自由、売るのも自由というのがいまの経済体制ですが。

「高層ビルの上の方に老人が住むと新たな問題が出てきます。下に降りるのが億劫になって歩かなくなり体がなまる。寝たきりの方ではまず外との接触がない。老人同士、訪問しにくいし、救急車も入りにくい。近隣関係がないので、一人暮らしだと倒れたり、亡くなっても分からない。

土地を売って転出した方が引っ越し先に馴染めず、ストレスがたまって病気になる。ここにいる時は私たちの小まめな健康管理下にいる方が、転出すると管理を受けられず病気になる。ですから転出後も月に一度は、元の老人会に出て、帰りに根津診に寄る人もあり、それが生きがいにもなっているようです。お年寄りには日照や通風以前に、住み馴れた土地、勝手のわかる家、古い友人などが良い環境なのです」（根津診・赤沢潔先生）

住めば都――

「はじめて来た頃は電車の音がうるさくて寝られなかったけど、お父さんなんて今は車の音がないと眠れないんだって。子供が三人育ち盛りの頃は狭いと思ったけど、みんな巣立ってまた二人に戻ったらこの広さで十分。この年じゃ、せっかくできた暇を、広い家の掃除なんかに使いたくない。いつまでもここに住んでたいの」

（千駄木・森晃子さん）

町が消える――

「残念乍らわが街神田須田村は、日毎に不動産やサンに買われ、住民の皆様が姿を消しつつあります。東京の『ビルエイズ』という病気で、これにかかりますと、瞬間的に億万長者になって親類縁者が急に挨拶に来たりするので、ひっそり姿を消すか、近くにビルを建ててその上の方に自分で棚上げして住うか、とにかく、『栄光への脱出』か海抜が上るか、淋しい変化中でございます」

（神田・海老原保翠さん）

「底地買いは家族関係も壊します。こんな高く買ってくれるのに売らないお婆ちやんは気違いだ、養老院に入れちゃうと孫子が騒いだ例。息子が勝手にハンコをついて、父親が売った覚えはないというと、業者にサギだ息子をブタ箱に入れたいのかと詰めよられ、結局土地は手放し、親子の仲がまずくなった例。近所でも見聞きして怖いですよ」

（千駄木・Hさん）

H　ええ、それぞれの事情が違うんだから売ること自体はしかたがない。うちみたいにまだ子供が小さくて、ここで商売をつづけていきたい人と、老夫婦だけで店をたたんで静かなところに引っ越したい、という人は違う。むしろ売る人には、業者の宛てがいぶちでなく、うんと取れ、といったんです。

問題は、売ってもいいから胸を張って堂々と帰ってこれるような出て行き方をしてほしい。ここが故郷じゃないですか。業者の側で証言したり、引っ越し先を買う金の工面がつかず、「Kにだまされた」と町で叫び歩いたり、思ってたより早く追い出され、夜逃げみたいに出ていくことはないじゃないですか。

――あの平和地蔵も、あの土地で二十名以上の方が戦災で亡くなっているわけですが、業者がビルを建てたらどうなるのでしょう。

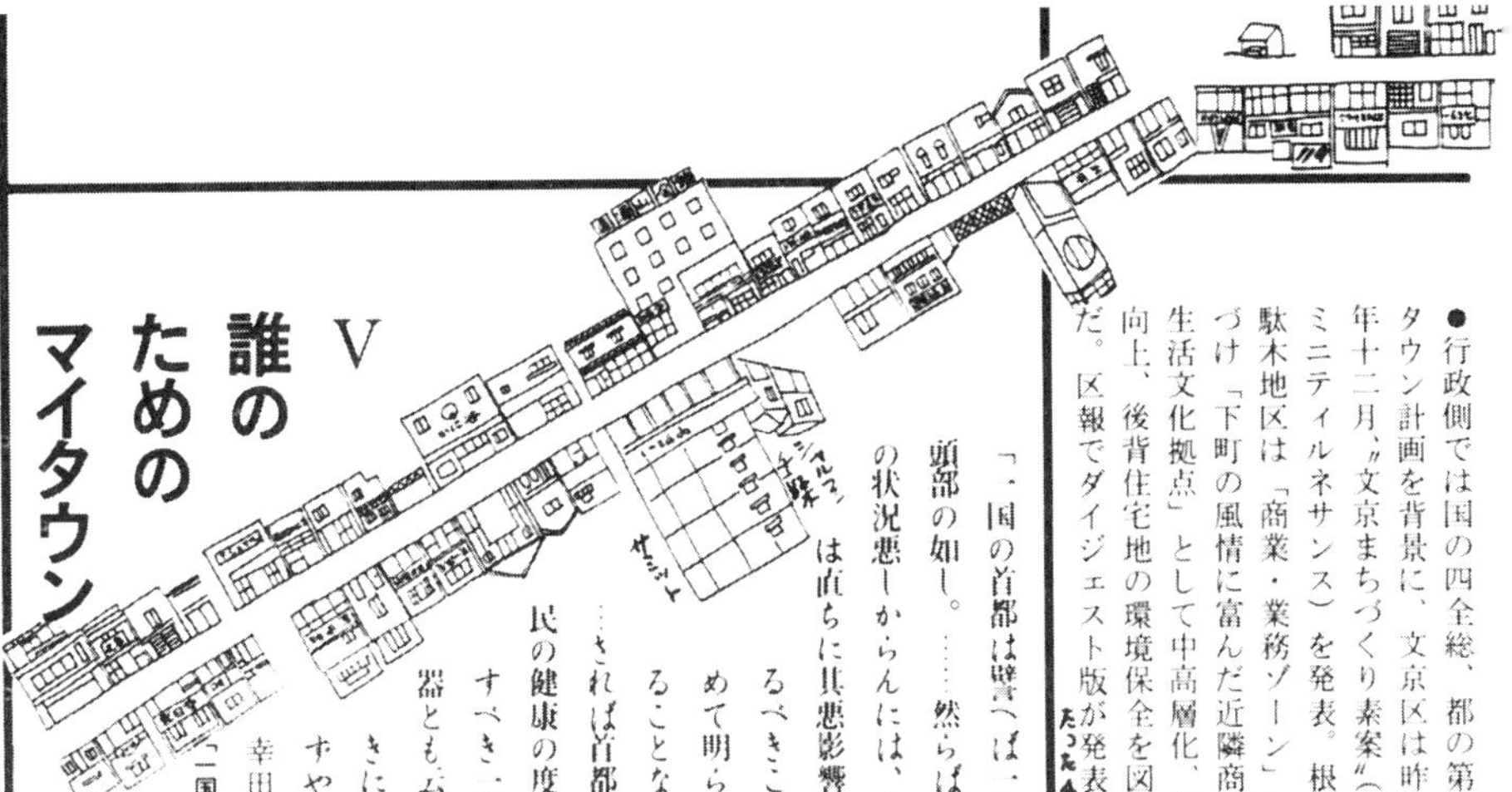

V　誰のためのマイタウン

「一国の首都は譬へば一人の頭部の如し。……然らば首都の状況悪しからんには、全国は直ちに其悪影響を蒙るべきこと極めて明らかなることなり。……されば首都は国民の健康の度をトすべき一検査器とも云ふべきにあらずや」

幸田露伴「一国の首都」

●行政側では国の四全総、都の第二マイタウン計画を背景に、文京区は昨六十一年十二月、〝文京まちづくり素案〟（文京アミニティルネサンス）を発表。根津・千駄木地区は「商業・業務ゾーン」と位置づけ「下町の風情に富んだ近隣商業地、生活文化拠点」として中高層化、景観を向上、後背住宅地の環境保全を図るそうだ。区報でダイジェスト版が発表された。

もう一つの選択は——

「再開発、ビル化について、地付きの人間は何かイヤな感じ、淋しいとか割り切れないと誰でも思いますよ。でもそれが国と都のこういう流れに逆う論理になりにくい。まったく違う価値観を持ってこなくちゃ決定打が打てないんです」

（根津・近藤正好さん）

現状追認は開発の口実に——

「土地を買いに来る業者が、私どもは都や区の不燃化高層化の施策に従いまして、とまるで行政に依頼されて来たみたいなことをいうのよ」（千駄木の主婦A子さん）

景観は向上するか？——

「確かに不忍通りに残したくなるような建物ってないけど、ビルに変ったって見ばえしない。建物の高さも色もマチマチで、暑くるしいビルばっかり」

（千駄木・一人暮らしのKさん）

イメージ図どおりになる？——

「区のプランは現実からあんまりかけ離れている。すでに業者がどんどん壁のようなビルを建てているのに、広々としたオープンスペースの緑の中にポツンポツンとしゃれたビルが建っていて、あれじゃ筑波学園都市みたい」

（根津Mさん）

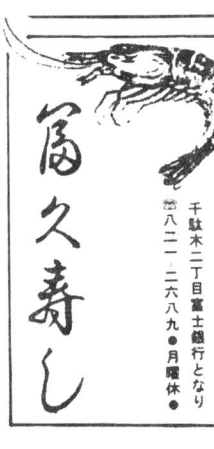

H　やはり近所の目があるから、業者も壊せないでいるのでしょうが、こういう形の底地買いは、住民をすべて追い出し、その土地の歴史や経験もすべて断絶させるものです。

——服部さんが売らないと、業者は金利で苦しくなるのでは？

H　そんなにプロは甘くないですよ。去年の暮れ、半分をある大手（C生命？）に売ったようです。それでKは六百坪に五十億投資して、半分を六十億くらいで売り、十分元がとれたんじゃないかといわれてます。

——それだけ大もうけしているわけですね。服部さんご自身はこれからどうなさいますか。

H　私は何も将来にわたってずっと誰にも売らないとは断言していません。時代の情勢と家の状態も変化していきますし、この家もいつかは建て替えなければなりません。この人となら話し合いのテーブルについてもよいという場合、あるいは私が土地を売ったためにあとにより良い建物が建つ、街並みがそろう。または甘いかも知れませんが私がもしそのビルに入ることによって、ビルの設計、管理にいささかでも関与できて、それが町全体によい方向にいくのなら、売る場合もあると思う

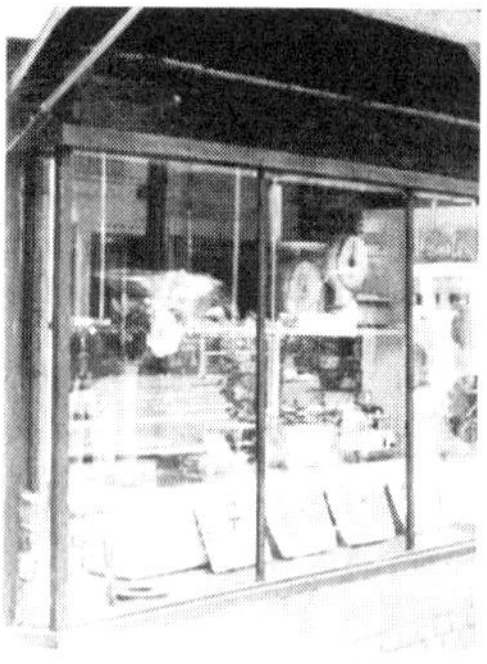

不忍通りの気になるお店

◎加藤度量衡販売

母方の祖父が大正中期、上海でドイツ製の自動はかりを見て感激日本で同じ物を作らせて卸しを始めた。また日本じゃ棒はかりの時代「昔は味噌も菓子も釘も量り売りだったが今はみんなパックだから店屋ははかりを使わないし、尺貫法の廃止もやっかいなことだね」とご主人の量輔さん　ちなみにお兄さんが計治さん、弟さんは衡三郎さんという。

●この点については文京区都市計画課の小石さんに聞くと「当素案は"二十一世紀の文京めざして"ということで、二十一世紀の最後の年まではあと百年以上ありますので、あるいはこのようになるかもしれません」とのことだ。

行政側がこうした遠大なプランを立てている間にも根津や千駄木の町は次々、ビルになっていくのだ。

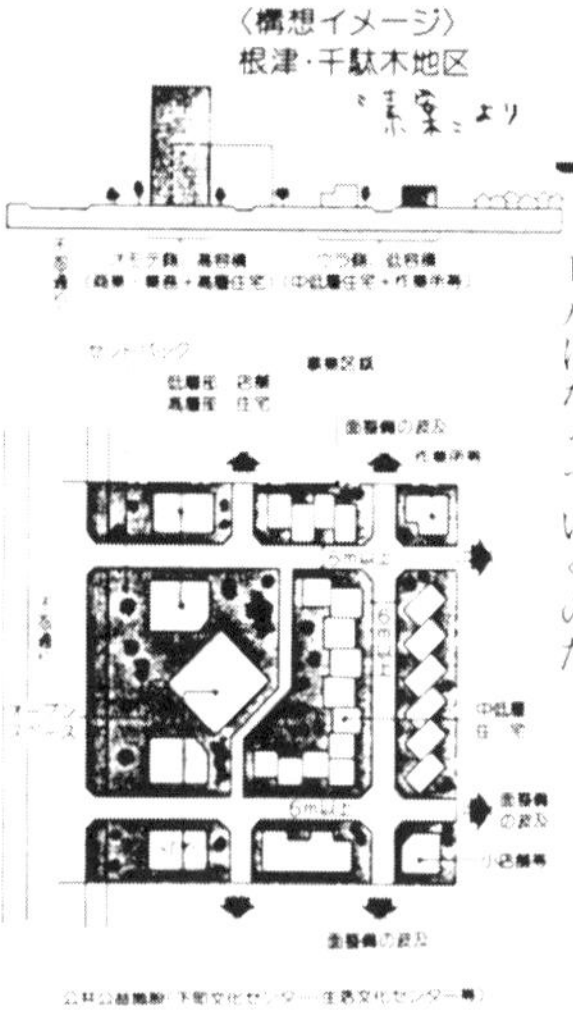

ではどうしたらよいのか。

界隈ごとに自分の町をどうしたいか話しあおう——

「地域で開発業者と対等に渉り合える住民団体を作る必要があります。イギリスやイタリアなど欧米には、町にこうした住民評議会があって、乱開発を押え、地域に合った風土に根ざしたデザインに町を統一し、ヨソ者が来て容易に開発行為を行なうことを規制しています」

（東京芸大・中村精二先生）

行政機関や制度も上手に利用しよう——

「私たち再開発課では現在、江戸川や音羽で組合方式の共同高層化をお手伝いしており、このところ区民の関心も強く、相談も多いのでなかなか手が回りません。ですが、できるだけ住民要求に応えたいと思っています」

（文京区再開発課・森さん）

●この他、地区協定、地区計画制度などで、町の環境を守りデザインを統一することもできる。相談窓口は文京区地域整備課。

業者に身を任せず自分で建てよう——

「現在、業者の等価交換や土地売買のほかに住民への提案がないのが問題だ。住んでる人たちで話し合って下町風コーポ

んです。ただ、お金のために売る必要は、今のところない。

——**売る場合、そのように、自分一人のことでなく、町全体のことを考えるべきですね。**

H　今思えば五十二年、区の計画がお流れになった時から、町の人が集って、もっと良い形で自分たちの町で何が不都合で、何を守るべきか、どこをどう変えていったらよいか話しあっていけばよかったのです。

——**災難ではありますが、何か今回のことでプラス面はありますか**

H　ええ、第一に家族の結束が固くなった。今度のことをきっかけに、私は生きるとは何かずい分考えさせられましたよ。家内も元気な性格ですし、私がそういうなら、と今では業者が来て「ご主人は？」と聞かれると、「あら知らないの、今度は裁判所に勤めが変ったのよ」って皮肉をいう。だってこの件で私は三日にあけず、小石川の裁判所に通わせられているんですからね。

子供たちにも、現在の世の中ではバカな生き方かもしれないが、曲ったことに追従できないんだ。それが私たちの生き方なんだから任してくれ、といいました。こういうことをやるような人間にだけはなるなよ、ということを教育することができてよかったと思います。

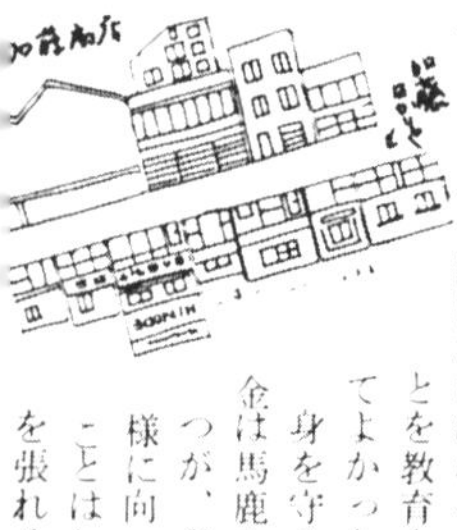

身を守るのに使ったお金は馬鹿らしいし腹も立つが、私たちはお天道様に向って何も恥しいことはしていないと胸を張れるのが一番です。

街づくりは草の根から——

このたび文京区が作成した〝まちづくり指針〟は文京区地域整備計画審議会の答申であるが、地元住民にとっては寝耳に水、降って湧いた指針である感は否めない。この審議会は学識経験者、行政担当者、区議、そして住民代表として主婦二人の十九名で構成。住民代表が区政モニターから委嘱されたたった二人の主婦という所がいかにもアリバイ的だ。

六十年七月、審議会結成当時、「私も町づくりに興味があるので参加したい」といったら、「任命制ですでに決まっていて無理」との返事。では開催ごとに連絡を欲しいと手紙を出したが、返事はなかった。

この審議会の秘密的、非民主的やり方については委員の学識経験者の一人も怒って辞任されたと聞く。そこで「文京まちづくりを考える住民懇談会」（代表太田博太郎東大名誉教授）は今年二月二十八日、遠藤区長あてに意見を出した。要旨は次の通り。

「①素案ではまちづくりに住民参加が不可欠としながらそのしくみが明らかでない。地区ごとに住民を組織し、行政が協力、援助するしくみを作ること。②区民全体に対し二百部しか印刷されていない〝素案〟本文をすべてに配布できる部数を作ること。③区民の意見を聞く会は、平日の午後二時間行なわれただけだが、これからも数多く開催すること」

この住民懇には各分野の専門家も多い。こうした討議の場があることを知ってほしい。連絡先　中央設計☎(815)9811

ラティブ・ハウス（共同住宅）を建てることもできるんじゃないか。そんな提案をしていきたいですね」

（根津・都市計画家の山谷進さん）

「土地を売っちゃダメです。一見面倒臭いようですが自力で共同化をはかる方が将来的に得策です。その場合、風土に根ざしたビル、たとえばこの辺なら植木鉢やすだれが似合うビルもいいですね。五十年後に守りたくなるようないいストック（物もヒトも）を作らないと、今は目先の利益で良くても絶対、子や孫を泣かせます。自前で作れば中間マージンもない。上の階を安く貸せば喜ばれるし定収入になる。このときみんなで面接をして、本当に町を愛し大事にする人、町にとって必要な人に安く貸してあげれば良いコミュニティができるんです」

（東京芸大・前野まさる先生）

〝狂乱〟地価への提言
早川和男著　岩波ブックレット250円
この本ぜったいおすすめです。ぜひご読を！

最後に——

◆昭和七年の根津・千駄木の地権者台帳を見ると地主は少数。昔は借地借家で十分のんびりやっていけたものです。世話になった人に家をあげたり、学校に土地を寄付したりなんて話もよくありました◆たかが土地、されど土地。取材して持ってる人も借りてる人も今いかに苦しんでいるかわかりました。住みつづけるため資産保全のために命を先細りさせる。なんと腹立つこと◆大切なのは、もうけようとしてだけ来る業者に土地を渡さないということ◆限られたページで問題提起しかできませんでしたが、これを叩き台にあちこちで寄り合い、話し合いが起こるといいな◆谷根千は引きつづき意見交換のひろばになるつもり。どんどんご体験ご意見ご感想をお寄せ下さい。

小堤さん服部さん本当にありがとう。

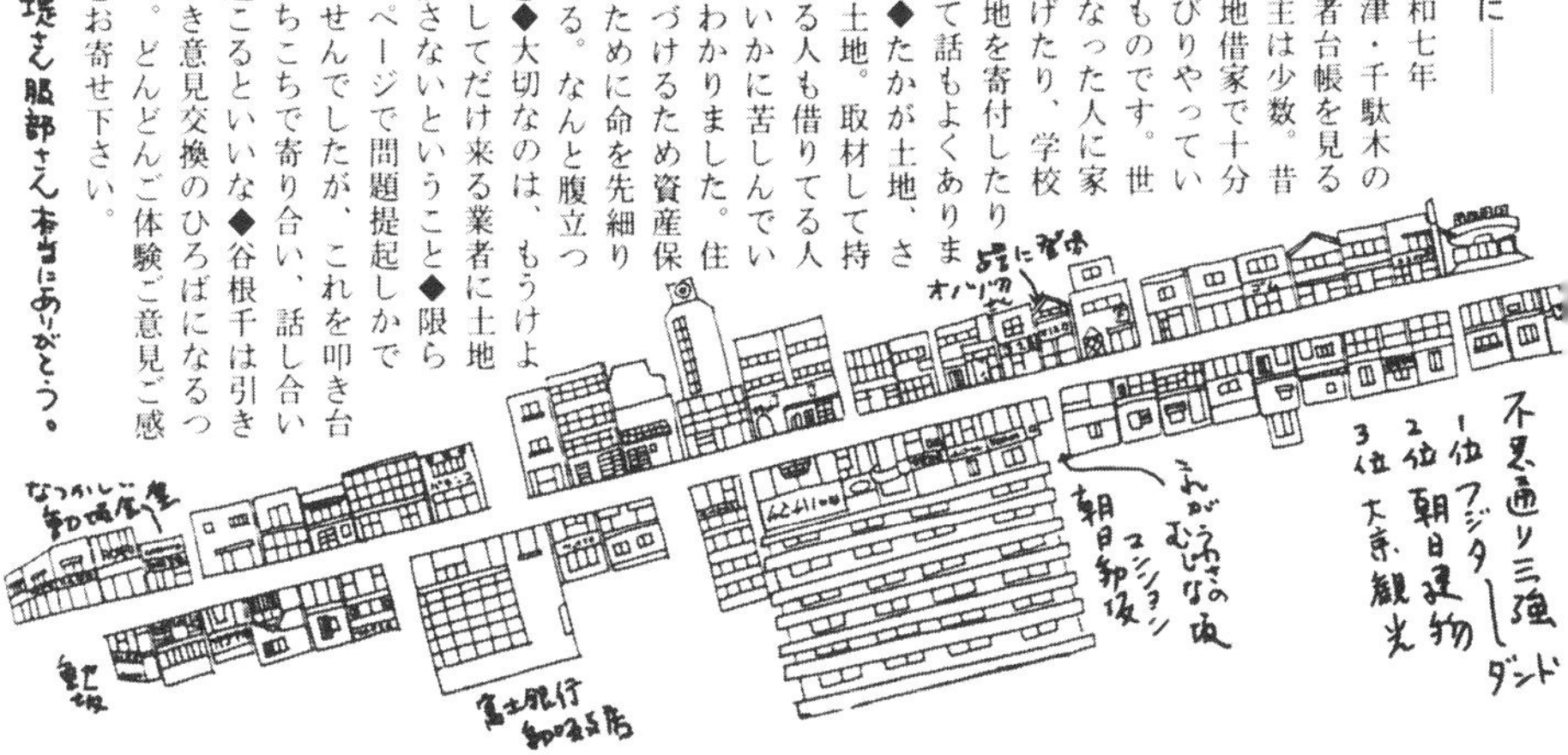

[36号]

塩原、那須、福島へ――「集団学童疎開」

・二十年四月八日　日曜日　天気（晴）

東那須野のふみきりをわたって少しいったどてのやうな所で、よその人がそこらに、はえている、すいせんのちいさいやうな草を、とってかごに入れていたので、先生がきいたら、アマナといって、ゆでて、おしたしにしてたべるとおいしいのだと、おしへてくれたので僕達も、少しづつとって先生のかごに入れた。そこらへんに、一面はえていた。

〈梶原四郎さんの日記より〉

●第一日暮里小の六年生。帰京前に金剛寺の前で。

◎昭和16年、尋常小学校は国民学校となり、22年に小学校と変わりました。文章は時代と名称のくいちがいが多くありますが、統一しませんでした。また、資料の中で旧漢字は、一部を除いて新漢字に改めました。

◎長年にわたり学童疎開にこだわられ資料、証言を収集された小林奎介、渡辺臣蔵、末武芳一の諸氏に敬意を表し、ご協力を感謝します。また、勇気をもって話してくださった方々、本当にありがとうございました。プライバシーには配慮し、書けなかったことも多いのを行間にお汲みとり下さい。文責はすべて編集部にあります。

◎この特集はすべて元号を用いています。昭和が終わった現在、やっと西暦のみで物事を考えられるようになりました。

〈座談会〉学童疎開は何だったのか

小林奎介さん／第一日暮里・当時六年
渡辺臣蔵さん／根津・当時六年
三浦志吾さん／根津・当時六年

渡辺　集団疎開に行ったのは僕ら六年から三年まで、つまり昭和七年〜十年生れくらいのわずかな層。しかも東京、大阪、名古屋などの大都市圏の子どもたちだけでしょ。だからあんな強烈な体験なのに分ってもらえない。地方の人は知らない、上下の世代は知らない、ってんでつい熱が入っちゃうのね。

小林　大事なことは、学童集団疎開は子どもの安全を第一に考えてのことでなく、総力戦の「足手まとい」になるからと地方の温泉地やお寺などにやられたことです。

（この「足手まといの排除」と並んで言われるのは、長期戦に備えて、次期戦闘要員を確保するための「戦力保持」である）

東条内閣はなかなか集団疎開を認めなかった。天皇を父と仰ぎ、国民は子どもも含め、天皇の「赤子（せきし）」であるという家族主義国家観で「聖戦」を遂行してきた。天皇が東京にいるのに子どもが疎開するのはおかしい、というわけ。そこで軍部は楠正成と正行（まさつら）の「桜井の子別れ」を持ち出して、無理に疎開を正当化する。

一方、大正自由主義の新教育運動を経た教育者の中には、子どもの安全のために逃がしたいと動いた人たちもいました。

だいたい、「疎開（まばらにひらく）」という言葉の定義もはっきりしない。延焼を防ぐため建物を壊すことも強制疎開といったでしょう。本当は「撤退」とか「避難」というのが正確だけど、この語を使うと負けることを予想しているみたいなので、疎開というあいまいな語を当てたのね。

渡辺　僕たちは集団疎開に行き、戦争で「卒業式」がなかった年で、仲間の絆のため「ねづがっこうS19」という新聞を出し始めて十年近くになります。月一回の発行で、二月に百号を越えました。

当時、疎開といっても三種類あって、まず縁故疎開。それから学校単位で先生が引率する集団疎開。それから残留組といって町に残った子どももいた。

というのはね、集団疎開もタダじゃできなかったの。一人月十円かかったと思うな。

（疎開学童の親の負担する費用は食費として一ヶ月十円。これは東京中で統一され、その他の費用は概ね国と都府県で賄ったとされている。しかし、第一日暮里国民学校の疎開児童保護者宛「御通知」によれば、

「集団疎開学童父兄会を左記に依り開きますから御出席下さい。尚当日諸会費を御納入願います。

昭和十九年十二月二十三日

（略）

一、諸会費　1．児童生活費一月分　金十円也
2．疎開後援会費一月分　一口五円宛
3．其他　教育奉仕会費十二月分　一円
4．仝　賛助会費十二月分　一口二十銭宛」

すべて一口としても、合計すると月二十一円二十銭の費用が必要になる）

うちは今の根津観音通り、昔の廉売横丁で肉屋をしていました。いまも兄貴があとを継いでます。父は新潟の人だけど、当時、肉は配給で、統制されていましたから、商売はできず、費用の工面は大変だったと思う。

三浦　僕んちもよくお金出せたなって思うくち。根津の上海楼の前で煙突掃除を父親がやっていて、三浦んちは内風呂があってすごいなといわれたけど、要するに体中すすだらけで、仕事のあとに町の銭湯には行けないのであったんだ。いついつ掃除に来てくれと葉書がくれば行くといった商売。電話がなかったから。

小林　私はいまの西日暮里のガードを越して左へいった踏切のそばで生れ育ちました。町工場の多いところで、福島セルロイド工場、アヅマゴム、トンボハーモニカ、それに私の父が勤めていた籾すり機の岩田兄弟（けいてい）工場が大きい方でした。

兄弟は上に姉二人、私、弟、妹の五人です。あの辺は震災で逃げてきた人や、地方から来て工員になった人、とにかくみなきびしい生活ですよ。同じ第一日暮里小でも、山の上の寺町とか、渡辺町の邸町とは違った。この二つの町があるので、一日小は荒川の学習院なんて呼ばれてましたけどね。私は幼稚園へいく奴なんて生意気だといじめたもんです。

あの当時、私ら差別されてました。運動会でも金持ちの賛助会員は式次第が緑色、席も指定されてて最後まで見てられた。私たちは白いプログラムで途中で帰らなくちゃならなかった。

電気も使っただけ払えばいい従量と、うちみたいに一定量しか来ない定額があって、夕方になると電気を使えなかった。父はバクチも打ったので、母は信仰に頼ってどうにか貧乏に耐えてたようです。父と母が三十円のやりとりのことでケンカをしてたのを覚えています。

渡辺　学童疎開が閣議決定されたのが昭和十九年六月三十日で、開始は八月。このときは三年から六年生までが対象だった。翌年の東京大空襲のあとになると、第二次疎開といって、一、二年生も疎開するようになった。それから終戦の翌年八月までに、東京から約二十三万五千人の子どもが集団疎開しました。

小林　文京区の千駄木国民学校は戦時疎開学園といって、十九年の五月に実験校（モデル）のように先に那須に疎開させられている。

渡辺　集団疎開に行った連中でもいろいろあるんだ。ひどく嫌な思いをして、二度と思い出したくない人。こんな人は同期会で塩原の疎開先へ旅行するときも絶対来ない。いじめた奴が来るから来ないってのもいる。これは僕のことかな(笑)。それからつらいんで早く帰っちゃった子もいる。面会に来た親が見兼ねて連れて帰った子とかね。

三浦　そうそう、それから脱走組。先生にうんと叱られてかわいそうだった。

僕は四年と二年の妹と行ったんです。布団を一組しか送れなかったので三人で寝ました。叔母が寮母としてついてきましたが、甘えないように「おばちゃん」じゃなくて「寮母さん」と言えといわれてね。寮母さんはみんな根津の町にいた十七、八の娘さんで、そんな若い娘が小学生のオネショの世話なんかをしてくれ

◆根津小学校の場合

19年8月25日及び26日　栃木県塩原に集団疎開児童出発。

◎疎開先

満寿屋　359名（男199・女160）、教員10、寮母16、作業員6。

20年3月2日　6年生110名、職員5名帰京。このころ児童の久保さんが亡くなる。

20年5月　食糧事情の悪化により新六年生、沖山先生、上田先生、川瀬先生、小川町の寺に再疎開。

20年10月13日　この日までに集団疎開児童全員が帰京。

●根津小2班（片町）のフルメンバー。面会に来た大工の馬場さんが撮ってくれた。

た。だってトイレが遠くて怖かったもの。

渡辺　疎開に持っていったのは布団一組と柳行李一個。それを大八車に載せて田端から送った。自分たちは上野駅から汽車に乗ったが、親は駅まで見送りに来てはいけなかったのか、両大師橋の上で町会の旗をたてて「気をつけてなあ、元気でなあ」と手を振ってましたよね。

根津は満寿屋という大きな旅館で、みんな一緒だった。宮永町、片町が各一班ずつ、あとの町が寄せあって一班。だいたい一人一畳分だった。

小林　東京では各区が以前から避難県を指定されていた。戦局がきびしくなって、谷中は会津柳津、一日小は岩代熱海、汐見・根津・千駄木は栃木の塩原。温泉地にいった子どもは、傷痍軍人が療養にくることが多くなって、そこを開け渡して、また移動させられたところもある。

渡辺　温泉は一日一回入ったっけ。

三浦　いや六、七回入ったこともある。

渡辺　旅館の前山で栗を拾って、温泉のお湯の出口に置くとゆであがったね。

東京はモノがないという噂だったから、栗を面会に来た人に託そうということになってね。いま考えると恥しいけど、僕は東京に残っている家族の人数で割るべきだといったんだ。僕は部屋の班長だった。ふかし芋配られたときも、大小つけて八つに分けといてさ、廊下に出てヨーイドンで早いもの勝ちにしたけど、一番大きいのはちゃんと僕にとってあった。

やはり班長ってのは一種の権力でね。

ホントに俺はヤナ奴だったんだ。

（栗の実の処理について根津の奥村象吾先生の日記から。「沢山とってきたら班の皆に分けてあげる。或いは班の病人にあげる。寮母さんに真先にあげる等の美しい気持ちを持つことが大切である。父母に送るのは美しい気持ちであるが、この様に団体生活をしている時には、やはり個人主義的な考えと申さざるを得ない。」――「ねづがっこうS19」、72号より）

三浦　戦後の最初の同窓会で渡辺は「あのときは申しわけない」ってあやまったよね。あのときあやまってよかったよ。

渡辺　サツマ芋はまだいいけど、苗をとったあとの種芋はまずくてなあ。

三浦　シャケ缶入りのごはんはおいしかったね。

渡辺　他の子に指示して調理場から食物をかっぱらわせるヒドイ奴もいた。自分は決して捕まらない。そんなとき盗癖のある子が疑われて、やってもいないのに名乗っちゃう。その方が罰が軽くなるって。かわいそうだった。

　ピンハネもあったんじゃないだろうか。面会日も公平でなかったような気がする。汽車の切符も割当て制だったから人脈があってよく来た親と、来ない親があった。うちなんか一回も来ない。面会に行く親に行かれない親がモノを託すんだけど、子どもに届かないこともあった…という話を聞いたことがある。

小林　そう、お茶と金子(きんす)を先生にあげましたから、お前のところにも回ると思う、と書いた手紙が今でも手元にあります。

渡辺　軍国主義教育をバンバンやってた先生もいるし、ひいきもあった。先生の顔は二度と見たくないという人もいる。同期会に呼ばれても出席しない先生もいる。保護者会で糾弾された先生もいる。先生が亡くなって憑きものがやっと落ちたという人もいた。当時のことは、今になってもしこりとして残っているんだね。

　八年前に、ようやく塩原に同期会で行ったんです。もう四十年たったからいいんじゃないかとね。

◆先生の心配

●奥村象吾先生の日記（「ねづがっこうS19」）

19・8・30　今夜、寮母との懇談を8時よりなす予定。

1、教育の目的。
2、教師は父、寮母は母。
3、感情にとらわれ、児童に好悪をつけてはならぬ。
4、親切によく面倒をみること。
5、川島、日比両寮母の受持について。
6、練成の教育。
7、児童の女中にならぬこと。
8、常に児童とともに生活する。
9、**児童をにくんではいけない。児童はあくまでも子どもである。**（72号）

19・9・22

◎大西の右の耳、又痛む。昼頃又医者に行く。たいした事はないであろう。然し慢性中耳炎なるを以て、充分注意すべきである。
◎皆川、胸痛しと。間もなくなほる。
◎山本の目も心配する程もなさそうである。
◎長沼、依然消極的、ノドが痛むとのこと、扁桃腺のはれているためならんや。昼頃すっかりなほる。
◎昼頃電話ありて、宮様のお通りある由、児童の外出禁止ありたき由なりき。一昨日宮様等学習院の山に遊ばれし折、恐らく別館六年生らしいけれども、内親王様御通過に対して、木に登りて御無礼ありたる由、誠に恐懼に堪えず。（73号）

（御用邸勤務の巡査部長は、アレコレとうるさく注意するので不愉快であった。宮様が塩の湯へいかれる時はサイケイレイの仕方が悪いと一々文句を言い、徒歩で出かけられる時は、疎開児童は外へ出るなとか、各校のアラサガシをしているようにさえ見えた―奥村雪枝先生）

20・6・20　本夕より点呼の方法変更、この時お小遣いについて注意。お友達に物を買って与えることはいけない。又、箸を買って来る事等注意。買ってきた物について、今日は之と之とを買って参りましたと報告する。之はいくら、之はいくらと必ず見せる事が大切。之を守らねば決して使用を直ちにゆるすわけにはゆかない。只今は戦争中である事を考えて、享楽的な気持ちになってはいけない。（83号）。

三浦　僕ら六年生は昭和二十年の三月二日に中学受験のために疎開先から帰ってきた。あんなときでも受験はあったんだ。もっとも僕や渡辺の受けた五中（現在の小石川高校）は定員より一人多いだけだったので、一人のために試験をやることはないと全員合格になった。

（六年生をなぜ、空襲下の東京に帰京させたのか。卒業・受験と同時に、「勤労動員」として戦争に参加する年齢でもあった）

そしたら三月四日に爆弾でしょ。谷中や千駄木はひどかったらしいけど、根津は市民館（今の藍染保育園）の裏に落ちた。あそこでは人が亡くなっています。一月二十九日には権現様が焼けた。根津で焼けたのはそれくらいですね。

渡辺　五中に入ったものの学校が焼けたので、戦争が終ったあとは、お袋の里の小田原に縁故疎開して、小田原中学に転校しました。

とにかく買い出しにいっても何にも売ってくれない。僕たちには高く売れないからって。弁当にはおかゆやゆすら梅を持ってった。お袋は自分も百姓の生れなのに、このあとお百姓は嫌いになった。向うにしてみれば都会でチャラチャラしてた奴が突然来て何をいうか、と思ったろうけど。

小林　私の家も四月には灰になったので親父の埼玉の実家の納屋を借りて住んだ。地元中学に転校の手続きをとったが入れてもらえなかった。それから農作業の毎日。地元の子は食べるものがあったのに、疎開の子は収穫物のサツマ芋も分けてもらえなかった。食料のあるところでのひもじさは、一層みじめだったね。

（一九九三年六月八日、渡辺さん宅で）

二十一年・十一月十四日　火
午前にどんぐりを拾いに行った。十二班だけで行った。柿を買っていた。私も買いたいほどだった。初めて代用食でした。
・十五日　水
家から手紙がきた。千代子姉さんがお嫁にいったそうです。
午前中、かぶと大根のより分け。七五三のお祝で御赤飯の御飯だった。
・十六日　木
相場さんのおばさんがいらっしゃって、皆の顔をきれいにしてくださいました。どんぐりのより分けをした。
その時私達を写して下さった。

根津・柳寺（野崎）羊子さんの日記より
（35年目の卒業記念）

▲根津小、満寿家の風呂（温泉）で。

◆**疎開先の経済**

●**奥村雪枝先生**（「ねづがっこうS19」より）

・私は六年女子の生活指導と会計係という役目をもって集団疎開に引率していきました。担任ではなかったので、結局川越先生の許で台所の手伝いにかなりの時間を費やしました。（15号）

・会計係は**一人一ヶ月二十五円**づつ、最初は三百九十人でしたから、九千七百五十円の費用を預かりました。支払うのは大半が食費ですが、医療費、雑費も中から賄います。食費だけでも、1、公定価格で配給されるもの、2、関谷村などの農家から闇値で購入するもの、3、東京で購入するもの、とだいたい三本立てになります。

（東京の疎開児童の賄費は、疎開先にかかわらず統一されていた。「賄請負契約書」第三条には「食事賄費ハ児童及ビ附添職員一人ニ付一ヶ月二十五円トス　但シ給食期間一ヶ月ニ満タザルトキハ日割計算トス　食事賄費ハ食料輸送費及ビ炊事用薪炭費ヲ含ムモノトス」とある）

費用は余しても赤字になっても注意され、校長に叱られ叱られ書類をまとめ、毎月校長に提出するのがつらい行事でした。質問や注意を受け、不備な点を訂正して、今度は校長が役所に提出するのですが、監査が通らないと戻ってきます。闇価の単価ではだめで、実際に買ったよりも安く書きました。

当時、**鶏一羽の闇値が二十円**でした。二十円といえば一ヶ月分の生活費に近い金額で、ずい分高いと思ったものです。（16号）

・最初の頃は毎日のように配給がありました。米や芋などは宿までトラックで運んでくれましたが、野菜、魚、肉、調味料、雑貨類などは塩釜か、もっと先の古町まで取りにいきます。請求書の提出や支払いのため、食糧営団、農業会、役場、八百屋、魚屋などに何回足を運んだかわかりません。

満寿家の家賃は一畳十円。四百二十畳借りていたので四千二百円払っていたように思います。これは公費なので、私は書類を見て知ったのですが、「高いなあ」と驚きました。四十年以上前のことで、もし間違っていたらごめんなさい。（17号）

・疎開学寮にはお客様がよくみえます。父兄の方、役所関係の方、奉仕の方など。子どもの分とともにお客様の分の食事を用意しなくてはいけません。

いつでしたか、川越先生がお留守の時、東京から視学（今の指導主事）が来塩しました。当時、視学に対し校長が気をつかうこと、一通りではありません。しかし若い者は気がきかず、私も視察なのだからみなと同じ食事をして頂くべきと考えました。それでもお客様ということで、一品だけお菜を余分につけました。ところが校長は大立腹です。きついお叱りと命令で、次の食事は玉子焼きと野菜の煮付など、三、四品のお菜をやっとの思いでつけました。（19号）

●**尾崎幸子先生**（「ねづがっこうS19」より）

・私は二十年三月二十日、三年生を編成替えした女子組の担当として塩原へ疎開した。女子組担任の他に校長室付、来賓接待、学寮会計（奥村雪枝先生から引き継いだもの）等が私の担当でした。（39号）

・会計係の私は宇都宮県の庁の疎開事務所に、**学寮引揚促進と引揚までの経費値上げ要請**の陳情に出張しました。一番のりで役所に着いても、事務所内に呼ばれるのは他校の男の先生が先で、女子は私一人でいつも最後でした。（40号）

・二回目の出張で、陳情の骨子は同じだが、何としてでも確約をとりたいと思った。根津に待つ両親に子どもたちを帰すには、どうあっても栄養失調を回復させねばならない事。今の支給額では食糧の調達は到底無理である事。値上げが通らず、今の栄養失調状態では引揚遅延の事態に立ち至る事。冬の早い塩原の厳しい寒さから、子どもたちに罹病の危惧さえ出てくる事。これら引揚遅延は父兄の不安を募らせ、先生方の苦労を水泡に帰し、結局は学寮費膨張に繋り、この不手際は疎開事務所も根津校も立場が同じである事。**学童疎開が国の仕事なら、栄養失調回復も国の仕事である**事などを話し、よいお返事を頂かなくては帰りません、とまで申し上げてしまった。（41号）

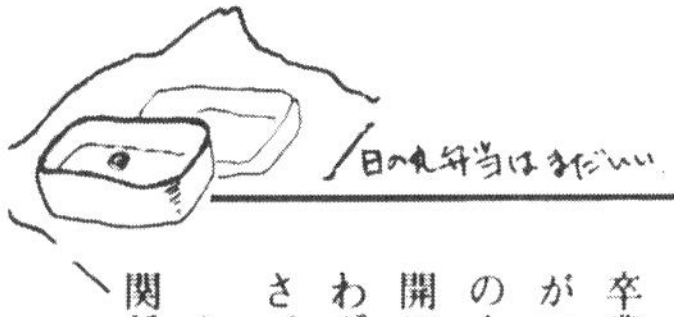

くいものの恨みってやつかな

第一日暮里

植村　豊さん（当時六年）

あのときは第一、第二の日暮里、あと尾久八城かな、三年から六年生までが夜行で上野から立ち、朝ついて地元の人に歓迎されました。第一日暮里では恒例で一組は男のおそ生まれ、二組は男女の早生れ混合、三組は女のおそ生まれ、と決まってたんだよ。その三～六年の四学年混合の一組をまた八班ぐらいに分けたんじゃないか。うちは四班で六年が三人、五、四、三年が二人ずつついて九人だった。

だいたいオレは集団疎開にいかなかったはずなんだ。というのはうちんとこが強制疎開で建物を綱でひっぱって壊されたんで、一家で取手に移り、あと一年で卒業だからと常磐線で通学してた。汽車がいっぱいで乗れなくて、機関車の石炭の上に乗っかって通った。取手だから疎開に行かなくてもいいわけなんだけど、わざわざ校長と担任が家まで説得に来てさ。うちの親父も折れたんだ。

というのは一組六十人近くいる中で力関係があるじゃない。オレもボスだったけど、オレがいかないと他の子の一人天下になるおそれがあった。先生は力の配置を考えて班分けをしたと思うね。となりの部屋にいたもう一人のガキ大将が下級生をいじめてるという通報があって、よく仲裁にいったもん。

もっともいじめる方ってのは覚えてないだろ。オレも下級生をかかばったつもりだが、植村になぐられなかったヤツはないんじゃない、とか植村に廊下で会うと隅に寄った、なんていまだにいわれるもんな。反対に自分一人だとこわいから、植村が起きてトイレにいくときについていったというヤツもいる。とにかく先生は子どもを使って子どもを支配した。体罰は当り前、何でも連帯責任、最初は遠足気分だったけど、だんだん布団の中で泣く子が出る。だって三年だよ、いまの小学校の三年生じゃみんな集団生活はできないんじゃない？　それで脱走者が出ると、上級生の管理が悪いと雪の中に裸足で立たされる。

◆いつも戦争をしていた
―昭和の最初の20年

2・5・28 田中義一内閣、第一次**山東出兵**。

3・6・4 関東軍、列車爆破により奉天引揚途中の中国の総帥**張作霖を爆殺**。

6・9・18 **満州事変はじまる**。

7・1・28 **第一次上海事変起こる**。

7・2・9 前蔵相**井上準之助**、本郷区駒本小学校で血盟団に**射殺**される。

7・3・1 **満州国建国宣言**。

7・5・15 陸海軍将校ら、首相官邸などを襲撃、**犬養毅首相を射殺**（5・15事件）。

8・3・27 日本、**国際連盟脱退**。

10・8・12 陸軍省軍務局長永田鉄山、陸軍省内で皇道派の相沢中佐に殺される。

11・2・26 皇道派青年将校ら、下士官兵一四八三名をひきいてクーデターを企て、**岡田啓介首相襲撃**（秘書松尾伝蔵殺害）、**内相斎藤実、蔵相高橋是清、教育総監渡辺錠太郎らを殺害**。

11・4・18 国名を「大日本帝国」に統一。

⊙さぁ疎開だ一日も早く 家族制度は損はず(19·1·8 朝日新聞)

先生に対してはいい思い出がない。いい先生もいたかもしれないけど、スパルタの教師の方が上位をしめてて、気弱な先生は抗弁できないで、結局、長いものに巻かれろになったとおもうよ。

だいたい、御飯は着いたその日だけだった。あとは芋やカボチャの雑炊、それかお米粒がパラパラのおも湯なんだ。それなのに先生は焼魚で白い御飯かなんか食べてる。子供心にも変だよ。それを手紙に書くとうちに届かなかったりね。

どうも宿屋の主人とグルになって、生徒に食べさせる米の横流しをしてたらしいよ。だってまったく米がないとは考えられないかよ。知った親たちが抗議したけど、子どもを人質にとられててねじふせられたんじゃない。親が視察に来たときだけいいもの出した。宿屋の子なんか、丸々としてて僕らと違ったもの。

男の級長がオレで、女の級長が村岡で、七時半になると待ち合わせて旅館の主人と先生の部屋にお休みなさいの挨拶をしにいくんだ。旅館の主人とこへいくと、砂糖のかたまりとかおにぎりをくれたりした。手なづけようってことでしょ。

小さな方の宿に泊まった連中は、先生や寮母さんがいい人で、子どものために苦労してヤミの食料を買い出しにまでいってくれた、という話を聞いて、オレ涙出たよ。戦後、ひどかった先生に会ったら殴ってやろうと思ったけど、おとなげないしな。

渋柿と甘柿の区別もつかなくて、渋柿を盗んで食べてフンづまりになったりな。口に入れるものは何も売ってないんで、小遣いでビンの錠剤を買って食べたらそれが下剤で、ハラ下した子もいた。

学校は三キロ離れた岩代熱海小の建物を借りたの。地元の子が終わってから、午後の勉強。机のフタをあけると、女の子の写真が入ってたり、「また明日もここに坐ってね」なんてラブレターとか、おもちが入ってることもあった。

オレのいた金蘭荘の部屋は玄関のすぐ上で、玉突場を改造して、板の間にタタミをしいた真四角な部屋。カベに行李を入れる棚をこしらえてあった。

荷物ったたって少しだもの。服にボタンが一つしかついてない子もいたし、そのうち冬になっても素足の子もいた。だいたい、長靴を持ってる奴が何人もいない。最初に一年分きっちり用意してくれる親

12·7·7 蘆溝橋で**日中戦争はじまる**。
12·9·28 兵役の服役、在営期限を延長。
12·10·12 国民精神総動員中央連盟創立。
12·11·11 大本営設置。
12·12·13 南京大虐殺おこる。
13·2·25 兵役法改正、学徒の在営期間短縮の特典廃止。
13·4·1 国家総動員法公布。
14·4·12 米穀配給統制法公布。
14·5·11 ノモンハン事件。
14·6·16 遊興営業の時間短縮、ネオン全廃、中元歳暮の贈答廃止、学生長髪禁止、パーマネント禁止など生活刷新案決定。
14·7·8 **国民徴用令公布**(勤労動員)。
14·12·26 朝鮮人の創氏改名を法令化。
15·3·9 **聖戦貫徹決議可決**。
15·4·24 米、味噌、醤油、塩、砂糖など十品目に切符制採用。
15·9·27 日独伊三国同盟調印。
15·10·12 大政翼賛会発会式。
15·11·2 国民服令公布。
15·11·23 大日本産業報国会創立。

なんて少なかった。親たちも東京でギリギリの生活してたから。
鼻たらしも多かった。三、四年はおねしょもね。女の子たちは食事作りの手伝いもしたけど男の子は働いたかな、そんな気力なかったような気がする。田舎でグランドは広いからあばれたりはしてたけど。三角ベースをしたくてもボールが

◆第一日暮里小学校の場合

19年8月25日　福島県安達郡岩代熱海（現在郡山市熱海町、盤梯熱海と呼ばれる）へ集団疎開。

●一日小、金蘭荘の玄関前に整列。

◎疎開先

金蘭荘　184人、信濃屋60人、玉屋42人、山城屋18人、計304人。（他資料では約250人というのもあり）

20年2月24日　六年生帰京。

20年2月25日　焼夷弾により14教室が焼失。

20年3月9、10日　大空襲、修了証書なども含め学校は全焼。また学校区の80％が焼失。

この頃、疎開先の金蘭荘を海軍が接収、残っていた下級生はそれぞれ分散された。

20年10月までに疎開学童のすべてが帰京。終戦後、及川裸観さんの健康普及道場ニコニコ会館を学舎にして授業が始まる。

◎疎開先での出来事

当時の番頭さんの証言によると、金蘭荘では一合のめしが70匁なければならないのが、実際には30匁しかなくて、オヤツのはずのジャガイモ、すいとんが主食に化けて、1ヶ月足らずの間に10何俵かの米が横流しされた。旅館の主人は東京の保護者会に呼ばれ、何日間か留置されたが、先生方は酒食でもてなされて、何ひとつ善処できなかったという。

〈16年〉

1・8 東条陸相「戦陣訓」を通達。「生きて虜囚の辱を受けず、死して罪禍の汚名を残すこと勿れ」。井上哲次郎、和辻哲郎らが国体観を、島崎藤村、佐藤惣之助らが文章を検討。

3・1 国民学校令公布（4・1発足）。小学校を「国民学校」と改称。

「皇国ノ道ニ則リテ初等普通教育ヲ施シ国民ノ基礎的錬成ヲ為スヲ以テ目的トス」

義務教育六年から八年に初等科六年、高等科二年。一年生の教科書が「サイタサイタ　サクラガサイタ」から「アカイアカイ　アサヒアサヒ」に変わる。

小学国語読本・国定第4期本

3・10 治安維持法改正公布。予防拘禁制。

4・1 六大都市で米穀配給通帳制、外食券制始まる。大人一人一日二合三勺まで。

4・13 松岡外相、日ソ中立条約に調印。植民地を含む総人口一億五二二万六一〇一人。

7・28 日本軍、南部仏印に進駐。

8・1 アメリカ、対日航空機用ガソリンを禁輸。

なかったし。

イイコト?………ないな。仲良かった友だちでも何かしこりがのこったもの。食いもののうらみってやつかな。

二十年来、台東区の少年野球のコーチをしてるから、以前は子どもに学童疎開の話を力説したよ。力説しても伝わらない空しさ。最近はしなくなっちゃった。そういえば今は弱い子をかばいながらみんなを押さえるってリーダーシップのある子はいないね。

結局、戦後も十数回、一人で岩代熱海に行ったかな。妙に懐かしくてね。子どもを連れてったことはないね。この前、小林ケイスケと手分けして名簿をつくってね。誘って一緒にいったんだ。罪ほろぼしというのは変だが、だれかが一度やらなくちゃいけない。下級生はいいだしにくいから、六年生の我々が、と思った。もう二度と行きたくないという奴も多かった。でも時間が解決してくれたんじゃないか、とオレはいったんだ。みんなと会うことを目的に行こうぜ、と。

(植村さんは象牙屋さんで、十分に一つはジョークをとばし、ニコニコしてる人なのだ。でもこの話を聞いた日は、一度も駄じゃれをいわなかった。……ニコリともしなかった。M)

ニシャカンプラクレッカ

宇田川喜久雄さん（当時五年）日暮里

僕は五年生で集団疎開して、六年生が二月に帰ったあともいたし、戦後ポツポツ親に連れられて帰る子もいたけど、最後まで疎開先にいました。カーキ色の国民服みたいのをきてリュックをしょって帰ってきて、学校は焼けていたので、ニコニコ会館の及川さんとこの百畳敷で二部授業をしました。日暮里駅からお諏方様へ向う高台通りは焼けてなかったけれど、富士見坂の上に立ったときはびっくりした。見渡す中に千駄木小学校のコンクリの建物と板橋のガスタンクしか見えなかった。僕の家も強制疎開で壊されて法光寺の本堂をしきって、五、六世帯で使わせてもらったんです。

疎開先は信濃屋っていう村はずれの小さな旅館で、のんびりしてました。小さな所帯で寮長の田中先生も手をあげるこ

8・20 高村光太郎「智恵子抄」を竜星閣から出版。一六万部を越すベストセラーとなる。「モーパッサン選集」出版中止。文部省教学局「臣民の道」を刊行、各学校に配布。

9・2 日本少国民文化協会発足。（発会式は17年2・11）児童という文字を廃し、少国民と改めることを山本有三が提案。

9・6 御前会議、「帝国国策遂行要領」決定。

9・9 味噌、醤油の統制実施。

・十六年九月十日

雨、浜松よりおしの家主人入来、地下鉄にて上野へゆき、池の端へ出て雨の蓮をながめ、蓮玉庵にて蕎麦を食わんと行きて見れば「蕎麦粉入荷なく当分休業」の札あり、さらば駒形どじょうにて午餐をなさんと、廐橋まで電車に乗り、鮨屋に入れば、どじょう鍋はなし、汁はありとの事に、鯰鍋とどじょう汁にて、江戸気分の食事をして別れぬ。

（『鶯亭金升日記』演劇出版社）

9・15 徳田秋声、情報局の圧力に「都新聞」連載の「縮図」の筆を自ら断つ。

⊙青空学校楽しいぞ、那須野に展いた疎開学園(19・5・8 朝日新聞)

とはなかった。ご下賜のビスケットが失くなったとき、一時間ほど板張りの部屋に坐らされて、やった人は白状しなさいといわれたことはあったけど。この先生は小笠原の出身で、自然の中で生活する力があった。山に入ってゆりね、のいちご、山ぜりを採ったり、沢ガニ捕りとかやりました。反戦的なことは口に出せないけど、かなり一生けんめい献身してくれました。

川のむこうに自然の温泉があって交代でつかりにいく。川のこっちから交代だぞーっと声をかけてね。この橋が雪どけ水で流されたことがありました。冬場は手拭いをしぼってぶらさげてもすぐ凍っちゃって。寒いとこでしたよ。

ここに何十人いたのかな。五、六人ずつ、六、七班あったんじゃないかな。配給物資が駅につくと、薪だリンゴだと宿の人が荷車で取りにいくとき、子どもも指名で手伝わされるんです。荷車のあと押しをすると、旅館のおばさんが「ニシヤダチンカクゾ」(おまえにおだちんをやろう)とリンゴなんかくれるんですが、その前に、後ろで押しながら二、三個ずつちゃっかり懐に失敬してましたよ。

そんな勤労奉仕をすると帰ってすいとんのサービス。いつもふすまのまざったどろどろしたヤツなのに、まっ白いしこしこしたすいとんでうまかったな。

旅館のおばあさんはお蚕さんをやってて、まゆ玉をゆがいて、くさい糸をとってたのを覚えてますね。なかなかこわいおばあさんだったけど、あんた方は宮城(きゅうじょう)のある東京から来なさった、私は一生東京なんか行けない、とありがたがってくれましたよ。むこうの人は村の道であうと必ず「おばんです」と挨拶するのね。地元の子どもに「ニシャカンプラクレッカ」といわれてわかんなかったけど、あれはじゃがいもをやろうか、ってことだったみたいね。

うちは父を亡くして母子家庭でしたし、年の離れた兄は戦死したので、母は大変だったと思います。先生もそれを承知して目をかけてくれました。うちは酒屋でしたんで、戦争前に売れ残った輸入品の角砂糖をエビオスの箱に入れて送ってくれて、これも先生やねえやさんが薬だから、とそのまま回してくれました。大豆の炒ったのも茶筒に入れて面会日に持ってきてくれました。

10・2 アメリカ国務長官ハル、日米首脳会談の拒否を通告。
漫画「のらくろ」軍を侮辱するとの理由から連載終わらせられる。
10・15 尾崎秀実、ゾルゲ(18日)諜報活動容疑で検挙。↓19・11・7死刑。
10・16 近衛内閣、総辞職。
10・18 東条英機内閣成立。陸・内相も兼務。
11・5 御前会議で対米英蘭開戦準備決定。
11・15 兵役法改正。満一七〜四〇歳の丙種合格者も第二国民兵として召集対象となる。
12・1 御前会議、米英蘭に対し開戦決定。
12・2 山本五十六連合艦隊司令長官、機動部隊などに「ニイタカヤマノボレ一二〇八」と発信。
12・8 日本時間午前二時一五分、日本軍マレー半島に上陸。三時一九分**真珠湾を奇襲**。一一時四五分、対米英宣戦の大詔発表。
「天佑ヲ保有シ万世一系ノ皇祚ヲ践メル大日本帝国天皇ハ昭ニ忠誠勇武ナル汝有衆ニ示ス、朕茲ニ米国及英国ニ対シテ戦ヲ宣ス」。

先生方や寮母先生もよくしてくれたように思います。上級生は薪ひろいでも、自分のノルマ分を下級生に押し付けて、下で遊んでた。そういや花札やトランプが流行っていたな。

温泉の脱衣所に服を置いたので、一ぺんにシラミが蔓延したんです。二〜三ミリのシャコみたいな虫で、爪でつぶすと血を吸ってるから赤くなる。くわれてお尻もまっ赤です。

正月に農家によばれて、餅をもらったのも覚えてます。みんな雪の中を歩いていったというんですが、私は馬ぞりが出て、それに乗ってったと思う。スキーも伯父が子ども用スキーの中古品を送ってくれて自分専用のを持ってました。

そういえば安積疎水に子どもが落ちたことがある。数十センチの深さだけど流れが速いんで竹竿をつかませて助けた。それから兵隊さんが引き揚げていくときに、炭焼小屋にいて乾パンをもらった。僕たちは線路の石を碍子（がいし）にぶつけて遊んだりした。当らなかったからよいものの、当ってたら大変でした。

汽笛を聞いてホームシック、泣いてたよね。みんな。そういえば、列車を迷彩色に塗るペンキがないからって泥ぬって走っていました。雨なんか降ればすぐ落ちちゃうのにね。

お手玉を送ってください

来住南 陽子さん（当時四年）

私んとこは父親が魚信（うおのぶ）食堂を開成の前でやってたの。元々は魚屋だけど、渡辺町あたりはお邸が多くて、半年払いだったりするんで日銭が入らないじゃないの。

私が集団疎開に行ったのは四年生のとき。六年の人は半年で帰っちゃったでしょ。あれからが大変だったんだから、もう。物もなくて。最初は遠足気分よね、帰れると思って女の子たちは毎日、荷物を整頓してたわよ。私は金蘭荘だったけど小部屋だったから。大部屋はいじめもあったらしいけど。班長が石崎美和子ちゃんでおっとりした人でよかったの。集団疎開ってやっぱり人格を作るわよ。

・十六年十二月八日

ラジオ屋の前は人だかりだ。切っぱつまってたのが開戦ときいてホッとしたからだ

（『古川ロッパ昭和日記』晶文社）

来るべきものが遂にきたという厳粛な気持ちだけに、言いしれぬ感激をおぼえるだけである

（岸田日出刀、建築学者）

これで、日本は没落の第一歩にふみ込んだと知って、私はがっかりした

（東久邇稔彦『一皇族の戦争日記』）

12・9 非常措置で宮本百合子ら共産主義者、在日朝鮮人など六百余人を一斉検挙、予防検束。

12・19 言論出版集会結社等臨時取締法公布、許可制となる。アメリカ映画の上映禁止。

〈17年〉

1・2 マニラ占領。石油目当の南方作戦始まる。↓2・15 シンガポール占領。↓3・1 ジャワ上陸。↓3・8 ラングーンを占領。↓4・1 ニューギニア上陸。↓4・11 バターン半島占領。5・7 コレヒドール島占領。↓6・5 ミッドウェー

いまだに食物にこだわってるわよ。主人なんかお前の頭割ったら中に食い物のことしかないんじゃないか、というくらい。おいしいものをたくさん作っちゃう。お米もいつも米びつにいっぱいで、他に十キロの備蓄がないと不安でやなの。それで自分も太っちゃうし、周りも迷惑よね。

むこうでは毎日、今日は豆が何粒でご飯が何口とか日記につけてたと思うよ。私の席の丼にスイトンの団子が固まって入っているといいなあと思ったもん。反対に青くてえぐいじゃがいもを食べたせいか、後までじゃがいもダメだった。古漬けもダメ。布団の中で、シュークリーム、おはぎ、……なんて思いつくかぎり並べたわよ、みんなで。お手玉をほどいて虫くさいあずきを炭団で炒って食べたりさ。食べ物だと没収されるから、それからは「お手玉を送って下さい」と手紙を書いたら炒り豆をパンパカパンに入れて送ってきた。うれしかった。

第二の後遺症は活字好きね。読む物が本当になかったもん。教科書もこんなペラッとした紙で、それを自分で切ってたたんで和とじにして使ったんだから。疎開先に『虞美人草』と『それから』の単行本があって夢中になって読んだの。

もう一つはシラミ、ノミの記憶ね。寮母先生がセーターを火にかざすと、しらみが表面にゾロゾロ出てくるの。いまだ

「お父さん、お母さん昨日は、お手紙有難うございました。

八日の午前中でした。手紙のくるのがどれだけたのしみでせうか、私達は前戦で便りをもらう様にうれしいです。封をいそいであけてから見ました。そして私の手紙をそんなに喜んで下さるかと思ふと、ほんとうにうれしいです。自分で読んでから今度先生に読んで戴きます。先生がお読み下さるのを聞いてゐるとしらずしらず涙が出てきます。（略）

お部屋の人の元気な顔です。よくにてゐませんが、がまんしてね。

章江

昭和十九年九月九日

一日小・照井（村岡）章江さんの手紙より

海戦始まる。↓6・7 キスカ島占領。↓7・11 大本営、南太平洋進攻作戦の中止を決定。↓8・7 米軍ガダルカナル島上陸。↓8・7 第一次ソロモン海戦。↓12・31 ガダルカナル島の全兵力撤退を決定。

1・16 戦時増税法案要綱発表。

2・1 衣料品点数切符制実施。

2・2 大日本婦人会発会式。

3・19 日本画家報国会結成。藤田嗣治・宮本三郎、小磯良平らを南方派遣。

4・14 第一回芸術院賞が小磯良平（油絵「娘子関を征く」）、高村光太郎（詩「道程」）、川田順（和歌「鷲」ほか）にきまる。

4・18 米軍、空母ホーネットよりドゥリットル隊のB25一六機、東京、名古屋、神戸を初空襲。東京には内一三機が空襲、大井、品川、早稲田、尾久などで被害。**荒川区尾久の旭電化周辺に焼夷弾が落とされた。**東京の死者三九人。家屋損害二六一戸。

4・30 第二一回 衆議院議員選挙。いわゆる翼賛選挙。翼賛候補は三八一名当選と圧倒的勝利。翼賛候補の選挙費用は軍事費を流用。

↑子どもたちは焼夷弾をビクともするかえて拾おうとして叱られたんだ

にうごめくものが嫌い。

私、名前のとおり明るいといわれるけど、どっかで屈折してると思うよ。持って生まれた性格というより、育ち方ってあるでしょ。情けないけど。どっか根性悪い。ああいう集団にいると誰でも弱いものいじめをしたくなるし、いじめる快感がでてくんじゃないの。こわいよ。

終戦後、金蘭荘は兵隊たちに接収されて、私らもっと奥の「紙屋」に移されたの。このときの寮母さんは年配で宗教やってる人で、毎日「高まが原にナントヤラ…」って祝詞(のりと)をあげさせられて閉口したよ。うちはヘンな親でまず面会にはこなかった。あ、一度一斗缶に炒り豆かなんかしょって来たわ。自分の子だけに食べさせられないって。

最後のころ、おこって連れて帰った親もいたよね。うちの親はもっと奥の猪苗代の方に疎開してて、明日、東京に帰るという前の晩に連れに来たの。ま、こういう思い出とは縁を切りたい。引きずっていたくないという人も多いよね。でも、私は人に恵まれてたせいもあるけど、食べ物さえあるんなら、自分の子どもだって行かせちゃうよ。(ワラビ餅をつくってごちそうして下さいました)

集団疎開の第一陣として

梶原　四郎さん(当時五年) ～千駄木

私は学童疎開が正式に始まる前、十九年五月六日に集団疎開しました。当時は新聞社は来る、放送局は来るで大騒ぎでした。空襲のまだない頃でしたから、何でこんな事するのかなんて思いました。本郷国民学校と千駄木国民学校から希望者を募ったんですね。西郷さんの銅像のところに集まって上野から列車で出発しました。ブラスバンドがあって賑やかに送ってくれました。

最初に行ったのが那須の黒磯駅から歩いて十分ほどの所にあった都立四中、今の戸山高校の修練道場です。那珂川に臨む素晴らしい環境で、畑あり宿舎ありの広大な所でした。夏は五時に起床ラッパで起こされて、布団を上げるんですが、布団の積み方がちょっと悪いとぶんなぐられるような軍隊式。朝礼をし、那珂川

主な当選者には、中村梅吉、赤城宗徳、中島知久平、蠟山政道、原惣兵衛、堤康次郎、松村謙三、松本治一郎。また、非推薦の候補者は「国賊」と呼ばれ、激しい圧力を加えられたが、尾崎行雄、斎藤隆夫、浅沼稲次郎ら八五名が当選した。

5・9 寺院の仏具、梵鐘に強制譲渡令発効。

・十七年五月一一日(月)晴　薄暑

昨日散歩の途次、英霊の家と大きく記した家が、方々にあるのを見たが、英霊の「英」は英国の英と同じであるのを思い、妙な気がした。英人の霊がつまり英霊みたいである。今朝新聞を見ると、「独機がマルタ島を空襲して英機を撃砕した」とある。英機は東条首相の名ではないか。首相が撃砕されては困る。英、米、独、仏、など何とか字を変えるべきであろう。独語はヒトリゴト、仏語はホトケノ言葉みたいだ。

(徳川夢声『夢声戦争日記』中央公論社)

5・13 総力戦態勢のため企業整備令公布。石油、錫、綿、ゴムなど原材料を統制され、商

の河原で「ベイエイゲキメッツベイエイゲキメッツ」と唱えながら乾布摩擦。それから護国神社まで軍隊式の行進をして拝んで帰る。そんなでしたから、次第にホームシックにかかり、ふとんの中で泣いて

ました。ちょうど道場の敷地のまん中に線路が通ってましたので、何人かは鉄橋によじ上って線路づたいに東京に帰ろうとしてつかまったのがいました。

四カ月ぐらいしてから千駄木の子ども

●千駄木、「東京都戦時疎開学園」の旗をもって（「アサヒグラフ」）。

◆千駄木小学校の場合

19年5月1日　東京都のテストケースとして、栃木県那須の戦時疎開学園（都立四中修練道場）に、千駄木52名（引率、関沢政久・入倉栄）と本郷82名、計134名が集団疎開。

19年8月27日及び29日　栃木県西那須野、東那須野に集団疎開児童出発。東京に残った児童は10名足らずとなった。

19年9月1日　5月に疎開した児童は戦時疎開学園から二駅先の慶乗院・金超寺に移る。

◎疎開先

	児童数	教員	寮母	作業員
宗源寺	14名（男8・女6）	2	1	1
円光寺	37名（男14・女23）	1	2	2
慶乗院	24名（男24・女0）	1	2	1
光尊寺	30名（男17・女13）	1	2	2
雲照寺	49名（男20・女29）	2	3	3
中性寺	68名（男53・女15）	2	3	3
金超寺	26名（男22・女4）	1	2	3

20年1月28日　千駄木地区に焼夷弾　数人の学童の家が焼失

20年3月5日　6年生77名、職員3名帰京

20年3月20日　第二次疎開出発　児童70名、職員6名

20年4月13日　空襲のため雨天体操場をはじめ木造校舎が全焼

20年10月　安永先生を最後に疎開児童全員帰京。

57年11月　「千駄木疎開学童の碑」を那須慶乗院境内に建設。

工業者は「作れない売れない」ため転廃業つづく。「不急産業」の織物、食品、化学部門は軍需工場へ。三井、三菱、安田、住友らは重点産業を握り資本・利潤が集中する。

5・26 日本文学報国会成立。

6・24 **食糧管理法施行令公布**。米の他麦・雑穀・じゃが芋などを主要食糧とする。

6・26 日本基督教団、全国一斉検挙さる。

7・1 岩田豊雄（獅子文六）、朝日新聞に真珠湾の九軍神をモデルに「海軍」を連載。

7・22 商工省、石けん四人家族で月二個割当。

7・24 情報局、一県一紙制など新聞社統廃合。

8・13 アメリカで原爆製造マンハッタン計画。

8・21 **中学校の修業年限短縮、四年に**。

8・31 警視庁「不良少年」一斉検挙。
「文学界」九、十月号、小林秀雄、亀井勝一郎、林房雄、中村光夫らの座談会「近代の超克」掲載。西欧近代に対するアジアの解放を唱導。

9・16 日本滞留の宣教師を抑留所に強制収容。

11・1 大東亜省発足。

11・3 大東亜文学者大会。司会土屋文明、開

⦿面会は証明書持って　一学期に一回　お土産は絶対禁物(19・9・22 朝日新聞)

は二駅先の慶乗院という小さな寺に移ったんです。九月のことです。

この疎開には関沢政久先生のクラスの五年一組が中心に行きました。兄弟関係で女の子も一人混じっていました。先生はまだその頃二十代の後半で、奥さんは寮母さんでした。疎開先で生まれたお嬢さんはお寺の一字をもらって慶子さんといいます。先生は今でもお元気で千駄木にお住いです。

寮母の俵さんはお姉さんといった感じの方で、つい先ごろ亡くなりましたが、子どもながらに淡い恋心なんか持ったりね。

お寺を宿舎にして、歩いて三十分ほどの那須郡狩野第一国民学校まで通いました。四十人の男女組に二十名くらい入ったわけです。隣の席は地元の子でね。お弁当に白い米の飯がどっかり入っていて、ぼくたちのはふすまを炊いたごはんで、ホントにうらやましかった。その子がサツマイモのふかしたのをこっそりくれてね。ケンカもイジメも確かにあったけど食物の友情は後まで覚えている。だから地元の子とは今でも行き来があります。

白米のごはんを食べれたのは農家の手伝いに行った時。田植えや稲刈り、冬は麦踏み。あの辺りはタバコの産地で葉を一枚一枚広げる「タバコのし」をやると、銀シャリをたらふく食べさせてくれる、おみおつけもね。

その他は代用食で、カボチャをごはんがわりに食べたり、おやつといえば、干した渋柿の皮をかじってました。けっこう皮は甘いんですね。修練道場の時は歯みがき粉を水で練って食べました。甘い味がするけれど、あれは石の粉、食べすぎて血を吐いた子もいた。それから腹薬のわかもと。あれは胚芽なのかな、お菓子がわりに食べた。けっこう腹にたまるんですね。

アマナという雑草も採ってきて毎日おひたしにして食べた。もちろん猫の額みたいな寺の庭でも農作物を作っていました。

動坂下角の西東屋さんがお祝いの日、おまんじゅうを作ってきたり、修練道場で飼っていた豚を、一力肉店の田沢君のお父さんが来て解体してくれた事もあります。

子どもたちは国民服にゲートル巻いて、カバンを下げ、頭に防空頭巾を被って登

会の辞久米正雄、宣誓済厳胡、万歳発声島崎藤村。

11・17 労働力不足の解消のため閣議で中国人の強制連行を決める。

11・24 東京の国民学校七〇〇校の一、二年生らにさつま芋のプレゼント。

11・27 「欲しがりません勝つまでは」国民決意の標語に入選。

12・3 映画「ハワイ・マレー沖海戦」山本嘉次郎監督、特殊撮影円谷英二で封切り。

東宝映画、大本営海軍報道部企画の作品。

12・21 資材不足のため車両改造による輸送力増強を図る。大阪で座席のない電車試作。

12・23 大日本言論報国会が発足。徳富蘇峰会長となる。

◎疎開の時の日記は皆がいっせいに書いていたと思ったんですが、ボク一人だけだったみたいです、今ではいつの時間に書いたかも覚えていない。黙学とあるのは読書などですね。手紙とあるのは、誰に手紙が来たかという記録で、手紙が何よりうれしかったんでしょう。

（梶原四郎さん）

（どの日記の裏にも「栃木県那須郡狩野村下井口慶乗院學寮千駄木部隊関沢隊二班梶原四郎」と丁寧に書かれている）

・4冊目の末尾にある手紙の数のグラフ

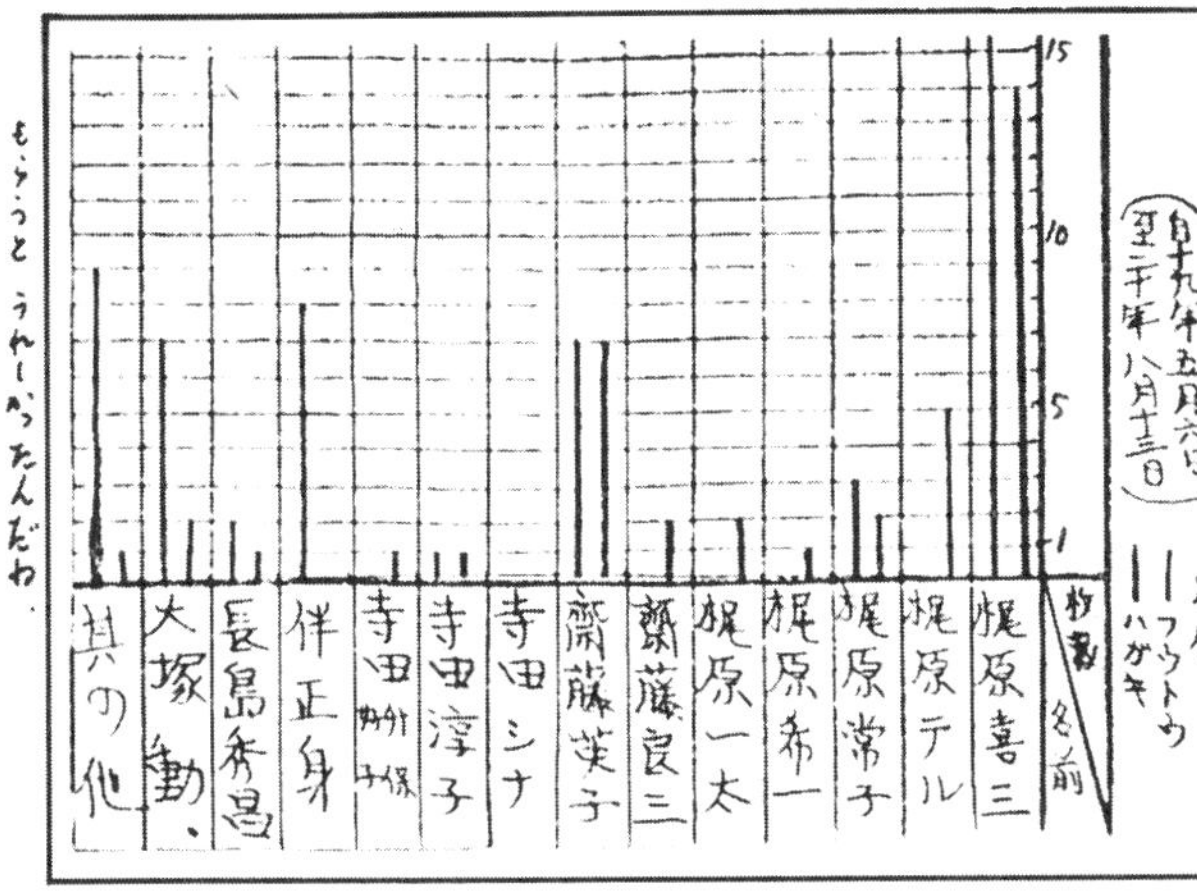

校しました。防寒の意味もあるんです。関沢先生は、僕たちが裸足で雪の中を登校するのが一番かわいそうだったというけど、僕はあんまり覚えていないんです。つらいのは、シラミとノミです。お風呂入ったって何したってだめ。袖口にびっしり並んでいたり、毛じらみは髪と同じで黒っぽくわかりにくいし、卵はよほど目のつんだクシでなければとれない。

とにかく食料に対する思いと、帰りたい気持ちが強い。もう一つ、ボスの存在です。こういう集団生活では必ずおこることでしょうが、腕力の強いやつに従わなきゃいけないというのがありましたね。食事の時、ボスに食べ物を少しずつまわしたりしていました。

私の場合、二十年の八月十三日に東京に一時戻っていました。翌十四日に親戚のいる新潟に行くはずだったのですが、十五日に大事な放送があるというので予定を延ばし、結局、東京で終戦を迎えた。

その時、家は杉並の下井草の方に疎開していた。疎開するほどの所でもなさそうですが。それで私は那須から帰ってわずか六、七カ月ですが、下井草の桃井第一国民学校に編入した。それで千駄木の

〈18年〉

2・1 ガダルカナル島撤退開始、大本営は「転進」と発表。戦局は一気に悪化する。→5・29 アッツ島玉砕。→6・6 連合軍、ノルマンディー上陸作戦開始。→7・29 キスカ島撤退。→11・25 マキン・タワラ両島守備隊全滅。

1・1 中野正剛が暗に東条を批判した、「戦時宰相論」で朝日新聞発禁。

1・13 ジャズなど千曲の演奏を敵性音楽として禁止、「ダイナ」「私の青空」など。

1・16 電力消費規制強化。

3・2 朝鮮にも徴兵制適用。

3・10 第三八回陸軍記念日、陸軍省では「撃ちてし止まむ」のポスター五万枚を配布。

3・19 少年産業戦士壮行会、日比谷で開催。鈴木梅太郎、代用食芋パンを発明。

4・12 **文化学院校長西村伊作が不敬罪で検挙され、自由主義教育を貫く当校強制閉鎖。**

4・18 山本五十六、南太平洋で戦死。この情報は極秘にされ→5・21 に大本営発表。

4・20 東条内閣改造で翼賛体制強化。

5・1 健民運動強調期間で結婚奨励。

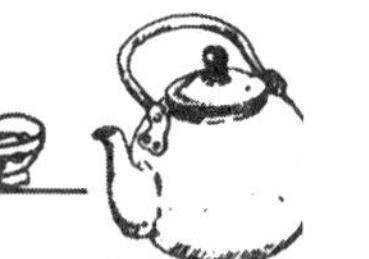

⊙老幼者は疎開して 帝都を身軽にしよう(19・11・7 朝日新聞)

卒業生じゃないんです。大正十五年に父が林町に来て以来、私もここで育ったんですがね。

当時の疎開仲間も、千駄木にはほとんどいません。ある時、大戸君と関沢先生と私で飲んでまして、疎開の記録として何か残したいという話が出ました。二度とあってほしくない学童疎開ですから。一人二万円ずつ出し合って、お世話になった慶乗院の境内に「千駄木疎開学童の碑」を建てたんです。今でも千駄木小と交流があるんですよ。

疎開先で赤痢が蔓延したんです

汐見

清水 洋子さん（当時五年）

私が、四年の頃から縁故疎開が始まって、東京ではもう授業が続けられないと集団で疎開することになったのは五年のときです。

兄二人はもう卒業してまして、私と三年の妹が行くことになりました。一番下の妹は四歳で母の手元に残りました。父はそのころ宮内省の植木職をつとめて、いま思うと戦争の末期でも宮中へ通って植木の手入れをしてたんですね。

疎開先は塩原。汐見の場合は福渡温泉です。百人くらいいたかしら。西那須野まで汽車で、そこからバスで山の中に入ります。箒川に沿って坂口屋、松屋、そして一番大きな和泉屋とありました。ここは鉄筋コンクリートの大きな旅館で五階だったかしら。兵隊さんと遊んだ覚えもあるから、きっと他の客もいたんでしょう。私は中くらいの木造の松屋旅館でした。その先の塩の湯には学習院が集団疎開できてて、そっちの方が立派な旅館だったと思います。それから福渡の手前には、いまの島津貴子さん、当時の清宮がいて、散歩するときなど私たちは道に伏したのを覚えています。

着いて一、二日は、はしゃいでいた子たちがしくしく泣きだしました。川の音が四六時中、雨の音みたいにざあざあ聞こえるのが不思議で、いつ帰れるのかしら、と心細くなって、一人が泣き始めるとみんなしくしくです。

毎晩、一人は脱走が出ました。男の子

5月 上野不忍池で食用のため蓮の根掘り。

10月 不忍池の一部が防空貯水池となる。

5・5 少年兵の志願、満一四歳から可能に。

5・11 火野葦平、「陸軍」を朝日新聞に連載。銃後の女性採用すすむ。そのための託児所ができる。

●五月十七日。細雨烟の如し。菊池寛の設立せし文学報国会なるもの一言の挨拶もなく余の名をその会員名簿に載す。同会、長は余の嫌悪する徳富蘇峯なり。余は無断にて人の名義を濫用する報国会の不徳を責めてやらむかとも思ひしがこれかへって豎子をして名をなさしむるものなるべしと思返して捨置くことゝす。

（永井荷風『断腸亭日乗』岩波書店）

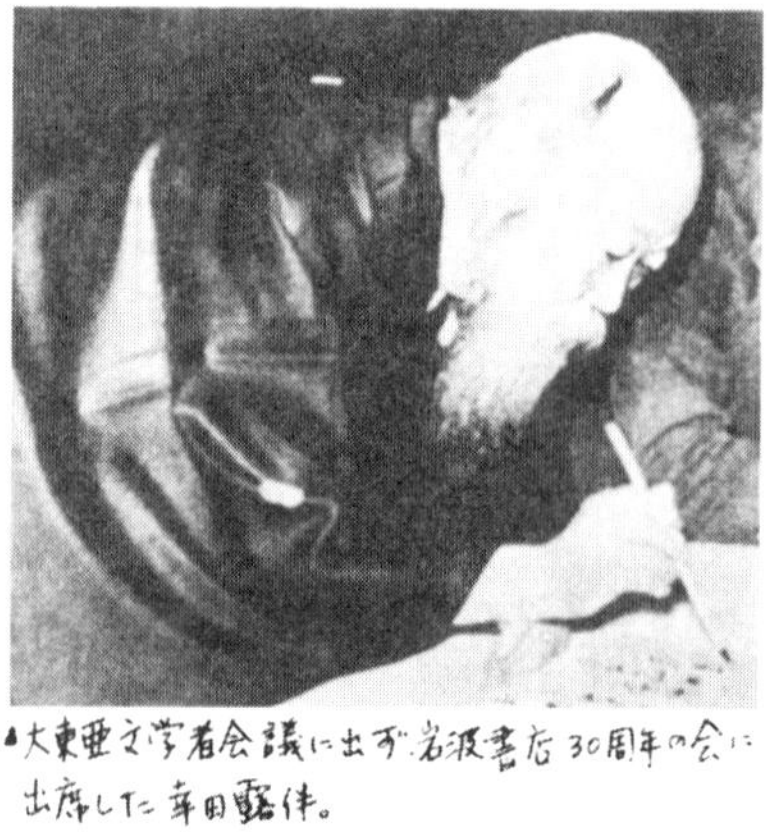

▲大東亜文学者会議に出ず、岩波書店30周年の会に出席した幸田露伴。

6・1 昭和通りの中央植樹帯で戦時農園。

⊙疎開やめ 工夫せよ・策はある（19・12・18 朝日新聞）

ですね。男の子の方が勇気があった。来た道をまっすぐ帰りゃいいんだろ、と座布団を布団の中にもっこりさせて、さも寝ているようにみせかけてね。

私はわりかし先生方にかわいがられた方です。旅館にお遣いに行くのは選ばれた人なんです。他の子からはまたあの人ね、と思われる。そして帰るとご苦労さんて先生がお菓子をくださる。先生方は六畳か八畳の個室を持ってましたね。なんでこんな物があるのかと思うし、それを自分一人で隠れて食べるのが嫌でした。

勉強の方は宿題も出て、各部屋で助けあいながらやりました。でもあまり教科書はすすまなかったですね。体力作りのつもりか肉体労働が多かった。薪を取りにいく、洗濯、掃除、布団敷き、食べれる草を採りに山にも入ります。

そういえば最後のころ、川上先生という音楽の男の先生がやってきて、クラシックの歌を美声でバンバン歌ってくれてね、リゴレットの「女心の歌」なんて口うつしで覚えました。

軍国主義が徹底してくると、子どもの世界にもそれが出てくる。親分になると洗濯だって人にやらせる。共同生活は、ある意味では人間を見る目を学んだ気もします。私も勝たねばならぬ、と思ってましたし、兵隊さんに送る絵を描いて賞をもらって自慢しましたし

それが八月十五日でひっくり返ったわけです。すると人民裁判が子どもの中でも起こって、その後、私たちは十人くらいで那須の大山田、烏山から入ったところのお寺に再疎開して、土地の学校に通いました。そこでは塩原でエバってた人を自己反省させたりしたものです。みんなでワァワァいってね。

玉音放送は先生と寮母さんだけで聞いてました。お昼になってもご飯がでないので変だな、と思いました。新聞はない、ラジオはないで、子どもは何も知らされなかった。一度だけ、広島に原爆が落ちたときは、「変な爆弾が落ちた」ってキノコ雲の写真の載った新聞をみせてくれました。

楽しかったこと。たった一つあるわ。いまの八中の辺に住んでた森島さんて友だちが久喜に引っ越してたんですが、集団疎開をするとき、わざわざ久喜駅にみんなの顔を見にきてくれたんです。それこそ、こんにちわ、さよならというほど

6・2 大日本労務報国会結成。
6・16 女子、年少者の深夜業、坑内作業認可。
6・25 **学徒戦時動員体制確立要綱決定。**
7・21 国民徴用令改正公布。
7・30 **女子の学徒動員決定。**
8・13 新内流しを廃止。
8・14 **学徒勤労奉仕本格化。国民学校四年以上。**
9・1 大都市隣接の買い出しの野菜類は二貫目までに制限。二、三倍の闇値。配給では一日四時間半が行列買いに費やされた。
9・4 **上野動物園で「時局捨身動物慰霊法要」開かれる。ゾウ、クマ、ヒョウ、ライオン、ヘビなど二七頭が処分された。→9・23 ゾウのトンキー餓死。**
9・21 **閣議により疎開方針決定。重要都市における官庁・工場・家屋の建物疎開および学校・住宅・人員等の分散疎開計画を明示。**
9・22 **理工学以外の学生の徴兵猶予撤廃。**
9・23 国内必勝勤労対策決定。車掌、理髪師など一七種について男子就業禁止となる。
9・25 **二五歳未満の未婚女子動員決定。**

の時間でしたけれど。
　それから戦争直後にGHQが村にきました。間違った道を入ってきちゃったらしいの。向うはピーピー笛吹いてチューインガムをばらまこうとしたけど、先生は貰っちゃいけない。窓をのぞくのもいけないって、中でシンとしてました。
　戦争後に、じつはまだ書かれていないことがあったんです。それは赤痢が蔓延しまして、多分、四人亡くなっているんです。男の子が一人、女の子が三人。みんな、兄や姉がいるからと、あとから疎開してきた一年生だと思います。
　抵抗力も弱っているから次々伝染して大広間に一杯、子どもが寝てた。私は幸いかからなかったごく少数の一人ですが。医者はいたでしょうが当時とすればロクな手当もできなかったのでしょう。あれ

◆汐見小学校の場合

◎18年の学校日誌より。
「午後一時三十分ヨリ三年以上少年団体型ニテ清掃作業開始、作業中微小金属アルトキハ拾フコト、紙屑仝前、午後二時三十分終了金属十三貫七百匁」

19年　職員は「東京汐見勤労報国挺身隊」として作業日を設け、種々の作業を行う。日曜日も半数交代で出勤し、仕事をした。

19年8月26日及び29日　栃木県塩原福渡温泉へ集団疎開児童出発。

◎疎開先
和泉屋　199名（男66・女133）、教師6、寮母8。
松屋　134名（男83・女51）、教師3、寮母5。
坂口屋　76名（男76・女0）、教師2、寮母4。作業員は全部で9名。

20年3月4日　被災。学校日誌より。
「午前九時十五分頃、B29来襲、校舎北裏庭職員室衛生室ノ中間ノ所ニ大型爆弾落下炸裂シ職員室東側衛生室等被害甚大ナリ。宿直員ノ活動ニヨリ書類等ニハ異常ナキヲ得タリ。爆風ニ依ル硝子ノ破損ハ実ニ多数ナリ」

20年3月21日　第2次疎開出発。児童70名、職員6名。
この日、6年生72名、職員3名帰京。

20年4月14日　千駄木地域に火災発生。107世帯、250名の罹災者を屋内体操場などに収容した。

20年5月7日　初等科の残留児童は20名となり、汐見在籍児童数の最低を記録。

20年5月28日　この日より海軍東京地方施設本部として校舎が転用されることになった。

20年5月　疎開児童の一部を大内村、大山田村へ再疎開。

10・10 米麦の買い出し厳禁。
10・16 出陣学徒壮行の最後の早慶戦。
10・21 出陣学徒壮行会、明治神宮外苑に七万人集合。「生等今や見敵必殺の銃剣を提げ積年忍苦の精神研鑽を挙げて悉く此の光栄ある重任に捧げ、挺身以て頑敵を撃滅せん。生等もとより生還を期せず」。
11・5 日・満・比・タイ・ビルマ・「南京政府」の代表が東京で大東亜会議ひらく。
12・1 米国務省、日本の無条件降伏と戦後処理を明記したカイロ宣言を発表。第一回学徒兵入隊。
12・10 文部省、学童の縁故疎開促進を発表。
12・21 閣議、都市疎開実施要綱決定。
12・24 徴兵適齢一年引下げ、一九歳となる。
12・28 閣議、食糧自給態勢を強化。

〈19年〉
2・6 クェゼリン・ルオット両島全滅。**3・8** インパール作戦開始。↓**6・19** マリアナ沖海戦、空母の大半を失う。↓**7・4** インパール作戦の失敗を認め作戦中止を命令。↓**7・7** サイパン全滅。↓**9・29** グァム・テニアン両島全滅。↓**10・24** レイテ沖海戦。

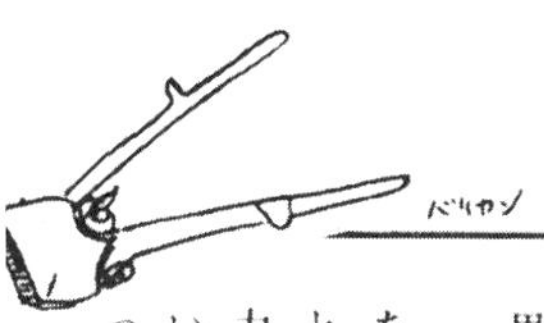

⦿学童根こそぎ疎開（20・3・21　朝日新聞）

は戦死だと思う。それが伏せられ語られていないのが私は許せないんです。最後まで大腸カタルといわれてた。というのはすぐ近くに清宮さんがいたから、赤痢だとまずかったんでしょう。終戦になってやれ家に帰れると思ったとたんの赤痢で、うれしい気分もとんでしまいました。で、保菌者でない何人かは東京に帰っても家も食料もないし、もう少し共同生活をしようという先生のすすめもあって再疎開したんです。

　そして十一月、東京に帰りました。家の前っかわ全部焼けてました。着いた日は夜中でわからなかったけど、次の日、空襲ってこんなものなのか、と町の傷あとをみてあるきました。

虚空蔵菩薩広場のラジオ体操

森　幹松さん（当時六年）

　私は昭和八年、道灌山通りのいまは「つぼ八」のところで生れて、父は同じく春木屋という中華そば屋だったんです。そこは強制疎開になって住んでたのはいまの鈴善さんとこで、初音四丁目一六六番地。学童疎開に行ったのは十九年の八月。一クラス五十数人の半分以上は行ったと思います。

　親は見送らなかった。二人の姉さんたちが小学校まできて、校門で今生の別れというので涙々です。町会の人たちや有力者も駅まできて、まるで出征兵士みたいに、「行ってこいよ」、「がんばれよ」って。長旅でしたよ。

　夜立って朝着きました。女の子は東山温泉、男の子は柳津温泉。あちこち分宿して、私は港屋というこじんまりした旅館でね。あのころ男は松組竹組、女は梅組桜組、そして菊組が男女組でしたが、各旅館に三〜六年生がいました。港屋は若い女性の須藤先生と寮母さん二人でやさしかったし、宿の人も家庭的でした。虚空蔵菩薩広場でラジオ体操もやって楽しかったですよ。

　あまりいじめやけんかをした覚えはないです。下級生につよいのがいたな。一番下は桐箱屋の森田君で、ニコニコしたかわいい子だった。板金屋の古川のけん

1・26 建物強制疎開実施。
1・29 「中央公論」「改造」の編集者ら検挙（横浜事件）。
2・4 軍事教育全面的強化発表。
2月 雑炊食堂開設→11・25 都民食堂と改称。
2・10 屋台の引き売り禁止。
2・12 国民学校教育内容刷新要綱決定。
2・16 国民学校の就学義務を満一二歳に引き下げる。
2・17 文部省は徴兵による教師不足に対応し、軍人・官吏等を無試験で教員として採用。
2・25 決戦非常措置要綱決定。
3・3 閣議により一般疎開促進要綱決定。老齢者および幼児を中心とした縁故疎開の実施。
3・4 高級料亭、待会廃業前日で、上野精養軒ではかけ込み結婚式多くあり。
4・1 六大都市の国民学校学童二百万人に、一食米七勺の給食開始。
4・19 幼稚園に休園を通達、疎開を勧める。
4・21 家族ぐるみの疎開阻止（労働力、防空力確保のため）月額一五円の別居手当支給。
4・25 東京、横浜、川崎で疎開輸送強化月間。

●谷中小、みなと屋の前で。

◆谷中小学校の場合

19年8月18日　男子351名、福島県河沼郡柳津へ集団疎開。（上野発23時30分）

19年8月21日　女子200名、福島県北会津東山温泉へ集団疎開。

◎疎開先

東屋　男子59名、先生・寮母2名

港屋　男子51名、先生・寮母3名

内田屋　男子47名

鈴木屋　男子35名、先生1名

月本　男子40名、野沢屋　男子40名、天野屋　男子26名、長谷川屋　男子22名、山中屋　男子21名、丸一屋　男子10名

有馬屋　女子93名、先生・寮母3名

福屋　女子67名、先生・寮母3名

東山ホテル　女子40名、先生1名、以上不明あり。

20年2月28日　六年生帰京。

20年3月4日　空襲。谷中地区に26コの爆弾が落とされ、死者80名、重傷50名、軽傷120名の被害。木造部分の校舎、講堂焼失。初音1・2・4丁目、桜木町、三崎町、真島町、天王寺茶屋町、上三崎北町が罹災。

20年3月9、10日　下谷区の被害が大きく、谷中では上野桜木町、初音町も甚大。

20年12月20日　疎開引き上げ完了。20学級、児童955人となる。

ちゃんは早く帰っちゃったんじゃないかな。さみしくて線路づたいに逃げて会津若松の方までいった子がいました。でもおまわりさんに連れ戻されてね。

お風呂は温泉だから入り放題です。あそこは山の一番深いところで冬は寒くて

4・28 中里介山腸チフスで急死。

5・5 国民酒場、都内一〇四カ所で営業。一人酒一合かビール一本、夜六～八時まで。

5・7 **本郷、千駄木両国民学校三年生以上一三〇人による初の都立戦時疎開学園が栃木県那須村に開園。**

5・8 **東京都、学校報国隊、勤労報国隊などによる帝都疎開工事挺身隊の結成を発表。**

5・14 東条首相「勝敗は国民の戦いぬく気迫にあり」と演説。

5・23 **東京都初の疎開専用電車、京成上野駅を出発し千葉県成田町へ向う。**荷物二個まで。

5・24 東京美術学校教授ら、「授業後即下校は時局に反する」とした文部省に辞表提出。

5・26 発疹チフス患者急増でシラミ退治。

6・13 教育科学研究会の城戸幡太郎ほか元会員が検挙され、民間教育運動が壊滅。

6・16 B29、北九州を初めて空襲。

6・30 **学童疎開促進要綱を閣議決定。**

7・17 **文部・内務省と東京都は「学童疎開実施要領」を発表。**六都府県四〇万人対象。

7・18 東条内閣総辞職。

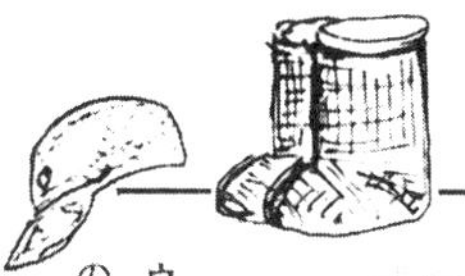

◎強い赤ん坊誕生へ　母子集団疎開第一歩（20・3・26　朝日新聞）

ね。ワラぐつをはいてたな。竹でスキーを作って滑りました。苦手はトイレ。只見川って川につき出してたんです。臆病だから、穴からのぞくとはるか下の川がみえるのでこわかったね。

　川崎君が班長で僕は副班長です。甘い物に飢えてたから、村の雑貨屋で歯みがき粉を買ってなめました。農家におよばれして、あんこのついたおはぎをごちそうになりました。

　もっともわたしたちは六年生で、半年で帰ってしまい、そのあとが大変だったらしい。宿の人にも冷たくされたといってました。谷中の場合、送り出す方の保護者会がしっかりしていて、ずい分、慰問や励ましにも来てくれた。

　父も役員してたんですが、疎開の費用の集金に歩いたんですね。何度、集金にいってもお父さんもお母さんもいない家があって、留守番の小さい子が貯金箱をさかさにして出したんですって。ところが三月十日でしたか、その辺りが燃えちゃってね。そんな風にお金を出させたことを父はあとまで気にしてましたよ。

　私たちは帰りも夜行で、二月二十六日の朝五時に着きました。ちょうど、雪が降ったあとでした。東京に戻ってからが悲しいじゃありませんか。一週間たつかたたぬうちに三月四日の爆撃で、私の知っている友だちだけでも、鈴木さん、佐藤君、……四、五人は死んでますよ。まったく何のために集団疎開に行ったのかね。もう少しなんとかならなかったのか、いまでも悔やまれます。

　この写真に写っている友だちも早死にが多くてね。この前、結城一郎君も死んじゃったしね。あんまり町に残ってる人はいないんですよ。

苦しいときは、清子ちゃんを思い出すの

高尾美千子さん　谷中

昨年、四十何年ぶりに日暮里のラングウッドで、十五、六人で集団疎開のころの同期会をやりましてね。もう入ってくるなり、しょうこちゃん、えみちゃんでしょってわかるのよね。あのころ十くらい、いま六十ちかくなっても幼な顔って

・十九年七月十四日　大暑　南瓜二つ交配す。

◎日記の書き方を改めること

戦況は報告的なものを新聞の切抜きによって編輯し、私はあまり書かぬこと。戦局の批評めいたことは避けるように努める。食物不足の話はなるべくやめ、鶏や農作物の仕事の記録を主にし、また生活の感想を主にすること。

（伊藤整『太平洋戦争日記』新潮社）

7・22　小磯・米内陸海軍連立内閣成立。

8・1　砂糖の家庭用配給停止。駅弁の割箸使用禁止。

8・4　国民総武装、閣議決定・竹槍訓練開始。**学童集団疎開第一陣二〇〇〇人が上野駅から出発。**日用品を一人二〇キロ以内にまとめる。

8・14　京成電車に初の女子運転手。

8・22　**沖縄から鹿児島に向かう疎開船対馬丸撃沈。疎開児童七三八人、その他七四八人のほぼ全員が死亡。**

8・23　学徒勤労令、女子挺身勤労令公布。

8・25　パリ解放、ドイツ軍降伏。

9・1　**国民学校給食、パンのみとなる。**

◉出直す学童集団疎開 もっと安全地帯へ（20・7・15 朝日新聞）

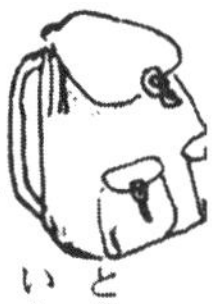

どこかに残ってる。それと同じ釜の飯というのかしら、ずっといっしょに暮らしていたから。

私は体が弱くて小さかったから、疎開にいったのは二十年の三月四日に爆弾が落ちたあとなの。ひどくってね、で、父親がやっと私を手放す気になったのね。

女の子は会津東山温泉。鈴木辰男先生の引率です。むこうは冬で駅からバスがなくて、一里九丁をつるつるすべりながらたどりつきました。

行ってみると空気はいいし、空襲はないので夜、寝巻きに着替えて寝られるし、温泉なのでお風呂に入れるし、私のような弱い子には良かったですね。が腸が弱いので豆をたべられなかった。帰ってきたときはこんな細い顔をしていました。

先生方は大変じゃなかったかしら。中村多衣子先生（現斎藤姓）はまだ二十五くらいでしょ。谷中小の卒業生で女高師をお出になっていらした方で、本当によくして下さった。途中で結婚式で一時帰京されたと思います。あとで見須澄子先生（現白戸姓）が来て下さってたすかった、といってらしたわ。見須先生はピンクのブラウスを着てらしたのを覚えているけど、まだ二十歳くらいでしょ。おゆうぎが上手で。あのとき習った絵だのおゆうぎだのを忘れないわ。どうにか楽しくと、ひなまつりやお誕生会もしてくださいました。

私たちの宿、有馬屋にはふつうの泊り客もいたと思うの。女中さんたちがおぜんを運ぶのをみたから。軍人さんたちの宴会もあったみたいね。仙台湾のカキがおいしかった。福島だからさくらんぼ、すいかもおいしかった。丼ごはんを大きなお盆で運ぶの。おやつにはパンが配給になった。ごはんを頂くとき「お百姓さんありがとう、ことしも豊年万作で、朝から晩までお働き」とうたいました。

せんたくも先生や寮母さんがして下さるのですが、出しそこなうと自分でしました。温泉のお湯を飲んだりもしました。あったかいからしらみがわくのがつらかったわね。

ノートなどないので、お菓子屋ののし紙が配られ、それで勉強してました。それから勤労奉仕で、「テントウムシダマシ」というジャガイモにつく虫をとったり、山から、たきぎを背に結わえて降りてきたりですね。飯盛山の白虎隊のお墓

9・12 東京の学童疎開の計画輸送終了。

10・1 朝鮮総督府発行の「国民総力」、国民徴用令を特集。

14〜20年に朝鮮人七二万五千人、中国人三万九千人が日本に強制連行。六万人以上死亡。

10・5 東京で第一回疎開学童対策協議会を開き、寮舎、食糧、燃料、衣料などの確保を協議。

10・16 特別志願兵令改正、一七歳未満の志願を許可。

10・25 神風特別攻撃隊編成。

11・1 一七歳以上を兵役編入実施。

11・16 中学二年生と国民学校高等科一、二年生に勤労動員令発動。

11・24 B29、東京初空襲。

・二十年一月十八日（木）雪
今日は豆ごはんをたべて勉強した。お晝前に炭を取りにいった。お晝はすいとんだった。午後、少し勉強した。晩おかずはさめの魚だった。とてもおいしかった。

・二十年一月十九日（金）晴
今日、あさごはんをたべて勉強した。お晝、大根の葉っぱのきざんだおかずがあった。午後、天氣がよいので外で遊んだりなんかした。おやつに豆とうどんのゐったのを下のうちでいただいた。晩のおかずはたことじゃがいもの煮たのだった。とてもおいしかった。

大川猛さんの日記
（『書きつづけた日記、送りつづけた手紙』谷中国民学校集団疎開記録）

1992年(平成4年)9月23日(水曜日)
東京新聞
48年ぶりの学童疎開記録
台東・谷中小の末武教諭
体験者探しあて調査
飢えや親子の愛克明に

にお参りしたり忠魂塔にもいきましたね。

悲しかったのは、須賀さんの妹の清子ちゃんが肺炎で亡くなったことです。私といっしょで空襲がこわくなってあとから行った組だったのですが、洗面器の底を叩くようなセキをして亡くなりました。東山にも診療所があって、私なども喉を焼いてもらいに通っていました。よっぽどひどいと会津若松の病院まで行くんですが、清子ちゃんは間に合わなかったのでしょう。先生方がおあやまりになるのを、お家の方が「どこにいても亡くなるときは同じですから」といっておられました。私は苦しいときは清子ちゃんのことを思い出すのです。疎開は、私のような意気地のない人間が強くなるためにはいい体験だったと思います。いまの小学校三年生にあの生活はできるかしら。

終戦の日には、いつもごはんを食べる部屋で、先生が説明して下さいました。どうなるのか、と思いましたけど、それからも黙々と勉強しました。みんなより一足先に父につれられて帰りましたが、谷中小学校は爆弾で窓ガラスが全部やぶれて、キリギリスみたいな格好になっていました。

12・7　東海地方に地震・津波死者九八八人。
12・11　東京都、妊産婦・幼児・老人の疎開促進、重要産業従事者の転出禁止などの疎開指導方針決定。

〈20年〉

・二十年一月七日（日）晴
さて、昭和二十年新春の浮世風呂。
十七年はまだ戦争の話が多かったと憶えている。十八年には工場と食物の話が風呂談義の王座を占めていた。十九年は闇の話と、そして末期は空襲の話。…こうして裸になると、いかにも青年がいなくなったことがよくわかる。美しいアダムのむれは、東京の銭湯にはもう見られない。蠢いているのは、干乾びた、斑点のある、色つやの悪い老人か、中年、ないし少年ばかり。
（山田風太郎『戦中派不戦日記』講談社）

1・9　B29、七二機、東京、中島飛行機工場、横浜他を空襲。
1・12　閣議により疎開期間を当初の予定より一年間延長（21年3月まで）。

⊙残留校長も地方へ　疎開学寮中心に学童集団疎開を恒久化（20・8・1　朝日新聞）

猫のエサ食べちゃった

田辺　武さん（当時二年）谷中

うちは両親とも江戸っ子で田舎がない。縁故疎開ができないんで私は二年生だったが、たまたま家が学校の隣りだったし、親が無理して押しこんでくれたんじゃないか。だからモーローとした記憶です。

とにかく混んだ貸し切り列車に乗って、会津柳津まで行った。先輩のいうことをきかなくちゃいけないと思ってた。クラス会のたび、食べ物が悪かった話は出る。

そうだ、いまでもみんなに言われるのは、旅館の猫のエサ。麦めしにおかかがのってたのをぼくが食べたの。猫の上前取ったやつなんてね。

そんなわけで、疎開はしたけど寂しくて一ヶ月いたかどうかで秋には帰ってきちゃった。

翌年の三月四日の爆弾。あれはすごくよく覚えています。空襲のときは谷中小学校の地下の給食室か、一年一組の教室に逃げていた。その日も親父は警防団だったから、うちのおばあさんと、お袋と僕と姉と四人でそこに入った。爆弾の落ちる音、ヒュルルルーン、ズズーン。そのとたん学校中のガラスがいっぺんにバリバリと落ちちゃった。姉はその瞬間、僕にしがみついてワンワン泣いた。

大雪の日でした。前っかわでは大円寺の境内に一つ、門前にあった谷中せんべいに一つ落ちた。せんべいを入れる白い紙袋が、雪がチラチラする中にフワフワと舞い上がっていました。そして奥のいまのお地蔵さんのあるところで、佐藤さんの一家が亡くなった。

ちょうど信号のあたりかな。雪の上があざやかに赤くなってる。子どもは見ちゃダメといわれたけど僕は見た。人間の首がすっとんで、かぶっていた防空ずきんのアゴ紐が、街灯にひっかかっていたんです。大円寺の石塔が谷中小学校の屋上にすっとんだのは知っているでしょう？

その下のいまのポストあたりの道にあった防空壕も、穴掘って杭たてて作った簡単なものだったが、泥がかぶさって中

1・13 東海地方に大地震（三河地震）。死者一九六一人、全半壊一万七〇〇〇戸。
1・18 最高戦争指導会議で、本土決戦即応態勢確立の「今後採るべき戦争指導大綱」決定。
1・21 小磯首相「皇国今や興廃の関頭に立つ。生か死か、断乎国体を護持」と演説。
1・27 B29、七六機、荒川、浅草、日本橋他を空襲。
2・4 ヤルタ会談開かれる。
2・25 B29、約三三〇機、東京を空襲。
2・26 陸軍省、参謀首脳会議で「本土決戦完遂基本要綱」を決定。
2月下旬〜3月上旬 六年生、疎開地より帰京。
3・1 硫黄島全滅。

心理作戦の武器として空からまかれたビラ。裏に3日以内にその都市を爆撃すると予言している。

しらみとり用 すきぐし

◎太った疎開学童 鳴子温泉の小石川組(20・8・2 朝日新聞)

の人が出られなくなり、おまけに水道管が破裂して水びたしになって、何人亡くなったか知らないけど、大変だった。

三月四日で父も母も怖くなり、家の若い衆の実家が長野の上山田温泉にあったので、そこを頼って家族で疎開しました。

おやじはリンゴ園の仕事、母は百姓仕事。でも持ってた現金や衣類はすべてお百姓に売って竹の子生活、それでもどうにか生きてた。両親の苦労は大きかったと思いますよ。あのころは六キロ離れた更科小学校に毎日歩いて通ってたんだものな。それでも勉強なんかしない。お国のためということで、僕らは山の松の根を掘って綱つけて学校まで降ろす、というのをやらされた。あのころ飛行機の燃料がなくなり、「松根油」というのを作ることになったわけです。

背中をしらみがのぼっていく

金森久城さん 田端新町

僕んちは田端駅の向こう側で、父親は勤め人だった。四年生で群馬の沢渡温泉に集団疎開した。まるほん旅館って渡り廊下のある立派な旅館でね。その一隅に鐘をつってて「カンカンカン」と鳴らして、「全員しらみとり開始!」。よくまあいたよね。いま九十になるおっ母さんが来ていっしょに寝たけど、しらみがモゾモゾして寝られなかったってさ。風呂に入って前の子を見ると湯につかるにつれ、背中をしらみがおぼれちゃいけないってんで、素早くゾロゾロかけのぼっていくのさ。で、「全員もぐれー」とか。

最初は元気だったけど、すぐ淋しくなった。体をもてあましたし淋しいのをこらえるために、障子にとび込んだりね。まるで猿山だね。生徒同士のボス争い。一夜にして変わる。強いやつにつく奴、ずるい奴、いろいろいる。食べるものもなかった。よく食べたのは桑の実だな。口が真っ赤になる。胸のポケットにいれるんだ。先生に桑の実とったな、といわれるからそんなことしません、なんていうのに、ポケットから赤紫の汁がしみだしてる。ビンタくったね。サツキの花弁だけむしって食べたよ。今でも根津神社

3・4 B29、東京を空襲(本郷・巣鴨地区)。
3・9 閣議で学童疎開強化要綱決定。
3・10 B29、東京大空襲。
3・23 本土決戦にそなえて国民義勇隊の組織を決定。
3・15 空襲に対処して大都市における疎開強化要綱決定、学童・母子緊急疎開。
3・18 国民学校初等科を除き、学校授業一年間停止を決定。
4・1 米軍沖縄に上陸。
4・2 B29、一二四機、東京を空襲。
4・4 B29、一六〇機、下谷、向島他を空襲。
4・5 小磯内閣総辞職。
4・7 鈴木貫太郎内閣が成立。
4・13〜14 B29、三五二機、小石川、本郷、下谷他を空襲。
4・14 東京帝室博物館、美術品疎開開始。
5・1 集団疎開学童への主要食糧の特配打ち切り、配給料減少。一〇歳未満は二合七勺を二合、一〇歳以上は三合四勺を二合八勺。
5・15 幼老、病弱者、戦災離職者以外の一般疎開禁止。

◉帝都の中等、国民学校 九月一日から授業 男子は科学 女子には躾(20・8・30 朝日新聞)

のつつじを見ると思い出すね。

田舎の子にいじめられたこともある。オイ、と呼ぶ。ハイ、と答える。腹へってるんだろ、とうもろこしやる、という。もらって喜ぶと、砂利なんかをもろこしのかわでたくみに巻いてあるんだ。

まるほん旅館にいたのは少しでね。それから永林寺って寺に移された。ところがある旅館の主人の不注意で山火事になり、沢渡にはいられなくなって、こんどは中之条の林昌院という寺に移されたんです。

そういえば一人一人ちくちく小さな布の袋をこさえてさ。腰のところにつけてたんだ。豆なんか来ると先生におちょこに二杯分くらいずつ、この袋に入れてもらう。まず皮をはいで、豆を半分に割って、それを片われずつ大事に大事に食べたものなあ。

あるとき金のある親がきて、自分の子だけ呼んで、親父が息子に水筒飲めなんていってるの。軍隊水筒ね。水なんていくらでもあるのにと思って見ていたら、口のあたりからツッて赤黒いものが垂れる。お汁粉を入れて来たんだ。一度、中野士官学校の一部が隣の中学校に来たとき、その兵隊さんの残飯を貰って食ったなあ。

ひどい話っていえば、飼ってたウサギが逃げたことがあった。夜中にお寺の本堂の太鼓が叩かれ、境内に整列させられた。みんなの目の前で飼育係の女の子を呼び出してこのやろうって往復ビンタ。いままで寝てた女の子だよ。そのときは二、三人の女の子が失神したな。どうせ食うったって肉のないようなウサギが逃げただけでだよ。

たまりかねてハンガーストライキをしたことがある。寺から逃げ出して裏山に隠れてさ。あのときは預かってる子だからって、やっぱり先生が青くなったんじゃないの。オーイ、オーイとさがしに来て、見つかると叱られずに、すいとんをおごってもらった。慰撫工作ってわけ。

金昇龍、たしかそういう名前だったな、朝鮮人の子がいて仲良かったんだ。疎開する前も、いわしの空き缶にごはんをつめて梅干し一個みたいな弁当持ってきてた。そいつなんか、やっぱりいじめられてたな。思いつめて、「裏山の三本杉いって僕は死ぬから」と夜中にいうんだ。でもこっちも眠たいから、「そうか、ど

5・24〜25 B29、本郷他を空襲。
6・12 東京都、罹災者に対し北海道入植者の募集を開始。
6・13 **上野帝国図書館の蔵書一一〇万冊のうち一二万冊を長野に疎開**、と新聞報道あり。
6・23 義勇兵役法公布施行。一五〜六〇歳男子、一七〜四〇歳女子を国民義勇戦闘隊編成。
7・1 **集団疎開学童への主要食糧、さらに一割減配となる。**
7・12 戦災地利用のため「戦時土地物件令」を公布施行。
7・25 本土決戦にそなえ、松根油増産運動。
7・26 英米中三国首脳、日本に無条件降伏を要求するポツダム宣言を発表。鈴木首相、これを黙殺。
8・6 広島に原子爆弾投下される。
8・9 長崎に原子爆弾投下される。
8・14 ポツダム宣言受諾回答。
8・15 天皇「終戦」詔勅放送。
8・16 **東京都、学童集団疎開を21年3月まで継続する方針を明示。**
8・17 東久邇宮内閣成立。

5.25 洋画家 柳瀬正夢 新宿で爆死

うしても死ぬのか。それじゃサイナラァ」なんて、いま考えると友だちがいがないよな。彼も次の日はケロッとしていたけど。

　そういや、あのころ講談社の出していた「少年倶楽部」って雑誌がしきりに戦意高揚してたが、樺島勝一の絵だったと思うな、「日本軍、堂々と紐育（ニューヨーク）へ行進」って折りたたみグラビアページがあってさ。戦車でアメリカに上陸した絵。「紐育」って字面が面白くて覚えてるんだけど、ぼくらも必勝と信じていた。そのうちアメリカに勝つと、砂糖なんか一校に一俵ずつ配られて、一週間でなめないと罪になる、なんてうわさがとんだ。

　終戦のときは反対さ。進駐軍が疎開先にきてブリキの板をしいて男はその上でみんな殺される。女は全部アメリカに連れていかれるなんてうわさがとんだ。

　さいごのころは本当に食うものがない。小学校二年の弟があとで来たけど、みるみるやせて髪の毛が抜けた。それで母親に、「やっ　ちゃんがげっそりやせてあばら骨が出てきた」って手紙を出したんだ。下級生の方が栄養失調がひどかった。夜中に便所でひいーひいーって泣く声がする。ホタルがとぶ池のそばだ。戸を開けてみると、大便してるんだが、まっ赤な腸が垂れて、つまり脱肛してるんだな。汚い話だけど、指で押し上げてやったりして。

　自分の下痢をかくすために、こっそり便所にいくには、本堂とはなれた見通しのよいところにある便所はつごうが悪い。必ずだれかに見られている。生理的にがまんできないのに必死にこらえて、わからないようにしのびこむ。中は、異様な静かさ。ときどきその静かさに耐えきれないように大きく息をするのが聞こえ、ほかにも人がいるのがわかる。下痢らしい音をたてたらおしまいだ。

（『子どものころ戦争があった』あかね書房　新村徹「餓鬼集団」）

8・20　灯火管制解除。

8・21　閣議、国民義勇隊の解散を決定。国民勤労動員令による各種の制限禁止を撤廃。

8・30　マッカーサー、厚木に到着。

9・1　**東京の国民学校・男女中等学校、正規の授業を再開。**

9・2　ミズーリー号上で降伏文書に調印。

9・10　六大都市で疎開奨励措置（無料乗車券等）を停止。

9・17　枕崎台風、死者・行方不明約三八〇〇名。

・二十年九月二十日

松喜のあとの料飲組合本部の貼り札、「ダンサー二千名、接待婦、通訳、ボーイ等々募集」（中略）

松屋、米兵が買物してゐる。服部の時計台、時計が動いてゐる。

数寄屋橋、ゴー・ストップの巡査と、若い米兵もやってゐる――日比谷、同じく。

（中略）

市ヶ谷、半蔵門から新宿まで、まったく焼けてゐる。はじめて見る、見事さだ。

（添田知道『空襲下日記』刀水書房）

終戦の詔勅は、本堂に集められ、みんなで聞いたと思います。寮母さんは泣いていた。でも自分の気持ちとしちゃ「帰れる！」と思ったね。

それからお袋が迎えにきたんだ。弟なんて母の胸に毛布にくるまれて小っこいもんだった。

田端の家は焼けちゃって、それで根津に来たんです。根津は焼けなかったけど人もいなくて、ガラスにベタベタ貸家札が貼ってあったらしい。帰ってはじめて食べたおかずをいまでもおぼえている。コンニャクのまん中さいてくるっと裏返して、あ、そう、手綱こんにゃくというヤツ。その煮付けたの。「お代わりッ」て茶碗を出せるのが本当にうれしかった。

父が「久城、買い出しにいこうか」というので、よく大宮の先や千葉の農家に芋の買い出しにいったんです。でもそのころ父は、腎臓病で弱ってた。帰りにフーフーいって、畦道でちょっと休んでいこうや、とドタリと座り込んでたもの。結局次の年の六月に死にました。そんな重病人が買い出しにいったことや、父が四十九で死んだあと、三人を育て上げた母のことを思うと本当にせつない。

そういえば僕らのいた、中之条の林昌院に「おろかものの碑」ってのがあるんだって。戦争をした、あるいは加担した自分たちの愚かさを町の人が碑に刻んだもので、当然、二十年に東京に帰った僕は見ていない。一度ぜひ見たいな。

9・20 文部省、中等学校以下の教科書の戦時教材の削除を指示。

10・4 GHQ、治安維持法、国家保安法などの廃止を指令。政治犯の即時釈放。

10・5 東久邇宮内閣総辞職。

10・6 特別高等警察が廃止。

10・8 幣原喜重郎内閣が成立。

10・10 疎開学童の帰京が始まる。上野駅に高輪台国民学校の児童二二〇人が到着。

10・11 GHQは男女同権・労働者の団結権・教育自由化・専制の廃止・経済の民主化の五大改革を指令。

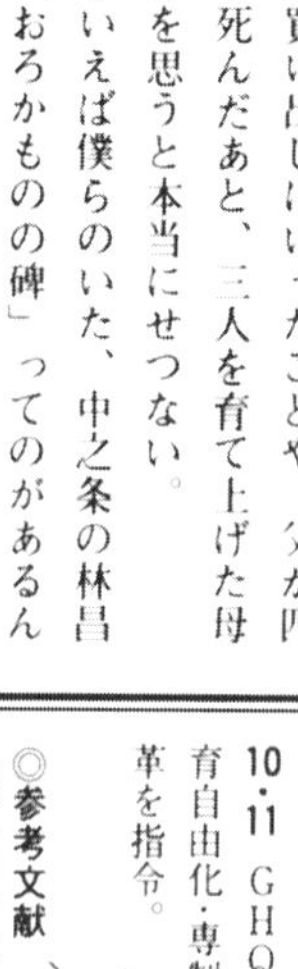

私は敗戦から九年たって生れた。子どものころ、まだ日本は高度成長前だったが、食うに困ったことはない。父と母は物心つくころから二・二六、満州事変、太平洋戦争ときて、十八歳と十六歳で敗戦を迎えた。だから「平和が一番」が口ぐせだった。食べ物を残すと母は「私があんたぐらいのときはサツマイモの茎を食べてたんだよっ」と叱り、冷蔵庫にしまい、翌日また出して食べさせられた。

父は八月十五日に何度か「がんじき」「すいとん」とやらいう戦時食をつくって私たちに食べさせた。空きカンに電極をつないで焼くパンも食べさせられた。これはすてきに「うまいっ」。母は、「こんないい材料で作ればうまいに決まっている。あのころは……」と眉をしかめた。

谷根千をはじめて十年、いつも戦争のことは心にひっかかっていた。が、四号の「平和地蔵を救え」以来、書いていない。戦争の話だけはさせないで、という町の人も多かった。体験もない私たちが強引に聞くのもためらわれた。が、「国際貢献」という「聖戦」がなしくずしにすすめられようとする今日、辛いけれどもとりくんでみたかった。医療、福祉、教育、文化、衛生、人権などで本当に哲学ある国際貢献をしているなら、誰が軍事的「貢献」をしろなどといおうか。それが人間の常識じゃないだろうか。事なかれでロクに何もしないで常任理事国になりたいなんてね。

とにかく「平和が一番」なのだ。（M）

◎**参考文献**

「45年前の子どもたち」全国疎開学童連絡協議会／**「35年目の卒業式記念誌」昭和19年度東京都根津国民学校谷中国民学校**／**集団疎開記録「書きつづけた日記、送りつづけた手紙」末武芳一編**／「誠之国民学校の思い出」昭和20年卒業同期生会／「創立70周年記念誌」文京区立根津小学校／「ひぐらしの里―創立百周年記念誌」荒川区立第一日暮里小学校／「創立七十周年記念誌―千駄木」文京区立千駄木小学校／「戦中女学生の記録」桜蔭高女十八回生／**「集団疎開の地岩代熱海を訪ねて―感想文集」第一日暮里小卒業生有志**／**「ねづがっこうS19」根津国民学校昭和19年度卒業生の輪**／**「文京区教育史」**／「昭和史全記録」毎日新聞社／「昭和二万日の全記録」講談社／「東京大空襲・戦災誌」東京空襲を記録する会／**ほか**

◎**協力**

千駄木小学校／谷中小学校／鴎外記念本郷図書館／ねづがっこうS19／中川六郎

学童集団疎開

補遺

戦争が終わり五十年がたった。

二年前の夏、「集団学童疎開」の特集を組み、当時の子どもたちの話を聞いた。できあがった谷根千三十六号の配本中、「忍岡小のことがないね」と、川崎商店の川崎当子さんと本光寺の金子瑞生さんが話して下さった。そして「資料が少しあるよ」と誘われて画家の尾崎愛明さんの千駄木のアトリエを訪ねた。

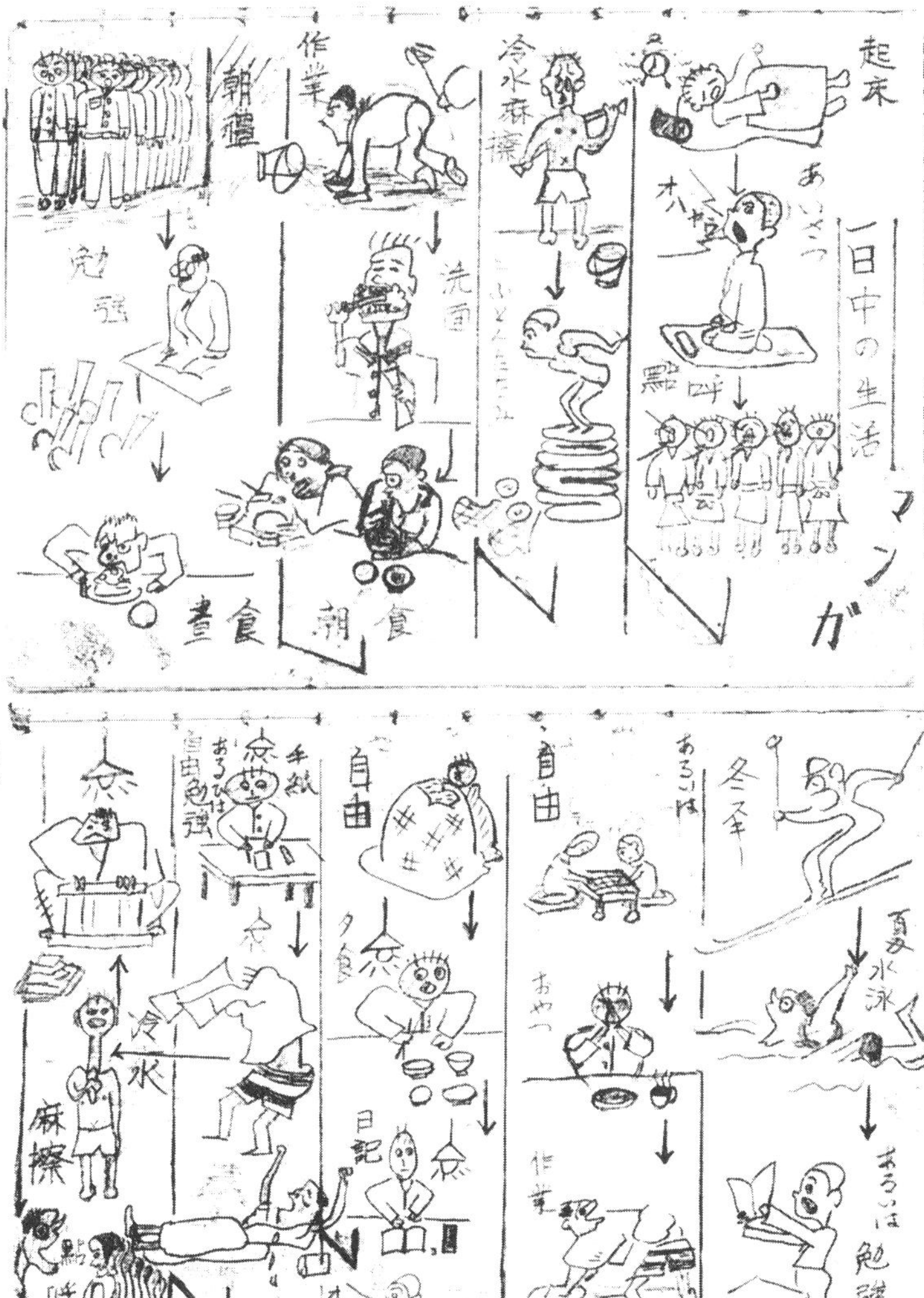

・疎開の一日の生活を漫画に。　尾崎愛明さんのノートから

・補遺追加＝集団学童疎開と思い込んでいたが、「学童集団疎開」なのだと知ったのも一昨年夏だった。

・20年10月、帰京の時、西円寺裏の神社で。前二列目中央が長江先生、右隣が大場先生。

大場先生のスケッチブック

尾崎愛明さん（当時五年）

ぼくら五年生の男子だけは、猪苗代町の伊勢屋旅館に疎開したんです。

ついこの間、五十年ぶりの同窓会で、上野精養軒に集まってね。ぼくらは懐かしがって、今度また疎開地にお礼に行こうじゃないかって話をしたら、中の沢温泉に行った女子は、とんでもない、思い出したくもないと言っていた。ぼくらは他に比べて恵まれていたようだ。そりゃあ食べものだって満足できる量ではなかったが、思い出としては悪くない。

旅館の人も、西円寺の住職もいい人で、町の人の世話もずい分受けました。

（当初、忍岡小の男子は全員押立温泉に疎開予定だったが、収容力と食糧事情のために、五年生の五十八名は独立して猪苗代町に疎開した）

猪苗代町は町中だったし、産物の豊かな土地だった。食糧の確保などは引率の長江英夫先生のおかげだったと思うね。

このノートは疎開のときのものだけど、よくこんなもの記録していたなあ、って皆驚いていた。几帳面な性格だったんですよ。

（と、見せてもらったのはA5判のノート二冊。「一冊め」には校訓、校歌、学寮歌、食前感謝の言葉、などと一緒に、蝗取り成績表、磐梯山のスケッチなどが描かれている。「二冊め」には、移転した西円寺の便所や台所や部屋がスケッチされている）

わらびや蕗取りの成績表もあるでしょ。当時は栗や柿を盗み、エビオスや糖衣錠も食べた。子どもだから何か口に入れて

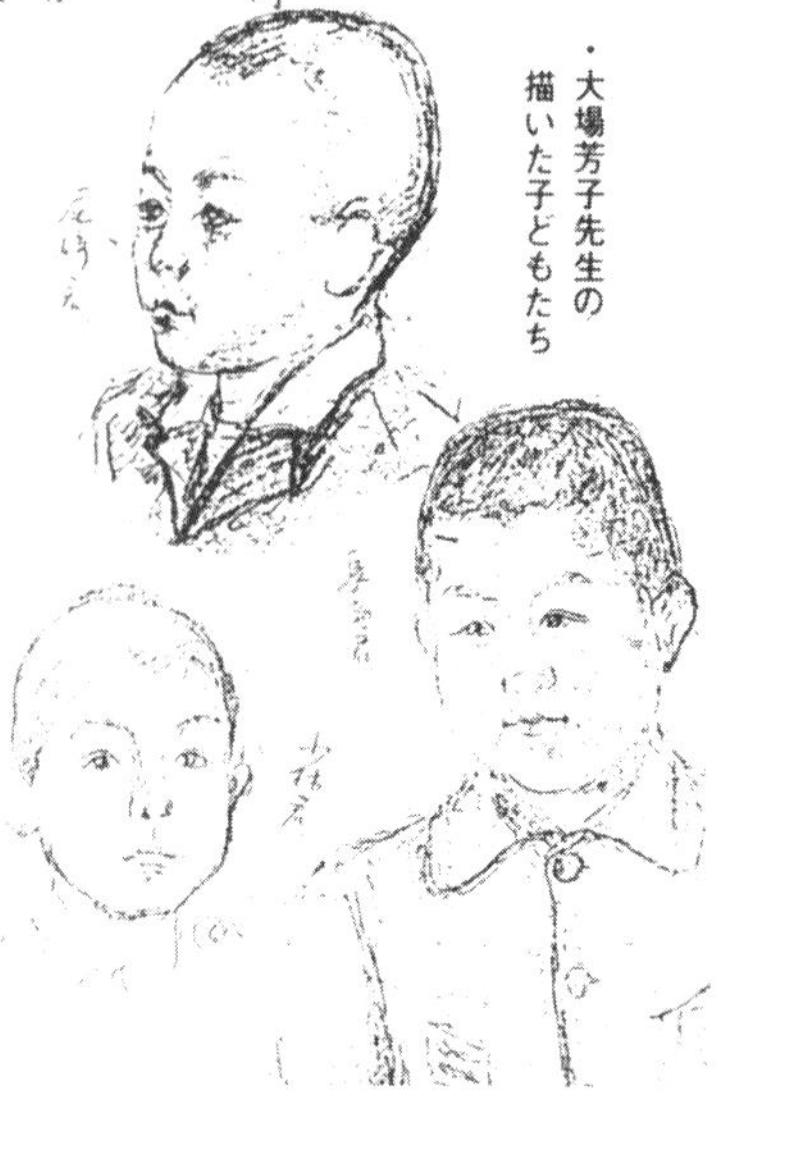

・大場芳子先生の描いた子どもたち

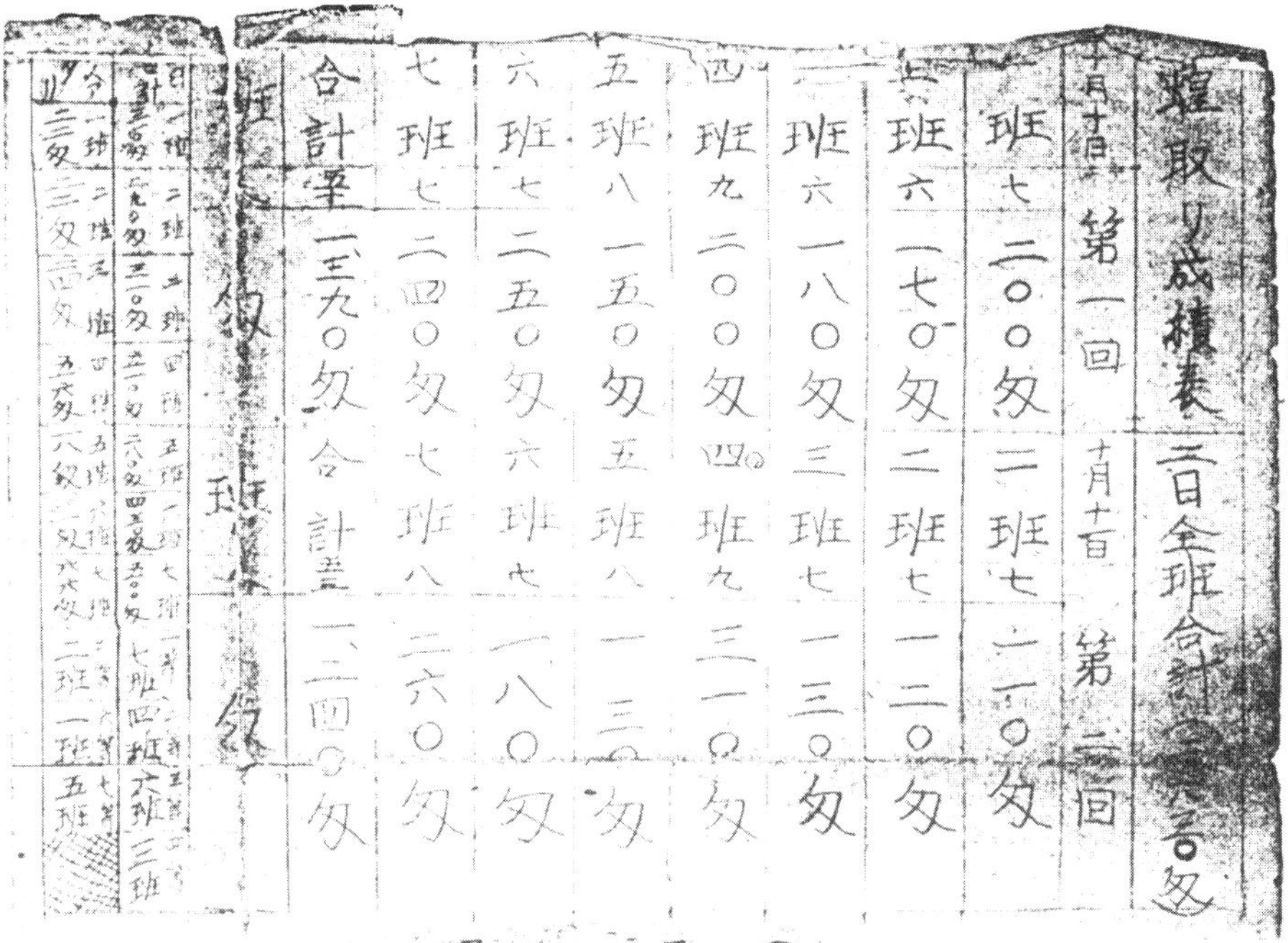

蝗取り成績表		二日全班合計
十月十日 第一回		十月十二日 第二回
一班	七二〇〇匁	二班 七二一〇匁
二班	六一七〇匁	二班 七一二〇匁
三班	六一八〇匁	三班 七一三〇匁
四班	九二〇〇匁	四班 九三一〇匁
五班	八一五〇匁	五班 八一三〇匁
六班	七二五〇匁	六班 七一八〇匁
七班	七二四〇匁	七班 八二六〇匁
合計	一三九〇匁	合計 一二、二四〇匁

・蝗取り成績表。この他にわらびや蕗もある。

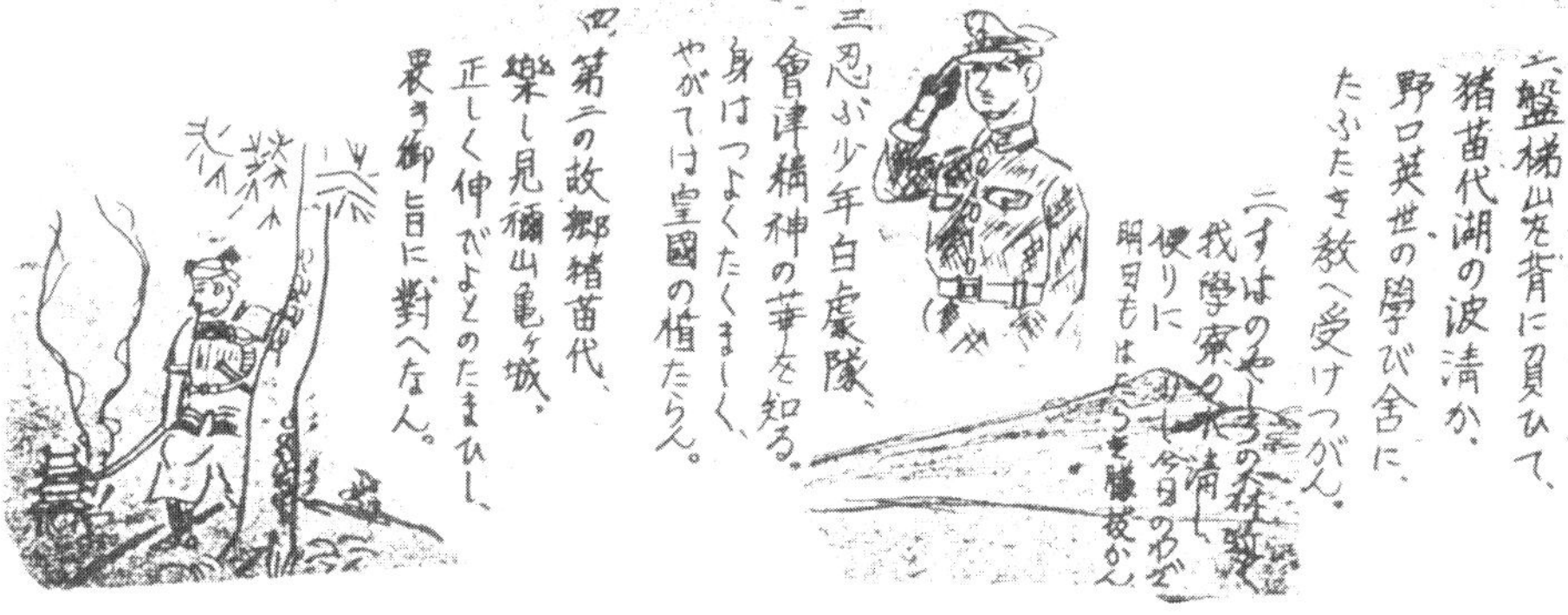

一、磐梯山を背に負ひて、
猪苗代湖の波清か、
野口英世の學び舎に、
たふたき教へ受けつがん。
三、忍ぶ少年白虎隊、
會津精神の華を知る、
身はつよくたくましく、
やがては皇國の楯たらん。
四、第二の故郷猪苗代、
樂し見禰山亀ヶ城、
正しく伸びよとのたまひし、
畏き御旨に對へなん。

いたいというひもじさがあってね。

一度ストライキをしたことがある。ケガした奴が、手当てしてもらいに夜先生の部屋へ行ったら、何か食べてたって皆に言い触らしてね。それを問題にして何人かが先生に抗議に行った。先生もバツが悪そうだったが、皆を寺の板敷に座らせて怒ったよ。

それと、このスケッチブックが泣けるでしょ。コピーを取らせてもらったんだ。

(それは「さようなら猪苗代　昭和20年秋」と題した子どもたちの顔のデッサンだった)

大場芳子先生が描いたんですよ。疎開の途中から来た若い先生で、そりゃあやさしかった。みんなの顔をいつ描いたんだか知らなかったが、よく似ている。すぐ誰だかわかります。

実はね、ぼくは寝小便していたんだ。とくに西円寺に移ってからは本堂で寝る

組になっちゃって。怖いんだな、これが。広いし、村の戦死者の遺骨はだんだんと増えてくるし。夜中に小便に起きても、月明かりがボーッとして、便所は長い廊下のずっと向こうだし。それで漏らして泣きながら大場先生のところへ行くと、ほかの子にわからないように始末してくれた。

同窓会で打ち明けたら、「何だ、おまえもか」って。いく人も大場先生に助けられていたんだ。

もし戦争が長引いていたら、ぼくは忠実な軍人になっていたかもしれない。なぜって、大場先生の恋人が海兵隊で、写真をみせてもらうとカッコいいんだ。モーレツに憧れてね、江田島めざして勉強する気になっていた。

終戦のラジオは寺の境内で聞かされた。先生が泣いていたという印象はあるが、自分はどういう気持ちだったか、何も覚えていないよ。

ぼくにとって戦争の原体験は敗戦後、教科書に墨をぬったこと。教科書が真っ黒になる。強烈な印象ですよ。

東京のお父さんお母さんおやすみなさい

金子瑞生さん（当時四年）

ぼくら忍岡小学校の疎開先は福島県耶麻郡翁村押立温泉鷺の湯。そして疎開で一番に思い浮ぶのは靴屋の島崎光男君の顔。あいつに大サジ十杯分の飯をかしたまんまでいるんだよ。実はね、腹こわすと本当は飯ぬきなんだが、それを先生にだまっていて、だけど食べると下痢がひどくなるから、飯をひとサジずつ友だちに貸すんだ。反対に向こうの腹の具合が悪いときに返してもらう。一度貸し分がたまって、おやつのアンドーナツを「今までの分、それで、帳消し」って取りあげたことがある。

アケビもノビルもアサツキも、疎開に行って初めて食べた。捕まえたシマヘビを食べて下痢になったこともあった。

あるとき親父が仏様に供えた御飯で糒を作ったのを茶筒に入れて送ってくれた。缶につめたのを送ったから皆で分けて食べな、というハガキが届いたのにいつまで待ってもこないので先生に聞くと、「あれはカビが生えてダメになったから捨てた」という。がっかりしていると、友だちが、職員室で先生が缶を開けて食べているのをみたっていってきてね。真相はわからないが恨みに思いましたよ。

疎開先の近くに野口英世の生家があって、よく遊びに行きました。

そして秋になると近所の農家に手伝いに行く。「うちはひとり」「うちは三人」なんて連れて行ってくれるのだが、これが家によって当たりハズレがある。いつだったか、ぼくが行った家は大当たりだった。着いたとたん「ここで休んでな」と言ってくれるし、持っていった豆ばかりの弁当を「馬にやっちゃえ」。かわりにキラキラ光る白い御飯を何杯も何杯も食べさせてくれた。反対にハズレたこともあったけれどね。ハズレた家の帰りにアリの大きいのを捕まえて、シッポのところをプチンとちぎって食べるの。酸っぱくて、酢を飲んでいるようだったけれど、あれすら食いものだった。

途中からもっと奥の沼尻というところに移された。硫黄が取れて、それを軽便鉄道で運んでいる町だった。運転手さんと仲良くなって運転させてもらったこともあったっけね。

夜、寝るとき、布団に正座して「東京のお父さんお母さんおやすみなさい」という。「東京…」という言葉だけでうるうるしてきて、目の前が海になった。

それから疎開が始まる前、ドーリットルが初めて東京を空襲したのは大掃除の日だった。見たことのないマークをつけた大きな飛行機が低空で飛んできた。ぼくは機械が大好きで「少年朝日」の愛読者だったから、すぐ何の飛行機か調べた。そうしたらアメリカのミッチェル。恐いというより、あんなすごい飛行機見れて嬉しかった。

（当時学校の屋上近くには太陽灯の箱があったと聞いた。ナニ、太陽灯って？　赤紫色っぽい光の大きな機械で、虚弱体質の子どもに光を当てていたのだそうだ）

カーテン閉めてお餅つき

川崎当子さん（当時四年）

昭和二十年の八月十五日、ちょうど疎開して一年のお祝いというときに、あの玉音放送でした。私は友だちと騒いでいて先生に叱られた。でも終戦ですぐ家に帰れるわけじゃなくて、先生に連れられて東京に戻ったのは十月の末でした。

疎開中に母は三回面会に来てくれましたが、来るたびに割当ての汽車の切符をもらうのが大変だと言ってたわ。駅から橋を渡るのですが、穴だらけで、こわくて渡れなかった。旅館によっていろいろあったようだけれど、私の疎開先はとてもいい人たちです。お正月に餅つきをしてくれてね、外から見られちゃいけないからと、窓のカーテンや雨戸を閉めて土間でやりました。

途中で沼尻に行きましたが、マッチ箱みたいなかわいい電車が走ってました。

東京からの学童疎開の話で、私の住む埼玉県新座市の『市史』に、「下谷の学童が上野中の練成道場に疎開することになった」との昭和十九年「朝日新聞」の報道があったことを思い出しました。古いかたに聞きますと、平林禅寺の裏に、上野中学（いまの上野高校でしょうか）の林間学校があり、野火止用水から水を引いてプールもあったとのこと。今でも跡は辿れるそうです。ただ、本当に学童の疎開があったかどうかは調べてみないとわかりませんが、何かのご縁にと一言お知らせします。

（新座市　大矢道子様）

「集団学童疎開」のタイトルが目にとまり、初めて「ヤネセン」を購入しました。わたしも学童疎開だったからです。ページをめくるうち、梶原四郎さんの文章に釘付けとなりました。梶原さんの通った

◆忍岡小学校の場合

昭和19年8月14日　男子は早朝、女子は夜間に3カ所に分かれ疎開出発。

・福島県耶麻郡押立温泉（鷲の湯、住吉館）に三、四、六年男子120人、先生5人、寮母4人。20年6月より沼尻温泉に移転。

・同郡猪苗代町（伊勢屋、のちに西円寺に移転）に五年男子58人、先生一人、寮母2人。

・同郡吾妻村中の沢温泉（西村屋、小川屋、大阪屋、阪の湯に分宿したが、一ヶ月後に全員扇屋に移転）に三～六年女子150人、先生5人、寮母5人。

20年2月25日　六年生帰京。

20年3月9日　空襲。池之端七軒町の約半分、茅町の全域が焼失。忍岡小学校は7カ所に大型焼夷弾の直撃をうけ、廃墟となった。

20年3月25日　焼跡の校庭で卒業式。式辞中に警戒警報発令。

20年5月　新学期始まる。残った子ども約100名は谷中清水町々会事務所と玉林寺を仮校舎として、寺小屋式授業を行う。

20年8月15日　敗戦。

20年10月20、22、25日　疎開児童帰京。

20年11月1日　授業再開。一～三年生は谷中小、四～六年生は黒門小の教室を臨時校舎とした。

21年1月10日　元憲兵隊事務所を仮校舎とし、全児童570人が移った。高学年は2部授業、他は3部授業を行う。

（焼けた校舎は戦時中は軍や官公庁、統制会などが使用し、敗戦後は引揚者、戦災者の住宅として利用された。）

・馬小屋を改造した元憲兵隊事務所の仮校舎で。

「那須郡狩野第一国民学校」へわたしも通っていました。わたしは縁故疎開で、西那須野駅近くに昭和二十年の五月から十二月までおりました。近所の子どもたちと田圃道を二十分ぐらい歩いて通学しました。当時五年生で、もしかすると同じクラスだったかもしれません。あれから五十年、今こうして同じ体験された方が同じ文京区内にいらっしゃることの不思議に驚いております。

（大塚　黒須敏之様）

本の紹介

「戦後50年学童疎開の子どもたち」（全3巻）汐文社刊、各1800円。谷根千36号でお世話になった小林奎介さんも編者のひとり。当時の子どもが今の子どもに伝える大事な話。

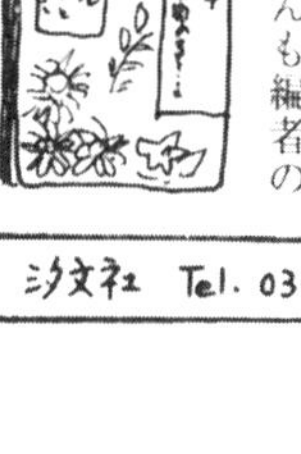

汐文社　Tel. 03(3815)8421

［追記］

特集「不忍通りが大変だァー」

12号〔一九八七年六月〕

住む町を考える原点になった特集だった。あとでバブルとよばれる地価上昇がはじまり、歴史を発掘し、文化の香りを楽しむだけでは、現実の町は壊れていく。このとき以来、建築紛争や環境問題、ひとり暮らしへの不安、子供の心配などが編集室に寄せられるようになった。それまでのほほんとしていた私たちの仕事場は、誌面作り以外の用事が激増し、子供を預けあって、集会、研究会など夜の会合に参加することも多くなった。町の人と一緒に写真展、講演会を企画したり、「不忍通りをどうするか」といった集会も行なった。

それぞれが家族に気兼ねして働いていたと思う。そして仲間の家族を気遣っていたつもりだったが、夫たちはどう感じていただろう。日々、手一杯で、スタッフ三人ともお互いの作業が見えにくくなり、意思の疎通がうまくいかず言い争いも増えた。二人の対立を一人がなだめ（MとYが対立し、Oがなだめるパターンが多かったが）、崩壊を食い止めるといった危機が数年続くことになる。

地上げ特集の補遺は13、14号に続く。勝手に作詞して掲載した「フジタ行進曲」（14号）は、開発に熱心だったフジタ工業が根津の事務所に張り出していた「根津・千駄木地区における民間の開発事業計画」を茶化したもの。

特集から四年後、地上げの中心となった不動産会社社長が殺される事件が起き、地上げのその後を聞いたのが31号の特集『強者（つわもの）』どもが夢のあと——それでも谷根千に住みたい」になった。

あのころ、「子供に気をつけろ」という脅迫まがいの葉書が届いたことも忘れられない。

特集「集団学童疎開」

36号〔一九九三年七月〕
補遺　43号〔一九九五年七月〕

36号のタイトルで「集団学童疎開」としたが、正式名称が「学童集団疎開」であることを発行後に知った。43号の補遺でタイトルを訂正した。

戦争のことは話したくないと断わられ、聞いても『谷根千』には書かないでね、と釘を刺されることが多かった。爆弾が落ち、死者の多かった土地の所有者は、悪夢の思い出のほかに地価が下がることへの気遣いもあっただろう。

替わりに、学童疎開の特集となった。原動力となったのは全国疎開学童連絡協議会の中心メンバー・小林奎介氏が第一日暮里小学校卒であったこと、『谷根千』を創刊以来支援してくれる根津小学校卒の渡辺臣蔵氏が学童疎開の世代であったことだ。このとき証言を集められなかった忍岡小学校の記事は、一年後に補遺とした。

その後、戦後六十年たった二〇〇五年発行の80号で、やっと「わが町の空襲」を聞き取り、特集を組んだ。90号では疎開児童を迎えた側の証言を掲載することもできた。とはいえ、私たちがたったこれだけの作業を右往左往している間に、湾岸戦争が起こり、イラク戦争が起こっている。

団子坂の菊人形

1号

団子坂とは地下鉄千代田線千駄木駅の出たところを本郷方面に上がってゆく坂である。古くからの道で汐見坂、千駄木坂、七面坂、菊見坂の別称もあるらしい。

団子坂の名は、団子茶屋があったからとの説もあるが、明治末にはもう一軒もなかった。急なためコロコロ団子のようにコケる人が続出したからとも、団子のような小石があったとも。とにかく上り一町幅二間半と狭くて急で、しかもS字型に曲がって、上から来ると奈落の底に沈んでいくような心地がしたとか。

馬車や人力車で来てもたいてい、坂の上下で降りて歩き、そのための高下駄も用意されていた。なかには命しらずもいて、曲り角で車もろとも転がって大怪我をした話もある。そのショック除けに、S字の曲る角には木の柵がしてあったという。周りは森、下は田んぼ。今、ビルの立ち並ぶ坂からは想像もつかない眺めである。

この本郷台へ上る丘を千駄木山といった。坂上に森鷗外が、明治二十五年から大正十一年、死去するまで住んだ千朶山房があり、遠く品川の海を臨めるので、のち観潮楼と称した。今の区立鷗外記念本郷図書館である。

自雷也もがまも枯れたり団子坂（子規）

さて、いつのころからか染井、駒込から千駄木にかけては植木屋が多く、文化年間、巣鴨で菊人形をはじめ、それが大当りをとったのにあやかって、団子坂でも始まったのが安政三年（一八五六）という。維新前の団子坂の貴重な資料として英人ロバート・フォーチュンの紀行文がある（『江戸と北京』一八六三）。

「この美しい土地は谷間にある。両側には木の茂った丘があり、峡谷から丘の際にかけて庭園や魚のいる池や茶屋がある。

……この庭園で最も奇妙な眺めは、菊の花で作り上げた婦人（イミテーション・レディ）の像であった。そのために何千という花が用いられている」

初めて木戸銭（三文）を取って菊人形を見せたのは明治八年。これが大評判になって翌年には三十軒も店が出た。種半、植惣、植梅、植重、植浅、高木、薫風園、花屋などが有名である。出し物は忠臣蔵、八犬伝、太閤記、曽我の仇討などの人気芝居がテーマ。首は人形師が人気俳優そっくりに作る。使うのは一度切りである。

　人形の衣装の小菊はこの近辺では間に合わず、染井、巣鴨や王子あたりから取り寄せた。これを竹細工で編んだ胴に根つきのまま植えるが、ほぼ五日ごとに萎れたのを取りかえるのと、水やりの作業で職人たちはクタクタだった。菊人形のほか、けんがいや大輪など、花壇菊もかざって見せていた。

　明治十年ごろが一つのピークで、十五年ごろは団子坂が一手にひきうけ、二十年代が最盛期、日露戦争後はやや衰え、明治四十二年、名古屋の黄花園が両国国技館に菊人形を開いたのに人気をさらわれ、四十五年、団子坂の菊人形は潰滅した。〔M〕

明治はるか菊人形

1号

植梅の浅井美恵子さん（ドミール千駄木）

　菊人形が一番盛んだったのは明治三十二〜三十七年頃、ちょうど日露戦争の頃ですね。大正天皇も見にいらしたそうですよ。十月の十日すぎから十一月末までやっていて、天長節（明治天皇誕生日）つまり今の文化の日前後が見頃というので一番人出が多かったといいます。

　菊人形の小屋は坂下からヤブ下通りまでのほんの短いものですが、出店は今の向丘、郁文館のあたりまで続いていたそうで、白山の方からの客と谷中三崎坂の方からの客がかち合って流れない、押すな押すなの盛況だったといいます。外人や偉い方は上野の西郷さんの下あたりから人力車でいらしたらしいですね。

はじめの頃はただで、知人や親戚に見せるようなものだったのが、人気がでて五厘とか一銭の木戸銭を取るようになってだんだん大仕掛になり、まわり舞台とか、その頃珍しかった蓄音機で役者のセリフを流したりしました。

大きいのは種半、植惣、植重、それにうちが植梅と四軒あって、お互いに出し物は秘密、だいたいその年の歌舞伎の当たり狂言で趣向をこらしました。

人形の胴体、着物は針金にわらを巻いたのに、根つきの菊を這わせるのです。期間が長いので毎朝の水やりやしおれた花の植えかえが大変です。それやこれやで五～六十人の人間が一軒の植木屋にいたそうですけど、どうやって暮らしてたんでしょう。家族は一番隅の部屋で食事したり休んだりしてたらしいですね。

でも大変な収入があったそうですよ。上がりをざるに入れ、樽に入れ、数える人も連れて日銀へ持ってったそうです。押入れにお金を入れとくと、何人も泥棒が入って刑事が来たりの大騒ぎ。舞台を回す人にまで大入袋が出たっていうから。

菊人形のふた月の収入で一年食べてゆくわけですから、雨が降らないことばかりを念じて、おじいちゃんは空ばかり見上げていたそうです。

清水清大園の清水喜代さん（千駄木二丁目）

父が清大園という植木屋で、宮内庁に勤めて御所の盆栽のお世話などしていたのですが、菊人形のころは手助けしていたようです。いろんな芝居なんかの人形の着物の模様を赤や黄や白の小菊でこしらえていく。そりゃきれいなものでした。

私が見たのは明治四十四年の最後のころ、今の地下鉄の出口、坂の角のところに大きな歌舞伎十八番の暫の人形が飾ってあったわ。一番大きなのは、そこから少し上がった今の荒物屋さんのあたりに植重というのがあって、十二段返しとか凄かった。幟をたてて呼び込みもとびかって、賑やかでしたね。坂は土の道でもっと狭くって、とても出店を出すどこじゃない。それぞれの店の奥に入るように見世物が作ってあったんです。

この辺も淋しいところで家は離れているし近所づきあいなんてなくて、フクロウや大木や竹ヤブでホントに怖かったわ。〔O〕

1号〔一九八四年九月〕「菊祭り特集号」

さよなら水晶ローソク

4号

ある日、突然工事が始まった。自分の家の前のことだというのにうっかりしていた。あわててカメラを抱え飛んでいったが、そのときもう、あの懐かしい工場は、すでに半分以上、なかった。私は数日後、創業者米岡家の仁恵（ひとえ）夫人（千駄木四丁目在住）を訪ねた。

水晶ローソクは私の義父米岡清一郎がその弟の宗一と大正の震災直後に、坂下の現住所で始め、当時は米岡商店といっておりました。米岡家は愛媛の内子町の出です。内子町はかつては木（もく）ろうの産地として有名でした。

　義父は大阪のろう問屋に奉公し、全国にろうの仕入れに行ったり、寺社に売りに行ったりして仕事を覚え、独立しました。最初御徒町、次に黒門町に移り、そこで関東大震災にあって焼け出され、坂下に越して来た。そのときはいまの道に面した部分は、新かべが塗られ建ったばかりの長屋で、震災の被害がなかった。その一部を借りてはじめました。

　私も内子町の出ですが、縁あって米岡に嫁いでまいりました時は、義父清一郎、義母春栄（はるえ）、夫寛次郎とその弟ほか、職人、女中さんも何人かおりました。当時は、釜でパラフィンろうをとかして、糸しんを入れたパイプの型に流し込み、それをはずして切るなど、全部手作業でした。

　そのうち戦争がはげしくなり、ろうそくは統制品で配給の非常用ろうそくも作ってはおりましたものの、一人、二人、と使用人も応召し、夫も勤労動員に行き、生産はストップしました。そして忘れもしない二十年の三月四日がやってきました。

　その日の朝、夫は王子の造兵廠に夜勤でいっており、私は自分の妹と、主人の弟と四，五人でおりました。警戒警報がでて、家の内に半地下で土をもりあげた、簡単な壕に

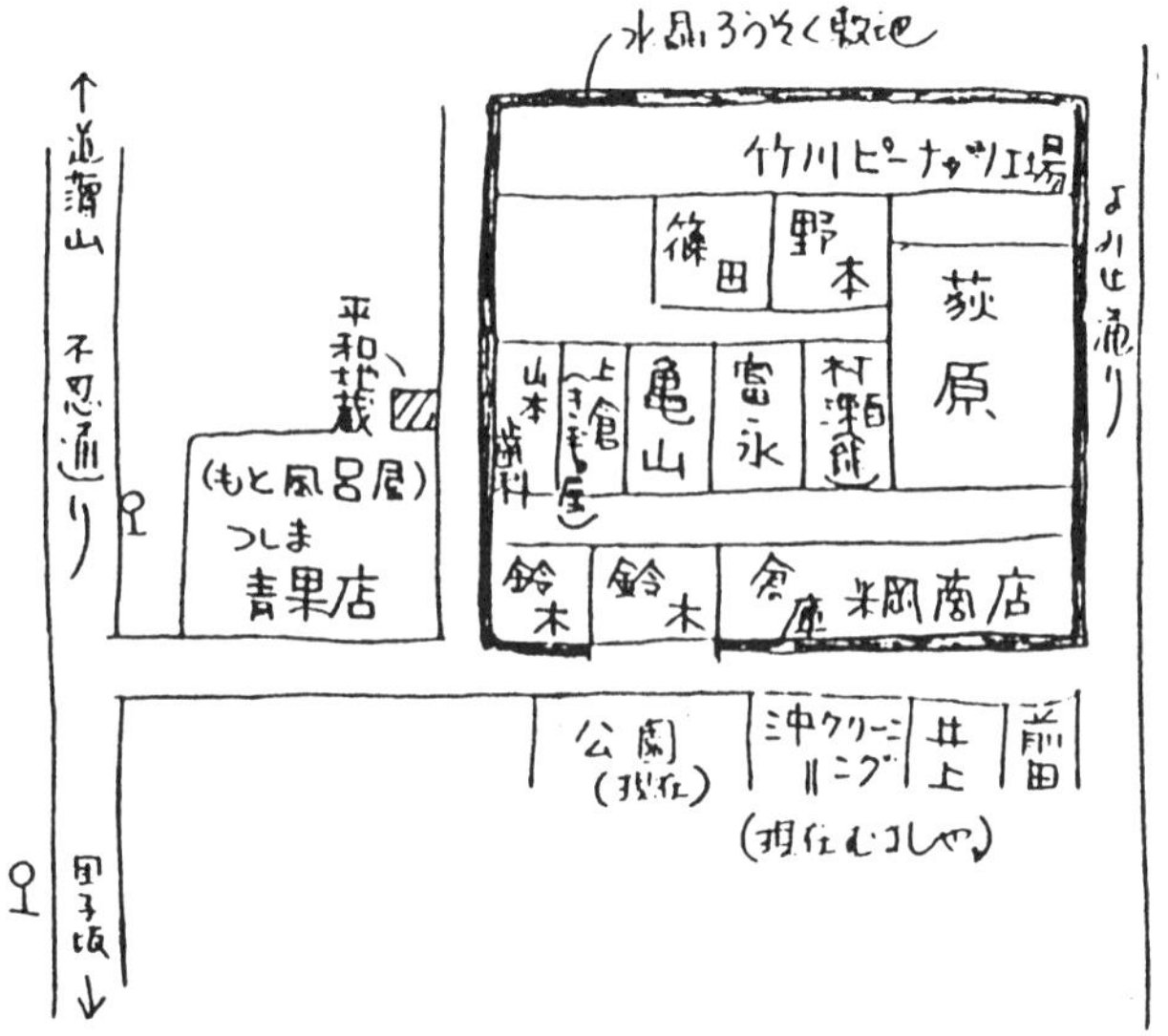

入って、耳と鼻をふさいで口をあけて——爆風の圧力でおかしくなるからなぜか口はあけるように言われてました。するとすさまじい音がして土煙りがどーっとたって。しばらくすると「落ちた」とか「担架だ」という声がして、出てみますと、今のつしま八百屋さんとの路地なんか土がもり上って通れないんです。

そこにはお風呂屋さんがあり大きな防空壕があったのですが、見ると池みたいにぽっかり穴があいて、少し水がたまっていました。ここで十九人の方がいっぺんに亡くなられたのです。角石をつみあげた壕の下敷きになった方もいました。（＊この犠牲者を弔う平和地蔵がつしま青果店脇の路地にある。これについては続報する）

　いっしょに戦争中をのりきってきた隣組の方が亡くなり、本当に悲しいというかボーゼンとしてしまいました。戦争末期で物もないので、本当にお互い助け合ってきました。何もない頃でも毎月の寄り合いには、カボチャとアズキで工夫してぜんざいを作ったり、お正月には歌をうたったりして楽しみでしたのに。

　生と死が紙一枚の差みたいな時です。その日も、警戒警報くらいじゃ壕に入らない弟が、たまたま入って、しかも入口に厚い布団でフタをした。あとでみたらその布団にいっぱい爆風で吹きとんだガラスのかけらが突きささっているのです。私は前夜、里芋をきれいに洗って台所のザルに干しておいたのですが、里芋にも針の山みたいにガラスがささっていた。それを見てゾーッとしました。

　私はその後すぐ妹と疎開しまして、三月九日夜の下町大空襲の報は名古屋駅の電車の中で聞き、残して来た人のことが心配でたまりませんでした。そういうわけで、長屋の方々も、亡くなったり四散して、戦後、裏の長屋の方まで買いまして、水晶ローソクを再開したわけです。私は子供を二十二年に産み、夫は四十四年に亡くなり、いろいろありましたが、去年五十九年の十二月まで、水晶ローソクに勤めて、帳簿つけだの何だの仕事をやってきました。つらいことも多くありましたが、やっぱり近所づきあい、工場の仕事、本当に楽しかったです。

水晶ローソクは、ろうそく会社の中ではまあ大手といってよく、今は坂戸の方でやはり親戚筋の小西巧（たくみ）さんが社長でやっております。寺社用とか家庭用の需要は前より少なくなりましたが、今はクリスマス用とか結婚式のキャンドルサービス用などの華やかなものがでています。長い間、本当に町の方々にはお世話になり感謝の気持ちでいっぱいです。

ろうそく工場の始業のベルは朝八時に鳴った。コの字型をした天井の高い古い町工場。私は洗濯物を干しながら、おばさんたちの働く工場を眺めては、うちの赤ン坊が少し大きくなったら、あの工場で働いてみたいなんて思ってたのに。

工場跡には藤和グループの女子社員寮が五階建てで建つという。また一つ、町から古い建物が消え、また見える空が狭くなる。これを時代の趨勢というのか。藤和不動産の人の話を聞いても、さすがに専門家、違法建築でもないし、応対も丁寧で住民にも気を使っているのがわかる。

ある絵描きさんが面白いことをいった。

「四角いトーフみたいなビルは描きようがない。やっぱり建物でも曲線とか三角のところがないとね。」古い家並みが四角いビル街になる。それは私たちの視覚環境がそれだけ貧しくなるということではないのか。

きのう、廃棄処分寸前のろうそくを工事現場でもらった。一生クリスマスに使えるくらいはある。一年に一本、火をともして、娘や息子に、かつてこの町にあったろうそく工場のことを話してやろう。〔M〕

4号〔一九八五年六月〕

〔追記〕

しばらくして、高校時代にローソク工場でアルバイトをしたという清水小百合さんから届いた手紙が嬉しかった。清水さんのひと夏の経験は6号に掲載。

ご近所調査報告

平和地蔵を救え!

7号

4号でお伝えした千駄木三丁目の水晶ローソク跡地には、藤和不動産のビルがもうすぐできあがる。工事音やアスファルト防水のひどい臭いで周辺住民には迷惑な半年だった。ところが、今度はその隣の不忍通りの一角が次々と壊されていくではないか。そこに町内や商店街の人々がお守りしていた平和地蔵があったが、周辺の平和荘などが壊され、寒風の中に丸裸になってしまった。お地蔵様が危い! 私は再び取材を始めた。

昭和二十年春。下町を火の海にした大空襲を数日後に控えた三月四日朝八時四十五分、B29百七十七機が谷中・根津・千駄木方面を襲った。

「東京大空襲戦災誌 三巻」によると、爆弾は二十六発、焼夷弾多数、死者八十名、傷者百七十名、罹災者千三百名とある。

この爆弾のひとつが坂下町にあった鹿島湯に落ち、石炭倉庫の防空壕に入っていた二十一人(+行方不明二名)が、一挙に命を落とした。その犠牲者を慰霊するため、平和地蔵は建てられた。

「家にも防空壕があったんだけど、粗末で頼りにならないと、不忍通りに町会で掘った壕の中に入った。ドーンという音がして、恐る恐るフタを開けたら砂けむりで家が見えない。うちがなくなっちゃったって思いました」(富田幸治さん)。

「八時三十分に空襲警報が出た。風呂屋の百尺の煙突がねらわれたんだね。二百ポンドの爆弾が落ちたあとは、土煙りがファーッと上って、まるで活動(写真)みてるみたい」(沖美一さん)。

「朝からみぞれの降る寒い日だった。高い所を飛んでくるので飛行機は見えなかった。いつも飛行機は林町の高台から谷中へ向って編隊を組んで飛んできた。うちの子供はいつも風呂屋の倉庫に入るのに、この日は風呂屋の子とケンカして、店の前の壕に入っていた。この壕は土地が低いので、なかはじめじめして水が溜まっていることもあった。

建物疎開で壊した家のタタミを防空壕の上に乗せてやろうとした時、シュシュシュと水道の水が吹き出るような大きな音がして、私はとっさに店の土間に身を伏せた。そのとたんズドーンとすごい音がして、体が五寸くらい前にのめった。すぐ現場へ行くと、漏斗孔型の大きな深い穴が開いていた。四mの材木を差し入れたが下まで届かなかった」（故服部丑蔵さん）

鹿島湯は戦争中なのでとっくに営業をやめており、町会で頼んで、空になった鉄筋コンクリートの石炭倉庫を、防空壕に使わせてもらっていた。この倉庫は鉄の扉がついた鉄筋コンクリートであった。ここら辺は土地が低いため、命令であちこち防空壕を掘ったが、二尺も掘ると水が湧き、とても本気で使える代物ではなく、皆、コンクリの方が安全だと思って倉庫に入ったわけである。

爆弾は倉庫と煙突の間に落ち、爆風で倉庫はいったん外側に押しやられ、さらにその空気が戻る力で、爆弾でできた穴の中にさかさに転がりこんだという。

メチャクチャになったコンクリの部分を壊し、鉄筋を折り曲げて穴をあけ、救出作業が行われた。しかし四畳半ほどの中に二十数人も入り、さらにコンクリの塊に遮られ、救出は難航し、外に出したものの、すでにほとんどがこの世の人ではなかった。

「なかでもかわいそうだったのは、山本さんとこのきみ子ちゃん。当時一歳位、赤いメリンスの着物を着て、お母さんの背中にくくられていた。ほどけない帯をやっとほどいて、しっかりと抱いたんですが、もうだめだったんです。かわいい顔をして傷ひとつなく、まるで白ろうの人形のようでした」（故服部さん）。

穴のあとは水が溜まり、その底に吸いついていた遺体もあった。寒い日なのに爆弾の熱で穴の中は裸になるほど熱かった。

「いたいよー」「苦しいよー」という声の中で必死にコンクリをかきわけ救出したが、三人しか生存者はいなかった。助かった三人は、石上家の子二人（しげる君と妹）と渡辺さんという十四〜五歳の娘であったという。

遺体はタンカで日本製氷会社（今のサミットストア）に運んだが、その後どうなったかは不明である。

この日、この壕に入って死んだ方々は主に裏の三棟の長屋の住人で、老人、女性、子供が多い。

山本とし江　きみ子、石上金造　一雄　まき　みよ子、

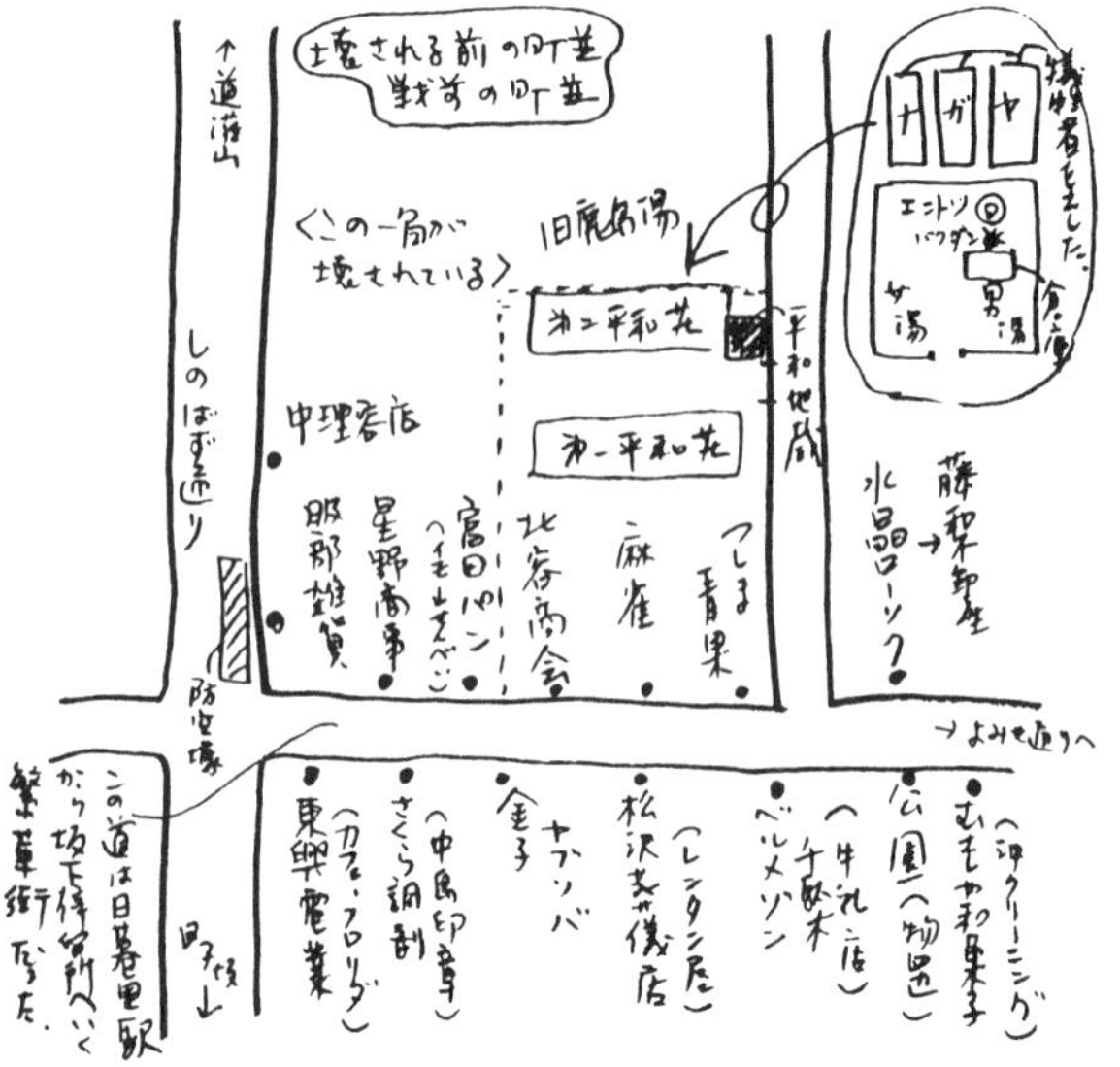

高橋とよ、宮口佐助、小宮慶寿、清水家の母　娘、白幡シゲ　子供、渡辺正治　かほる、福島正樹・喜美子、梅田作治　きみ　次男（英二？）、米川家の子（タケオ）。

計二十一名がここで死んだと推測される。このうち、白幡家の二人は「入る所を見たというが遺体はない。たぶんバラバラになったのではないか」という。

「石上さんの子供たちは朗らかでね。僕は小さい頃両親を亡くし、養子にきた先の伯父が厳しくて、つらい日もあった。だから一雄ちゃんたちに遊んでもらうのが救いだったんだよね」（金子銀蔵さん）。

ここらの子は仲良しだった。「戦争中はベーゴマなんて鉄だから没収されたんだが、こっそりやったね。おまわりが来ると、それ逃げろって」（富田幸治＝コーちゃん）。

「同じ千駄木小でも林町の方の子はお邸の子で先生にひいきされ、僕ら坂下の子は殴られてばかりいた。戦争中は軍人の親戚を鼻にかけたり、子供を殴ってばかりいる先生がいた。それが戦後になったとたん、コロッと民主教師ですからね。これじゃあ信用できませんよ」（金子銀蔵＝銀ちゃん他）。

勉強のべの字もしたことなく、路地でベーゴマ、メンコ、天王寺でトンボや玉虫、セミ取りに興じていた仲良しのうち、何人かがこの壕で死んだのである。

平和地蔵が建立されたのは昭和三十四年、「悲惨なる死亡者の冥福を永遠に弔ふ為め」、地域の人々がお金を出し合い、地主の前田さん（石上家の親戚で銀座の方で銭湯をやっていた）が土地を寄付し、供養の日はお坊さんも頼んでくれた。

富田さんが苦労してお地蔵様を手に入れ、はじめ横向きだったが、じき皆にお参りしてもらえるように道の方に向けた。富田家では犠牲者の名を自分の家の過去帳に書き込み、先祖の霊と一緒に供養してきた。そしてお地蔵様の方は、富田家のおばあちゃん、故ふくさんと平和荘の二人の女性が世話をした。命日には、道路いっぱいにアーチ状に提灯をつけ、街燈をつけたりして、初期は盛大に慰霊祭をやっていたが、中心になっていた人々が欠けてゆき、昭和四十七年の二十七回忌を最後にとだえていた。

このお祭りを再び活発にしたのは、昭和五十五年、当時、八中の先生であった飛鳥馬健次（あすまけんじ）先生と二年の生徒たちである。

「地域にいい平和教材はないかと探していた矢先に平和地蔵尊のことを聞きました。場所も知らなかったが、安達豊君と三村秀二君の二人が探し出し、それから聞き取り調査を始めたわけです」。

そのうち慰霊祭をしようという気運が起こり、生徒たちは十七名の世話人会を結成。お花代、お線香代を集め、「平和地蔵尊由来」の板を自主制作した。慰霊祭にはテレビ、新聞が取材に来た。

日米合同演習、核の持ち込みなど、平和が少しずつ崩れてゆく今、平和地蔵は戦争の悲惨を教えてくれ、今回の取材で、いかにして戦争を許していったかの庶民意識も少しわかってきた。

さて平和地蔵である。周辺の土地を買付けた柏木商事は平和地蔵は残す、と確約している。が、土地を転売する先の建設業者が残すとは限らない。「お地蔵様にお参りし、お世話するようになって、病気が癒った人もホントに何人かいるんです」（富田さん）。ということからして、無念のうちに亡くなった人々の霊をないがしろにすれば、きっとたたりがあるに違いない。〔M〕

＊協力・飛鳥馬健次

7号〔一九八六年三月〕

〔追記〕

『谷根千』の記事は必ずどこかで連動している。4号で聞いた水晶ローソク（千駄木三丁目）の米岡仁恵さんの戦争体験は、まさに平和地蔵の由来するところであり、平和地蔵のある一角の地上げが12号の地上げ特集につながった。平和地蔵については8号にも続報したが、そこに掲載した地上げ業者が長屋を一方的に切り壊す写真は、地上げ業者に対し一人勇敢に闘った服部さんが、裏路地の通行権を争う裁判資料になった。

七面坂の乗り合いバス

木村悠紀子

11号

子供の頃の記憶は、何もかもがゴチャゴチャになって、本当の話か、思いちがいしているのか、わからない部分がたくさんあります。ただ、私の中で六歳まで育った七面坂[注1]の風物が、折りにふれ昨日の事のように思い出されるのです。

私の育った頃の七面坂は、まだ階段[注2]の道がなく、日暮里駅を利用する通勤の人達がかなりの数、往来していました。

道の片側に細いドブがあり、坂上の風呂屋[注3]の捨て湯が白い煙をたてて落ちていました。そのドブ底は、間断なく流れる捨て湯で白い垢がこびりつき、流れのままに何本も細いすじを作って糸のようにゆらめいていました。

寒い日、子供達は長靴をはいて、そのドブの中につかり、温かさを楽しんで遊んだのを思い出します。

ドブ脇の長明寺[注4]の塀は坂の中程まで続き、大きな銀杏の木が塀の外に枝を広げていました。秋になると銀杏の実は行きかう人達にふみつぶされ、道は異様な臭いでいっぱいになります。臭いに誘われるように子供達がバケツと割り箸を手にして集まり、ぎんなん取り競争が始まります。冬の日に、収穫したぎんなんをほうろくで炒ると、洗い方の悪いものは道にふみつぶされていた時の臭いを思い出させ、「ウンコの臭い」などとふざけ合ったものです。

その頃と思うのですが、百軒長屋[注5]の火事がありました。暗い夜空に赤い雪が降るように火の粉が流れ、下着姿のおじさんが、言葉にならない声を上げながら逃げてゆくのを記憶しているのですが、実際の風景なのか、空襲の夜の事がダブっているのか、いまだに私にはわからないのです。

七面坂の坂下にある本授寺の門前は、物売りの集まる恰好の場所でした。

飴屋、しん粉屋、紙芝居、みそおでん屋等々、子供達は毎日の小遣いの使い道を考えるのにひと苦労しました。

今はもうこんな商売があったのを覚えている方も少ないでしょうが、乗り合いバス[注6]というのが来ました。本物のバスに乗ることの少なかった私には、唯一心のはずむ楽しい乗り物でした。

自転車にリヤカーをつけ、五〜六人腰かけられるくらいの箱をバスのように窓をくり抜いて仕たて、町を一周するのです。中でも楽しいコースは、本授寺の前を出発して七面坂を登り、諏方神社の脇の富士見坂[注7]を下るコースでした。

七面坂を登る時は、急な坂なので何人かが降りて後押しをし、登りきった所からは全員を乗せて走り始める。ここから諏方神社までの一本道は、いつもは人通りの少ない淋しい道なのに、バスから望む風景は走馬燈のように移り変って、私はわれを忘れたように見入ったものです。

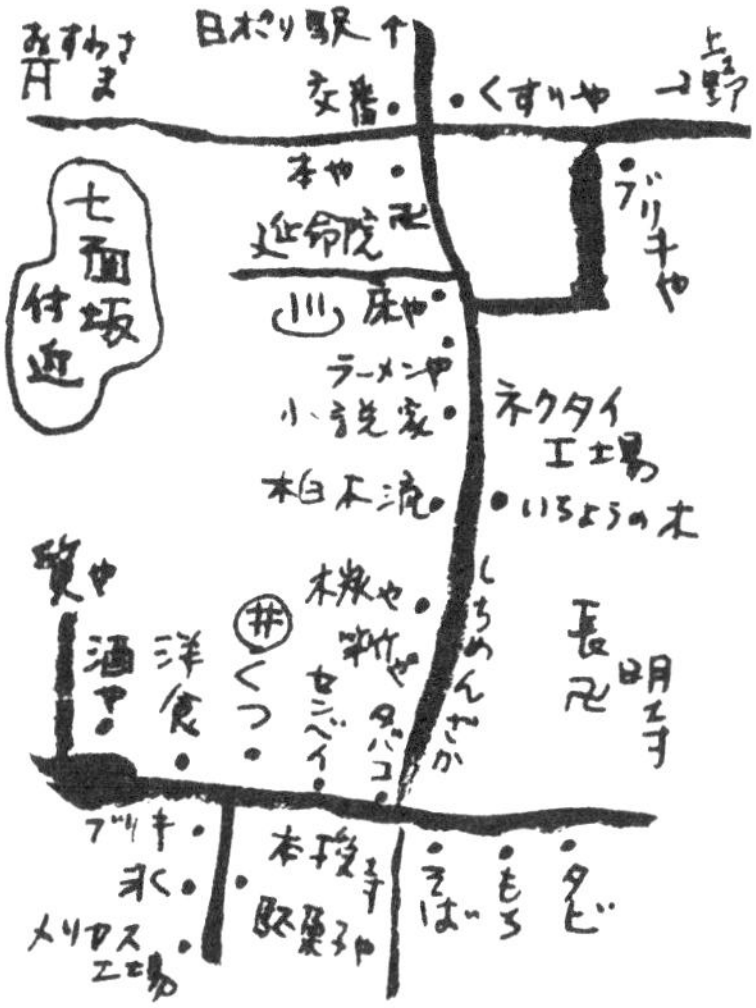

さあ、いよいよ目当ての坂です。自転車をこぐおじさんは、ブレーキをかけながら徐々に下ってゆく。そして四〜五米くらい下ると、ブレーキをゆるめて一気にダーッと走らせるのです。

バスの中は一瞬シーンとなる。ガタガタいう車輪の音……頬をかすめる冷い風、窓の外を後ろへちぎれ飛んでゆく家……子供達の堰をきったようなワーッという歓声を乗せて、バスは逆さ落しに終点へ突っ込んでゆくのでした。

ひとしきり遊んだ後の七面坂の夕暮れもまた美しい。西の空の夕陽が、ネクタイ工場[注8]の壁を赤く染め、窓ガラスがキラキラと光を放つ。ふと気づくと夕餉の菜の匂いがたちこめ、ドンブリを手にして豆腐を買うおばさんのこめかみの梅干にも夕陽がもえていました。

あれから五十年。

先日七面板をたずねてみると、ネクタイ工場の古びた洋館もなく、銀杏のあたりは駐車場に変ってしまって何ひとつ昔のおもかげを見つけることができませんでした。が、踊りのお師匠さんの家の脇のお地蔵様に、赤いよだれかけがかけられて大切に祭られているのを懐かしく思いました。

（S3生）

注

1　延命院の七面明神（妙見様）へ向う坂。八百屋お七はこの明神に願をかけて生まれたための命名という。お七の墓は白山円乗寺。芝居にちなむ吉三との比翼塚は駒込吉祥寺にある。

2　石段が作られたのは昭和二十年。この石段を客席にしてコンサートや寄席を開きたいな。

3　今はない大黒湯？

4　慶長十四年（一六〇九）創建の日蓮宗の寺で人力車の考案者和泉要助の碑がある。

5　延命院の崖下にあった長屋。

6　おじさんが鐘を鳴らして子供を呼び集め、一銭で飴を二本。それをなめながらバスに乗る。毎日ではなく、ときどき町にやってくる。

7　昔は諏方神社の脇でなく、入口直前から坂であったのが、ひぐらしの岡の掘り崩しによって明治十八年現地に移る。富士山の全景が見える都内で唯一の富士見坂。末永くそうあってほしいものだ。

8　南文蔵氏経営の工場。南氏の自邸は日暮里駅前の現都（みやこ）千家で、戦後には片山哲首相邸ともなった。二階は見事な洋館、春には解体の予定と聞くが、なんとも惜しい。

11号〔一九八七年三月〕特集「私の原風景」

雨の日暮里駅
画／佐藤やゑ子（43号より）

千駄木生まれのやゑ子さんに「谷根千界隈そぞろ歩き絵図」を作ってもらった。谷根千発行物一番のロングセラー。温かいタッチの54号のそば特集、82号銭湯の特集の表紙もやゑ子さんの作品だ

the不忍通り——おじいちゃんおばあちゃんに聞く町の歴史

8号

富士銀行もこの地で創立六十年、何か地元の皆さんにご恩返しがしたい、と北浦支店長が悩んでいました。そこで谷根千では富士銀行の援助のもとに、周辺の現在をイラストでおこし、併せて町の歴史も調べました。

斎藤とよさん

私は明治三十二年神田で生まれ、数えの六つで千駄木の斎藤の家に貰われてきたの。家は今の旭屋さんのところで、米屋をしてて、のち乾物屋になりました。

この辺は昔は田んぼで、根津の遊郭の仲通りが延びて、団子坂まで道がついたのが明治三十一〜三十二年でしょ。沼みたいな土地で、うしろにはバンズイの大きな金魚屋さんもあったし、藍染川がよく大雨で溢れて、金魚が往来に流れ出し、川全体が釣堀になったりしたものよ。太田様の池から流れ出る支流では、うなぎだって取れた。きれいな川でね。お父さんが上流からたばこのヤニを流して、うなぎがういてくるところを巻き取って、割いて食べたものよ。

この辺で、一番古い建物は前の岩立（いわだて）さん（紙屋さん、明治七〜八年の建物）だったけど、この前壊して、もう古い家は少ないわね。古くからのお店は高橋米店、野口茶舗、昔菊ずしの望月夕バコ屋さん。亀屋ふとん屋さん。

明治の頃では、日露戦争の凱旋で旗と提灯行列が通ったのを覚えてるわ。それから団子坂の菊人形。この道は団子坂で突きあたりで、その向うは一帯田んぼでね。夕方になると友だちが「トヨちゃん行こ」と呼びに来て、「そうだね、行こ行こ」とお客様がぞろぞろ出てくる頃に、反対から夕ダで入れてもらう。きれいだったんですよ、忠臣蔵とかあってね。だから十月十一月は大変な人通りで、この辺にもいっぱい店屋がでて、こんなかわいいミカンをむしろにまいてつかみ取りさせたりして。電車が上野までしかな

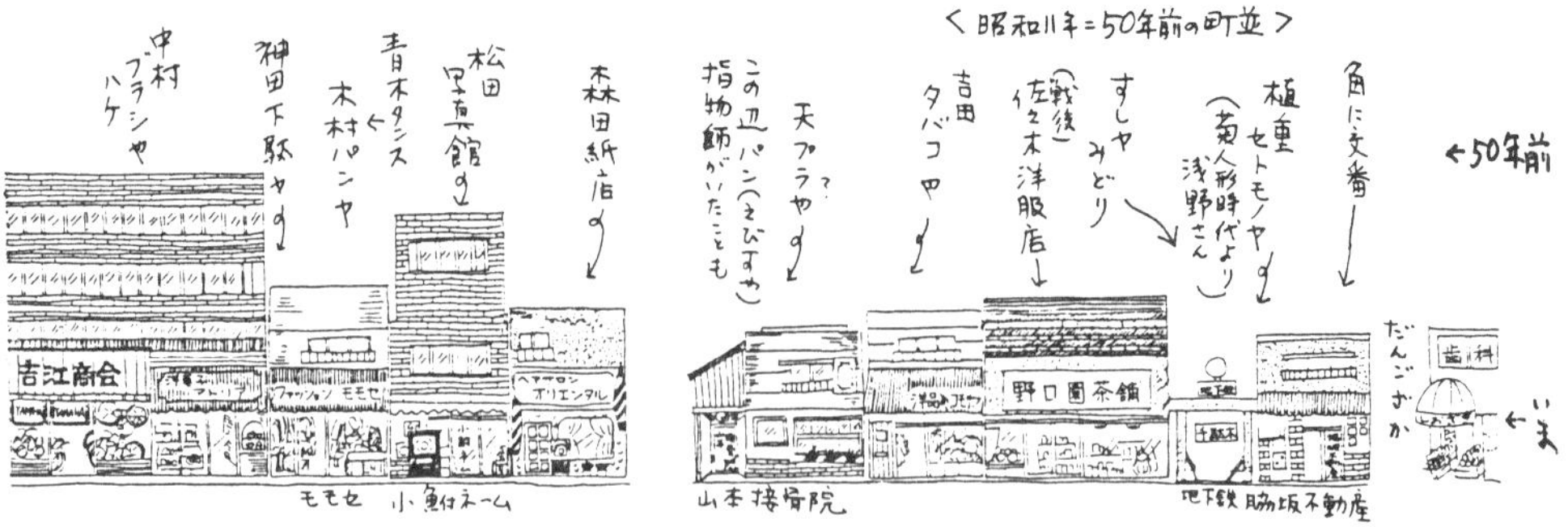

いから、菊人形もだめになっちゃったのね。

権現様の縁日は二十一日で、表門に露店が出たし、裏門坂は桜並木で満開の頃は赤い毛せんにお団子出す茶店もあった。あの頃の裏山は竹ヤブで、乙女稲荷のまん中に矢場があったのよ。

私は貰いっ子だけど、とてもかわいがってもらった。髪を三つ編みに結って、赤いリボンつけて、五升くらいならお米を届けに行きました。梅の湯のおばあさんは「今日は桃のお湯がたつからおいで」って迎えに来てくれた。そして体を洗ってお白粉をつけてくれました。

籾をキッコンキッコンついて白米にして、一等米二等米に分けて枡で量って、すりこぎで切って売ったの。灯りはランプで、ホヤの手入れも日暮れに私がしたし、母親は遅くまで働いているからね。お父さんは朝、私をそうっと起こすの。それで、二つべっついにかんなくずで火をつけ、お釜とおつけの鍋をかけて、ご飯の方はブクブクふいてきたら火を消しておきで炊くの。おこげができるとおしょう油かけておむすびにしたけど、おいしくて、あんたに食べさせたいわ。

最初はつるべ井戸で、それがポンプの井戸にかわり、今の富士銀行の角に共同水道ができたときは町の人は大喜びでしたよ。

それから大正になって、電車を通すので道のこちら側を広げたのね。市電が通ったのが大正五年か六年で、今の坂下の電話局（NTT）のところに車庫があった。その頃私は結婚して、

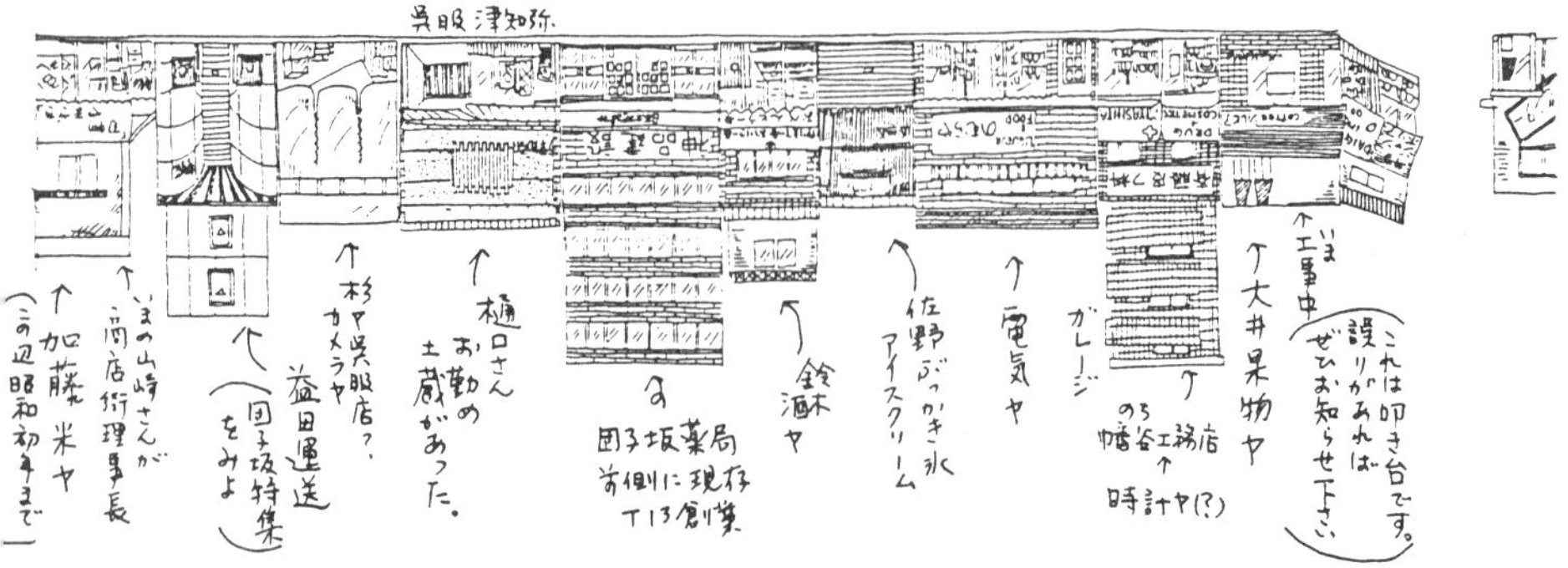

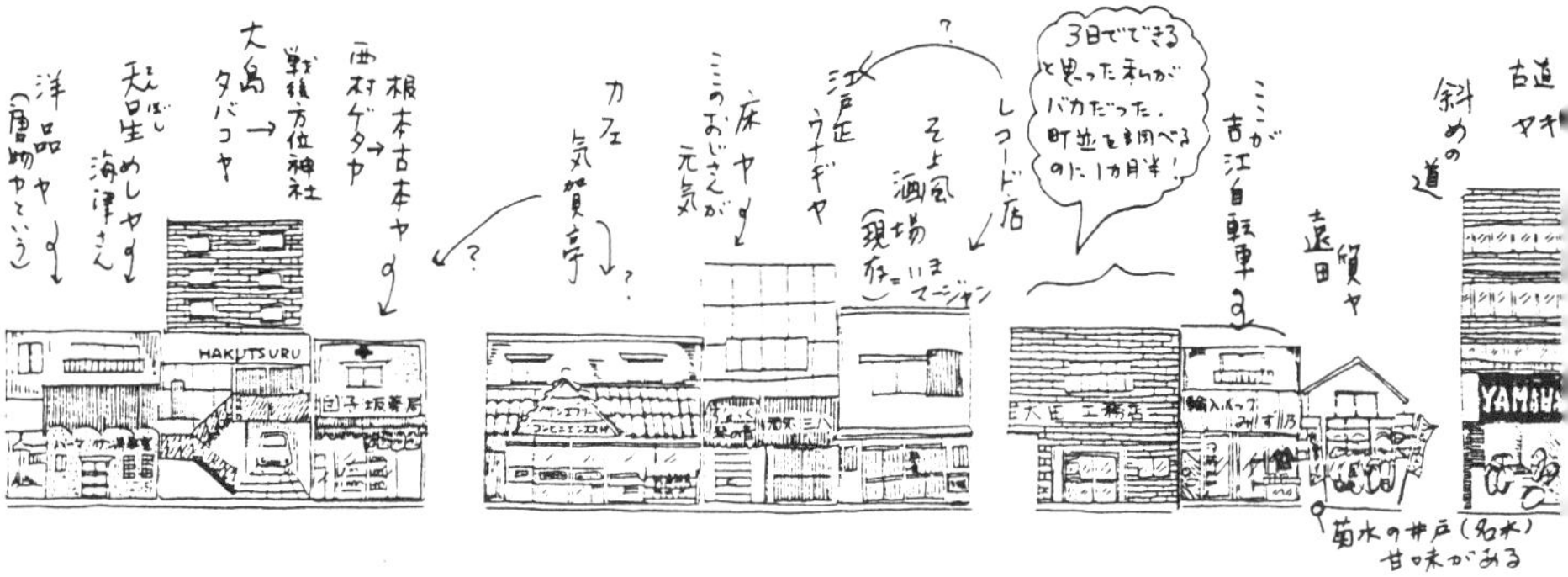

忘れられないのが震災の時ね。その日の朝、なぜだか根津の赤津湯の煙突が倒れたというんで、赤ン坊しょって見に行って、権現様の入口の乾物屋さんでお乳のましてたらグラグラときて引き窓や瓦が落ちた。恐くて早く家に帰ろうと往来に出たら、またグラッときて、電車通りにペタンコと腰が抜けて立てないのよ。

それから、この道をどんどん人が上野の方から逃げてくるし、余震を恐れて近所の人は線路の上に戸板出して、テントや蚊帳(かや)つって暮らしてました。家にお米がたくさんあったので、不忍池の弁天堂に避難した親類におむすびを握って飯台に載せて運ぶと、途中で逃げてくる人が「下さい下さい」って三銭おいて三つぐらいもってっちゃって、いくらたっても上野まで届かないの。隣の柔道の先生が親切で、怪我人の手当てをしたり、ラムネのビンに水を入れてふるまったり大活躍でした。

戦前のお祭りの様子、左端に見えるのが根津東宝（岡村金属提供）

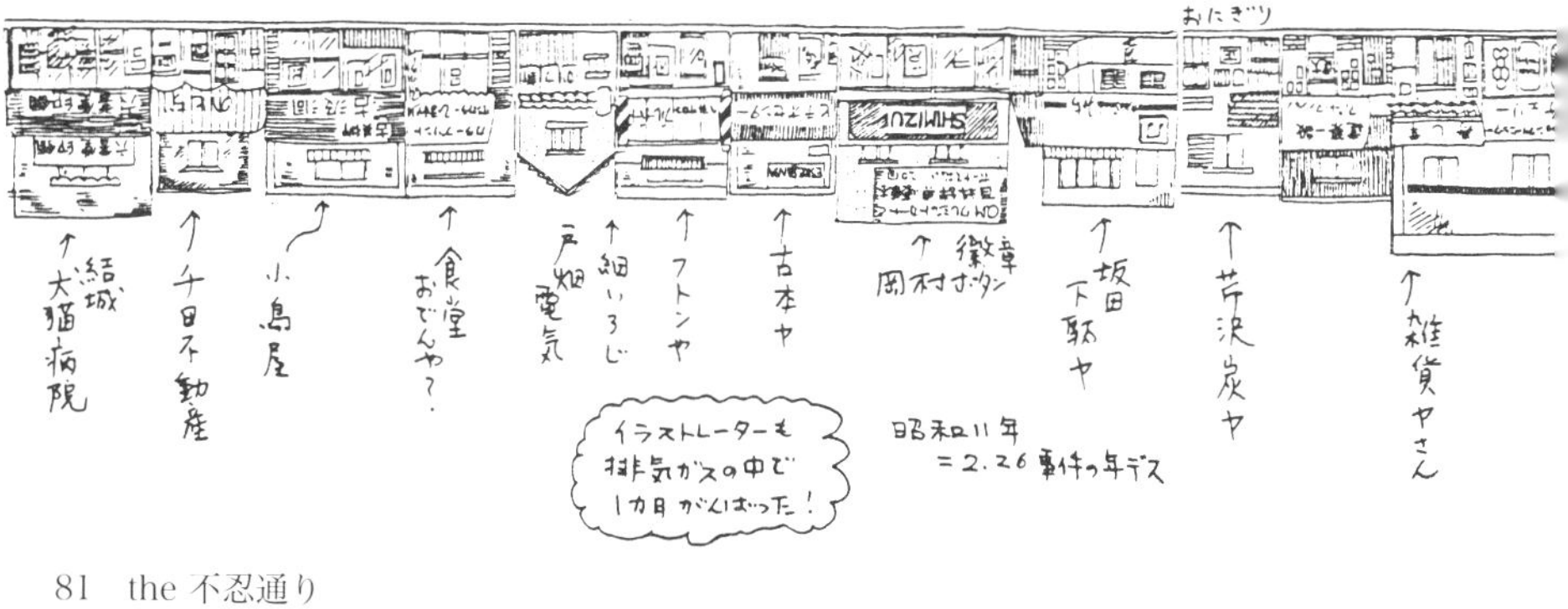

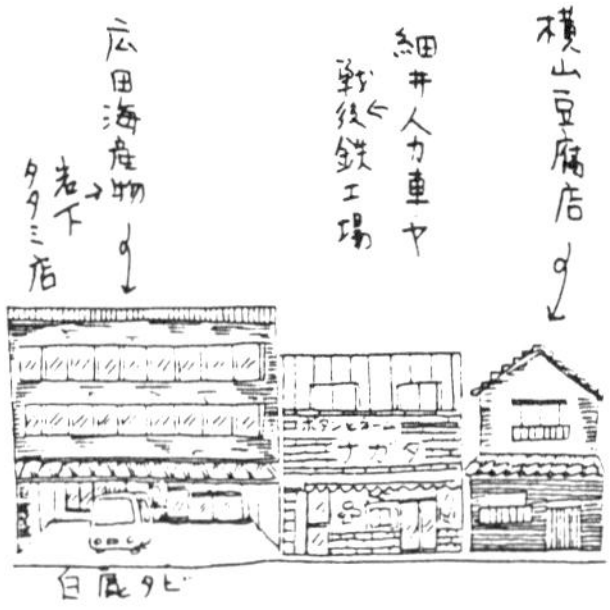

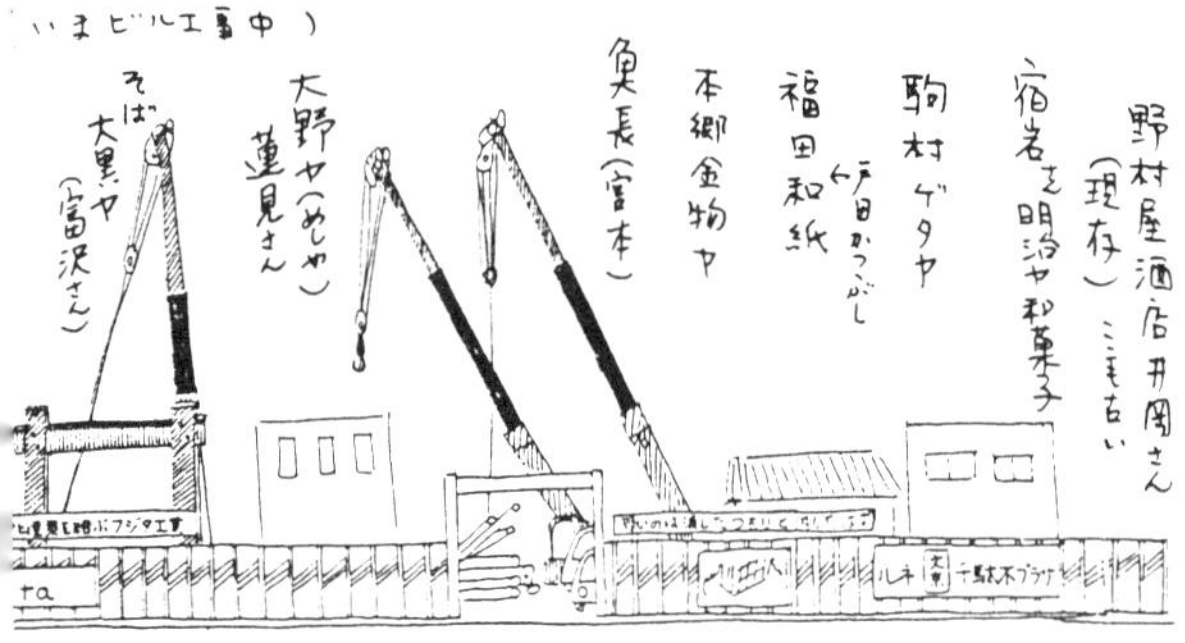

あらあら、大昔の話ね。私なんか大昔よ。そのあとのことは、子供を育てるのと商売に夢中で、あまり覚えてないわね。今でも町で会う中年の男の人に「乾物屋のおばさん」なんて呼ばれる。「卵が割れちゃいけないからって風呂敷に包んでくれたね」「危いからって往来を渡してくれたね」なんていわれると嬉しいわ。〔M〕

望月次作さん

私は明治三十九年に生まれ、父佐平は四十一年にここに越してきたんです。その昔、ここは田んぼや沼で、団子坂の菊人形を見に行くにしても、汐見坂を上って藪下から見晴らしを通ったんです。明治天皇もそのコースを通ったそうです。

父が明治四十三年に菊ずしをはじめ、「菊そば菊ずし菊見せんべい」といえば「三菊」として有名でした。当時、中流の勤め人八十円から百円の月給の頃、すしは十五銭から二十銭しましたから、けっこう高いもんですね。自転車で日本橋の河岸に仕入れに行き、氷と魚をつめて戻る。昔のほうがネタの数は少ないが、近海ものでうまかったように思いますがね。岡持ちにちらしのどんぶりや皿を並べて遠くまで、そう谷中墓地の三原家やおもだかやまでも自転車で出前しました。

震災では富士銀行のところにあった五軒長屋はバッタリ倒れるし、その裏の熊倉質店の土蔵が往来に倒れて通行止めになっ

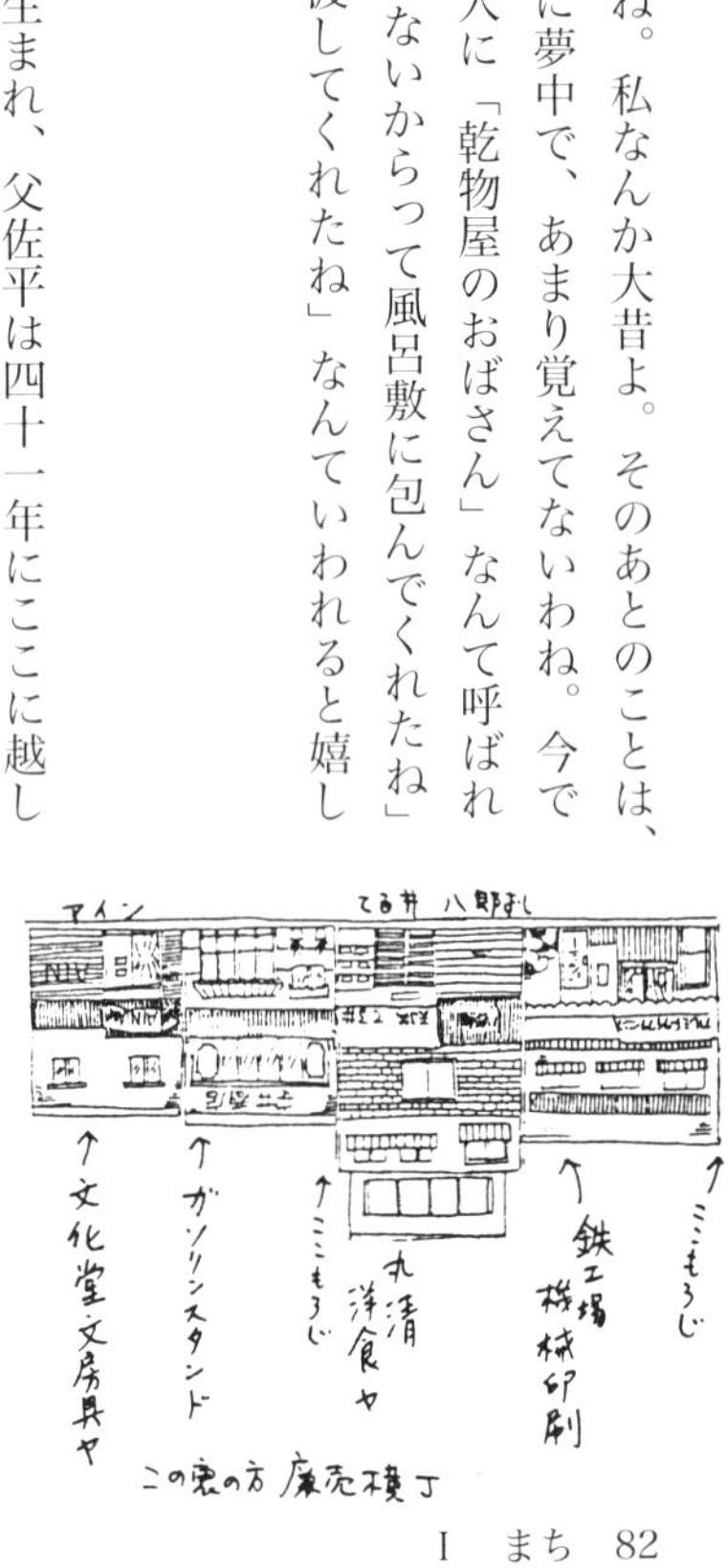

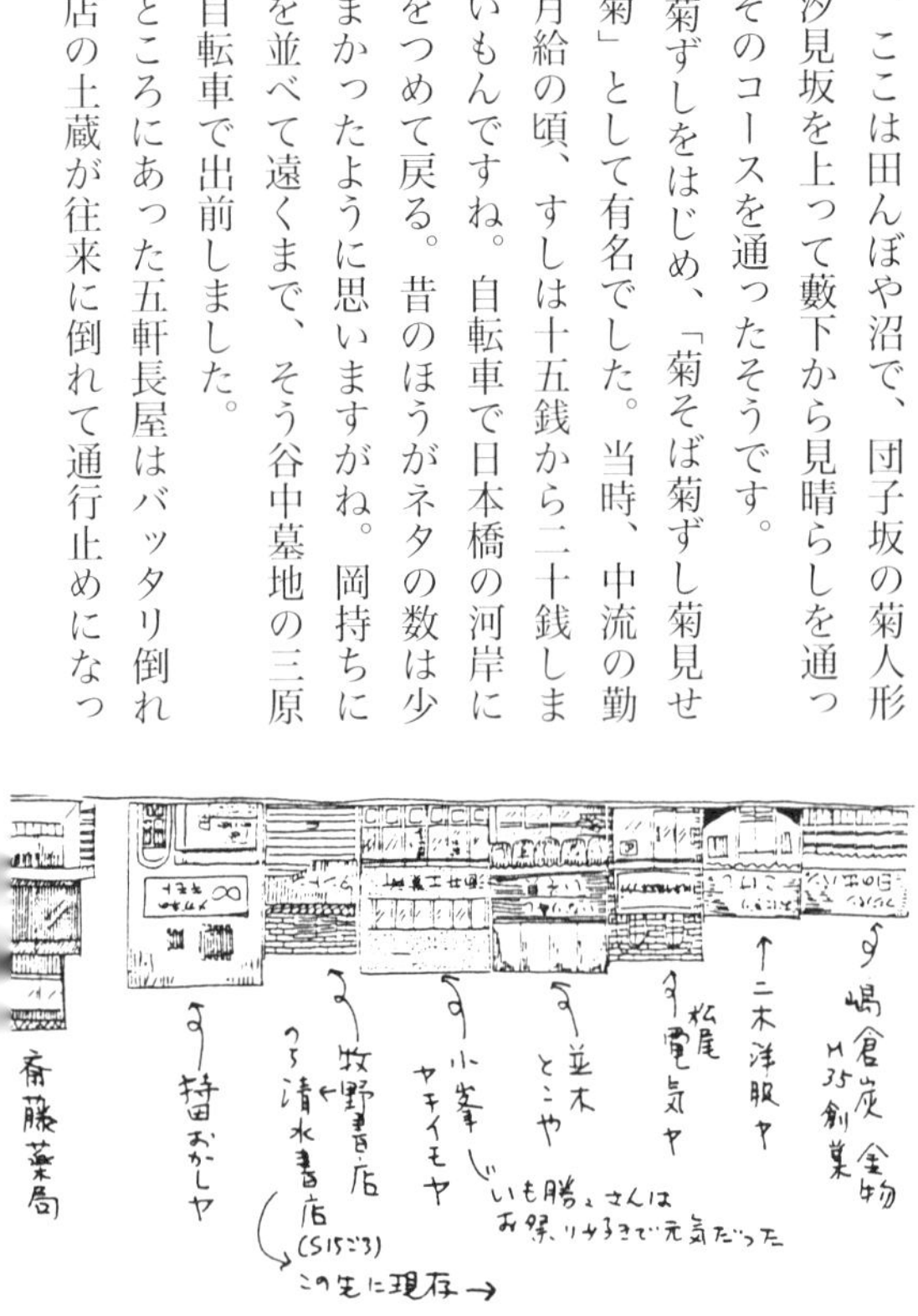

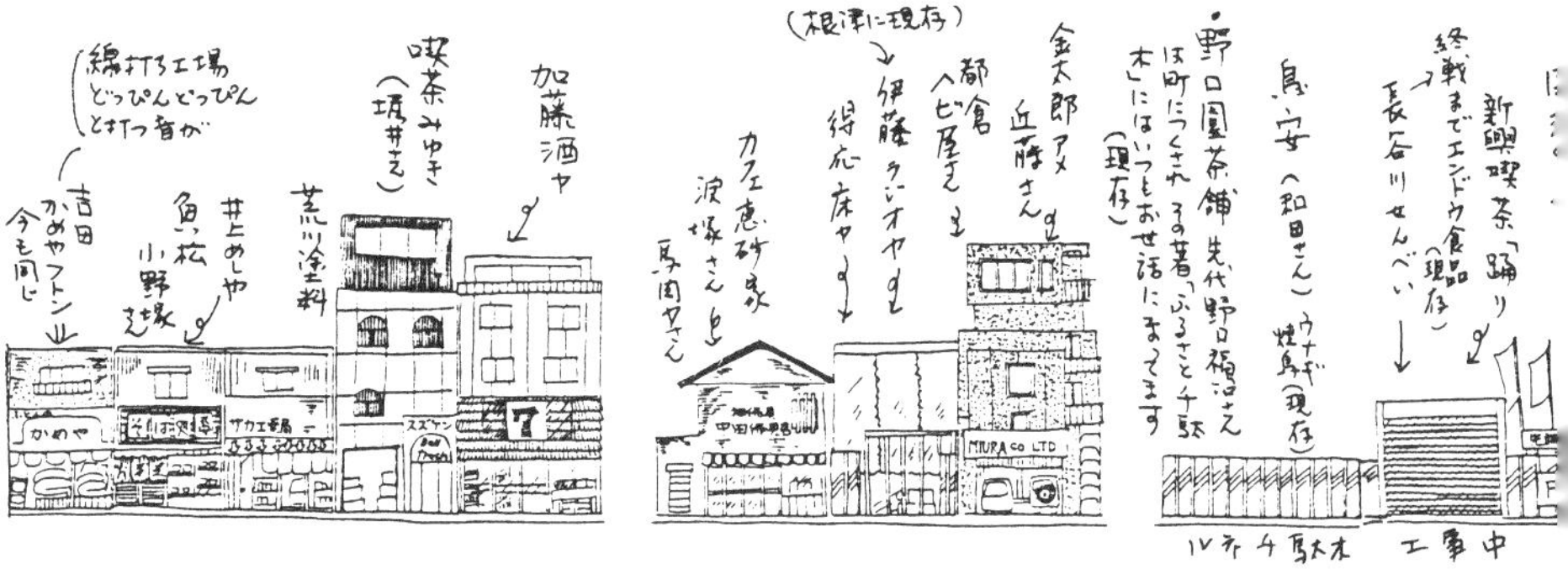

たんです。

楽しみといえばこの並びの芙蓉館で目玉の松ちゃんや栗島すみ子を見ることですが、震災で浅草や上野が焼けて、ここだけ残ったから一流館になっちゃって、有名な弁士がぞくぞく来てたね。入場料は十銭くらいかな。弁当持って浅草にもよく行ったけどね。

昭和十八年頃、お米の配給が止まったので商売はやめたんです。戦時中は戸田橋のほうで葦（よし）の深い根を切って開墾し、農場をつくってました。その頃ですね、千駄木町会が大きすぎて統制が取れないというので、電車通りで西町会、東町会と二つに分けたんです。

五月二十四日の空襲で団子坂からサカエ不動産まで、翌日に反対側の中田文具店までが焼けた。なんでも谷中の宗善寺に焼夷弾が落ちて、強い風で飛火して焼けたんだって。信じられない話だね。上野の竹の台に高射砲があったが、八千メートルしか届かないんだもの。B29は一万メートル以上飛んでくるんだから、何の役にも立たない。

戦後は、何でも焼けちゃったから必要だろうと家具屋になった。一昨年前までやってたが、今度は年をとってね。配達も大変になったんでやめました。今は園芸用品とたばこ。外国たばこだけで四十余種ありますよ。おっと長話になっちゃったかな。〔Y〕

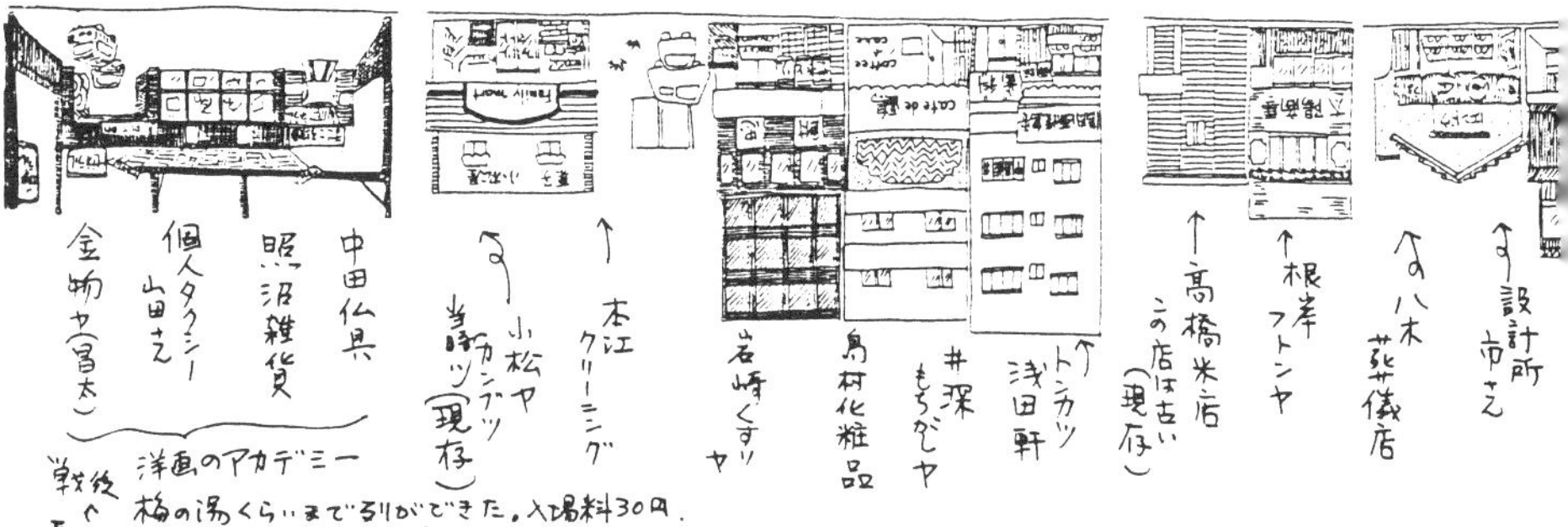

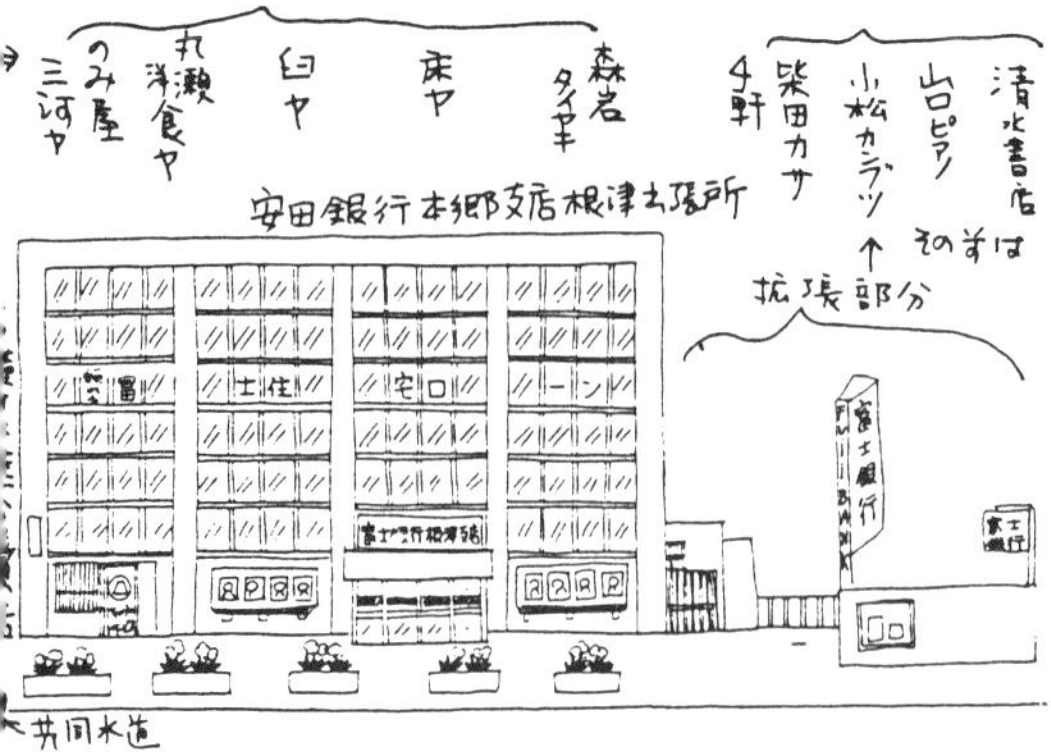

街の発展と富士銀行

明治三十二年、田圃を埋めて新道ができても、団子坂で行き止まりなので、みな歩きなれた藪下か藍染川通りを歩いた。これでは、と新道にできた十軒ほどの店が、路上に涼み台を並べ、睦会を作って道路のデコボコを直し、水をまき、雪かきをし、夜は電球で明るくし、通りはようやく町らしくなっていった。

大正三年、市電を引き込む目的で六間幅の新道を十二間幅に拡幅。この拡幅を契機に、表通りは八十軒くらいで共栄会を結成、松田写真館主を会長に中元福引大売出しを催して好評。吉江、青木自転車店の自転車や、高橋米店の米三俵など大型景品が人気を呼んだ。

大正五年八月の大雨で藍染川が氾濫し、筏で買出しにいく騒ぎになった。町では秋虎太郎氏（衆院議員）や太田兼造氏（足袋店）を先頭に陳情し、藍染川の排水をよくし、暗渠化をすすめさせた。このころ電車が開通。千駄木町は終点地として市中に有名になり、大正十年に共栄会などを母体に、千駄木下町会が成立。

大正十五年、安田銀行本郷支店根津出張所が開店。場所は宮永町の現細井医院のあたりである。それまで根津はなかなか銀行が立ちゆかない土地といわれ、昭和二年の金融恐慌では、この土地に由縁の渡辺銀行が倒産した。

しかし安田銀行は一貫して地元住民の財産を守り、昭和七年

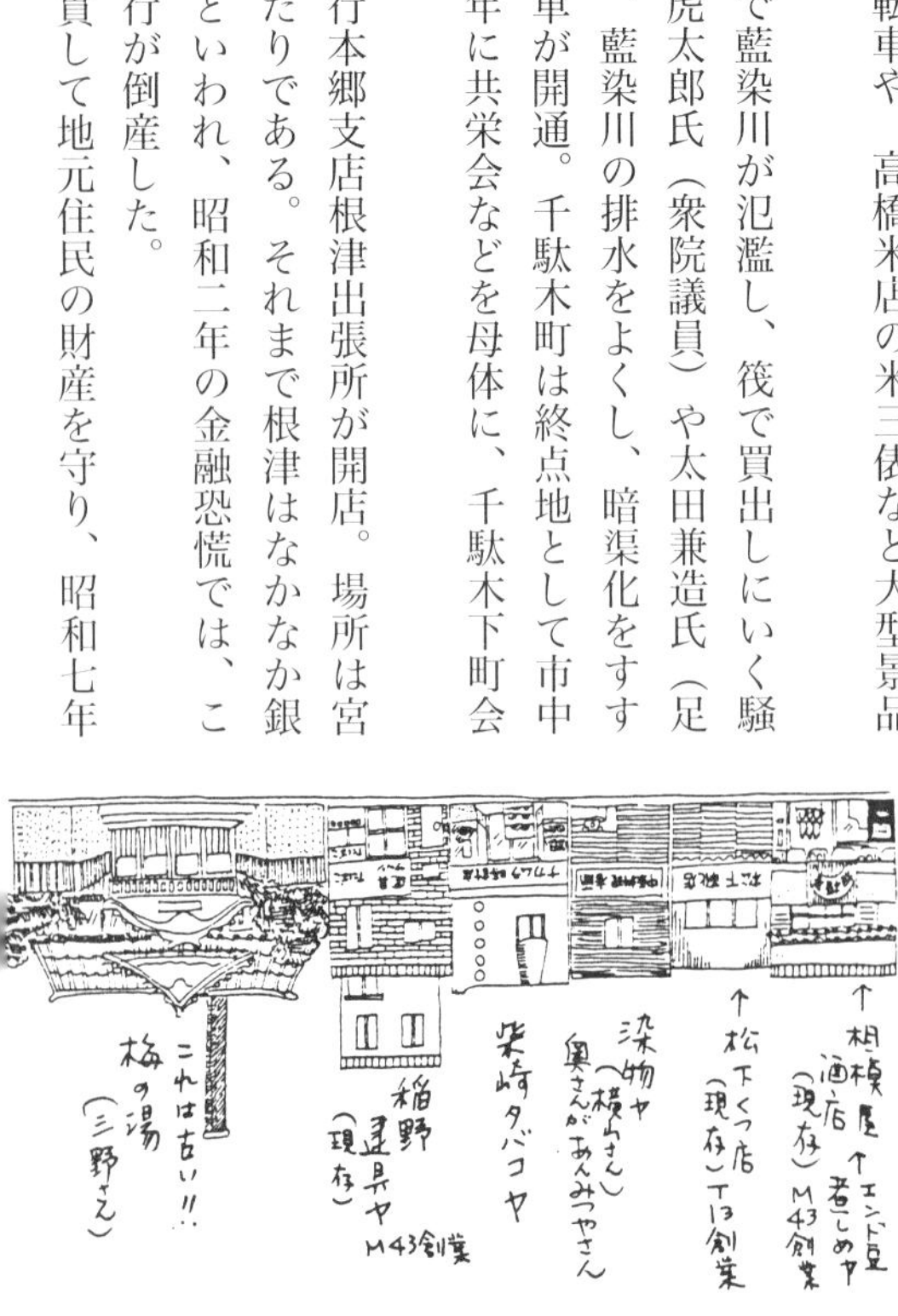

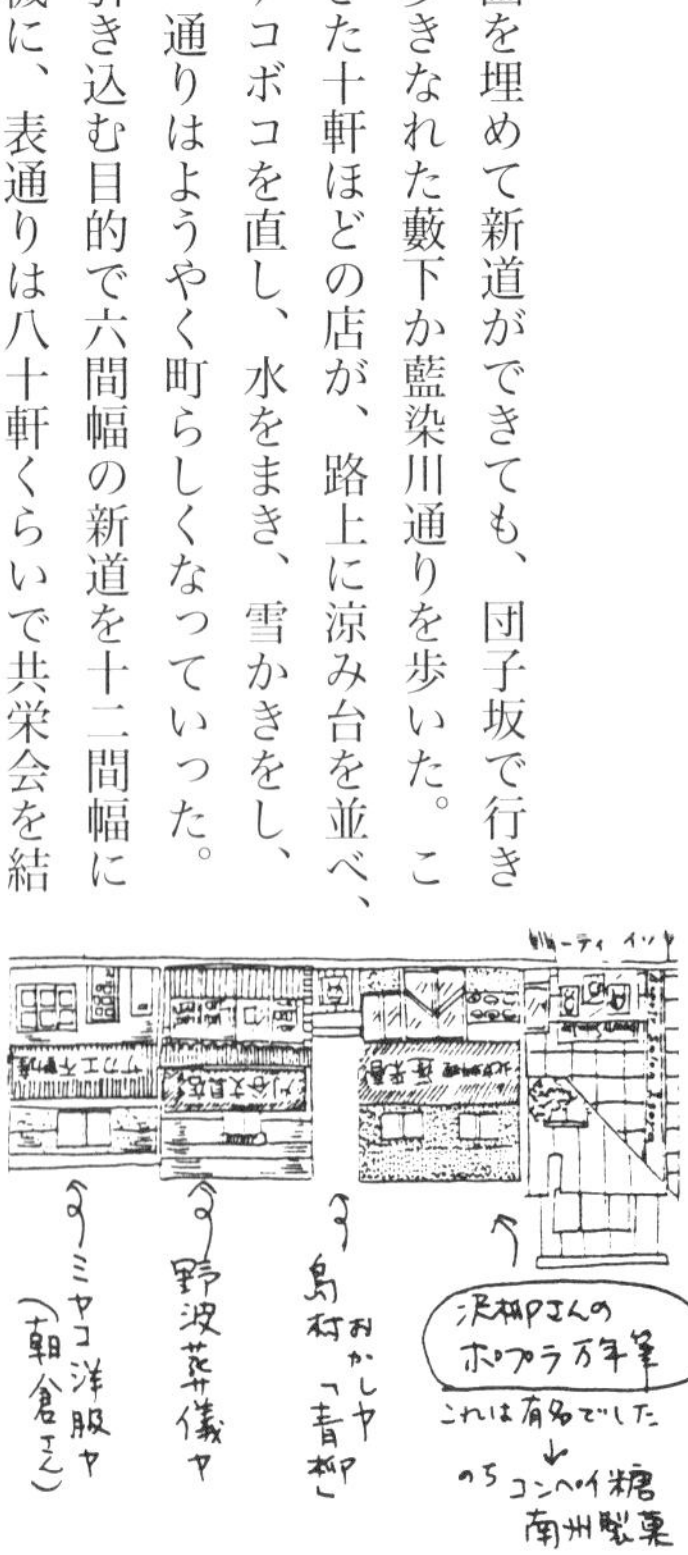

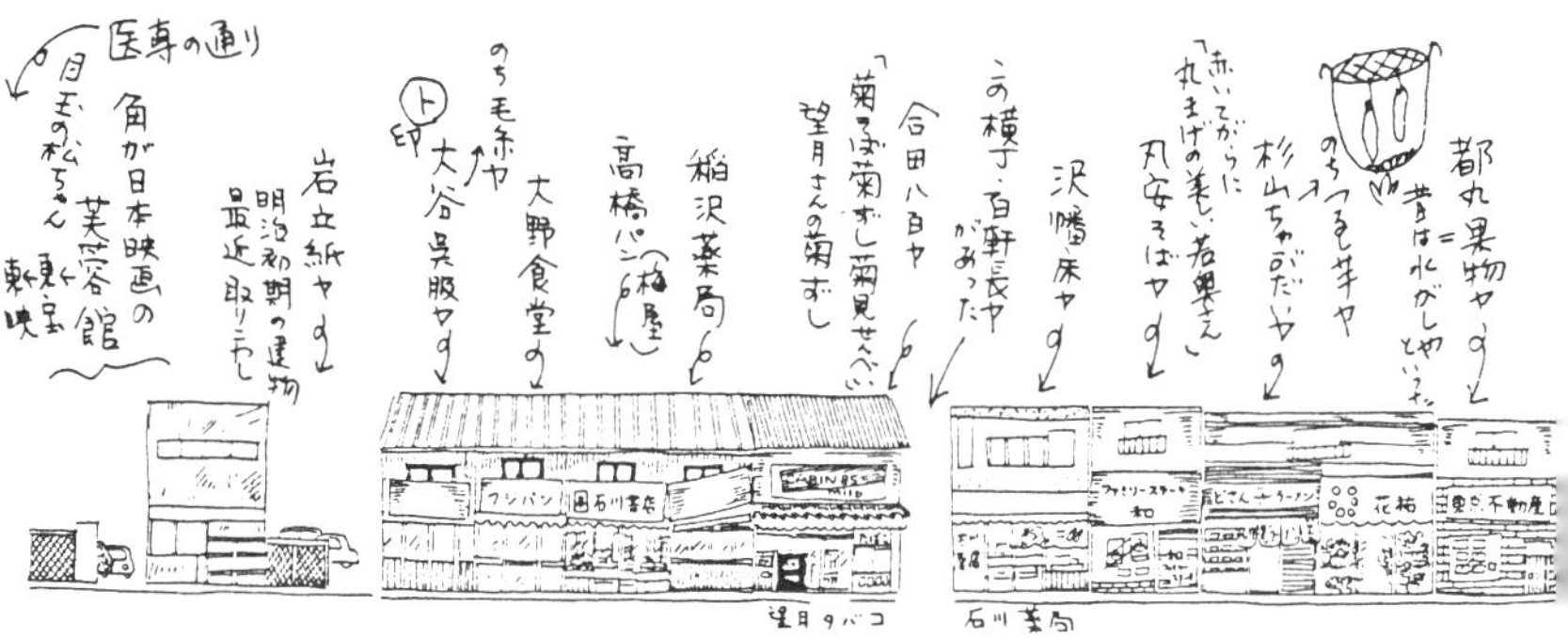

に千駄木の現地に移転、戦後は富士銀行として再出発、三十七年に現店舗を建築。

戦後、野口福治氏を中心に、商店街を復興し、街路燈をつけ、昭和四十四年には他に先がけて商店街振興組合を結成した。同年の地下鉄千代田線開通以降、再開発、ビル化の波が街を変えつつある。

8号（一九八六年六月）

［追記］

私たちが記事を作る上で資金提供を受けたことのある大企業は二社。ひとつはNTT。タウン誌大賞の副賞でタウンページを抱えた加山雄三の一ページ広告を出してくれるというのを辞退し、同じ広告料（二十万円）で、お医者さんや出前を頼める店の電話番号を載せた「谷根千便利帳」（16〜19号）と、佐藤やゑ子さんの絵と文で「町の風景」（43〜46号）を出してもらった。

もう一社が富士銀行（現みずほ銀行）。数万円の援助を受け、いつもタダ働きのイラストレーターのつるみよしこに謝礼ができた。当時の富士銀行支店長の北浦氏は、転勤後も定期購読を続けてくれた。

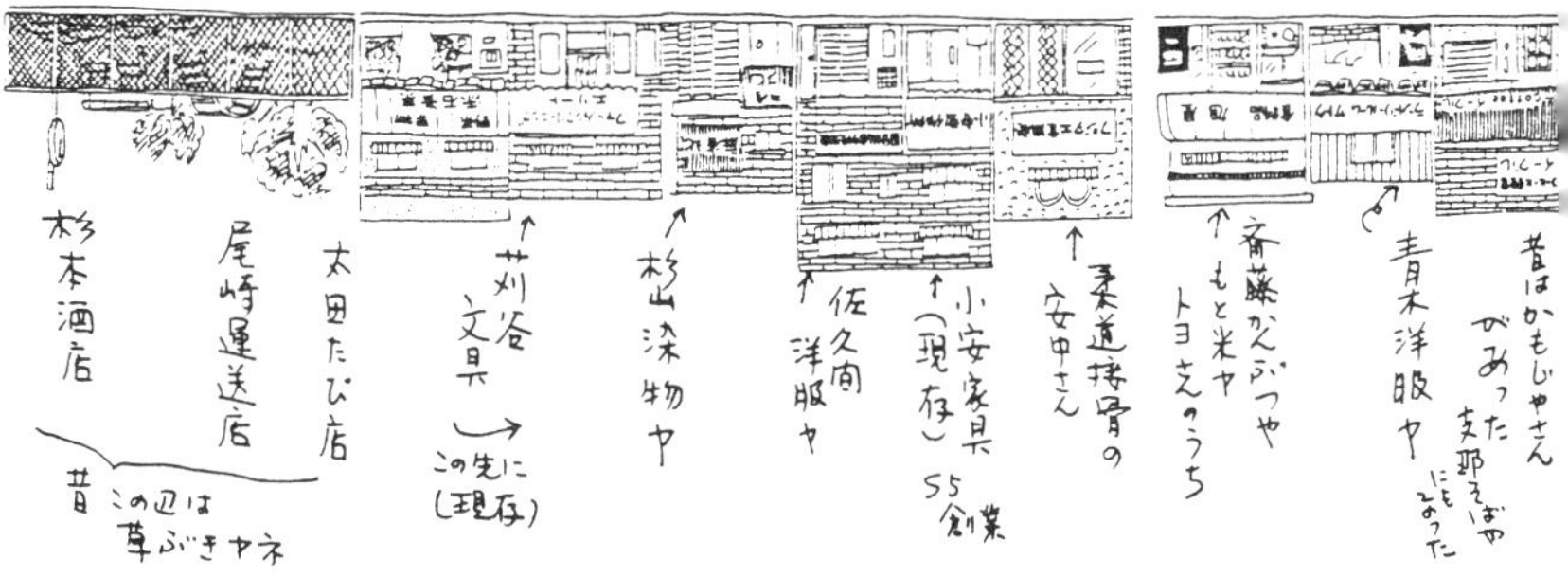

やねせんこぼれ話

偏見とお金の話

森まゆみ

◎取材に行って一番困るのは「モリさんはどこの学校?」と聞かれること。「誠之小学校です」というと、「名門だね、それで山﨑さんは?」と続く。私と仰木はたまたま地域で育ち、山﨑はわざわざこの町を選んで住んだ人。どっちがえらいかわからないが、地域では長く住んでる人がエライという風潮がある。そういう点では芝と浅草で空襲に遭い、焼け出されて動坂に住んだ私の父母だって「戦後来たよそ者」にすぎない。五代住んでようと、昨日来ようと、憲法によれば住民は住民、権利も平等である。もちろん長くいる人は大切にしなくちゃと思うけど。

◎その次に「モリさんはどこの大学?」と来る。「えー、ワセダです」。「で、山﨑さんは?」。毎回、聞かれて辛かったこと。山﨑は、「どっかで私が大学行ってないことを知らせたい」と言い出し、これは40号の「谷根千子ども座談会」で実現。内容はよく見てね。しかし地域に稲門会はあるものの、ワセダ卒業生はケイオーほどはつるまない、というのが大方の意見。女性の場合、府立第一高女(現白鷗高校)出がこの地では羽振りがよいらしい。その点三人ともハズレ。

◎外人差別と外人尊重も困ったものだ。丈高きジョルダン・サンド氏と歩くと、彼の人柄もあいまって、住民はものすごくサービスして、何でもくれる。でも傍らの私はまるで透明人間。無視される。柿沢孝二議員に会ったときも、氏の顔はずっと「コロンビア大から東大に留学しているアメリカ人」の方ばかり向いていた。こういうとき私は腹の中で毒づく。「イランから来た難民にもこれくらい親切にしてみろ!」。

◎困ったことその4。仰木がいやがったのは「森さんの実妹」などと書かれること。三人平等の事業なのに、どうしても姉が中心で妹が手伝っていると思われがち。見るに見かねて手伝ってくれている川原理子も実は身内だが、名字が違うので「私はただのアルバイトで」などとそ知らぬふり。

◎それにしても谷根千の子ども達はよく手伝ってくれた。搬入、配達、ハンコ押し、地図折り、そして売り子。子どもがいるとお祭りなどでは同情もあってか、よく売れる。講演先でも、連れて来ざるを得なかった子どもは売り子として役に立つ。「この名刺の人が送ってくれって。二千円もらった」などとバッチリ。それで退屈すると、市職員のお兄さんに「キャッチボールやらない？」みなさんよく子どもに付き合ってくださいました。アリガトウ。静岡県蒲原町さんは私の講演中、ユッピとヒコベエをサッカーの試合にまで車で連れて行ってくれた（モチロン時間外労働）。

◎そのうち私はモノ書きになり、本も何冊か出た。困ることその5。「モリさんも谷根千を踏み台にいよいよデビューだね」（いまもやってますよってば）「いいわね。サラサラっと書いて一枚何万円もらえるの」（せいぜい五千円ですってば）「憧れの印税生活に入った気分は？」（何年かかって一冊書こうと、印税って数十万入ればいい方）「それでヤマサキさんとオオギさんにモデル代いくら払ってんの？」（タダです！）「印税のほかに谷根千からももらってるんでしょ」。

◎ここで白状すれば、谷根千は当初から、同人誌としては持ち出しはそうなく、四号目くらいから印刷、編集費を引いて少し余り、千円札をトランプの札のように三等分したりした。年齢、経験、家庭の事情、実労働時間などを加味して少し差をつけて給料を出していたこともある。そのうち、面倒くさくなって三等分に戻ったりと迷走を続け、一万部以上も売れたピーク時は、一人月二十万円配れたよい時代もあった。（ただ残業代、ボーナス、退職金、年金なし）。〝めざせ公務員並〟のスローガンも長くは続かず、私が他で収入を得るようになってからは無言の「給料を辞退せよ」という圧力。その代わり、事務所番と配達から解放された。

◎そのうち部数がジリ貧となるわりに経費はかさみ、赤字は増え、ついに二〇〇四年、私は大学の教師に身売りして、三年間は講演料を含め、かなり雑誌につぎ込んだ。あとの二人も外で得た収入を谷根千に入れたりしてきたが焼け石に水。生活のためオオギはピアノ教師、ヤマサキは図書館でカウンター業務に夜の蝶（？）と、本当によく身体が続いたものだ。

◎いや、家族のほうが続かなかったのかもしれない。この楽しかった二十五年、痛恨の極みは私の夫がいなくなり、山﨑の夫が病で、仰木の夫が過労で世を去ったことだ。こうしてみな五十代を待たずして再び独身になった。「三人で未亡人クラブでもやれば」という心ない冗談をいったヤツの顔は忘れない。

根津診発祥の路地

13号

　根津にはきっとこんな路地があるはずだと思っていたらやっぱりあった。地域医療に大活躍の根津診療所は昭和三十五年、この路地奥の長屋の二階で発足したという由緒ある路地。坂本智恵子さんはここに二十年、本所で生まれ、厩橋で焼け出され、もと上野で飲食店を経営。

「ウチは何でも屋みたいなもんでさ、鋸(のこぎり)ない？　トンカチない？　タンスの下に敷くもの何かない？　って困れば誰でもウチに来る。宅配便なんか来たの預かるだけじゃなくて出すのまで頼まれちゃって。

　あたしもお節介がすぎるけど、まわりの人間もみんなお節介でさ。会いたくない客が来たから押入れ入って居留守つかってたら、はきものあるから居るはずだって二階まで探してくれる人がいるからね。

　私が仕事の仕込みして料理作ってたって、誰かかんか上がってきて、何べんも自分でポットにお湯たしては、お茶っ葉かえて飲んでたもんねえ。井戸端会議が一番盛んだったのは桂枝太郎さんの奥さんがいたころかしら。女連中で箱根に行ったこともあったし。枝太郎さんが亡くなった時は、新聞社の人がウチの電話を取りっきりだった。そろそろ十三回忌ね。

　私もいつかは大きなお邸に住みたいと思ってたけど、もうだめねえ。きっと淋しいでしょうねえ。ここだと何か足りなくても何日か生活できちゃうもの。たしかに口うるさいわよ。私みたいのもいるんだし。横でコチョコチヨいわれて、ああうるさいって思うこともあるけど、腹には何もないんだから、いいんじゃない。

　前に玄関あけた所に竹のカーテン吊してたら、あんたんちが見えないで淋しいっていう人あったもの。見えると安心、見えないと淋しい、へんだけど。カーテン取っちゃった。

雨だっていえば、人の家にバタバタ入ってきて、洗濯物取り込むの手伝ってくれるし、手がふさがってる時に電話が鳴ればとってくれる。山下さんのおばあちゃんが奥で一人暮らしだったけど、身寄りもないし、毎日ウチへ遊びにきてた。寝ついたときは一ヶ月、朝昼晩と食事届けたのよ。タバコも。好きだったから。根津診いくのも健生病院入院するのもつきそっていった。あの頃、この路地で入院してる人が三人いて、三人の病院を見舞って帰ると日が暮れた。山下さんが亡くなって、毎日来てた人がこなくなると淋しくてね。

路地にはいろんな人がくる。新聞ヤもお豆腐ヤも石炭ヤさんも。前はわかめ売りも来てた。留守でも台所の窓からわかめがないと釘にひっかけてってくれたわ。

あるとき、前の家で屋根いじってたら雀の子がいたって、うちへ持ってきたの。怪我してるのを菓子鉢に脱脂綿入れて育ててたら、電線に雀が二羽、チュンチュンうるさく鳴くじゃない。こりゃ、きっと親が心配してんだよって、角のクリーニング屋の物干場にそうっとのぼって雀の子を置いたの。すると親が来て連れてった。長屋中の人間が出てきて、見えなくなるまで見送って、感激しちゃった」。

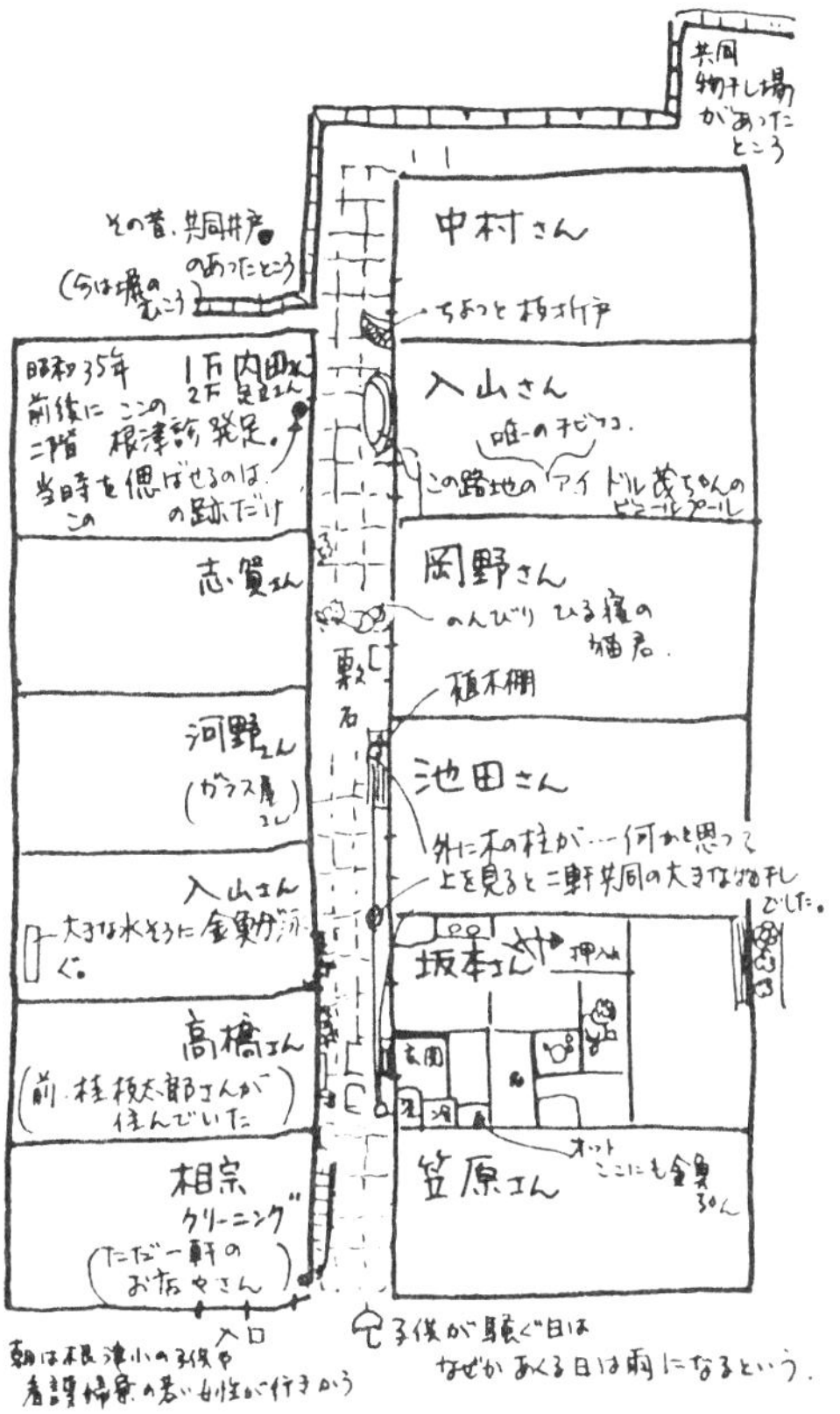

戦時中に小石川から越してきた入山米次さんは娘夫婦も同じ路地の住人。

「坂本さんが夜中の三時くらいまで起きてるし、私が朝四時っていえば起きてるから、この路地は泥棒なんて入れないよ。志賀さんのおじいちゃんが元気な頃は日がな路地の入口で入ってくる人に『どちらへ』って声をかけてて、まるで門番みたいでありがたかった。あの人は根津小の用務員さんだったから、まちのみなと顔見知りだった。長屋の住人はだんだん入れ替っているが、何か縁のある人を引っぱってくるから、人は変わっても何となく知っている人ばかり。

ぼくなんかここに座ってるだけで、根津のまちのこと、全部わかっちゃう。誰かが情報持ち込んでくるからね。どこでネコが生まれた犬が生まれたってことから、区議が何やらかそうとしてるかとかね」。

入口の一軒だけ表通りに向ってるクリーニング屋の相宗周一さんは、お父さんが荒川で焼け出され昭和二十年に根津へ。「ぼくは昭和十一年生まれだけど、当時は子どもが多くてね。権現さんの池の鯉を盗ったって神主さんにおこられてた。フロ屋も友だち同士で誘い合って、開くの待っていったもんだ」。〔Y〕

13号〔一九八七年九月〕特集「路地今昔　谷根千路地裏物語」

［追記］

特集で取り上げた八本の路地のなかの一つ。この頃、この町を舞台に、環境と町づくりを調査研究する「江戸のある町・上野・谷根千研究会」なる組織が生まれ、トヨタ財団「身近な環境を考えるコンクール」から研究助成を受けた。代表は寛永寺執事の浦井正明さん、事務局長は当時芸大助教授の前野堯（まさる）さん、芸大東大の学生、町のおじさんおばさん、私たちも参加。研究会の路地調査によって特集は大幅に肉付けされ、別冊の『谷根千路地事典』を刊行、のちに住まいの図書館出版局より『新編・谷根千路地事典』として単行本化された。

谷根千建築紀行

三角（みかど）地点にある民家

ジョルダン・サンド

15号

東京の家は二十年ももてばよいように粗末に作られている、と明治時代の知日家はいった。しかし、彼が、今、谷中の町を見ることができたら、と思う。

家屋を単なる人間を入れる容器と見るか、あるいは人間と共存する有機体として見るかによって、家の寿命は異なるのだろう。たしかに放っておけば、木造家屋は速いスピードで崩壊していく。しかし風雪に耐え、人間に愛された建物は、いくつもの生命を持つ。

谷中のミカドパンの建物もその一つである。変形で凸凹した外観を一見すれば、これは有機体の範疇に入ることがわかる。内部も何段階にもわたる住居の歴史を語っている。簡単にいっても、最初はしるこ屋だった。それがたばこ屋になり、今はパン屋に変身しているというわけだ。

細い三浦坂を上りきって右折すると、そこで道は変な角度で二つに分かれる。左は谷中四丁目と一丁目の境を走り六丁目に出る。自動車も楽に通れる道幅である。右は谷中一丁目を横ぎり、言問通りの坂上に出る小路で、一名〝おけいこ横丁〟というらしい。狭いから勇気を持つ車しか入らない。

実はこの二つの道はいずれも江戸以来の古い道である。位置的にはかなり丘の奥に入ったところだけれども、上野方面からいくつかの寺に行く重要なルートでもある。すると、この三角は古来、谷中の交通の要点の一つ。明治初年の地図を見ると、周りは寺ばかりだが、案の定、この小さな三角形の土地は違って、「谷中村」と記されている。ここにだけポツンと民家があったのだろう。

ミカドパンの隣りは軒の低い二階建ての二軒長屋が続く。すぐ隣りは純粋な住宅で、その隣りは工場併用。かつては床屋だったという。ミカドパンを含むこの三軒は正確な建築年代は不明だが、様式、規模から見て、おそらく明治後

中央に聳えるエノキは切り株となって家の中に残り、外にあるヒマラヤスギがいまは大木となっている（ミカドパン提供）

期のものだろう。

ミカドパンの建物の内部を説明するのは難しい。二階はない。居間は店舗の奥にあって、ここは畳二帖にわずかな板の回り縁みたいなものがついている。二畳というのはおそらく人間が楽にいられる最小の空間だろう。京都の妙喜庵で、千利休が二畳の茶室を造って過激（ラディカル）に思われたけれども、千利休の場合はお茶をちょっと飲んで、広い家に帰れたではないか。

しかし、ミカドパンの住人はここを楽に、巧妙に広々と使っているのである。一八〇センチの身長をもつ私にもそれは広く感じられた。

なぜ畳が二枚しかないかというと、最初はここに住人は住んでいなかったのである。今の居間は元は店舗の一部で、土間の部分に客席があった。そしておしるこ屋の経営者は隣りに住んでいた。隣との境の東側の壁にはいまは浅い棚が入っているが、当時は引き戸で隣と行き来ができた。

昭和四、五年ころ、商売をやめ、店舗との境いに壁を作った。そして店の部分を他の人に貸したら、その人は一部を床にして自力で住まいらしく作りかえた。それがこの二畳の発祥である。この人は表側に小窓をつけて、ここでたばこ屋を営んだ。その人は、いまのおばあちゃんの叔父さんに当るそうだ。

店舗には、アイスクリームの冷凍庫と飲み物の冷蔵庫のほか、棚やガラスのカウンターにお菓子やパンがぎっしり。その奥に金魚鉢があり、入口からは突き当りに見える。この金魚鉢はブルーガイド式にいうと「時間に余裕のある人はこの金魚をよく観賞したい」というところ。

「お店に売場だけで、何にもきれいなものがないとさびしいから」とおばあちゃんはいうが、この金魚は、美観のためにだけ存在するいわば掛け軸のようなものだ。ぜひ心を澄まし眺めるといい。実に美しい金魚だ。

「台所」という場所はない。お店の隅にコンロと炊事道具や食器が整然と揃えてある。その傍に小さな上げ戸がついた窓がある。それを上げると向うが流し。ずい分工夫したもんですね、というと、「これはおしるこ屋のなごり」という。流しのある側は、床はコンクリで屋根の代りに庇がかかっている。ここは部屋だが、もともとは庭だったのだろう。その証拠に縁側もついている。おしるこ屋時代、ここで調理して窓を通して客に出すしかけだったと思われる。

庇の下に水周りが全部まとめてある。木のお風呂もお手洗いも。お手洗いは谷中でも珍しく簡易水槽だが、流しと風呂の排水を利用でき、これは水の節約が大きく衛生面でも劣らないので、むしろ進歩的ともいえる。

これでミカドパンの内部の説明は終りだが、まだ一つ、庇の下にはすてきなものがある。木の株である。根元五十センチくらいで切ってあり、店の荷を置く台としても便利である、ボディビルダーの腕のような太い根が床のコンクリートに半分隠れて広がり家の下に潜ってゆく。つまりひと昔前までは巨大な榎がここから屋根を突破し、上に枝を張ってそびえていたというわけ。株から見て幹や枝葉は相当大きなものだったろう。おばあちゃんにいわせると、「まあ、象の体くらいあったわね」という。

なんだか、人の夢の話とかおとぎ話の森に迷い込んだような気がしていたら、娘さんがもう一つとっておきの小さな箱を見せてくれた。中に入ってたのは玉虫だ。触ってみると光の具合で背中の縞が色をさまざまに変えながらかすかに輝く。この虫は初めて見た。魔法使いからもらったのかしら、と思いながら眺めていると、「玉虫は根の木の皮が好物で、幹にいっぱいついてたのよ。毎朝、落ちたのをほうきで掃くと山ほどいたわ。木を切った時に三匹だけ記念に取っておいたの」という。十七年前のことだ。玉虫を簞司にしまっておくと衣服に虫がつかないとおばあちゃんがいう。不思議な虫に不思議な発想だ。

＊Jordan Sand　東大建築学科修士課程を今春修了、谷中の住人でもある。

15号〔一九八八年三月〕

［追記］

日本の近代史を学ぶ二十代はじめのジョルダン・サンドさんが初めて編集室をたずねてきたのは創刊号が出てまもなくのこと。東大大学院に留学したので、谷中辺りに住みたいということだった。よく一緒に木造建築の見学や聞き取りに歩いた。しばらくして、英語版の谷根千を企画、『Yanesen Magazine』1〜3号の発行はサンドさんなくてはできなかった。

サンドさんの建築紀行はほかに、「徳田邸」（13号）、「町並み保存、現実的に何が可能か」（16号）がある。現在は米国ジョージタウン大学で日本歴史を教える准教授。著書に尾崎一郎写真、森とサンド氏が文を書いた『佃に渡しがあった』（岩波書店）、『House And Home in Modern Japan』がある。

思い出の童謡

田中光子（谷中）

私は『谷根千』の19号を開いて、室崎琴月の〝ぎんぎんぎらぎら〟の題字を見、その先生の写真に釘付けにさせられてしまいました。私が小学校四、五、六年生当時教えをうけた、お懐しい音楽学校の先生なのです。

先生はいつも和服姿でピアノに向われ、先ず発声練習から始まり、先生の作曲された童謡を皆で歌い、二、三回練習したのちひとりずつ歌わされ、ひとりで歌えるようになるまで教えて下さいました。

私は今でも数曲の童謡を覚えていて、仕事をしながら口ずさんでおります。

当時の時局の中でも、子供に夢を与えるように作られた数々の童謡（シャクトリ虫さん、巡行ラッパ、南の国、アジアの子供たち、うさぎの隣国、お百姓さん、北国、とんぼ等）は可愛らしいものばかりです。

中でも〝シャクトリ虫さん〟は二組の女子の皆が覚えていて、卒業式をしなかった私たちの三十五年目の卒業式のあとの旅行の折、一緒に歌ったときは嬉しさで胸が一杯でした。

音楽学校で学んだ童謡は、集団疎開先でも演芸会などで、振りをつけて踊りながら皆んなで歌ったのです。

最後に思い出の童謡を……

〝シャクトリ虫さん〟

シャクトリ虫さん、おしえてね
八ツ手のお手々はナンセンチ
あの指この指青い指
上手に計ってちょうだいな
シャクトリ虫さん、おしえてね
子猫のシッポはナンセンチ
あれあれ子猫はにげました
おやつの時間がきたのでしょう

＊「ねづがっこう」（根津国民学校昭和十九年度卒業生の同窓会新聞）第五十六号より転載。

20号〔一九八九年七月〕

回想の桜木町

波木井皓三（はきいこうぞう）

私は明治三十七年（一九〇四）十月十二日に浅草区新吉原一丁目一六番地大文字楼波木井清次郎と妻長（てふ）との長男として生まれました。父が明治四十二年に上野桜木町二二番地に寮を建てました。ちょうど今の芸大の裏で、現春日流事務所の隣、現在は全農の三階建の宿舎ですが、数年前までは昔のままの住宅でした。家の寺が谷中一乗寺なので、よく墓参りの帰途、旧家を眺めに行ったものです。父がここへ家を建てましたのは、一乗寺が近いばかりでなく、子供達のためだといっていました。私がこの寮の建築中に父と一緒に来た時、傍のおしるこ屋の「松本」の主人が、お団子を持って来てくれたり、帰途、上野公園へ出て西郷さんの銅像の前の階段を、父と大森という書生さんとに手を引かれて降りたことが記憶に残っております。

当時私の宅の前角は、黒板塀に囲まれた三階建の大きな「天台宗大学寄宿舎」で、庭も広く、テニスコートもあり、僧衣をきた学生さん達が競技をしており、塀の周囲は桜の木で囲まれて、春は桜花満開で見事でした。私の家の両隣りはまだ原っぱで、春日とよさんの家もまだ建っていませんでした。私はここで谷中の幼稚園から谷中尋常小学校へ通い、それから慶応義塾普通部、慶応大学文学部独文科へと学び、当時の新劇運動などに関係して、家庭と紛争を起して昭和十二年六月、桜木町の家を去りました。約三十年間桜木町に住んでおりました。

私達がここへ来て間もなく、ある夜二階で寝ていますと、目の前が真っ赤になりましたのでびっくりして起きますと、眼前の東京美術学校が焼けて、火の粉が家の方へ飛んできました。乳母がびっくりして吉原の家へ電話をする間もなく、家へ出入りの四番組鳶頭堀越与三郎其他の鳶の人達が、かけつけてきて、家を守ってくれました。次に明治四十三年四月の吉原大火の時には、吉原の店の全員が逃げてきて、

27号

二階の十畳二間に全員が缶詰めにされていました。退屈なので、前の天台宗大学の学生さん達のテニスの競技を、遊女の人達が何かひやかしながら眺めていた姿が目に浮かびます。この時と関東大震災の時と二度に渡って、吉原の全員は桜木町の寮に逃げてきました。

その頃、二世市川左団次の新居が桜木町にあったので、彼は人力車に乗って私の家の前を通って劇場へ行っていました。家の者達は「あら、高島屋が来るわ」と大騒ぎしていました。当時桜木町から公園を抜けて広小路の方へ出るには、私の家の四角を曲がって、東京音楽学校の前を通り、帝国図書館の角を右折し、東京美術学校門前から、動物園、上野東照宮前を通って、やっと広小路へ出られるのでした。また明治四十三年九月の、七世市川団蔵の桜木町の葬儀は盛大でした。東京中の歌舞伎役者が集まったので、普段静かな住宅街であっただけに大賑いでした。私の伯父先代中村芝鶴（後の五世中村伝九郎）は団蔵崇拝者なので、伯父の名のついた「花籠」を行列の中に見た覚えがあります。

大正初期頃でしょうか、家の前の天台宗大学寄宿舎が解体されて、私の家の前に住宅が三軒建ちました。その真ん中に、女役者中村歌扇、歌江姉妹が住んでいましたが、その後は先代坂東秀調さんが住みました。残った跡地には、つづいて先代沢村宗之助さんの家や、現上野のれん会会長の須賀利雄氏の邸宅などが建ちました。先代宗之助は関東大震災の年に、四谷大国座で演技中に脳卒中で急死した事件がありました。その他小説家宇野浩二氏、三代目柳家小さん師匠、私の普通部時代の日本史の川上多助先生、それからずっとして菊田一夫氏が川上先生宅の後に住んでいました。

大文寺楼・新吉原花魁道中（波木井皓三氏提供）

それと、私の家の隣の空地に立派な二階建の家が建ちました。若い奇麗な女性とその母堂に女中の三人暮しでしたが、後年築地中央青果株式会社社長、藤浦富太郎氏のお話で、同氏の御友人の妾宅と判明しました。その後に春日とよさんがお住みになりまして、私の家の風呂が当時ガス風呂だったので、よく「波木井さん、家へ火の粉が飛んでくるわよ」と、怒られたりしたものです。春日さんの家の一軒置いて後隣りに、江戸明治文化の研究家宮武外骨（みやたけがいこつ）先生が住んでいました。私が小学校時代に次弟銀次郎とキャッチボールをやっていて、私の投じた球が宮武家の門燈にぶつかり割って仕舞ったのです。さっそく宮武家の玄関へお詫びに行くと、二階で研究しておられた先生が降りて来られて「大馬鹿者奴」と怒鳴りつけられた事がありました。すぐ家の女中が電気屋へ修理をたのみにかけつけましたっけ。外骨先生は奇人で、関東大震災の時には私の家の前の通りにゴザを敷いて、そこへ自分の著書を揃えて売却していました。普通の学者には出来ない事です。

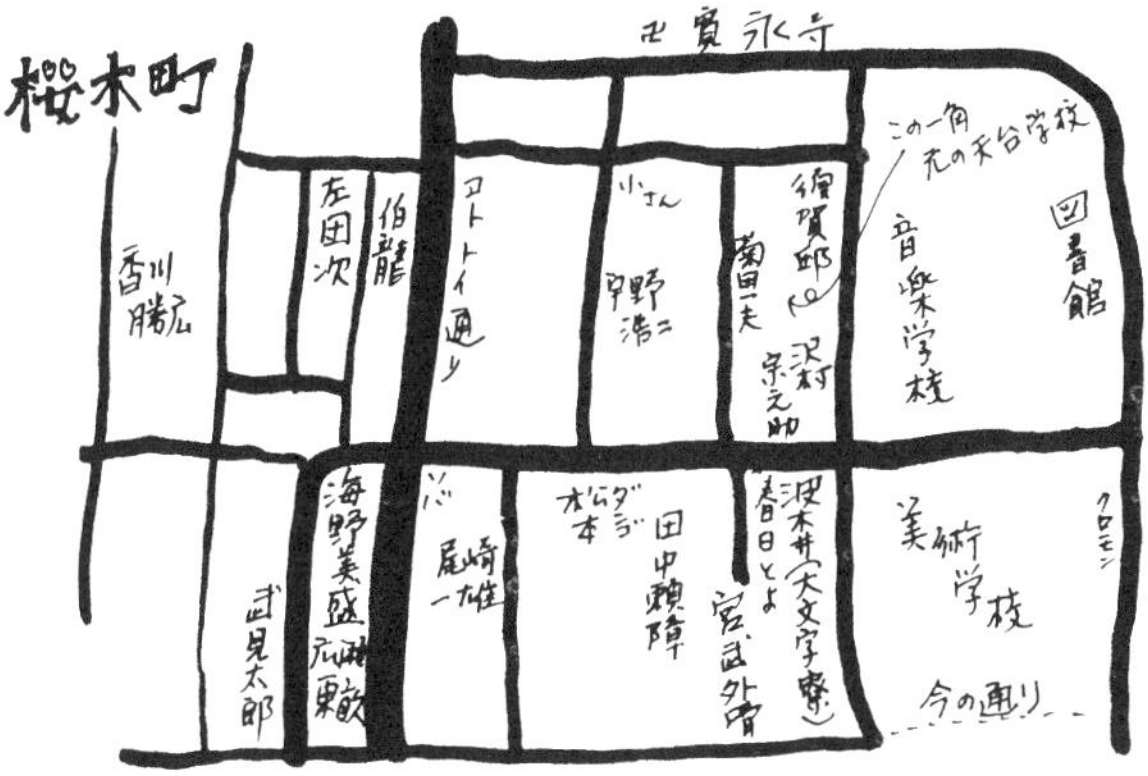

　私の桜木町での友人関係というと、帝室技芸員彫金家海野美盛先生の次男朝象、三男建夫、同じく彫刻家香川勝広先生の次男、日本画家広瀬東畝先生の長男勝義、山本桂太郎、佐藤美彦、柳沢重雄、須賀利雄、小林辰次郎、飯田信夫等の諸氏でした。この仲間で「桜木チーム」という野球チームを結成して、上野公園の両大師前の広場などにネットを張って練習をしました。メンバーは投手波木井銀次郎、捕手佐藤美彦、一塁山本桂太郎、二塁海野朝象、三塁波木井皓三、遊撃小林辰次郎、左翼飯田信夫、中堅柳沢重雄、右翼須賀利雄、海野建夫等でした。松坂屋チームと朝、両大師前広場でゲームをやりました。根岸の寄宿舎から松坂屋の店員達が店へ行く途中に応援にきたりしてなかなか賑やかでした。あの時の松坂屋のチームの主将飯沢さんはまだご健在でしょうか。一度お目にかかりたいものです。私達のチームの仲間も今では柳沢重雄、広瀬勝義、須賀利雄の三氏と私だけになってしまっています。『谷根千』23号に星谷安久利（あぐり）さんの一文が掲載されていて懐かしかったです。

＊波木井皓三さんは演劇評論家。著書に『大正・吉原私記』（青蛙房刊、一五〇〇円）があり興味深い本です。ぜひお読みください。

27号（一九九一年三月）

駒込ピペットの謎

「拝啓、谷根千工房様。ちょっと気が付きましたのでお便りします。

　ピペットは、中学の頃、化学実験で使ったガラス器具です。体温計を長くしたようなガラス管で、スポイトのように下から液体を吸い込み、その量を計るのが目的です。このピペットには二種類あり、長さ太さはたいして変わりありませんが、すらりとしているのを『ナチュラル』、管の上部が一部膨らんでいるのを『駒込』といいました。

　医科、理科の器具は、その考案者や発明者の氏名が器具名に付くのが多くあります。例えば、『コッヘル氏止血鉗子』『コッホ氏消毒器』『熊谷式気胸』などです。この『駒込ピペット』は駒込さんが創ったのか、駒込の病院か研究所で考案されたものなのか、それともまったく関係がないのか、興味がわいてきました。ご存じの方はいませんか」

　土浦市の山辺康美さんからのお手紙です。さっそく駒込病院勤務の小坂智恵子さんが資料をくれました。林良重氏の「駒込ピペットの由来」（『駒込病院百年史』）によると、

「駒込病院はかつて、伝染病患者を収容することを防疫の見地から目的としていた関係で、臨床医学にはピペットを多量に必要としていた。駒込ピペットは目盛りのあるのとないのの二種類あったが、計量器としての精密さを必要とせず、スポイト的な役割で十分な目的のものに、低コストで使用可能な条件を設定し、度量衡法に縛られず、生産、販売、使用の区分を確立するために当時の駒込病院の院長二木謙三氏がホールピペットの改良型として考案し、広まった」とあります。

　やはり駒込病院がその名の由来なのでした。続いて身近な化学者、権上かおるさんに問い合せてみました。

　「ピペットの種類は均一目盛りの付いたメスピペットと、下の方に長い膨らみの付いているホールピペット、それに

35号

駒込ピペットです。駒込は目盛りがおおよその目安で、正確に計って入れなくてもいいという実験、例えばPHを安定させる時などに素早く使えるという利点があります。上の方の丸い膨らみは溶液などを吸い上げた時に安全なように溜りになっているんですね。普通は口で吸って指で押さえます。劇薬の時は頭に専用のゴム球を付けるでしょう。一ミリリットル用の価格をみても他が四百円前後しているのに二百五十円と確かに安いですね。しかし、駒込の名が駒込病院から来ているとは知りませんでした」。ナルホド。

駒込病院は明治十二年九月九日コレラの避病院として開設された。その五代目院長二木謙三氏は、大正八年から昭和六年まで院長を務めた人である。明治の終わりから、昭和十年代までに発表された伝染病に関する論文は四十を越え、また大正十五年に創設された日本伝染病学会会長を昭和二十二年まで務めた。

駒込ピペットの陰に伝染病の研究に尽くした人たちの物語がありました。しかし、なぜ「二木ピペット」とは呼ばれなかったのでしょうか?〔O〕

35号〔一九九三年三月〕

寒行——冬の風物詩

冬の谷中——静寂の中をドンツクドンツクという音がゆく。近づいたかと思うと遠ざかる。誰かが歩きながら何か叩いている。

寒行は、谷中では日蓮宗の大円寺、妙円寺などの住職が昭和四十五年ころはじめた。以前は寒の入りの一月五日から寒明けの二月四日ころまで三十日間行ったという。

総勢十五名、黒い法衣に足袋が夜目に白い。若い僧たちはたもとをひるがえして大またでゆく。太鼓の音に風呂がえりの人が何事かと驚く。坂のゆく手に月がかかる。

「家内安全、身体健全、商売繁盛、千客万来…」

月見寺本行寺から陸橋を渡り音無川通りをゆく。善性寺。「今日はお早いですね。毎日ごくろうさまです」坊主頭のお寺の子供たちがでてきて手を合わす。オリオンが見える。谷中墓地の木立ちの闇にすいこまれそうになってひょうたん通りへ。おもだかや、三原家、ふじむらや、坂本屋、柏湯、大雄寺……。吐く息は白いが額から汗がにじむ。九時三十分、火の用心の拍子木の音と交替するように三崎坂を下る。

古くからの住人は寒行の声に冬の季節を感じるが、新しい住民で「音がうるさい」とパトカーを呼んだ人もいるという。

谷中は寺町である。寒行の声もひとつの地域文化として大切にしたいと思った。〔M〕

18号〔一九八八年十二月〕

角の浪花家　甘辛食堂——柏倉みや子さん

37号

　震災の時、母は私を身籠っていたので田舎に帰り、私はあの年の九月十三日に生まれました。両親は山形県西田川郡、いまの酒田市の出です。

　父佐藤伝七は上京して車力といいますか、いまの運送屋の仕事をしてまして、母留野(とめの)が店をはじめた。神田錦町の浪花家で見覚えたらしいですが、小石川に店を出したこともあり、道灌山に来たのは昭和のはじめくらいじゃないですか。浪花家一家は甘味・喫茶のチェーン店みたいに全国にあり、今川焼や亀の形をした亀の子焼などをやってた店です。

　うちは餅菓子、みつ豆、アイスクリーム、かき氷、食事だってラーメン、チャーハン、オムライスと何でもやってた。夜店が終わってから客が来るから、交番のお巡りさんが客の自転車整理に来たほどでした。出前も林町の大給さん、渡辺町辺りのお屋敷で、春秋に園遊会があれば、出かけて模擬店を出しました。お邸からの注文の電話は前の魚(うお)金(きん)さんに取り次いでもらったわね。上野の音楽学校にも出入りしてました。

　この写真は昭和十年前後かしら。大きな羽子板が珍しかったのか、撮った方からいただいたものです。ちん餅をやってるから年末でしょう。それをとりはずすとお正月用の紅白の幕がその下にある。父はなかなかアイデアマンで、宣伝用のマッチに「行こか道灌山、夜店に散歩、角の浪花家甘辛食堂、舌のダンスが忘らりょか」などと刷り込んでました。尺貫法の改正のときは、自分の名刺の裏側に、リットルやセンチへの切り替えがわかる早見表をつけて配ってました。

　信心深くて浅草の観音様に毎日、自転車で願をかけに行き、賽銭箱を寄付したんですが、空襲で焼けてしまったの。同じ材木で作ったお膳が家にありました。

兄が戦死して一時賜金が出ると、父はそのお金で桜の苗木を二万本買って、郷里の山形に贈ったんです。今でも酒田市の三角公園に碑が建っています。

戦時中は統制で食堂はむしろ忙しかったたし、上野駅まで炊き出しに行ったりもした。一時は山形に疎開したのですが、家に父と母だけ二人置いてきて、心配になって帰りました。結局四月十三日に焼夷弾の雨アラレで焼けました。

道灌山下にあった浪花家、昭和10年頃の年末風景（柏倉みや子さん提供）

終戦後は出前のアイスで忙しかった。うちのアイスキャンデーは四角い紙箱に入ってアイスマックって名でした。それを大きな木箱につめて、今のサミットのところにあった製氷会社の冷凍庫を買い切って冷やす。それを箱ごと浅草六区や上野の動物園まで配達してました。終戦直後前橋から練乳を仕入れて小菅刑務所や東大病院にも入れてたから、店は小さいけどやることは多かったわね。昭和二十三年、母の亡くなった年がとても寒い夏で、アイスがほとんど売れなかった。その上、牛乳の森永や明治の大手がアイスを売り出すようになってやめたわけ。

戦後は私の代よね。開成の生徒が多くてね。学校の先生も浪花家だけは、と許してたの。卒業するとき、「お世話になりました」って花束をもらったり、朝三階の掃除していると、都電を道灌山下で降りる子たちが手を振ってくれてね。

アイスをディッシャーですくってモナカに入れるんですが、売っても売っても列が終わらない。朝起きても手が握れないくらい疲れちゃって。生徒さんは時間になると一度にくるから。みんな同じ黒い制服だし、お金握ってる子の手を握って数かぞえて、アイス持たせてね。

　テレビを店に入れるのがわりあい早かったの。あの時は大変。プロレス中継が始まる三十分前から製薬会社まで列ができる。テーブルを片付け、イスとキャンデーの木箱並べて映画館みたいにして、五、六十人は入ったかな。ジュース一本ずつ買っていただいてね。女の人も子どもも、みな力道山を見にね。入れない人は窓に鈴なりになってた。

　ああとにかく忙しかった。お正月なんか、三幸亭や根津の東宝、神明町の進明館の行き帰りも子どもがうちに寄るから。お年玉握りしめてね。昔の子はお行儀がいいからね。歌舞伎の中村吉右衛門さんも来た。桂伸治さん、金子信雄さん、パー子さん、いろんな人が見えたけど、忙しくて色紙なんかたのんでる暇がなかったわ。三百六十五日休みなしで本当によく働いたから。もうやめようと三年前に店をしまい、今は旅行したりして楽しんでます。〔O〕

37号〔一九九三年十月〕
特集「キーワードは道灌山　藍染川はもうひとつあった」

谷中墓地の桜

谷中墓地の桜は車公害に晒(さら)されることもなく、心なしか墨堤辺りの花よりもおっとりとふくよかに見える。花見につきものの空騒ぎの無い墓地の桜花の群れは、夕暮の一時などはふとそこに眠る有名無名の先人たちの声の幻聴をも感じさせ、初花にまた散り際の残りの花に、現世の哀感とやり直しのきかぬ人生への真摯な在り方を示してくれているようである。私は悔いの無い一年を過ごせたかどうか自問自答を求めて、今年も谷中の桜に会いにいくであろう。（世田谷区　矢島昭彦さん）

46号〔一九九四年九月〕　特集「木の伝説　木霊を聞きながら」

［追記］　読者に募った「心に残る木」の思い出のひとつ。

谷中の蚊

野沢延行

40号

なぜ「谷中の蚊」なのかというと、谷中には昔から蚊が多いのである。都心ではめっきり減ってしまった蚊だが、谷中では未だ健在なのだ。そして蚊に対する認識も深いのである。

蚊を学ぶことを「かがく」と呼んでいるそうだ。それは分類学だけでなく、医学、疫学、公衆衛生学を学ぶ人たちにまで及んでいるのだから、蚊もただの害虫というだけではなくなってくる。文学にも時々登場し、〝蚊柱を見ているうちに月夜かな〟(永井荷風)や〝叩かれて昼の蚊を吐く木魚哉〟(夏目漱石)とそれなりに目にとまっていたようである。

谷中に蚊が多いというのは、墓地が蚊の発生と生育に適しているからなのだろう。ご存知のように蚊の幼虫はボウフラと呼ばれ、水のなかで成長して変態する。墓石の閼伽(あか)受(うけ)は生息場となり、成虫になった蚊は樹々の間で休み、時々訪れる給血者から血液をいただくわけである。墓地は蚊にとって格好の生活環境である。

谷中では昼間に吸血するヒトスジシマカやヤマトヤブカ、夜間に吸血するアカイエカが主な蚊だが、人を刺さない蚊もいる。吸血するのは雌の成虫だけで、血液蛋白を消化して卵巣濾胞を発育させ、産卵するのである。雄は植物の汁を吸って生存している。

蚊は種類によってカエルやヘビからも吸血するので、ほとんどの生き物からやっかい者とされている。また蚊はウイルスの媒介者でもあり、日本ではコガタイエカ、アカイエカが日本脳炎を、ヒトスジシマカがデング熱を媒介するが、今では大発生をみない。しかし犬には犬糸状虫(フィラリア)という寄生虫を媒介し、致命的な結果をもたらすので、犬にとっては深刻な問題である。

蚊が媒介する犬糸状虫症は、夏の間、駆虫剤を投与することで感染を避けられる。墓地周辺の52％の飼い犬はフィラリアの駆虫薬を投与しているが、線路の反対側の日暮里になると11％になる。これなどは明らかに谷中に住む人の蚊に対する認識が高いことの裏付けと思う。またそれほど谷中は蚊が多いのだ。

蚊取り線香ぶらさげて墓地を歩く姿は昔も今もかわらない。殺虫剤を散布することで蚊やハエが減り、同時にその天敵やその他の虫も減ってしまう。プーンという翅音と虫さされは夏の風物詩であった。衛生面で整備されたが寂しい気もする。日本には一〇〇種ほどいる蚊だが、人を刺すのはほんの数種である。今一度、刺した蚊と対話できる、そんなゆとりがほしいものだ。（参考・『蚊の科学』北隆館）

＊のざわ・のぶゆき　獣医師・谷中在住。

40号〔一九九四年九月〕

〔追記〕

野沢延行さんは西日暮里の獣医師。谷中の知恵袋三人のひとりだ。すなわち郷土史に詳しい谷中町の加藤勝丕さん、政策人脈に精通した三崎坂の野池幸三さん、そして谷中墓地のタンポポの株数を数え、雪の溶け具合を記録し、ノラ猫の健康状態を心配し、樹木の伐採に心痛める、自然派の野沢さんである。ほかにも「浄名院のジョー」「谷中のカエル」「谷中墓地のあしたはどっちだ」など、本当にたくさんの記事を書いてもらった。著書に『ネコと暮らせば』（集英社新書）、『獣医さんのモンゴル騎行』（山と渓谷社）などがある。

再録の承諾を得たとき、野沢さんから足してと頼まれたコメントです。

「ヨーロッパや西アジア、アメリカでも流行が報告されたウエストナイル熱という病気は蚊が媒介する。二〇〇四年以降は日本にも入ってくる可能性があると騒がれているけど、そう思うと、もうこんな牧歌的なことを書いていられる状況ではなくなったね」

池之端七軒町の青春

パチリ会映画部作品『わたくしたちの街』

53号

千駄木二丁目にお住まいの佐々木輝治さんに「四十年前の池之端七軒町を撮ったフィルムがある」と声をかけてもらったのは昨年の十一月。さっそく佐々木さんの家で拝見することにした。

タイトルバックに不忍池の俯瞰。瓦屋根の多い町並みをトロリーバスが走る。これは一九五五年八月三十日製作の16ミリ記録映画〈わたくしたちの街〉をビデオ化したものだった。さて、この記録映画は、誰が、どのようにして、作ったものなんだろう。

タイトルに続いてテロップが流れる。映画音楽に使われているのはタンゴ。これが不思議に町並に似合っているのだ。

制作／パチリ会映画部

会長／小川辰之
演出／小川武治・福田寅治
撮影／飯塚栄一・斎藤安也
タイトル／佐々木輝治
記録／本田久二
音楽／志田英雄
出演／（七郎）佐々木輝治
（軒子）根岸弘子
（町子）白銀礼子

画面を見ながら、佐々木さんと斎藤安也さんの説明を聞いた。斎藤さんは池之端でレッテルを制作する「両山堂」の出身で、その後独立して「斎藤プロセス」という写真印刷の会社を始められたという。

「写真が好きで、そんな町の同好の士で作ったのが［パチリ会］です。私も若いときからずいぶんカメラには熱中して撮っていました。上野公園に長靴姿のストリーキングが出没したことがあった。昭和二十七年のことです。それを撮った写真が『ターザン上野にあらわる』という題で『毎日グラフ』に載っています。開放感にあふれ手足を伸ばしているハダカの後ろ姿と、警察がやってきてご用になった姿を組写真にして、『自由』と『束縛』というタイトルで写真展に出品したら、総理大臣賞になって驚きました」。

七郎、軒子、町子は七倉稲荷を参拝。三人はその足で町会長の犀川さんの家を訪ねる。忍岡幼稚園に忍岡小学校、小学校の屋上から眺める不忍池や精養軒、校庭で子どもたちの作る人文字。都電20番線が不忍通りを走る。車窓からパン屋さんが見える、すごい人だ。

佐々木さんの画面解説。
「ここは今もある木村パン。ぼくのう

ちはこの隣でね。いつもいい匂いがしていた。さっき豪快に笑っている男の人がいたでしょう。あの人が町の棟梁の保坂三郎さん。今の参議院議員の保坂三蔵氏のお父さんですよ。

　池之端七軒町の停留所前にあった大きな屋敷は田中邸。渋沢栄一の甥にあたる田中栄八郎さんが住んでいたんだ。今の弥生会館だよ。不忍通りの甘味喫茶『ひろたや』、この店は七軒町で一番にテレビを入れた家だった。

　ぼくは町の案内役ということで映画に駆り出されて、題字も書いたんだった。当時の町会長や小学校の校長先生にもインタビューしてね。でも、フィルムのことはすっかり忘れていたなあ」。

1955年（昭和30年）の池之端七軒町（現在の台東区池之端2丁目）の町並み（フィルムから）

　佐々木さんは現在、団子坂下で筆耕のお仕事をされている。ご自身は染井の生まれだが、お父さんは七軒町の出身で、忍岡小の第二回卒業生。刀鍛冶の家に生まれ、白山の金物屋に奉公に出たんだそうだ。お母さんは髪結いさんである。

　谷中に自宅のあった大畑校長先生の姿もある。日医大の坂下の映画館、芙蓉館をなさっていた大畑家のかただ。

　この記録映画［わたくしたちの街］はおよそ十五分。画面からはさらに七軒町の日帰り町内旅行の映像が映し出された。

「こっちは8ミリで撮影したものだね。夏になると町をあげて潮干狩りに出かけて行った」と斎藤さん。

［海の一日―一九五五年八月］とある。七倉稲荷に集まる町の人、貸し切りトロリーバスを五台連ねて言問通りを行く。今井で舟に乗り換え浦安へ。舟の中でみんなパッパッと水着に着替えている。そのままザブンと飛びこむ人、網に熊手をもってソロリソロリ足から海にはいる人。あらあ、もうあさり汁飲んでいる。こちらのフィルムも楽しそうだ。

　画面に現れた女の子、もしやと思ったら、やはり「不忍池を愛する会」でご一緒の三堀久子さんではないか。

「あ、これは本田さんちのチャコちゃんだ。お父さんの本田久二さんは若いうちに亡くなってしまったけれど、パチリ会の中心の一人でね。女の子がふたり、チャコちゃんがお姉さんで、とてもおとなしかったな。ぼくの妹のところに踊りを習いにきていた」と佐々木さん。本田というのは三堀さんの旧姓である。

　数日後、三堀さんに四十年前のかわいらしい水着姿を見たよ、この映画の上映会をしようよ、とFAXを送ったら、さっそく次のような返事。

「［パチリ会］と聞いて、忘れていたこ

との大波がドドーンと押し寄せてきました。父もメンバーだったパチリ会はヌードモデルを雇って奥多摩で撮影会を開いたり、当時としてはなかなかトンガッテた会だったと思います。

　昭和三十三年、私の祖母が亡くなったときも記録映画を作っています。斎藤さんのナレーションが入っていました。トーキーだったのか、8ミリとテープレコーダーを『せーの』で回したのか…、お通夜から納骨まであったと思います。私家版〈お葬式〉です。伊丹十三より早かったわけですね。

　パチリ会は学生時代のサークルとか、オタク雑誌の仲間とかでなく『ご近所』というのが珍しいですよね。ぜひ上映会を実現しましょう。（本当はおとなしかった久子より）」。

　よし、上映会実現のために、今度は池之端の志田英雄さんを訪ねることにした。なぜなら〈パチリ会〉の事務所は志田さんのお宅になっていたし、佐々木さんによるとオリジナルの16ミリフィルムも志田さんの手元にあるというのだから。

「志田フォト・オーディオ」は不忍通りにある。ご主人の英雄さんは実は、長く国会図書館にお勤めで、本のマイクロ処理の仕事をされていたという。

「あの記録映画を撮る二年くらい前だから、パチリ会ができたのは昭和二十八年頃でしょうか。両山堂の斎藤安也さん、歯医者の小川辰之さん、看板屋の小川武治さん、プロ野球選手だった佐々木輝治さん（へーッそうだったんですか）、メガネ屋の福田さん、それにチャコちゃんのおとうさんの本田久二君とぼくがメンバーだった。

　あの16ミリの編集作業は佐々木さんの家でやって、制作技術は品川のカメラ屋の飯塚栄一さんが力をかしてくれた。たしか音のほうもアフレコで、オープンテープにとっていたはずだが、映画が完成していろいろなところに貸し出しているうちにテープのほうがなくなっちゃった。あれは何か町の記録に役立てばと思って作ったわけです」。

　英雄さんは昭和四年生まれだが、志田家がここに住み始めたのは大正七年くらいのことだという。

「私の父が志田重太郎というんですが、ちょうど震災の頃に七軒町の町会長をしていました。母が志田さわ、この場所で『東京美髪学会』を経営していました。うちの母が日本髪、母の妹が洋髪を教えていまして、卒業生に佐々木輝治さんの

不忍通りには路面電車の軌道が見える（フィルムから）

お母さんや山野愛子さんがいます。生徒は常時二十人くらいいたでしょうか、卒業生はそれこそ何百人かで全国にお弟子さんがいます。母は忙しくて子どもの相手なんかしてくれない、私はいつも生徒さんに公園につれていってもらいました。

美髪学会は昭和十年頃まで続き、あとは教えないで自分で美髪業だけをするようになりました」。

その後美髪業をやめて、英雄さんのお兄さんがラジオ屋を開店。スピーカーを通りに立てるとすぐに人だかりになり、はじめの頃はスピーカーに人が入っているんじゃないかと、傘でつく人もあった。

「ラジオ屋のあとは父が骨董屋を始め、今度はぼくがカメラに夢中になって、中古のカメラを扱うようになったんです。それが昭和十六年頃かな。戦争中はほとんど活動できなかったけれど、戦後は進駐軍がカメラを欲しがって、中古のカメラを修理しては売っていた、ほとんど物々交換でしたが」。

なかなか多才なご一家なのだ。

そして英雄さんはもう一つ、音楽の趣味もある。

「昭和二十一年のNHKののど自慢大会で合格して大会に出たんです。まだラジオ放送の時代で、ピアノの伴奏で『オールド・ブラック・ジョー』を歌いました。

それから、『あなたのメロディ』に曲を送って、二回演奏されました。友達の詞に曲をつけた『花によせて』は、菅原洋一さん、ぼくが作詞作曲した『ドシラソング』はダークダックスが歌ってくれました。

町で〈ニュー・ピース〉というバンドも組んでましてね、下谷公会堂や七倉稲荷の祭りに舞台を作って演奏しました。ぼくと本田君がアコーディオンやギター、佐々木さんと吉田さんはハーモニカだったかな、八百屋の井口さんがボーカルで、メンバーの中で唯一プロだった甲（かぶと）さんがピアノを弾いていた」。

昭和四十九年に放送した「あなたのメロディ」のビデオも無理を言って見せてもらう。みんななんて若いんだろう。町にはいろんな人がいるもんだ、楽しい時代だったんだ。〔Y〕

53号〔一九九八年三月〕

［追記］

このとき告知した映画上映会は大盛況となり、その模様は「上映会騒動記」と題して54号で詳報した。その後このフィルムは、二〇〇五年八月六日に開催された「ホームムービーの日」に、上野桜木の市田邸で再び上映された。

おかめそば太田庵

54号

「おかめそば」の発祥は下谷池之端七軒町の太田庵。休昌院の向かい角に幕末からあったそば屋である。今回、この太田庵の写真を見つけることができたらいいな、と願いながら取材に歩いた。そんなある日、願いが通じたのか、突然、埼玉県川口市にお住まいの松本康行さんから電話があった。

太田庵は僕が生まれたうちです。祖父と祖母と母、職人が二人、それと親戚の女性でやっていました。おやじはそば屋を継がずに米屋に奉公に出て、私が子どもの頃は目黒で米屋をやっていました。実は太田庵がいつからやっていたのか、知らないいんです。子どもの頃は蕎麦なんかに興味がないもんだから、聞くこともしなかった。

祖父は松本和市といって安政の生まれです。京都の山ん中から明治十二年に東京に出てきて、親戚のやっていた太田庵で働き始めたそうです。その時分にはもう二代目か三代目だった。私の記憶にある祖父は、蕎麦打ちを職人に任せて帳場で帳面をつけていました。八十くらいまで働いていましたが、昭和十年にうちで働いていた仙造さんという職人に店を譲ったんです。それからずっと七軒町で太田庵をやっていましたが、戦時中の食糧統制が始まった頃に店をたたんで疎開し、そのまま池之端には戻りませんでした。

この写真はまだ祖父がやっていた頃ですよ。配達に行く若い衆は神田正治といって僕のいとこ、おやじの姉さんの息子になります。近所のそば屋の若いのと、せいろや丼を積み上げて、高さを競って出前をしていました。

当時は出前がほとんどでしたね。店の中は畳になってて、僕の記憶ではおぜんが二つ。巻物のような値段表が貼ってあって、「もり・かけ七銭づつ」と書いてあったのだって、それから屋根の鬼瓦がおかめだった。看板を覚えている。

板は覚えてないなぁ。

昼間は大忙しで、子どもたちの昼ごはんなんか作っている暇はないんでしょうね、近所の人が食べにおいでって呼んでくれて、よくよその家でご馳走になりました。お客さんが多いのは夜。昔のそば屋って、天ぷらやかまぼこを肴に飲みにくるところで、夜は遅くまで店を開けていました。釜の火を落とすのが十時すぎ。冬になると、火を落とす頃に、近所の人が湯たんぽもって釜の湯をもらいに来ました。そば湯って冷めにくくていいんですよね。

祖母が「東郷平八郎が蕎麦を食べにきたよ」って言ったことがあるけれど、僕は覚えていない。伴淳三郎と清川虹子が表の不忍通りの反対側に住んでいて、店にきたこともありました。

昭和初めの太田庵の店先。こんな写真を探していたらご家族から電話をいただいて（松本康行さん提供）

それから、向かいの宮本さんの家作に柳家三亀松が住んでたんですが、名刺みたいなもんにうちの電話番号を刷り込んでいるから、電話が掛かってくるんですよ。昭和の初めで、それぞれの家に電話を敷いているわけじゃない。取り次いだり呼び出してた時分ですからね。うちには帳場と土間と、電話が二本あった。「師匠いますか？」って掛かってくるんで呼びに行くと、まず弟子がきて電話に出る、話を聞いてそれから「師匠！」って三亀松さんを呼びに行くもんだから、「まったくうちの電話がふさがってしょうがない」って祖父が文句いっていましたけどね。

戦争中はこの辺が危ないからと三亀松さんは中野のほうへ引っ越したらしいが、結局中野が焼けてこっちは残った。一時は焼け出されて、ご近所仲間の伴淳さんのところで一緒に暮らしたって聞いています。

米屋をやっていた父は金二といいますが、遊び人でしてね。七軒町の停留所のところのビリヤードに「夕飯だよ」と毎日のように呼びに行きました。「七銭の蕎麦をもってって頭を下げて、また丼を取りに行って頭を下げる。七銭で二度頭を下げる商売なんかいやだ」といってました。そのおやじが昭和十年夏のある朝、「引っ越すゾッ」ってほんとに突然、僕が忍岡小学校の三年の夏休みのことで、だから友達に別れのあいさつもできなかった。近所の駄菓子屋のおばさんだけが「元気でね」って、お菓子を袋いっぱいに詰めこんだのをくれて見送ってくれた。

　そば屋をしていた祖父が歳を取ったということもあったけれど、実は、僕の母が昭和八年の八月八日に亡くなって、おやじはがっくりして、ここにいたくなかったのはそのせいだと思う。親戚の病人のお見舞に行って、自分が感染して、あっというまに亡くなったんです。姉さんが六年、妹は生まれたばかりだったから、おやじも大変でしたよね。

　そのせいか祖父が孫に甘くてね、すぐ小遣いをくれる。そのお金を駄菓子屋で全部使うから、駄菓子屋のお得意さんだったと思いますよ。風呂屋（人参湯）にも祖父に連れられてよくいったんです。中庭に池があって、その上の橋を渡って薬湯と普通の湯ぶねと行き来できた。

　先日何十年ぶりで根津の辺りを訪ねたら、風呂屋もなくなっていたし、町はすっかり変わってね。でも近所の竹中さんが僕のことや太田庵のことをよく覚えていて、とても嬉しかった。いろいろ話しては懐かしい思いをしてきました。〔M〕

54号〔一九九八年七月〕
特集「谷根千そば入門　あたしゃあんたの蕎麦がいい」

おかめそば

幕末ころ、下谷池之端七軒町の太田庵が考案した種もので、大当たりした。

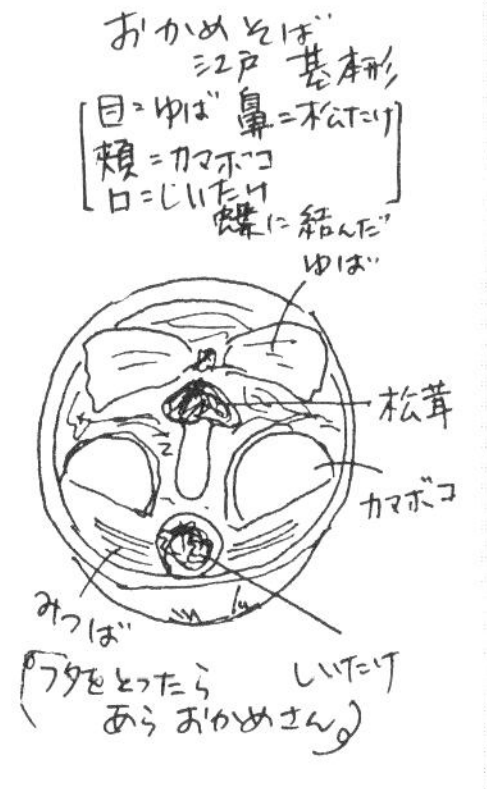

島田湯葉で髪又は目、カマボコ二枚で頬、鼻は松茸、ほかに卵焼きや椎茸、ミツバなどを配しておかめの顔を作った。

現在、そば屋でおかめそばを注文しても、おかめの顔になぞらえて具を置いているところは少ない。残念だ。

たぬきときつね

たぬきそばには、揚げ玉や葱のほかに種らしい物がのっていないので、〝たねぬき〟が転じて〝たぬき〟になったという説がある。が、海老ぬき海老天、つまりたね抜きがのっているのでたぬきというのも考えられる。

大阪では〝きつね〟というときつねうどんで、〝たぬき〟というと、きつねそばが出てくるというからややこしい。揚げ玉がのっているのは〝天かすそば〟というそうだ。

三田商店

60号

根津で印象深い建物というと、やはり串揚げ「はん亭」の三階建てだろう。

「懐かしの建物特集をする予定」と前号に掲載したところ、三田陽一さんから「三田の爪皮屋の孫でございます」と、お手紙をいただいた。早速、古い写真を拝見しに伺った。

三田の本家は、初代平吉が明治のころ栃木の足利から出てきて、浅草橋の袋物問屋で奉公し、その後独り立ちして店を始めました。

店を建てたのは明治四十二年頃といわれていますが、確認はしていません。道路の工事は、市電の敷設工事でしょう。(大正六年七月二十七日、上野公園—駒込坂下間開通)脇に積み上げてあるのは敷石です。

店の左にある箱車にはよく見ると爪掛製造販売と書いてありますが、この車を押して、雨の日も雪の日も、草履履きで横浜辺りまで得意先にも配達して歩いていたそうです。道路の中央を掘った溝に材木を詰めてあるのは、箱車を出し入れしやすいためだと思います。

いちばん左が伯父の富之助(二代目平吉)、この人は並の遊び人じゃなかったとは近所の人の話です。その隣が父栄吉。二階には伯母まさ、叔父平八郎が写っています。この平八郎さんは父とはずいぶん年の離れた弟ですが、後にN響のファゴット奏者になった人です。

二階や屋根裏は倉庫に使っていたと聞きました。

店のうしろ側に屋根がちょっと見えるのが、現在「はん亭」さんの店内にある蔵でしょう。あとになって、蔵の前にミシン場を作って囲んだので、外にあった蔵が家の中になったのです。

爪皮というのは、雨の日に下駄の爪先に掛けるカバーの

大正初期の三田商店の店先。不忍通り拡張で正面が削られたが、いまも当時の建物が残っている（三田陽一さん提供）

ことです。もとは皮で作ったので、爪皮といいましたが、三田商店では大衆向きにゴムを使ったので、爪掛といったんでしょうね。型で抜いて縫い合わせてひっくり返し、紐を付けて出来上がり。

関東大震災で道がダメになってぬかるんだ時代に、とても売れたらしいですよ。忙しいときには店員が三十人ほどいたようです。大正時代、店には二台電話があって、雨が降ると注文で電話が鳴りっぱなしだったとか。店にハーレーのサイドカーつきオートバイ、家にオルガンがあったっていう話です。駒込林町に別荘もあったそうです。

私の母可祝（かしゅく）は医者の娘で、栃木高女の英文科に編み上げ靴、えび茶袴で通った人です。自分も医者になるつもりで上京したんですが、女が医者になるなんてと反対された。それで三田商店に行儀見習いで二年いて、父と結婚。字が上手で、大福帳などいま見ても素晴らしい字です。

嫁にきたのは大正十二年の五月ですが、上野駅からお祝いの提灯行列が続いて、恥かしかったといっていました。結婚式の写真は奥の建物の三階でしょう。後ろの額は河口慧海（えかい）先生（チベット旅行記はあまりにも有名。宮永町、今の松田邸に住んでいた）揮毫の掲額です。この時にはすでに三階建ての住まいは建っていたんですね。三階にしたのは、土地が狭かったからでしょう。大工の鶴さんが、階段の登り口に檜の一枚板を使っているとかいってましたが、凝った作りになっていました。

三階にいると動物園からトラやヒョウの鳴声がよく聞こえたとか、夏でも蚊がこなかったといいますよ。

母はご近所の話といえば、河口慧海さんと糸屋の津谷さん（今の赤札堂のところにあった）のことばかり。慧海さんはチベットに行くときにだいぶ経済的にも支援したようです。食事を出すときも、動物性の物は召し上がらないから、出し汁をとるのもシイタケでとったり大変だったとか。

両親は結婚後すぐに、神田鍛冶町に支店を持ちましたので、私はこの家で生まれてはおりません。すぐ上の姉が、子どものいなかった伯父平吉の養女にいったもので、よく遊びにきてはいました。ある時三階の出窓で姉と遊んでいて、ふっと姉の姿が消えたので、母の所にいって、「す・み・え・ちゃん・が・き・え・ちゃっ・た」というと、母があわてて外へ飛び出した。姉は通り掛かった人の腕にすぽっと納まっていて、かすり傷ぐらいで助かったと、あとで母から聞きました。

私がここに住んだのは、昭和十七年から三十二年までです。

戦中は自宅を入ってすぐ右に、父と二人で防空壕を掘りました。三月に空襲にあって、池之端は火の海でした。四月に二番目の姉と私が館林に疎開し、三階家は父が一人で守ったわけです。その父も昭和二十一年に急に亡くなりまして、まだ十六歳の私と母で、進駐軍の土産用のまめ草履や鼻緒を作って働きました。神田の店は強制疎開にあいましたので、昭和二十三年に上野に土地を買い、店を持ちました。草履、雪駄が売れた後、かかとの高いヘップバーンサンダルの時代があって、五十年代からはスニーカーですね。今もスニーカーの店を弟がやっています。

三田商店本店は、昭和になって道も舗装され、靴の時代になって終わりました。不忍通りに面した店の部分と蔵は戦後、伯父が売却しました。

三階家の部分は昭和三十二年に中央通運に売却しました。その後、高須氏が買って、現在の「はん亭」になっています。

この度の不忍通りの拡幅工事のために風貴堂のあった、通りに面した部分は近いうちに削られ、景観の変貌も避けられないようです。（北大塚在住）〔O〕

60号〔一九九九年十二月〕特集「十五年目の町」

郷土史発掘

赤帽印ネクタイ——南文蔵を追う

62号

千駄木の山崎晃大朗さんから、「知り合いの金子さんに聞いたら、小憎時代に谷中の赤帽印ネクタイの工場へ遣いに行ったことがあるという。この赤帽印ネクタイから独立したネクタイ会社が日暮里、谷中初音町に集中してあったらしい。

そのネクタイが谷中を中心に全国に広まったことを知り、ネクタイのルーツを尋ねたい」という手紙をもらった。

その手紙で思い出したのは、日暮里駅近くのアパートで所帯を持った十八年前のこと、台所の押上窓の向こうに、いつも、ミシンを踏む女の人たちが見えた。ネクタイ工場のようだった。表に回ると、黒崎ネクタイで、問屋が小売もしているというような、さり気ない店構えだった。

その先に大きく塀の崩れた和館があり、二階にステンドグラスがはまっていて、通るたびに気になった。

日暮里駅上の南文蔵邸

『谷根千』の12号で、この家を取材させていただいた。当時茶道の都千家、森山邸だった。現在の喫茶ルノアールである。

「この家の建主は南文蔵という方、なんでもネクタイの製造販売でひとやま当てた人」とその時に聞いた。南側の敷地にネクタイ工場があったという。戦後昭和二十二年からは社会党内閣の首相、片山哲が私邸として二、三年使った。

この建物は一九一六年（大正五）の『建築工芸叢書』によると、設計段階で施主（南文蔵）自ら間取りを決めたという。二階に設けられた重厚な洋間や小川三知のステンドグラスなど、洋風の生活や建築の利点を積極的に取り入れようとしていたという点では、ハイカラな「ネクタイ」に目を付けた南文蔵にぴったりの家だ。

南文蔵邸はその後、片山邸→都千家となり、現在はビルに建て替えられ、一階に喫茶ルノアールがある

　また、日暮里の生き字引であった平塚春造さん（故人）から、「あづま家の裏の長屋には南文蔵という人がいて、『赤帽印ネクタイ』を夫婦で始め、そこでネクタイをパタンパタンと織っていた。京の西陣から技術者を呼んで、だんだん大きくなったのが南ネクタイ工場。これは日本のネクタイの七割以上のシェアを持っていたのではないか。のちに工場は七面坂の途中に移り、南氏は谷中側に立派な屋敷を建てたものである」とうかがったことがある。

　さっそく取材を開始。山崎晃大朗さんの知人で、中央ネクタイの森薫さんのご自宅にお邪魔し、南文蔵について伺うと、ネクタイ史の資料を貸してくださった。森さんの父上、三郎さんも日暮里の高瀬商店から独立して、今のホテルラングウッドの場所で、中央ネクタイを始めた。三越などのデパートに卸したり、国鉄の職員のするネクタイを何万本も作ったり、戦後は好景気が続いたそうだ。しかし、今は安い人件費で作った外国のネクタイが輸入され、国内のネクタイ業者は大打撃を受けた。消費者も安いネクタイで数をたくさん揃えるようになった。

小山梅吉のこと

　わが国で初めてネクタイの輸入販売をしたのは、明治中期、日本橋区橘町で洋品雑貨商を営んでいた田中力蔵という人。しかしあまり売れなかったのか、輸入期間はごく短い。これより二、三年後、自分でネクタイを造って売る者が現われた。帽子商の小山梅吉である。帽子製造の元祖でもあり、ボール紙の土台に、糊でツルの羽などを貼りつけて売っていたらしい。小山はある日、神田の柳原土手の中央古着市場で、外国人の洋服や靴が並んでいるなかに、〝蛇のような長い布〟を見つけた。何に使うのかと聞くと、洋服を着たときに頸に締めるものだという。面白いと一本買って帰り、女帯を切断して古ネクタイを見本としながら自己流で作った。一八八四年（明治十七）、小山二十四歳。これが日本人が初めて作ったネクタイらしい。

　小山は店を構えるが、いつまでも帯を使っていては高くつくと、銀座の絹織物や帯地、緞子、舶来生地を扱う曽和商店からネクタイ向きの生地を仕入れた。

ネクタイに目をつけた男

同じ頃、銀座の目抜き通りの唐物屋（いまの洋品屋）、三枝(さえぐさ)商店では舶来の蝶ネクタイの販売をしていたが、この商店に奉公していた南文蔵少年は非常に興味をもち、ネクタイが将来有望な事業になると感じ、二年の奉公の後、十七歳で独立。一八九四年（明治二十七）、神田橋本町でネクタイ製造を始めた。

日清日露戦争を期に、和服よりも活動的な洋服が広まり、中産階級も詰襟服を着用、明治三十四年頃には大商店でも洋服を着るようになったため、ネクタイの需要は増え、小山、南のほかにもネクタイを作るものが現れた。

南文蔵は明治三十八年、京都から織機を三台購入。同時に技師も招き、フランスから取り寄せた生地を参考にして府下北豊嶋郡日暮里村の織工場で、女工たちに織機の扱い方を教えた。これがネクタイ問屋自家織物工場の先駆けである。ここが、平塚さんのいっていた「あづま家裏の長屋でぱたんぱたんと織っていた」場所と思われる。

翌年には下谷区谷中天王寺町に一二〇坪の新工場を建設、手織機械一四台を増設した。

明治時代のネクタイは？

人々はどんなネクタイをしていたのだろうか。燕尾服には端広の白蝶形、略式の宴会などは黒絹蝶形、普通は又の字（結んだときに両端が斜めに下がり、又の字の格好になる）、または結び下げを用いた。結び下げは、結び目をあらかじめ縫い付けて、紐の両端を首の後ろで止めるようにしたもの。ダービータイ（現在普通にしめられているような形）と呼ばれるものとは区別したようである。

ダービータイの語源がおもしろい。一七七九年（安永八）、英国ロンドンの郊外のオークスで伯爵十二世ダービー卿が競馬を行ない、この競馬場へ行く紳士は細型の結び下げのネクタイであったため、この名がついたとか。ちなみに、アスコットタイは一八七〇年代に同じく英国のアスコットヒースに建設された競馬場の名からとっている。

明治中期のネクタイの価格は、結び下げ（並長ネクタイ）が小売二十～三十銭、並ダービーで三十～五十銭、結び下げ（改良長）で一円二十銭～八十銭となっている（㈱南商店の資料より）。

地方では和服姿で信玄袋に入れたネクタイを売り歩いていた。後にバスケットや皮のトランクに入れた。近隣の得意先には、牛乳配達のような荷車を用いたという。明治二十八年から三越、白木屋が洋服とネクタイ売場を開設して

大正７年（1918年）ごろの南文蔵商店機織工場（ネクタイ史資料より）

いる。

南商店では宣伝として、正月の初荷に文蔵自らボール紙で作った真っ赤なシルクハットをかぶり、モーニングを着て荷馬車に乗り、楽隊付きで市中を練り歩いた。これが評判となって南文蔵は得意先を訪れると「赤帽さんが来た」といわれるようになり、ＭＢ印の商標を明治四十三年に「赤帽印」に変えてしまった。宣伝は一九二七年（昭和二）頃まで続いた。

大正時代のネクタイ

大正時代に入ると、結び下げや蝶形が下火となり、ダービータイ全盛時代となる。また、大正二、三年から九年頃までの好景気時には派手な友禅染ネクタイが、九年から末年までの不況時代には安値の人絹編ネクタイ。そして昭和に入ると織物ネクタイが復活。と流行も世相を反映させながら数年ごとに変わっていく。また、文士や芸術家にはボヘミアン・タイが好まれていた。

日本橋の書店丸善本社は、英国製の帽子やステッキを店頭に並べた。バーバリー社製のコートを直輸入し、発売したのは一九一四年（大正三）。これを機に丸善の紳士服が本格的にスタート。

自家織物工場を持っていた南商店に次いで、大正元年、稲見桂四郎が独立して谷中初音町四丁目に工場を作った。六年に高瀬富三郎が日暮里の二〇〇坪の敷地に袋物やネクタイ用の絹織物工場を建設、この会社が後に星鷹印となる。大正八年に寺田銑三郎の寺田商店が日暮里に、千代田織物株式会社が巣鴨に（ここは、リボン会社ともあるので、夜店通りにあった渡辺財閥の渡辺四郎経営の千代田リボンと関係があるのでは？）、と谷中、日暮里を中心として増えていった。

南商店

一九一六年（大正五）に南商店は大阪支店を出し、八年に大阪工場を設置。同時に下谷区谷中初音町三丁目に工場を移転、スイス製の最新式力織機二十四台を追加、手織機と合わせて六十数台でネクタイの需要に対応した。当時の南商店の勢いがわかる。六年には米国のジョン・ワナメーカー百貨店へ、ペルシャ模様のネクタイを輸出したという記録もある。ネクタイ裏に細幅の絹濡子を使用して滑りをよくしたものや、ツー・イン・ワン・ネクタイという表裏柄違いのもの、表地、芯地、ともにバイヤス裁ちを考案した。

大正九年、十二、三名の会員で「東京ネクタイ商組合」が創立され、初代組合長に南文蔵が就任した。二代目組合長は翌年、日暮里の寺田銑三郎商店の寺田文作が就任。なぜ、一年で交替したのか？

関東大震災後

大正十二年、関東大震災がおこったが、南商店や高瀬商店は幸い震災の被害を免れた。これを契機にますます和服から洋服へと転向するものが激増し、ネクタイの需要が高まっていった。

昭和に入って南洋、インド、アフリカへの製品の輸出、米国や豪州への生地の輸出が盛んに行なわれたが、戦争が始まると国民服の着用、繊維製品の統制などで、ネクタイの需要はなくなっていった。

南文蔵に関する記録はこの辺りでわからなくなり、代わりに南良造という名を見ることができる。

この南文蔵という人、どこで生まれ、いつどこで亡くなったのか、お墓はどこなのか。今のところわからない。

戦後、一時南邸に住んだ片山哲氏は、南文蔵の娘婿だということである。

東京のネクタイ組合では、創始者小山梅吉の墓が忘れられていたので、木の立て札を立てたらしいが、ネクタイ自家製造の先駆者、南文蔵についても、どこかに碑が建っているかもしれない。ご存じの方教えてください。〔O〕

62号〔二〇〇〇年七月〕

[追記]

調査が不充分なのを気にしながら掲載した記事によって、ご子孫や縁のある人と連絡が取れ、詳細が判明することがある。この南文蔵氏追跡もそんな幸せな経路をたどった。64、65号に続報あり。

やねせん
こぼれ話

南文蔵を追って

仰木ひろみ

日暮里駅手前、二階にステンドグラスの見えるお邸があり『谷根千』を始めるずっと前から気になっていた。茶道の家元「都千家」だとわかり、12号で取材させてもらった。純然たる和風住宅だと思ったら、二階の階段を上ると重厚な応接室があった。その窓にチューリップと風車の絵柄のステンドグラス。横文字で入ったサインから小川三知の作ということだった。

その後、ここは赤帽印ネクタイの南文蔵邸だったとわかり、興味が湧いて南氏について調べ始めた。「南文蔵氏は日本のネクタイ史の上で忘れてはならない人」と、東京のネクタイ組合の資料にあったので、ネクタイ忌でもやっているのではと思い組合に電話をかけてみると、わからないという。

ヤマサキが、「一度『谷根千』に載せてみよう、何か反応があるかもしれない」と言うので62号に記事を書いた。すると思いが通じたのか、お孫さんからメールが来た。探してもわからなかったお墓が、なんと谷中墓地にあるという。谷中霊園入口の茶屋おもだかやさんが、「南さん、お宅のことが出ているわよ」と『谷根千』を渡してくださっていたのだ。

お孫さんとすぐに連絡を取り、南邸のあった現在の日暮里駅前の喫茶ルノアールでお会いした。そして、文蔵氏長女あぐりさんのご自宅のある鎌倉をヤマサキと訪ね、話をうかがった。二度目の訪問では、四姉妹におめにかかり、手料理でもてなしていただいた。

当時の写真もたくさん見せてもらった。初荷には楽隊も出て勢ぞろいした「赤帽ネクタイ」の様子、谷中の五重塔前で撮った記念写真、明り取り窓のある工場内の様子など、貴重な写真を借りて『谷根千』に掲載することが出来た。

日清日露戦争後、これからは洋服の時代になると、人にさきがけ、ネクタイを製造した南文蔵。日本のネクタイの七割のシェアを誇るとまでいわれた南商店の影響か、かつて日暮里にはネクタイ工場が多かったという。その後、ネクタイ離れや外国の安い製品が出回って、段々と衰退していったらしい。おそらくどこにも書かれる事のないだろう谷根千のネクタイ産業の歴史を少しは検証することが出来たと思う。

日本社会における駄菓子業界の存在価値

日暮里駄菓子問屋街の消える日

阿部清司

67号

JR・京成電鉄日暮里駅東口を降りてすぐに、駄菓子問屋（正式には日暮里菓子玩具問屋）街がある。木造建築で長屋風の横丁は、戦後のたたずまいを残している数少ない場所だ。多い時で百軒を数えた問屋も、現在は九軒を残すのみ。

問屋組合長を十五年以上務めている酒井利明さん（七十六歳）は問屋街の名物的な存在で、墨田区生まれの江戸っ子で、ざっくばらんな人だ。柔道三段。取材のたびに渡された名刺の束が、タバコの箱を立てたくらいの厚さになっている。ビートたけし、岡江久美子、児玉清、中尾彬などもこの問屋街を訪れた。田中康夫長野県知事も、以前に著作『東京ステディ・デート案内』のなかで、問屋街をデートスポットとして紹介している。

だがこの一帯は、平成十五年開通予定（時期がずれこむことが確定的）の新交通システム「日暮里舎人（とねり）線」の新駅建設を契機として、日暮里駅前を再開発することになり、この駄菓子問屋街も再開発事業の陰で取り壊しが決まっている。

日暮里駄菓子問屋街の成り立ち

太平洋戦争敗戦後、人々は甘い物に飢えた。日暮里は常磐線や京成線から山手線への乗換駅なので、関東近郊農村から菓子の原料になる芋などが入る窓口となった。同じような理由で上野と錦糸町にも菓子屋が集まり、三大闇市としておおいに栄えた。

甘い物は何でも売れる時代だった。問屋街最繁期の昭和二十年代から三十年代にかけては、各問屋が朝の四時から店を開けて、二時間で四十万から五十万の売上げがあったという。まだ千円札も発行されていない頃で、売上げの百円札を石油缶やミカン箱の中に入れて、それを上から足で

荒川区西日暮里の駄菓子屋街入口。取壊しが決まりたたむ店も多くなっていた（阿部清司さん撮影）

押さえつけながら仕事をしたそうだ。小売店も一日に二度、三度と仕入れに来る。当然、問屋街は多くの人で賑わいをみせ、足の踏み場もないほどごった返していた。

問屋街の現状

東京都内で今でも駄菓子問屋機能を持っている地域は、日暮里と錦糸町。錦糸町には七、八軒の問屋が残っている。日暮里同様ほとんどの店が小売りもやっていて、商品としては花火が充実しているのが特徴。ただ各問屋は錦糸町駅前（墨田区錦糸町二丁目、三丁目）に転々と店を構えていて、横丁としては存在していない。

日暮里駄菓子問屋街の最大の特色は、問屋が長屋の横丁として軒を連ねていることだ。店が複数あるから人を呼ぶことができる。

〈問屋業者〉

現在はノスタルジックな場所としてテレビ、雑誌に取り上げられる。しかし当然のことながら、店主は商売しているという気持ちが強く、〝見せ物化〟に満足してはいない。消費者の要望に応えて問屋機能を堅持しながらも、小売りをはじめて十数年が経過した。

店内を見回すと昔懐かしいあんこ玉、ピースラムネ、きび団子、ココアシガレット、麩菓子などの駄菓子や、命中率99％と書かれた銀玉鉄砲、木製のコマなどの玩具があふれている。それらの郷愁を誘う商品に混ざって「モーニング娘。」のプロマイドやポケモンカード、現代版ベーゴマのベイブレードなども並んでいる。

日暮里駄菓子問屋街で小売りをしていないのは児玉商会一軒だけだった。口調の穏やかな長身の児玉衛さん（七十歳）は、「ほかにすることがなかったから」と自嘲気味に話す。商売を始めて四十五年、商品の入ったダンボールが所狭しと積まれた店内の、入り口の脇にある半畳ほどのスペースが児玉さんの仕事場だ。

問屋街の最年長は大正三年生まれの山口津満さん（八十九歳）。往年の生菓子問屋山口屋は十五、六人の従業員を使って、生菓子の製造も行っていた。現在は津満さんひとりで営んでいる。「隠居仕事ですよ。この仕事が好きでやめられない」という津満さんはキャリア五十年。今でもお金の計算に年季の入った黒色の大きなそろばんを使う。息子さんが買ってくれたレジだと計算を間違えてしまう。レジはつり銭を入れる箱に変わっている。

近年問屋街が忙しいのは、春の花見と秋の文化祭の時。谷中霊園があるので彼岸の時期にも客足は伸びる。しかし、「やっぱり不景気なんだろうね。最近は春と秋も忙しくなくなっちまった」と組合長の酒井さんが言う。

〈顧客〉

取引先は小売店の駄菓子屋。小売り展開している問屋が多いので、ここを敬遠する小売店もある。あさひ屋では、虫取り網を置いているが、隅田川の河川敷近くにある小売店が買って行くだけだという。問屋だけの児玉商会でさえ、七、八軒の小売店を抱えているにすぎない。

土日には一般消費者（問屋用語で「素人さん」）が、懐かしがって買物にくるし、はとバスもとまる。客層は大人が目につき、スーツ姿も珍しくない。小学校や幼稚園の教職員の姿も多い。

〈行政〉

荒川区役所都市整備部再開発課の吉田憲生さんは、「区としても歴史遺産として問屋街を残したい」と話す。日暮里地区の繊維問屋街と駄菓子問屋街は、区外の人が集まる場所だと認識している。吉田さんが言うには、荒川区の一般的なイメージとして「都電・もんじゃ・下町」があげられるという。駄菓子問屋街は下町・荒川区のシンボル的存在ともいえる。

区役所でも駄菓子問屋街は昭和三十年代の下町を残しているとみる向きがある一方、木造建築地帯という防災上の問題もいわれる。

三度目の再開発

日暮里駄菓子問屋街では今までに二度の大きな地区再開発を経験してきた。

最初の再開発（区画整理）は昭和二十六年から始まる。

戦後から糖類統制の網を抜けて闇市化していた日暮里駅前は、無数のバラック小屋が立ち並んでいた。暴力団関係者が幅を利かせていたので、治安もあまりよくなかったという。衛生面の問題もあった。

二十七年には（現在かろうじて残っている）長屋風の建物が完成し、区画の権利を取得できなかった業者は日暮里から去ることになった。問屋数は八、九十軒程度に減少したものの、賑わい・売上げには影響はなかった。

行政が露店商やバラック小屋をよほど嫌ったのか、区画整理を急いだために通常は道の中央に位置するマンホールが、西日暮里二丁目では右側歩道部分に寄っている。問屋街の歴史に詳しい橋村修さん（荒川区教育委員会発行の「日暮里の民俗」執筆者）は、この時期の区画整理を「計画性のないもの」と指摘している。

二度目の開発はバブル期にやってきた。問屋街が九つの路地から、たった一つの路地へと縮小する。少子化や利益率の低さなどにより小売店が続々と店を閉め、折からの地価高騰で土地を手放す問屋もあり、マンションや駐車場に変わったのだ。

問屋街は機能としても大きく衰退し、小売店化・観光化に拍車がかかる。児玉商会、山口屋、大屋商店、村山商店も改築し、マンションの一階で営業している。

駄菓子の箱買い、クジ、ふーせん、花火……。私たちもよく利用した（阿部清司さん撮影）

そして今回が三度目の再開発となる。

そもそも「日暮里舎人線」が具体化した背景には、尾久橋通りの慢性的な交通渋滞問題があった。朝の通勤時間帯には足立区舎人方面から日暮里駅に出てくるまでバスで約一時間かかるが、新交通が通れば二十分弱で着き、足立区民の期待感は高い。二十近くの駅があり生活利便性の高い荒川区では反対運動が起こるなど温度差はあるが、今春から荒川区でも本格的に工事が着工されている。

この日暮里舎人線開業に伴って、「日暮里シティゲート構想」がでてきた。線路の建設で駄菓子問屋街のある地域（ひぐらしの里中央地区）では三つの建物の取り壊しが決まっている。どうせ壊すのならまったく新しいものを造ろう、と計画されたのが四十一階建てのビルである。

平成十年に「ひぐらしの里中央地区街づくり協議会」が結成、十二年「ひぐらしの里中央地区市街再開発準備組合」設立、今年の夏に東京都から事業認可がおり、来年には準備組合が本組合に昇格、十五年には権利変換が行われ、十六年に建物の取り壊しが始まる。駄菓子問屋街消滅まであと三年を切り、カウントダウンの段階にきている。

四十一階のビルが建った後はどうなるのだろうか。四軒の問屋は店主が高齢でもあり、跡継ぎもいないことから、建物の取り壊しを契機に廃業することを決めている。仮に数軒の問屋が高層ビルの一角に残ったとしても、従来の趣きはなくなるだろう。「歴史は五十年経ってから、歴史となる」と橋村さんはいう。日暮里駄菓子問屋街は誕生以来五十年を過ぎて、ようやく存在価値を検証する必要がでてきたその時に、姿を消すことになる。

主要参考文献

「日暮里の民俗」荒川区教育委員会、一九九七年

＊阿部清司さんはフリーの映像記者。神奈川からこの谷中に越してこの九月で一年、「日暮里の民俗」の本に出会って駄菓子問屋街に興味をもち、日本社会における駄菓子業界の存在価値を検証するドキュメンタリーを撮りはじめました。映像で記録するかたわら、まとめたものが今回の原稿です。

67号〔二〇〇一年十月〕

［追記］

阿部清司氏は業界紙の記者。この記事を書いた頃は、フリーの映像作家だった。谷中墓地に隣接するアパートに住み、生活費を切り詰めて駄菓子屋街の現状を記録していたが、同じアパートの住人にカメラを盗まれて映像制作を断念。これは当時の丹念な取材メモから書き起こしたルポルタージュだ。問屋街の最後を見届けるべく取材を続け、74号、78号にも追跡記事を寄せている。

二〇〇八年三月、日暮里・舎人ライナー開通、現在駄菓子屋街のあった場所には地上四〇階（一五三メートル）のビルが聳え建つ。

座談会・明治、大正を語る

団子坂は変わったねぇ

山口大次郎さん、浅井正夫さん・美恵子さん、三橋栄子さん、高橋弓さん

78号

この座談会は昭和五十四年八月に行われたものです。今回は山口大次郎さんの次男の夫人、高橋弓さんからテープをお借りし、そのなかの一部を収録させていただきました。

大次郎さんは団子坂下で薬や日用品を商った「イボタ屋」、浅井さんは菊人形の植梅の子孫、林町の郷土史に詳しい三橋栄子さん、いまは亡き、町の物知りばかりです。

牧場と石鹸工場

大次郎　須藤公園ではよく遊んだ。あの下の道はずっと道灌山のほうまで続いていたんです。それが家ができて途切れちゃった。団子坂の藪そばのほうから須藤公園、芳林閣（現在の東林町会会館）の下を通って、大給坂にぶつかって、坂を越してまだ先まで行けたんですよ。

浅井さんは横丁の協和湯（千駄木二―二八）の前に牛屋、牧場があったの知ってますか。

正夫　明治の話ですか？　私は大正二年ですから。生まれてないんです。

大次郎　私の父はあそこでもって働いていました。牛乳もとっていた。汐見小学校の前を通り、秋さん（千駄木二―一八）の向こう、段々があるでしょ、あそこにも牧場があった（千駄木二―一〇あたりか？）。少し低くなっているでしょ。誠之小学校へ行くとき、今日は病気の牛を殺すっていうんで、垣根に上って見ていたんです。そしたら、眉間を金槌みたいなものを使ってひっぱたく、それから長い鉄の棒を穴に入れて、二、三度こするとすぐ死んじゃうんですね。おとなしいもんです。

正夫　あたしが見たのはハンマーでぶっ叩く。打ちそこなって暴れだしたんで逃げ出した。

栄子　私の家の近くにも牧田さんという大きな牛乳屋さんと印刷工場がありました、林町の奥（千駄木五―八あたりか）です。

美恵子　印刷所は杏林舎ですね。その後写真か何かの工場になった。牧場には牛が何頭いたんでしょう。

大次郎　ずいぶんいましたよ。それに石鹸工場もあった（千駄木二―一六あたりか）。

美恵子　それで香料の匂いがしたんですね。汐見の角のところ。

弓　牧場のあったころも石鹸工場はありましたか。

大次郎　ありましたよ。汐見小学校は高野さんというお屋敷で、池がありました。菊が盛りの時には、誰でもお屋敷に入れました。花壇をこさえて、菊がこさえて

あって、池に大きな鯉がいたのを覚えてます。秋さんの池とつながっていました。

八中の裏の段々（白蛇坂、千駄木二―一九と二六の間）がありまして、あがると鷗外さんの所に出ました。中居さんという駒形の小間物屋百助の別荘があった。それ以前は松葉という吉原の寮。その土地が売りにでて、千樹園（鷗外家出入り）という植木屋が買って、その次に百助が買った。汐見小学校から八中のところまで全部。

正夫　汐見小のすぐの所に煙草屋、小松があったけど、子どものころと道がすっかり変わってわからなくなった。

急なんてもんじゃなかった団子坂

大次郎　山岡鉄舟の娘さんが団子坂から今の汐見保育園に曲がった突き当たりにいた。越した後は学校の先生の岩間さん。堀内新泉という小説家もいましたよ。新泉さんが「因果物語」というのを書いて、その最後の所に君の家を書いたんだから読んでみろとくれたことがある。お祖父さんがよく家のこと知っていやがるって言ってました。

弓　昔からいたんですかね。

大次郎　河津田と親戚なんでしょ。戦争の時分にみんな本売っちまったですから、ないんですよ。地獄極楽のような絵の表紙だった。

協和湯の手前が、菊人形の種半の大西さん。はすっかけの道だった。あそこに立派な家が三、四軒。それを人に貸していたけれど、立派な家だから、みんな種半の御殿長屋といっていた。こっち側は、はすっかけに石がひいてあって、菊細工んとき、ずっと花壇ができていた。いちばん向こうのきっつぁきに井戸があって、水がジャージャー出ていたんです。その水の源泉てえのは、団子坂の往来の下になった。埋めちゃったんですよ。

団子坂の瀬谷さんのところに本井戸があった。もとの坂は、今の歩道くらいしかないの。

わたしたち子どものころは坂の下で遊んじゃいけないって言われてた。上から車が落っこちてくるから。上がるときは押してくれる人がいるから大丈夫なんだけど、下りるときは梶棒に入ると失敗する。逆さまにぐるっと回して、梶棒を地面についてお尻を持ち上げて後退りしてやってくれれば完全に下りられる。それを知らないで、梶棒に入って生意気に下りてこようもんなら途中でもって走りだしてしまう。

弓　お客は乗ってられませんよね。

大次郎　人力なんざ、お客をおろしちゃいます。おろして歩かせる。よく、駒込病院から退院してくる人が、ここで人力乗ったまんま来て落っこって、病院に逆戻りなんて話がありますよ。

栄子　駒込病院の道を下りてきたら？

大次郎　向こうは田んぼですから先に行けやしない。

美恵子　団子坂はそれほど急だったんですか？

大次郎　急ですよ。乗って下りてこようもんなら、引っ繰り返されるか、ぶつかるか。不思議なものですよ。左のうちに飛び込まないで、右っかわの家に飛び込むんです。大西さんと、染井さんのお米屋。炭屋さんとこが鰻屋で。それから種半さんの菊細工場。それからお湯屋（浜田さん経営の見晴らしの湯）。

正夫　産婆の角に川名という床屋がありました。それより以前の話かな。だけど本当に私たち子どもの時分から考えると変わっちゃいました。遊ぶといえば、田んぼしかなかった。

六阿弥陀詣で

栄子　道灌山から巣鴨に行くところに脳病院がありましたでしょ。

大次郎　ありましたよ。田端の与楽寺っていう寺の隣。与楽寺は六阿弥陀の寺です。第一番が上野の赤札堂のところに前は寺（常楽院。本来の六阿弥陀の札所番号では第五番。江戸の案内書では六阿弥陀の巡り順は自由）があって、お閻魔さまがあって、突き当たりに阿弥陀さまがあって、お彼岸中はカンカン鐘叩いて、お線香上がって。

そこから池之端に来て、当時不忍通りなんてないでしょ、だから動物園の後ろから坂を上がって、谷中に出て、下りてくるんです。谷中小学校の横丁に道があるでしょ、あそこの角に大きな石が立っているんです。六阿弥陀道と書いてある。

そして田端の与楽寺が六阿弥陀さまの第二番（正しくは第四番）。隣が脳病院です。それから、ずっと巣鴨へ向かっていくんです。中里通って、古河庭園、滝野川区役所から蚕糸学校の右っかわ入って下りたところが第三番目（無量寺）。山手線の線路を越して行くと、田んぼの中に川が流れているのが荒川、その向こうに第四番（実は荒川の手前に第一番の西福寺がある。隅田川、荒川を越えたところが恵妙院で第二番）。近くの寺（性翁寺）に木あまりの阿弥陀さま。そこに由来碑がお彼岸の時だけ出ている。六阿弥陀を彫刻して木が余ってできたのがこれ。

あぜ道をずっと行くと西新井の大師さま。汽車に乗っていくと、亀戸に最後の阿弥陀さま（常光寺、第六番）。亀戸から団子坂に帰ってくるには歩って帰らなくちゃいけない。朝、早く出て、たっぷり一日かかっちゃいますよ。あたしたった一ぺん、歩ったんです。

正夫　開成の向こうのちょろちょろ川をまっつぐ行くと蚕糸学校だった。

大次郎　よみせ通りまっつぐ行くと脱脂綿の工場に突き当たる。佐竹の黒い門が立っていて、壊れた垣根がずっとあった。それを越えて道灌山へ行くんですが、山番の家が一軒あって、よく追っかけられた。

美恵子　日暮らし公園のあたりが佐竹さんの屋敷跡ですね。

栄子　道灌山に遊びにいらしていたのはいつくらいの時ですか？

大次郎　誠之小学校行ってる時分ですから。明治の終わりから大正のはじめですね。震災のころまではまだ渡辺町には家はあまりなかったですね。

上野からの道

栄子　そうしますと菊人形のころは上野駅から人力車でこちらまで来るときにはどこを通ってくるのでしょう。

大次郎　不忍通りに根津の曲がっている角（医大の坂下）、交番からこっちが明治三十三年にできた。当時は新道っていいました。都電は大正六年にやっと動坂まできた。だから上野から来るのは大変ですよ。

動物園をすぎ上野高校の下からだらだら暗闇坂上って護国院の大黒さま。そこをまっつぐ行くと、交番に突き当たる。一乗寺の前です。町に嫁入りがあるとみんな提灯もってここまで出迎えたんですよ。人力車に乗ってくるでしょ。提灯つけてみんなぞろぞろ歩いてきて、町の両側の家では大提灯や高張提灯をつけて待っている。

正夫　団子坂から根津のほうむいて新道、新道っていっていたのはなんだろうと思っていた。

大次郎　明治三十三年より前は、団子坂から医大の下んとこへは藪下通って行くしかなかった。神社のとこからは大通り（いまの不忍通りの医大下から赤札堂の交差点まで）があったが、池之端寄りの

野崎多嘉栄さんのD坂地図

77号、懐かしい名前がいっぱい出てきて嬉しくなりました。うちは商店街でめったに買物をしないし（ご用聞きが来ましたし、ほかにも引き売りで、朝は納豆、しゞみ。昼は大きな風呂敷づゝみの千葉のオバさん。夕方には豆腐屋、煮豆屋などが来ます）、何分にも六十年も前のことで違っているかも知れませんが、思い出したことを書いてみました。こどもの頃はお金を持っていないので、利昇庵の前のあたりにいる屋台のおでん屋、団子坂下の壷焼きいも屋などの前で深呼吸していました。今はお店もピッタリしまっていて、外まで匂いの流れることはなくなってしまいましたね。

近所の魚屋のオジさんには色々教えてもらいました。昭和十七年五月、母が東大病院に入院し、父は胃潰瘍で吐血して家で寝ていました。私は女学校の五年生でしたが、妹達の食事やお弁当を作り、父の食事も別に作らなければなりませんでした。魚屋さんは、

「お父さんには白身の魚を煮て、子供達は鰯でいいよ。フライにする時、胡椒はピリピリ辛いから西洋カラシを水でといて塗ってからフライにすると、臭みも辛みもなくなって、小さい子にも食べられてうまいよ」と手開きでさばいてくれました。

その頃はそろそろ物のなくなり始めた頃でしたが、ブリのあら煮（大根と生姜をサービスしてくれた）の作り方を教えて下さいました。オジさんは

「男の子は小学校でキチンと勉強すれば本も新聞も（ルビがついていました）読めるし、むつかしい（鶴亀算や植木算などの四則）計算もできるから卒業したら世間様の事や魚の事を覚えりゃいゝんだ。けど女の子はどうゆう縁があって嫁に行くかわかんないから女学校に行かせている」といっていました。子供達はたぶん私と同年配でしょう。お元気でいられる事と思います。

地下鉄の出口のところまでで突き当たり、先はふさがっている。左に曲がるとひょっとこ橋。右に曲がるとおかめそば。

ひょっとこ橋渡れば動物園、おかめそばの先は東大へ行かれる。ぐるっと回って出ると、松坂屋の寮かなんかあって、巾着切りせんべいがあって、あそこに仕立て屋銀次がいたって。それは私よく知ってんですよ。

ここら辺に味噌を売っていなくて、よく使いにいかされた。妻恋坂の手前に左に入ると大きな味噌屋さんがあった。崖の上の店で、そこまで一貫目買いにやらされた。歩きだから行って帰ると二時間ぐらいはかかりましたね。湯島天神の石段上がってまっつぐ行くとあった。あそこら辺には味噌屋がいっぱいあった。

栄子　ああ、それであのあたり土手の室がたくさんあったんですね、麹とか、味噌とか。

大次郎　お茶を買いにいくのは、上野の三橋の横丁にある内田園。あれが昔は角にあった。

向こうでも覚えていてくれて、あたしがいくとお茶を袋に入れて黙っていてもいくらっていってくれるんですよ。暮れになると土瓶持ってあいさつに来る。毎度ごひいきにって。

栄子　小学生の時ですか。

大次郎　そう。森於菟さんに会ったら、そうだったね、一緒に行ったねって。

栄子　於菟先生が明治二十三年生まれですね。

大次郎　森鷗外さんの家の玄関に釣り鐘が下がっているんですよ。子どもが叩くと、先生が出てきて、「悪戯する奴があるか」なんて脅かされたことがあるんですよ。

栄子　鷗外先生はどのような格好をなさっていらしたんですか。

大次郎　和服の時も、洋服の時もありました。お出かけの時は馬に乗って、上野の博物館なんかはね。歩いているときは下むいて。「森さんの旦那が考えながら通るよ」なんてよく言ったもんですよ。

菊人形の木戸銭

大次郎　菊人形はね、十一月の末になるとお客もまばらでしょ。種半なんて大きいから大勢いるけれど、植重さんなんか、人出がなくなっちゃうんですよ。切り通しの上に親戚がいて、私を呼んできて、太鼓を叩かせるんですよ。

櫓かなんかの上で、「これより回り舞台を回してみせます」とかなんとか。金兵衛さんとか、わたしとか、毎日いっているんで覚えちゃうんです。だけど植梅さんには行かないんです。大西精三郎さんが、真ん中に座っていておっかないんですよ。「おじさん見せとくれ」っていっても入れてくれない。だから浅井さんとこの定吉さんが来たときにくっついていく。

正夫　あたしが悪戯して他人んちの木戸に入れられて、助けてくれーって、そうしたら精三郎じいさんがあやまりにきてくれて、出してもらった。

私のお袋がいってましたが、一銭玉、二銭玉の木戸銭をとるのに米とぎの細かいざるをおいたって。

大次郎　菊細工がいちばん賑やかなのは天長節ですよ。終わると種半さんが上がったお金を持っていくのに、人力に載せると梶棒が折れちゃったとか。

正夫　家に蔵があって、そこに樽があって、菊人形が終わるといっぱい小銭が入って積んでありましたよ。

大次郎　天長節なんて、うちなんざ、商いできゃしませんよ。人がいっぱいで。日用品買いにくる人なんざいませんよ。前の植重さんで、オーイたかさーん（小出高吉っていったんでしょ、うちの親父さん）って呼ばれてお金を取る手伝いにいく。往来は狭いし人はいっぱいでね。朝すいているときはなおこない。菊がある時分はうちは暇なんですよ。みんな銅貨ですね。銀行に持っていくったって重くて大変なものです。

正夫　いつだったか泥棒捕まえたおばがいってました。お巡りさんが潜んでいて、手がにゅっと出たんで捕まえた。

大次郎　あの時分に百円札もっていても、この辺りじゃ細かく崩すことできませんでした。銀行までいかなけりゃ。学校から帰ってきたって、五厘銭か、一銭玉で。それで結構お菓子とか買えたんですから。

栄子　木戸銭は一軒一軒とられるの？おいくら？

大次郎　五銭くらいでしょう。

正夫　菊人形がお終いになるころは、子どもが五銭、大人十銭でした。

大次郎　昭和天皇が来たことあるんですよ。まだ皇孫殿下といってたとき。大変な騒ぎでした。奉書の紙に金何疋と書いて置いていった。一疋がいくらなんですかね。三人おいでになった。

正夫　全部で十円かしら。高松宮と秩父宮と昭和天皇ですね。染井さんが口上を言って、大西精三郎が羽織はかまで先導した。

栄子　誰かが引き戸の何かにつまずいて転んで、あとであやまりにいくのが大変だったとか。どうやってあやまろうかって。

大次郎　大変な騒ぎでしたよ。ご覧になるときはお人払いで。宮様が手摺りに触っちゃいけないって。触ろうとするとおよしあそばせって。

正夫　どうもお疲れになったでしょ。

大次郎　大変おもしろかったです。

78号（二〇〇四年十一月）
特集「谷根千乱歩ワールド　D坂の魅力」後編

仲よし三人組座談会

戦時中の駒込坂下町

味谷将一郎さん、武藤富男さん、前田賢司さん

80号

千駄木駅の道灌山下口を出た向かいに、建具をつくる味谷将一郎さんの仕事場がある。話を聞きにうかがうと、汐見小で同級だった富ちゃん（武藤富男さん）の所に一緒に行こうと誘われ、武藤さんちにうかがうと、賢ちゃん（前田賢司さん）も呼んだよ、という。昭和六年生まれの仲よし三人組の話は尽きない。

前田　うちがここに来たのは震災のあとだと思う。この辺は本郷三丁目の炭屋橋本長兵衛の差配していた家で、みんな借家だった。よく遊んだのは須藤公園と講談社の社宅。池があってしょっちゅうトンボを捕りに行った。

　須藤公園の上に区役所の管理していた町会の防火用貯水池があった。深さが二メートルくらい。よくみんなで泳いだよ。昔は柵なんてないし、苔でぬるぬる。上がれないのをひっぱり上げて助けてもらった。

味谷　昔の子どもは今みたいにだらしなくないからね。塀だって崖だってよじ登ったもんさ。

武藤　おれは須藤公園の緋鯉を捕って食ったけど、あれはまずい。黒の真鯉はうまかった。

味谷　そうお。私は金魚釣っても返してこいといわれたよ。

前田　あの頃は汐見小学校を出ても上の学校へ上がるやつは半分もいなくって。職人に学問はいらねえと頭ごなしで、駒本にあった高等小学校にいった。

味谷　私も府立工芸っていまの工芸高校を一年でやめちゃったけど。木材科と金属科があって、あの時分もなんでか学校では英語をやっていた。

武藤　山田さんて地下鉄の入り口の二つ先のカレー粉屋のおやじが、警報が鳴るたびに敵機は一機ですとか二機ですとか、触れて回ってた。あれは逃げるんじゃねえということだったのかな。

味谷　うちの隣の半田さんの工場に軍の砂糖がいっぱい入っていて、そこが放火されて焼けたことがあった。そんときは砂糖のおこぼれにみんなあずかってね。結局、三月四日に半田さんところも爆弾が落ちたんだが。

前田　石川って絵描きのばあさんが、あの時分、みんな女の人も髪を切ってもんぺを履いていたのに、一人だけ髪は長いまま、着物をゾロリと着てすげえオバサンだったな。結局あれで通しちゃったのはえらい。淡谷のり子みたいな女だね。

武藤　空襲警報にも馴れてきちゃってね。電気を点けたままで、あれはあっちだ、これはこっちにこねえな、とか敵機の行き先がわかるようになる。テニアンから

富士山めがけて来て東西に分かれるんだ。

前田　焼夷弾はパアッと開くと三十六発が花火みたいできれいだった。長さ四十センチくらいで六角形だった。爆弾が落ちてると腸がよじれるとか、耳と鼻をふさげとか、いろいろ言われたな。講談社の空地に防空壕を掘って五十人くらいは入れた。結局、おれたち三月四日で死にそこなったわけ。

味谷　この日は朝九時ごろだってのに、町じゅうが煙で夕方みたいに真っ暗で。

武藤　さっきいったおれたちの泳いだ貯水槽が爆弾で崩れて、下の防空壕にいた人が四十何人死んだというの、すぐ近くだけどよくわからない。だいたいこの辺は、自分とこには防空壕を掘れないような長屋が多かった。

よみせ通りの魚長さんでも亡くなったでしょう。いまのさおとめのマンションのところにあったダットサン（小型の車）が質屋の金田さんの塀の中に落っこった。

前田　焼夷弾はゴムのりみたいなもので体にひっつく。屋根から入ると天井にひっついてそこから燃えるんだ。

武藤　寝ようとすると来る。向こうは心理戦なんだ。高射砲の陣地なんかつくっても敵さん一万二千メートル、とても届かない。このころ、おれは本郷三丁目でピンセットを作ってた。十七歳で。背が小さいから召集されても工兵で穴掘り専門だといわれ、予科練に願書を出してあったが、終戦でパアになった。

味谷　落下傘で米兵が降りてくるのは見たことがある。空からはお札が降ってきて、金だと思って拾うと米軍のビラだった。もう日本は負けたとか、沖縄は投降して住民は幸せになってるぞ、早く降伏せよとか書いてある宣伝だった。

武藤　それを四つに折ってヤミ市で使ったりした。三月十日のあと、言問橋に自転車で友だちの五十嵐と行ったら、土左衛門ばっかり。蔵へ忍び込んで、米袋を盗ったつもりが糠だった。うちじゃとにかくオヤジは道楽のあげくに病気で寝てるし、母ちゃんは買い出しで田舎行ってるし、兄貴は終戦後、すぐ死んじまうし。なんか拾うくせがぬけねえ。洋服でも捨てられない。

前田　終戦後のほうが食い物はなかったな。その日の食い物を探して一日終わっちまう。うちは自転車屋だから、タイヤ持ってくと米をくれた。自転車も売るより直すの専門だった。まあ勉強しなくてよくてよかったなあ。

武藤　東大でアカザやタンポポを摘んで食べた。

味谷　団子坂の今晩軒が雑炊食堂になってたが、まずいのまずくないのって。三十～四十銭で食べられたけど、薄くて顔が映るくらい。

武藤　終戦ときは押入れの中で泣いたなあ。

味谷　また神風が吹くと思ってたんだが。

前田　しゅんとしちゃったな。そのあと進駐軍の放出物資、缶詰のベーコンとか。あれは忘れられないね。ジャガイモを切ったのと牛肉が入ってて、コンビーフといったって、今のミルクの缶くらい大きいの。

味谷　マッカーサーは日本人の欲しがるものをくれた。そんなひどいことしなかったから、すぐに親米になっちゃった。

武藤　中学の先生が「憎しみをもって暮らすより親しみを持ちなさい」と教えてくれたし。

味谷　でも自分の家族を空襲や爆弾で亡くした人は忘れられないでしょう。

前田　三月四日だってここら辺、たくさん死んだんだもんね。私は家族に被害がなかったから。

味谷　日本人は忘れっぽいのか、農耕民族だからかな。私ら子どもだったとはいえ、忘れられない側の気持ちも考えないといけないね。

80号〔二〇〇五年七月〕
特集「六十年めにやっと聞けた　わが町の空襲」

団子坂の子供たち

わが団子坂は子供に人気のある坂だった。三輪車で両足をペダルから離して、坂の上から勢いよく下りる。今思えばゾーッとする。よくひっくり返りもせず、電信柱にもぶつからなかったものだ。

当時、市電は団子坂下で止まり、車掌は「団子坂シタアー」と声をのばした。私たちもまねをして「ダンゴザカシタアー」と声をそろえてドナッたものだ。

「菊見せんべい」は戦時中、配給になるまでは大きな立派なオセンベを焼いていた。砂糖が不足しはじめた頃、醤油の上に、あの白い砂糖液がベターッとついているのを、私たちは大切に大切になめた。

また坂を上ると、ゆるくカーブした辺りに瀬谷耳鼻科があり、その木の門の前を入ると、突き当たりは講談社が引っ越したあとで、しばらく子供たちの遊び場。池があり、「講談社の池」と呼んでいた。

瀬谷さんの向いの焼芋やでは、今の丸焼き芋と違い、太い金時がほどよく切ってあった。その上の藪下道の観潮楼の前は、〝見晴し〟であるが、私たちは〝ダンガイ〟と呼び、口のまわらない子は〝ダンカイ〟といって、団子坂の帰りには必ず崖の上の鉄柵の所から遠くの景色を皆並んで見るのがお決まりのコースだった。

団子坂をはさんで林町側は千駄木小へ、千駄木町側は汐見小へ通ったが、兄弟校といわれ仲が良かった。仲が良くなかったのは誠之小で、口には出さないが、〝あそこは金持ちの子が行く〟と、通学路で通せんぼしたりもしたが、帰宅して普段着に着がえると、誠之の子も一緒に駄菓子屋にいって遊んだものだ。（山辺康美さん　千駄木小・昭和十九年卒）

8号〔一九八六年六月〕

II ひと

桐谷逸夫「昭和二十三年創業の木村屋」 17号（1988年10月）

町を愛すればこそ!

桐谷逸夫

二十数年前、私たちが引っ越して来た頃の谷中界隈は、活気がなかった。しかし個性と好奇心の強い人たちが多かった。

『谷根千』が発刊されたのはそんな雰囲気の中だった。彼女たちは雑誌作りだけでなく、町づくりのために様々な活動を行った。私たちもよく参加したが、中でも不忍池駐車場反対運動は、住人の多くが団結し燃えただけに思い出深い。

彼女達の大きな功績の一つは、この町の潜在力を引き出し、町に活気を与えたことと。町を愛すればこそ出来たことだ。

最近新しい人たちが増えたけど、町を愛し、町と深く関わっている人はどれほどいるか。彼女たちの足跡から学ぶものは実に多い。

きりたに・いつお
一九四三年、東京生まれ。画家。一九八三年から谷中界隈で暮らす。妻・エリザベスとの共著に『東京いま・むかし』『下町いま・むかし』『日米人情すごろく』(日貿出版社)などがある。

OMY鼎談〈2〉ひと

Y　『谷根千』のキーパーソンというと?

M　最初は谷中三崎町の寿司屋の野池さん。いっしょにお祭りをはじめた。次に根津郷土史研究会の小瀬健資(おせけんじ)さんかな。古いことをいろいろ教えてもらった。2号でご自身の記事が載ったので、『谷根千』の拡販に一緒に歩いてくださった。3号では日暮里の語り部というべき平塚春造さんが書いてくださり、その聞き書きをまとめて『日暮しの岡』を出した。

O　平塚さんは富士見坂の真上で町内放送所をしてらして、毎日窓から富士山が見えるかを放送していたし、日記もつけていた。いまようやく富士見坂からの眺望を守ろうという運動が起きた、その先駆者だね。

M　保存運動の関係では、芸大の建築史の前野嶤(まさる)先生。

Y　その前に法政の陣内秀信先生がいるよ。創刊のときに相談に乗ってもらって、4号で自筆広告もいただいている。

M　あんた、ステキだってポーッとなっちゃってね(笑)。

Y　それはマユちゃんでしょ。陣内さんは私の知り合いに紹介してもらった。信山社(現・岩波ブックセンター)もそうで、知り合いがいたから創刊号から置いてもらえた。

M　でも、地元では最初はあまり受け入れられなかったよね。取材に行くと、広告費を取られると警戒されたし。

Y　田端に住んでいた草野権和(のりかず)さんにもお世話になった。半分ぐらいの号は草野さんに校閲をお願いしてた。

M　草野のりかずという名前で著書もあって、自筆広告も出してもらった。「普通の人の生き死に」を記録することの大切さは、草野さんに教わったような気がするな。

Y　『谷根千』の特集の柱は、町の人々のなりわい、文学・美術に関わった人たち、それからみんなが知ってる場所・ランドマークの三つだったね。とりあえず、特集ごとに企画者がいるけど、三人で取り組む。単発の記事は、やりたい人が持ってくることが多い。

O　『谷根千』の三大画家と言えば、棚谷勲さん、石田良介さん、桐谷逸夫さん。

Y　今回の本でも扉絵に使わせてもらいました。棚谷さんとは飲み屋で出会った。

M　詩人の諏訪優さんと友だちでね。一方、三小画家もいて、つるみよしこ、仰木ひろみ、私の旦那の川原史敬。みんな身内(笑)。

O　ジョルダン・サンドさんもわりと早く来たね。

M　紅顔の美青年で、ダッフルコートを着てOの家に現われて、3号に広告を出している。古い家に住みたいって。長屋だか、蔵だか、家探しにずいぶんつきあったけど、なかなか妥協してくれなくてねえ。六カ月くらい歩いて。

Y　来客も多いし、郵便も多かった。『谷根千』にはいいおたよりがいっぱい来たのね。その中から厳選して特集したのが11号の「私の原風景」。

O　私は木村悠紀子さんの乗り合いバスの話が好き。ほかにも話を聞かせてもらったり、文章を書いてもらった人はたくさんいて、とても挙げきれないわね。

［10号］

■特集／おいしい豆腐の買える町

酒屋へ三里 豆腐屋へ二里

●協力／品川力、品川約百、桐谷逸夫、木村民子、天野真知子、古川恭子、野沢延行、ジョルダン・サンドの各氏と、鷗外記念本郷図書館、豆腐について語って下さった町の方々。

湯どうふや
いのちのはてのうすあかり
久保田万太郎

白くて、四角で、
何の変哲もない味だが
体に馴染んでいる。
いや実に奥深い味だと
いう人もいる。
毎日食べても飽きない。
どんな料理にも合う
それが豆腐。

昭和の初め、東京には
三千軒以上の豆腐屋があった。
いまでは二千軒余しかない。
しかし、谷根千の町には、
まだ二十軒の
手作り豆腐屋が健在。
うれしいことだ。

彫塑家・朝倉文夫は石川さんちの"おぼろ"が好物。釣に行く前の朝食に。

特集のキッカケはこの人

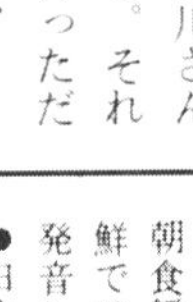

品川力氏との出会いから書き始めると、長い話になる。戦前の帝大生のたまり場であったレストラン・ペリカン主人、織田作之助の『ダス・ゲマイネ』の登場人物、ときには雑誌「アンアン」のモデル、そして内村鑑三研究の書誌学者と伝説には事欠かないが、その本職とするところは、本郷の古書ペリカン書房店主にして、一名〝資料配達人〟と呼ばれている。

品川さんは冬でもシャツ一枚、カウボーイハットで扇子を持ち、本郷の自宅を出て、木下順二、北川太一、猪野謙二といった方々の家に、資料となる古書をおいていく。そして今年の一月、『谷中スケッチブック』を読み、井戸水で作る谷中の石川屋豆腐店に立ち寄った。

●石川屋で豆腐を買う品川さん。

「お名前も存じませんが、毎日のように来て下さいます」と二三子さん。

これが、明治三十七年生れの品川さんが、自ら豆腐を買った瞬間である。それから何十回豆腐を買いに谷中へ行っただろう。すっかり石川屋に魅せられ、

「あそこの豆腐はうまいですよ」

と書斎で品川さんは私たちに確言した。

「そしたら山崎正一さんは、僕は小松屋の豆腐がうまいと思うけど、一度、小松屋のも食べてみなさい、と言うんですよ」

◆ ◆ ◆

ふうん、じゃ私たちも石川屋と小松屋のを食べてみるか。すると、「豆腐ってのは、歯ごたえがあって味がきちんとなくちゃあ。僕は千駄木の横田豆腐店のが一番うまいと思う」とスタッフの亭主が話に混ざってきた。続いて「あら、あたしは白山の星野さんのがものすごく好き」と料理研究家の古川さんも。

話が広がって、会う人ごとに聞いてみると、本当に**「好きな店はさまざま」**ということと、**「みんな豆腐に執着してる」**ことがわかった。そこで、これから鍋物がおいしい冬場でもあるし、豆腐特集をしよう、ということにあいなった。

◉豆腐・雑学ノート

●豆腐を発明したのは今から二千年ほど前、漢の高祖の孫、淮南王劉安と伝えられる(『本朝食鑑』)。ゆえに〝淮南佳品〟とも称す。朝鮮ではトブ、ビルマやジャワではトーフーと発音し、東アジアで食されている。

●日本へ豆腐が伝わった年代は明らかでないが、室町時代の『職人尽歌合』の、「豆腐売」に

「ふるさとはかべのとたえにならとうふ

しろきは月のそむかさりけり」

とある。奈良で作った豆腐を京都まで、三十キロ運んで行商していたらしい。

「とうふめせ、奈良よりのぼりて候」

●「世の中はまめで四角で軟らかで

また若弱に憎まれもせず」

と豆腐を礼賛したのは隠元禅師。

●一説には、豆腐は、豊臣秀吉の朝鮮侵攻の時に、兵糧奉行岡部治部右衛門が持ち帰ったという。それゆえ〝おかべ〟〝じぶ〟というとか。これは豆腐が白壁に似ているのに女房言葉で敬語がついたともいう。

●江戸の一丁は大きく五～六〇文。京阪の一丁は小型で値もまちまち。天明二年(一七八二)に『豆腐百珍』が発刊されブームに。

懐しの豆腐屋さん

吉村昭氏の『東京の下町』の五五ページから、戦前の夜明けの風景がはじまる。

遠くから牛乳屋の箱車がひかれてくる音、新聞配達が新聞を指でしごく音。

「豆腐屋の朝も早い。真鍮製のラッパというよりも笛というにふさわしい細身のものを口にあてて吹いてくるが、その音色が『トッフィー』とも『トーフィ』ともきこえる」

「朝倉さんの通りの小松屋の親父は菅原といったが、暑い日も寒い日も、紺の半纏に腹がけで天秤かついで歩いてきた。『豆腐ー、油ゲー、ガンモドキー』ってラッパを吹いてさ、頑固一徹の面構えでね。

うちの親父も豆腐が好きだったからね。仕事場でもニラメッコ、夕飯の膳でもニラメッコだが、あの湯豆腐つついていた父親の姿が忘れられないね」

と指信の森田さん。昔の豆腐屋はその場で切ってくれたんだそうだ。森田さんは「ナニ、あんたハチハイも知らないの」と切り方を教えてくれた。

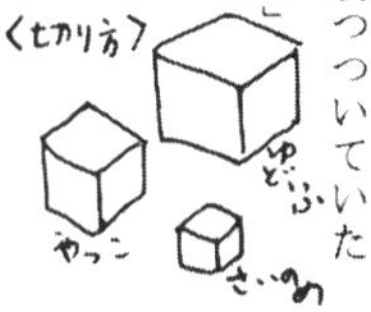

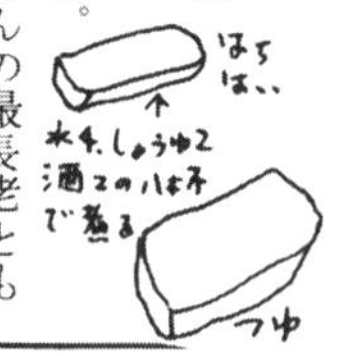

この辺に住む豆腐屋さんの最長老ともいうべき木村義広さん（根津）に会えた。

「私は明治二十九年生れ、今年で九十一歳。新潟で生れ、十七歳で東京に出て、坂下町のリボン工場の前の武蔵屋に入った。人のやりたがる商売は利が薄い。人の嫌う商売、四季当りはずれがない商売がいいと思った。七年年季をつとめ、今の横田豆腐店のところの店を三五〇円で買い、身上（しんしょう）をもった。二十二～三の頃だ。

大正の初め、豆腐が二銭でガンモや揚げは一銭。仕事を覚えたい一心で、たくさん作るから、豆腐一丁買ってくれた客には、揚げを一枚おまけしていた。

一時に起き、自分のところに豆を挽く機械がないので、坂下の店までリヤカーで

●今日も鯉こくを食べて元気、と木村さん。

◉豆腐雑学ノート②

ほととぎす自由自在にきく里は
　酒屋へ三里、豆腐屋へ二里

●本特集の題は桑揚庵つぶり光のざれ歌より。豆腐資料を当ると必ず出てくるが、「隣家が一里で豆腐屋三里」「酒屋へ三里豆腐屋へ五里」と誤り伝わったり、解釈も勝手なもの。「ほととぎすが聞ける田舎とは豆腐屋から二里も離れた不便な土地」とか「どんな田舎でも二里も歩けば豆腐屋はある」「戦前の田舎では豆腐など自家製だったから、この歌は都会的発想の机上の作」というのまで。

●日暮里の平塚春造さんによると、「大田南畝がこの下の句を記した石碑が日暮里青雲寺にあったが、いつしか田端の料亭、天然自笑軒に売られた」とのこと。

いまもある店
あんかけ豆腐は
昔からココでます。

●根岸の有名な豆富料理「笹の雪」は元禄年間、玉屋忠兵衛が開いてから九代、三百年つづく。この屋号は、創業のころ、上野寛永寺の輪王寺宮から「笹の上に積もりし雪の如き美しさよ」と賞められたことによる。

　南禅寺何こちらにも笹の雪
　吉原雀チョッチョッと笹の雪

吉原帰りの遊客で賑わったが、今は法事客に観光客。入谷朝顔市の日は朝五時に開ける。

豆を運んだ。何度も往復するのが嫌だから、一度ですまそうとするとこれが重くてつらかった。やっと運んできた呉汁を、横丁でぶちまけてしまい、他人様の軒下にするすると流れ込んでいくのを途方にくれて眺めたこともあった。

そうして金を貯め、上野にあった石亀という豆腐屋専門の道具屋で、一式あつらえた。私を小僧と見くびった店に代金八五〇円を即金で払ったら、向うがたまげてへっついに銅板をかぶせてくれた時はさすがに誇らしかったね。

できた豆腐はリヤカーにつんで、急な大給坂を上る。大給さんは兄弟子の野本の得意だから、私は坂上を右に折れ、藤堂子爵邸へ行った。小僧の私に、女中頭が菓子を皿に乗せてくれる。それも空では返さず、必ず揚げの二枚も乗せた」

●木村さんは私の兄弟子です、と杉田さん。

朝売り、昼売り、夜売りとせわしない労働の間に、ほんの一時、昼寝ができる。それが体に良く、子供の時から内臓の薬は飲んだことがない、と木村さんはいう。

さて、谷中側で古いのは杉田直次さん。

「豆腐屋に多いのはまず新潟人で、越後屋が多い。二位が埼玉で埼玉屋とか武蔵屋という。あとはぐっと少ないんです。

あまりにも地方は貧しかった。郷里の先輩が成功すると東京は憧れの的だった。私は明治四十一年、埼玉の農家に生まれたんですが、不況で小作争議が多くて、次男、三男は小僧に行かされた。

大正十二年、十六歳で親戚筋の杉田光吉がやっていた谷中三崎坂の店に住み込みで入りました。そのころはもう手動でなく、豆を引くモーターの機械はあった。

所帯は、よみせ通りの今の朝岡眼科のところで持ちました。見合もせず従妹をもらって二人してよく働いたこと。当時のよみせ通りは年中、夜店がたって賑やか。金魚屋、風船屋、かき氷屋、バナナのたたき売り、八つ目鰻に辻占い。

昔はお彼岸には稲荷鮨をたくさんこしらえて近所に配ったので揚げが売れた。それからここいら賄い付の下宿が多く、そういうところには豆腐が必ず入った。

岡持ちかついで桜木町の方まで歩きましたね。声楽家の佐藤美子さん、桜木町十七番地の宇野浩二さん、イタリーのコーヒー王と結婚した田中路子さん。日本画の山川秀峰さんが帝展に搬入するのも手伝ったし、平櫛田中さんが木彫の桜の木を干すのも手伝いました。着流し黒足袋姿の川端康成さんはなんだか狐つきみたいで人相が悪いと思ったな。どこの路地に誰がいたか全部覚えてますね。

戦後は大豆がなくって、下仁田のコンニャク粉を手に入れて、コンニャクを作ったら、これがよく売れたです。

豆腐屋は誰でも俺のが一番だと思ってますよ。作り方は人には見せない。固いのがいいったって、ただ固ければいいもんじゃないです」

町の世話役、杉田さんの話は明快だ。

うまい豆腐のつくり方

十一月一日午前五時、豆腐作りの現場を見せてもらいに谷中銀座の武蔵屋さんへ急行。シャッターの隙間から入り込むと中は湯気でまっ白。三時半から仕事を始め、すでに水槽に出来たて豆腐が泳ぐ。

「冬場で一八～二〇時間水につけ、ふやかした豆をグラインダーですりつぶします」

豆は水といっしょに石臼のようなものですりつぶされ、下の口からドロドロになってでてきた。

「この呉汁（ごじる）を七、八分煮ます」

「それをパイプの中へ流して、布で漉して豆乳とおからに分離します」

とあくまで真面目な杉田さん。真剣勝負なのに説明させてごめんね。

「この豆乳をそのまま、ニガリを入れた木型に流し込むと絹ごしの出来上り」

何も絹の布で漉しているわけじゃない。

木綿はもう少し手がかかる。豆乳の中にニガリを手で振り入れ、ざっと寄せ（固める）てから、小さな片手鍋にすくい、穴のあいたアルミ型に入れ、さらに押しをかける。

●谷中銀座・武蔵屋　豆腐作りは真剣勝負です。

「他の作業が全部うまくいっても寄せ方がまずいと何にもならない。日によって出来は違うし、まあ、お父さんの機嫌しだいかしらね。今日のは、若い女の人に見つめられて上っちゃったかしら、いつものよりちょっと出来が悪いわ」

「豆腐の大きさには別に規定はないんです。うちのは長くて大きい方。千代田区とか都心にいくと豆腐も小さくなるらしいから、土地の値と反比例かな」

「実家は勤め人でしょう。結婚前に、炊事、洗濯、掃除なんか仕事のうちに入んないと言われてはきたけどね。新婚旅行から帰った次の日から四時起きだもの。それから二十四年、休んだのはお産の時だけですよ。〝豆腐は水を売ってるようなもんだ。豆腐屋丸もうけ〟なんて言われると腹が立つわ」

「どこの店でも、おかあちゃんの顔のでかいこと。大事にしてやんないと仕事にならないから、仕方ないね」

「大事にされてますよ」

ううっ、熱いのは湯気のせいではない。

ほかのお店にも話を聞いた。うまい豆腐をつくるコツは？

「やっぱりいい豆を使って、ていねいに作ることです。うちは一番いい豆を使ってます」

（動坂ストア池田屋・大場さん）

「そろそろ新大豆の季節。11月中頃から12月になると、どの店も今年収穫した豆で作りはじめる。そうすると豆腐にぐんと甘味が出てくるんだ。新大豆だけじゃトロつく豆腐になっちゃうんだけどね」

（千駄木二丁目小松屋・田沼さん）

「豆腐の成分の大方は水ですから、水が良いということが大切。うちは井戸水です。この山の上はまだまだいい水が出ますよ。愛玉子（オーギョーチ）さんもこの間まで自然水でないとあれが固まらないと毎日水を取り

きき豆腐会レポート

豆腐……この白いかたまり。編集部では、二組の夫婦で連日連夜豆腐の味見を重ねてきた。夫はついに冷蔵庫の中の番号のついた豆腐を思うだけで、帰宅が遅くなる始末。しかし、人間の好みは十人十色。そこで、三十代から八十代までの男女十一名で「きき豆腐会」なるものを開いた。

集めた豆腐は木綿ごしばかり二十三丁。中にはスーパー、生協、そして私が試作に試作を重ねて、やっと「トーフ」と呼べるようになった「いたらぬ豆腐」まで参加した。

余談だが、豆腐作りに熱中すればするほどたまるのはおからの山。しかしこれも立派な大豆タンパクと思えば簡単に捨てるわけにもゆかぬ。と考えて、そこらの野菜を細かくきざみ、卵と小麦粉を入れて団子に丸め、油で揚げたらこれがナカナカの味。名付けて「おからコロッケ」。

さて十一月六日正午。事務所には朝から買い集めた豆腐、トーフ、とーふ。

風邪気味の料理研究家、水物ならおまかせの自称「水人間」、主夫、生協党、中堅主婦、万年薄着青年などなど、集った人々は、準備ができるまで思い思いに豆腐の話。

冷奴の好きなサンド氏に、画家の桐谷氏が「〝豆腐の角に頭をぶつけて死ね〟という話を知ってますか」と尋ねれば、さすが日本通のサンド氏も「あんまりなさそうな事件ですね」と答え、雰囲気は盛り上る。

準備が整い、大皿にのった豆腐は番号をつけられて机に勢ぞろい。ひと口に言えばみな白くて四角い。が、よく見れば色、つや、それぞれ微妙に違う。

小皿にとっては「ウーン」「ナルホド」「コレハ」「いわくいいがたい」など叫びつつ、アンケート用紙に書き込む。

結論、これは本当に個人の好みなり。二十三丁の豆腐を食べ続け、益々わからなくなってしまったというのが本音。たった十一人の意見であるが、最も評判の高かったのは、根津藍染大通りの「越後屋」と団子坂上の「たけや」だったことくらい書いてもいいかしら。あとは全く評価が分れた。

とにかく、この地域にこれだけ手作りのおいしい豆腐を作る店があるなんて、谷根千住民の幸せをまず感じた、というのが一致した意見。それと、自分のいつも食べている豆腐を当てる人が何人かいたのには驚いた。

ほめ言葉としては「甘い」「腰がある」「きめが細かい」「さっぱり」「のど越しが良い」「まろやか」「深みがある」「なめらか」「豆腐のあるべき姿」「イイジャン」。辛口意見としては、「豆っぽい」「風味なし」「水道くさい」「バサバサ」「ニガイ」「ヒェー、クサイ」「かみしめに欠ける」などと、自分で作らないからみんな勝手なこと言っちゃって。

因みに、私の試作品はなぜか男性にモテ、「カッテージチーズの代りに使える」とか「荒い、男らしい味」「なつかしい味、グーよ」と複雑なおほめの言葉をいただいた。

に来ました」**（上野桜木藤屋・高橋さん）**

入口には狸がラッパを吹いてお迎え。

「一番の決めては寄せ方です。つまりニガリと豆乳をまぜあわせるあんばい。というかタイミングで、ここに豆腐屋の個性とウデがかかってるわけ。味の違うのもこれが原因してるかも知れん」

善光寺坂の小松屋の小島さんはいう。豆腐の売れるのは夏の暑い日と冬の寒い日だが、ワシは家族で毎日食べるねえ。「寄せ方」で決まるとは、ほかのどの店でも聞いた。

「にがりの量を少なくして作るのが大事。にがりが少なければ、豆腐の甘味が引き出せる」と**団子坂たけや**の石島健さん。豆腐づくり60年だが、出身の埼玉の村には、七人も豆腐屋になった人がいる。

「あとはお客さんにおいしい豆腐を食べてほしいという真心こめてつくること」**日医大前のたけや・熊谷さん**で決まり。

おいしく豆腐を食べるには

田楽

「豆腐がまずくなった」「固めの歯ごたえのある豆腐に出会わない」という声をきくけど、世間一般からみれば少数派。

「谷中銀座の石段の下の八百屋では三丁で百円よ。たとえ二丁腐らせても、得じゃない」**（斉藤佐知子さん）**。「鍋や奴で食べる時は団子坂上のたけやのおいしいのを。でも味噌汁や揚げたりする時はやっぱりスーパーのを買っちゃうのよね」**（竹内直美さん）**これも主婦の本音。

「飲み助には豆腐の味のわかる人が多い。だいたい、女の人より男の方が味にうるさいのが多いと思うね」**（池の端・小松屋さん）**という発言も当ってそうだ。

それでもおいしい豆腐が食べたい！豆腐をまずくしたのは誰だ。

「昔から、かけうどんと風呂屋と豆腐の値段はだいたい同じだった。いまうどんが三〜四百円、銭湯が二六〇円、豆腐は一一〇円とかなり差がついた。これは、大量生産でうんと安い豆腐を売り出したからなんだ。だから値段を上げるわけにはいかないし、豆腐屋の売り上げは落ちるし」**（丸保食品・黒川さん）**。「一日二百丁出ても売り上げは二万二千円だよ。この労働量を考えると、店をたたむのも無理はないよ」**（宮永町越後屋・伊原さん）**。

何丁売れるかは企業秘密

「そのスーパー豆腐ときたら、一度頼まれて分析したけど、蛋白質がうちの豆腐の半分でした。グルコノなんとかいう凝固剤を使うと、うすい豆乳でも固まっちゃうんです」**（武蔵屋・杉田さん）**

十月二十七日、近くの某大スーパーで売っていた豆腐は特売で八十八円。日付は二十四、二十五、二十六日のといろいろ。「豆腐はその日に作ったのを食べるのが一番だ。充分水にさらしたものをね。スーパーのパック入り豆腐は水にさらさないまま何日もおいてあるわけでしょ。うまいはずがない。ホントは昔風にナベ

ジョルダン・サンド氏　アメリカの豆腐事情

アメリカでは今、豆腐が大人気で、ニューヨークあたりならふつうのスーパーで買えますね。でも工場生産ですから新鮮でなく、まずいというか味がないですね。トフティて知ってますか。トウフのアイスクリームで、「フロム・ニューヨーク」って書いてあって逆輸入され、日本でも売ってるの。

何でアメリカ人が豆腐を食べるかというと、健康のため。油や肉の食べすぎへの警戒から、日本料理やトーフが健康食だといわれて、カッテージチーズ感覚でサラダに入れたり、トーフ・バーガーにつぶして入れたり。すし屋もはやっていて、ボストンやシカゴには数百軒もあって、大人気。たぶんね、手で食べるというのがかっこヨイとかおいしいとか。カニ足カマボコやイクラのにせ物でごまかしてるけど、値段はけっこう高いよ。十二ドルくらいだね。

それでも、ニューヨークの人たちは、外食とか衣服は高くてもいいという感じ。ヤッピーって知ってますか？　一九六八年頃学生運動やっていて、今は企業の中に入ってるホワイトカラーの人たちのこと。とても金持ちだし、物質的な物の見方しますね。

（ああ、日本でいうと団塊の世代というあれネ。不倫ブームとか金曜日にワインを買って、とか）。

それぞれ、まったく同じ。アメリカではシャンペンブームになりました。

彼らは、雇われていても賃労働者という自覚はないですね。野心があって、自分でも企業に投資している。金のあるそういう連中が、インスタント食品にも飽きて、健康のためにトーフなんか食べてるんじゃないかな。

やボールを持って買いにきてほしい。(そんな人は今一日に三人くらいだけど)。それと、家に帰って冷蔵庫にポンと放り込むのはダメだ。すぐ使わないならボールに水はって移しかえてね」

(千駄木二丁目小松屋・田沼さん)

湯豆腐と評議一決す雪の朝　欽一

引き売りレポート

11月27日、午後5時10分。団子坂上の豆腐屋、たけやの若主人石島克二さんの自転車の後について、引き売りに出発。

まず須藤公園上の山脇邸前に立ち寄る。ここ林町は、今もご用聞きや引き売りが頼りの邸町。ラッパの音を聞きつけ、鍋や皿を手にまず3人。今度はこちらからご用聞きに行く。毎日声をかける家、一日おき、週末だけといろいろ。「毎日いりませんかとは、声がかけにくいですよ」。

旧児玉希望画伯邸前に出る。「この辺は名士が多くて引き売りしても楽しい所でした。宝井馬琴さんは男らしい豪放な方で、健康のためだからとよく自転車に乗っていた。児玉先生の奥さまは気さくな方で、我々といつも世間話。先生のお元気な頃は、庭にあるお稲荷さんのお祭りにいなり寿しを頂きました。数寄屋造りの立派な塀で、よく月光仮面の撮影をしていました」。

宮本百合子の実家である中条家名残りのあずき色の門柱を抜ける。「ここは迷路のようで、よく道を聞かれるんです」。

ラッパの口を手のひらで少しふさぎぎみに鳴らす。音が大きくならないためだ。静かな住宅街の台所に立つひとの耳元に、ラッパの音がとどけばいい。

「寒くなりましたね、お孫さんの具合どうですか」「風邪だったみたいよ、心配させちゃって」大鍋を抱えたおばあちゃんが焼豆腐を買っていく。

「冬は手が寒くてね、水に濡れた手で自転車をこぐと、風を切って痛いくらい。豆腐の水に手を入れると暖かく感じます」。

鶴の湯の手前で、「あら、今日は少し遅いじゃない」と近所の人。写真をお願いすると、「ダメダメ、美容院に行ってからじゃないと」だって。「ここは少年ケニアの山川惣治さんの家だった。オヤジにくっついてきて、この家で少年ケニアが描かれてるかと思うとワクワクしちゃって」。

千駄木公園の前を過ぎる。6時半、早い家ではもう夕食。引き売りも終りの時刻だ。

◉得する豆腐情報

●小松屋(三崎坂上)、丸保食品(夜店通り)、武蔵屋(谷中銀座)などでは、"大豆の唐揚げ"を新発売。一袋130円。夫たちに食べさせてみると、皆"鳥の唐揚げ"と信じて疑わず。旨い。

●未だに井戸水と、自然に恵まれた店が4軒あった。石川屋(朝倉彫塑館並)、藤屋(言問通り)、たけや(白山上)、越後屋(動坂下)。

●引き売りをする店は5〜6軒。午後四時〜六時半頃まで。ラッパの音に耳をすませてね。

●武蔵屋(谷中銀座)では宝袋が新発売。肉や野菜やしらたきが揚げの袋の中に入っている。おでん種でもコンソメスープで煮ても旨い。今なら80円と赤字覚悟の大サービスだ。

(おもち入り力袋もあるヨ70円)

●午前中に豆腐屋へ行けば、ホカホカのおからが手に入る。高くても50円どまり。卵の花炒りやおからコロッケがいい。また豚バラの煮込みは、先におからと煮て脂を吸わせたあと、肉を洗って煮込むとさっぱり。

●柔らかい豆腐が多いとお嘆きのあなたに。店頭で「モメンの耳!」と叫んでごらんなさい。

●豆腐のアイスクリーム(材料)絹ごし1丁、砂糖100g、生クリーム150cc、バニラエッセンス、材料をミキサーで混ぜ冷凍庫で冷やす。

手造り、無添加、にがり使用
スーパー豆腐の表示より、作っている人の腕を信じよう！

元気印の豆腐です

町を走り回っていると、豆腐によせる人々の熱い思いが伝わってくる。

「豆腐が好きなのはね、私の生れた茨城の家の隣りが豆腐屋で、石臼でゴロゴロ引いてた、あの昔の混りけのない豆腐の味が忘れられないから。今は根津の越後屋か根津の谷で買いますが、私はネギもショウガもいらない。素豆腐がいいの。

小さいころ兄がイタズラで、豆腐屋の水槽を棒でかき回して全部だめにしたこともあったわ」**（根津片町・西巻きよさん）**

「私の子供時分は、戦後の物のないころで、豆腐はぜいたくだった気がする。母が煮奴や白あえを作ってくれると嬉しかったね。よみせ通りの延命地蔵の隣りが豆腐屋だった」**（赤塚べっ甲主人）**

「私は駒込保育園の給食を作ってましたからね。子どもたちにおいしいのを食べさせようと、あちこちの豆腐を食べてみましたよ。味がわかる子に育てたいから。私は動坂の越後屋さんの味が好きネェ」**（千駄木・中野ツタさん）**

こんな思い入れのある**手造り豆腐よいつまでも**、と願わずにはいられない。こんどは豆腐屋さんに仕事の喜びを聞いてみた。

「いいのができた日は気分よくてね。引き売りしても楽しいけど、うまくいかない日は一日気分が悪い。ラッパの音も小さくなる。でも幼ななじみの客もいて、顔みりゃ絹か木綿か好みもわかるしね」**（坂下町藤屋・南雲晴雄さん）**

「よくできた日の豆腐はかわいくって、とっておきたいくらいです。引き売りも待っていると思うと休めない。毎日五分とたがわず、同じ道を通っています」**（日医大前たけや・熊谷正吾さん）**

●**根津宮永町・越後屋**　根津は味にうるさいね。

「朝起きてすぐ仕事になるのがいいわ。お化粧も着かざる必要もないし。カーテンを開けると朝からお客さんがお金もって買いに来て下さる。ありがたい商売よ」**（三崎坂上小松屋・福島雅子さん）**

「夫婦どちらがいなくても仕事にならない。女だって力仕事もしますよ。忙しい日には家事の方は手を抜いちゃうけど、そんなときは目をつぶってくれますよ」**（横田豆腐店・横田勝枝さん）**

「町の人とのふれあいだね。近くの沢の屋さんに来る外人も、豆腐屋にずいぶん興味あるらしいよ。よくじっと見てるもの。スイスの人が豆腐はチーズみたいっていってたよ。一丁あげたら喜んでた」**（藍染通り越後屋・桜井増雄さん）**

「やっぱりお宅のがうまい、といわれるのが嬉しい。真冬にゴム長はいてると足はしもやけがくずれちゃって痛かった。それでも昔は雪やみぞれが降る日は、特に売れたので、銭が降ってきたと言った

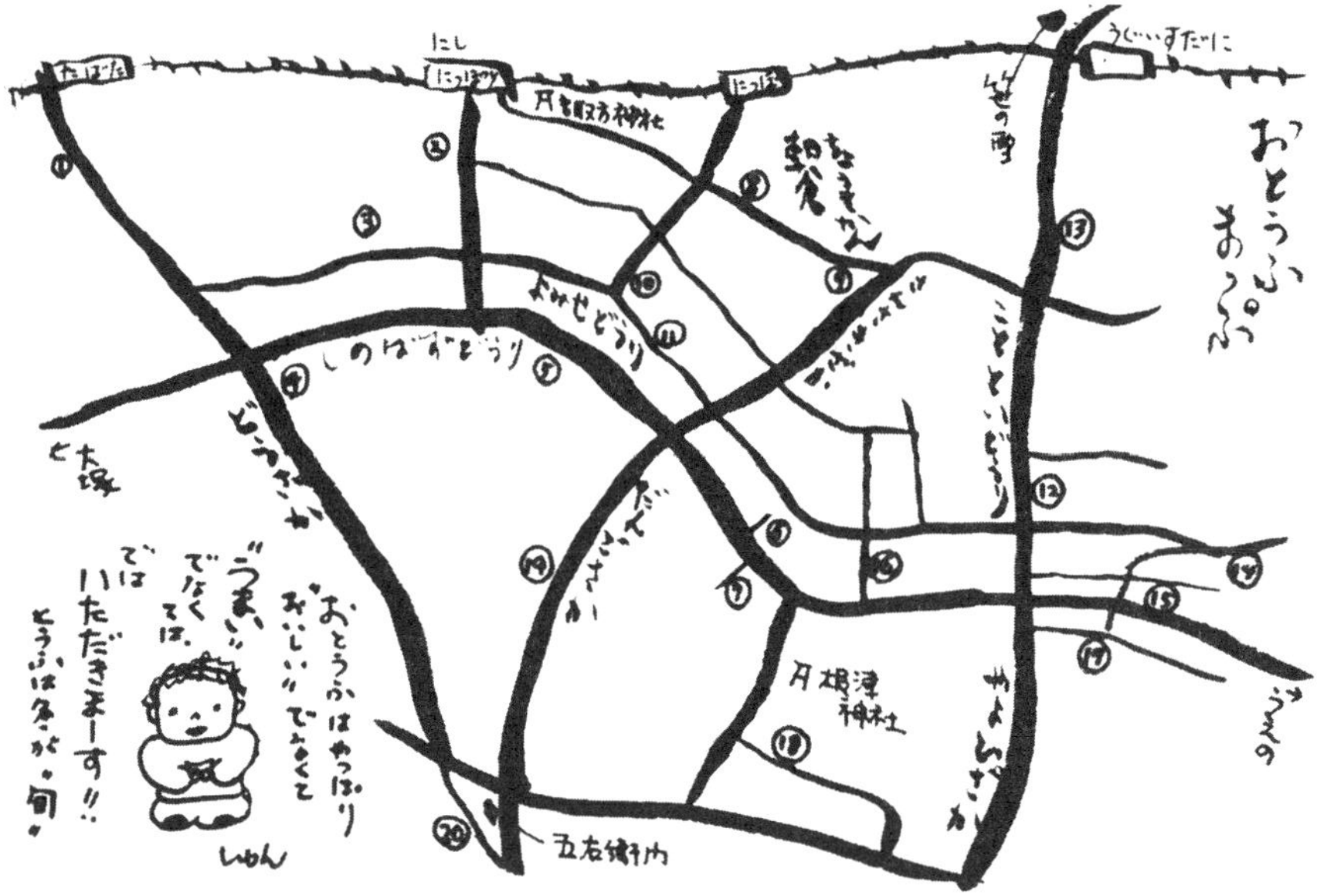

谷根千・手作り豆腐の買える店全リスト

●細田食品支店	(823-7950)	田端2-6-8	鈴木新一
●美濃屋	(828-9404)	西日暮里4-22-3	川杉忠
●池田屋	(822-2305)	千駄木4-16-6	大場三仁
●越後屋	(828-1758)	千駄木4-12-3	桜井恒治
●藤屋	(822-2707)	千駄木3-27-7	南雲晴雄
●小松屋	(821-5636)	千駄木2-47-5	田沼利公
●横田豆腐店	(821-6348)	千駄木2-5-5	横田　健
●石川屋商店	(821-3671)	谷中7-18-13	石川　満
●小松屋	(822-2339)	谷中5-1-12	福島久平
●武蔵野	(821-1687)	谷中3-9-15	杉田圭司
●丸保食品	(827-9601)	谷中 3-8-6	黒川太三
●小松屋	(821-5543)	谷中1-2-15	小島幸郎
●藤屋	(821-3579)	上野桜木1-12-9	高橋　敬
●豊島屋	(821-5257)	根津 2-5-9	山田惣一
●越後屋	(821-8686)	根津2-11-7	伊原敏幸
●越後屋	(821-3367)	根津2-29-4	桜井増雄
●小松屋	(828-2524)	池の端2-5-30	平野政夫
●たけや	(812-4909)	弥生 1-6-3	熊谷正吾
●たけや	(821-6222)	千駄木5-5-19	石島　健
●たけや	(813-2077)	本駒込1-3-16	高橋八郎

もんだ」(白山たけや・高橋八郎さん)

泥のごとできそこないし豆腐投げ
怒れる夜のまだ明けざらん

(松下竜一『豆腐屋の四季』より)

大変だと思います。でも豆腐好きの私たち、なんとかがんばって欲しいのです。「豆腐屋はまじめですよ」という杉田直次さん。「スーパー豆腐で育った子供たちが大人になったらもうお手上げ」と黒川太三さん。「そのうち豆腐は陸(おか)に上って化粧箱入りで売られるようになるよ」と伊原敏幸さん。

どの言葉も私たちにはショックでした。おいしい豆腐を守るために、私たちは何をしなければならないか！　さあ、今すぐ、おなべを持って豆腐屋へ走ろう。

湯豆腐や雪になりつつ宵の雨　松根東洋城

●特集 谷根千キネマ

人生は映画みたいなわけにはいかないよ。

本日は
谷根千キネマに
ようこそいらっしゃいました。
当館では
特別企画プログラムにより、
「映画を語るとき
ナゼみんな
こんなに若返るのか！」
を上映いたします。
往年の名作の数々を
集めましたが、
古い作品も多く、
画面にキズ、
あるいは不鮮明の部分もございますれば
何分のご容赦をお願い致します。
まもなく、
上映を開始いたします。
最後まで
静かにご覧下さい――
ブー

↑巴里祭

●芙蓉館の広告／帝大新聞・大正13年5月16日

●駒込館の広告／帝大新聞・大正12年11月16日

協力して下さった方（敬称略）
中山信行（稲垣書店）、加藤勝丞、飯田末子、守田精利（巣鴨めいしょう堂）、冨久寿司、其俊太郎、平田光江、吉田進、安達栄子、飯田キクノ（博山房書店）、赤池福夫（白山堂書店）、田原俊江、伊東義裕、田辺武、大久保商店、松塚昇、沢田剛（東京ドーム）、松坂屋、不二出版、鷗外記念本郷図書館

スチール写真――川喜多映画文化財団

● 芙蓉館誕生 ——

▼大畑ちゑ子さん・故人（再録）

父は静岡で学校の先生をしていたのに、やめて東京に出て、千駄木町で下宿屋をしていました。

神田の神保町で東洋キネマをはじめたら流行ったんで、そこだけじゃつまらないと下宿屋を壊して映画館にしちゃったの。それが芙蓉館。

私の母の弟が作家の村松梢風で、根津が下宿屋だったときも住んでたし、林町でも一緒に住んだり、高村光雲先生の家の斜め前に家を借りたこともあった。この伯父は芙蓉館を建てる時も出資していっしょにやったんですよ。

▼袖ケ浦市・斎藤敏子さん

昔々、私が初めて活動写真というものを見たのが明治の終りか、大正の始めでしょうか。根津の大通り（今の不忍通り）の寄席のようなところで座ブトン敷いて、親たちと見たような気がします。写し出されたものは実写というのか、向うから汽車がこっちへ走って来るもので、思わず首をすくめました。

その後、「新馬鹿大将」が流行し、のちのロイドの喜劇のような、逃げたり追いかけたり、煙突から出てきたり。

その頃芙蓉館ができたのでしょうか。今度は劇映画になって、一つだけ覚えているのは「己が罪」です。海岸で、東京から遊びにきた子爵だかの男の子と、土地の漁師の少年が友達になる。東京の男の子が海で溺れそうになっているのを漁師の子が助けようとして、二人とも死んでしまう悲劇ですが、最後に弁士さんが、「誰の罪でもありません。皆、己が罪であります」

と言ったのが妙に心に残っています。

▼土浦市・山辺康美さん（再録）

昭和十年代は、各々の映画館がチラシを配っていました。チラシ配りのプロがいて、手早足早（てばやあしばや）で、飛ぶようにしてチラシを配りました。多かったのが芙蓉館で、ここのチラシ配りは、三十代半ばの男で、頬がこけていたが男前でした。戸別に郵便受けに入れ、子どもの我々をみると、このオジサンが飛んできて、刀で首を切るようなしぐさで、チラシをアゴの下にサッと入れてくれます。私たちは反射的にアゴを引いて、チラシが落ちないようにしたものでした。芙蓉館のチラシ配りがくる日は、みなドキドキして家の前で待っていました。

▼千駄木・坂本多美子さん

うちのすぐ横が芙蓉館でしょ、新興キネマといって阪妻なんかやってました。庭で「人殺しー」という声が聞こえたんでかけつけると、弁士が練習してたり、雨の音はうちわに豆がついているのをハタハタやってるのがうちから見えました。

●町のシンボル芙蓉館。戦時中のこのときは根津東宝になっていた――岡村金属提供

●弁士の声が聞こえる ▼川口市・鷲野巣敏男さん——

きまって喜劇、現代劇、時代劇と三本立てで、映画と映画の幕間に寸劇というかアトラクションがあった。和田君平て人がいたかな。浅草日活に弁当持って、学校行かないで行っちゃったんですね。そこの幕間の寸劇に大河内伝次郎が出ていて、「姉ぇちゃん、どこの娘だい？」というと、相手の女の子が「山田屋の五十鈴でございます」なんて言ってたのだけど、山田五十鈴が十四、五歳の頃の話だね。観客がワーッと拍手してね。

それから上野日活館、まだ弁士のいた頃。「東山三十六峰、静かに眠る丑三時（うしみつ）」なんて、マイク持たなくても三階のテッペンまで霧がサーッと流れてくるように聞こえてくる。観客だって、すしづめ状態でもせきばらいひとつする人がいなかった。

●「江戸三国志」のチラシ ▼浦和市・松田重夫さん——

昭和初年頃、報知新聞の夕刊に吉川英治の「江戸三国志」という小説が連載された。

当時新聞に載って人気の出た大衆小説は、すぐ映画化されたもので、これなどは連載がまだ完結しない内に、三篇ほど製作されたように思います。

このチラシは、その三篇目が、昭和二年頃進明館で上映されたとき、入館者に配られたものです。映画はもちろん弁士の説明付きで、画面も白黒でしたが、チラシの写真はきれいな色付きです。

子供が常設館で娯楽映画を観ることは表向き禁じられていたようですが、「乃木将軍」、「軍神広瀬中佐」「楠公父子の別れ」のように忠孝をテーマにした演目だけは例外で、学校の先生から観ることをすすめられました。ただしその場合でも必ず父兄と一緒でなければならないのです。

当時四年生くらいであった私は、新聞の三国志の愛読者で、挿画の山口将吉郎のファンでもありました。姉と一緒に、三篇とも進明館に観に行きましたが、これは私が物心付いてから映画の常設館に入った最初でした。

●浅草に向かって、走ル、走ル ▼団子坂下に住んでいた益田武三さん——

私は文化に飢えた軟弱少年でした。浅草の六区の映画街にあこがれて、行きたくてしょうがない。行ってもお金がないので、大勝館なんかの看板を眺めるだけなのにさ。で、三崎坂を上り、御陰殿坂を抜けて最短距離をターッと駆けると、記録としては団子坂下から四十分位で往復した覚えがある。それは、母に使いを頼まれて家を出たのだが、やっぱり六区に行きたくて、走って行ってきた。姉があんまり戻ってこないと心配してくれて、帰ったとき「四十分もどこ行ってたの」といわれたので覚えている。

さて、遊ぶ軍資金にも事欠いた私が入りたかったのが根津芙蓉館。しかしお金だして入ったのはたったの二回だけです。というのは入場するとパンフレットというか、ビラみたいな四頁のプログラムをくれる。その最後の頁に感想文を載せる。載った人にはタダの券をくれる。そこで見に行くたびに必死で感想を書いて送って、毎回タダで入れたというわけです。

持ってる方はいませんか？

そのころの封切館は本郷座で、ここでは「不如帰（ほととぎす）」をみた覚えがある。

●進明館（駒込神明町161）にはいつも幟が立っていた
——後藤与一氏提供

●進明館へ行こう——

▼巣鴨・後藤和一さん

私の家は神明町一六〇番地でりという果物屋でした。

目の前に進明館と動坂松竹と二つ映画館があって、家族そろって映画狂でした。あのころ二十銭の入場料が、夜の七時ころリーンとベルが鳴ると、そのあと割引

この店名を見よ

居酒屋兆治

この映画は店をはじめる2年前に封切られた。そのときは勤め人で、女房とふたりで見たんです。店を出そうと思ったのは昭和60年のはじめだから、やっと5年と半年たちました。涙もろいんです。あの映画見たときも泣いちゃったし、伊丹十三にボロクソに言われてるのに、客だからって健さんが耐えるんですよ。そして最後はがまんできなくなって殴っちゃう。それから健さんが鏡に写る自分に「しっかりしろよ」と言う場面、印象に残ってます。それでうちの店は「時代遅れの酒場」がテーマソングになってんです。

映画ってのはスケールがでかいよね。だからスッキリするし、明日を生きる夢がある。

夜7時から朝7時までやってる安い飲み屋さん。
千駄木3-31-15　3823-6962
千代田線千駄木駅近く

映画館の盛衰

芙蓉館　・本郷区駒込千駄木町134　千駄木2-1-11

大正初めに開館、東亜、マキノ系のほか洋画も上映。大正15年の上映作品に「黄金狂時代」「忠臣蔵」、「高橋お伝」があり大入り満員。昭和15年頃から**根津東宝映画劇場**。24年頃から東宝直営ではなく、館名も**根津映画**とかわり、大映、東横、松竹系作品を上映。32年から**根津東映**となる。43年に閉館。木造1階、358席、最後まで冷暖房なし、大きな扇風機がカタカタ回った。

進明館　・本郷区駒込神明町161

大正中頃に開館。日活、東亜ほか洋画も上映。この辺りの映画館では人気No.1で、たとえば大正15年1月の入場者数は21154人でダントツ（芙蓉館14142人、動坂松竹館15290人、駒込館13570人）。昭和20年、戦災で焼失。客席数480。

動坂松竹館　・本郷区駒込神明町157　本駒込4-37-6

大正中頃開館。大正6年に動坂下—上野間の市電が開通しているので、進明館ともそれに伴ってできたのではないか。松竹直営で大正15年の上映に阪妻の「蜘蛛」がある。昭和20年、戦災に遭い休館。27年頃**動坂映画劇場**として再開、松竹、東宝作品を上映。34年、それまで木造、270席ほどだった建物を改築し、鉄筋4階、冷暖房完備。下部は**動坂映画劇場**（473席）で松竹ほか邦画、上部は**動坂シネマ**（473席）で洋画専門館とし、35年に開館。せっかく新しくなったのに48年に閉館した。

進明館は日活専門で、高田稔、及川道子主演の「野に叫ぶもの」、これがやたらとみたくて祖母にねだって連れていってもらった。及川道子が高田稔と結婚することになり、式場に向う車の中で島田姿で口笛を吹いたり、「愛の復讐はピストルではだめです」といったり、すごくショックだった。ストライキの場面があったり、まあ、当時の世相を描いたものらしいけど、わざとフラッパーな態度をとってみせる没落富豪の娘の及川にしびれた。小学二年生、昭和五年頃のことです。

とにかく、進明館も動坂松竹も、トイレの臭いがプンプンする汚い映画館でした。

夜八時になるとベルが鳴り割引です。確か三十銭が二十銭くらいになったと思います。まん中が

同伴席、左右は男と女に分れていて、一番うしろに警官の臨検席があり、たまに振り返るとサーベルさんがいることもありました。

「えー、おせんにキャラメル、アイスクリームはいかが」と幕間には売りに来ました。

日曜日には、小学生に五銭で映画を見せるシステムが進明館にありました。これはマンガや少年少女ものではなく、普通の大人用映画の「無害」なもので、市川右太衛門主演の「まぼろし峠」なんてみました。相手役は大江美智子です。

松竹では「雪之丞変化」、林長二郎主演を見狂いましたネ。学校から帰って、カバンを投げ出してかけつけます。確か木曜日が換わり日でした。洋画が地元までこないのが残念でした。（こんどう・とみえ）

きで十銭になる。たいてい三本立てくらいで一番いいのは最後で、割引でも一本半くらい見れるんでお袋なんかもとんでって並んでました。

進明館は日活直営でチャンバラ専門、男客が多い。「大菩薩峠」「丹下左膳」「国定忠治」なんか見ました。大河内伝次郎ね。それと片岡千恵蔵の絶頂期、「瞼の母」思い出すねえ。一度、目玉の松ちゃんのあとの連中、川辺五郎なんかが挨拶にきて大勢あつまってねえ。

女の人は動坂松竹、涙をしぼるような栗島すみ子の「島の娘」なんかやってました。松竹は戦後は小杉さんて人が経営者でしょう。

あとは谷田川沿い（大どぶ）にずっと歩いていけば、霜降橋に河合キネマってのがありました。大都映画のね。あと駒込の肴町のカドに新興キネマの駒込館、化け猫スターの鈴木澄子が専属で、子どものころの森光子や嵐寛寿郎なんかも出てました。

▼本駒込・後藤与一さん

進明館は家の前だしね、私の小さい時はうちの店でのぼりを寄附するんですよ。だからいつもタダで入れてもらっていました。チャンバラが好きでね、しょっちゅうたぬき山に友だちとチャンバラしに行くんです。そしてその帰りに進明館に寄る。私はタダで入れるけど、それより友だちと非常口のところの隙間から暗幕を引っぱって見るのが楽しくて、いつだったか上から水をかけられたこともありました。

▼長野県三輪・長坂希依子さん

進明館と動坂の松竹館へよく通いました。まだ小学生でしたが、友だちと隠れて見に行ったのです。高勢実乗（みのる）の「アーノネ、オッサン、ワシャカーナワンヨ」という言葉を覚えて、親の前でうっかり口に出して叱られたものでした。

昭和十八、九年にみた「民族の祭典」というベルリンオリンピックの映画、「格子なき牢獄」を見たのはどこだったでしょう。戦争中も同盟国のドイツ映画はかなりありまして、有楽町の邦楽堂で「希望音楽会」。その中のハイケンスのセレナーデが妙に浮んでくるのです。

また、学校で引率してもらう時は、神田の共立講堂か日劇でした。「風の又三郎」「潜水艦伊号」をみました。「潜水…」では〝故郷の廃家〟、「風の…」では例のドドド…のうたが全編に流れていました。

戦後になって見たのでは、あちらこちらの映画館で二十一回見たソ連映画「シベリア物語」を筆頭に、アメリカ映画の「オーケストラの少女」。目を閉じれば、前者のベ・ドルージコフの顔。後者のディアナ・ダービン、それに指揮者のストコフスキー（本物）の顔々が彷彿とします。ダービンの歌う〝アレルヤ〟等は、思っただけでも涙がでてきます。

●「愛染かつら」をみたくって――

▼谷中・中西むめさん

芙蓉館とか、入谷の金美館に子ども七、八人連れて行ったわよね。「忠臣蔵」見せた。うちの子は五人だから。あとはよその子で。私が見たかったのは「愛染か

本郷座　・本郷区春木町1の5

明治6年**奥田座**として開業、9年頃**春木座**となり、35年1月**本郷座**に改称、新派演劇の隆盛時代をつくる。昭和5年4月より松竹系映画館となり、洋画も上映。映画の常設館となる前の明治43年7月23日、「モンテクリスト」が上映されている。外国物の劇映画上映の初期のこと。戦災に遭い閉館。座席数484。

上野日活館　・下谷区元黒門町21

前身は**みやこ座**で大正末より日活直営の映画館。大正15年の上映に「水戸黄門」、「荒木又右衛門」などがある。昭和5年3月**上野日活館**に改称。この辺りで一番早く鉄筋建築、冷暖房完備にしていた。

駒込館　・本郷区浅嘉町3

大正初めに開館。洋画を中心に上映する。昭和5年3月17日は「ロイドの人気者」などを上映。この時期の館主は生駒雷遊で、弁士もつとめる。20年、空襲により被害を受け閉館。客席数316。

町の映画館

吉村 昭

戦前の下町は、町そのものが完全な生活圏としてそれぞれ独立していたように思います。買物はすべて町のなかで出来、洋食、うなぎその他、食べたいと思うものを出す、ひとかどの店があって、他の町に出掛ける必要はありませんでした。

娯楽の面でも例外ではなく、映画館も数多くあって、時には浅草の六区にも足をむけたりしましたが、町の映画館だけで十分満足することができました。

日暮里町にあった映画館は、富士館、尾久寄りに日暮里キネマ、それに根岸に近い所にも第一金美館、日暮里町三丁目に第三金美館と四つの映画館がありました。さらに少し足をのばして三ノ輪に行くと洋画専門のキネマハウス、本郷にこれも洋画専門の本郷座。

一階は長椅子が並び、二階は料金が高く、履物を脱いで大きな下足札をもらって階段をのぼります。二階席は薄いふとんに坐って映画を観られるようになっていました。

映写がはじまる前には、窓を黒い幕でおおって場内を暗くし、スクリーンに映像がうつし出されます。むろん冷房などなく、夏は暑熱のこもった中で、汗を流しながらスクリーンに視線を据えていました。

初めの頃は、無声映画で、ステージの下方に楽士が入っていて、ヴァイオリンや三味線を奏で、雪の降るシーンと川のシーンでは、太鼓をドドン、ドン、ドンと鳴らしました。

第一金美館の正月興行では、当時、売り出し中のスター霧立のぼるが、振袖姿でステージから挨拶をしました。赤と白のテープを客が投げ、私も二階席から投げました。小学校の五、六年生の頃で、少年の眼にも霧立のぼるが、神秘的なほど美しく見えました。ませた少年でした。（よしむら・あきら）

つら」。買物に行くって姑にたのんで、こっそり見に行ったのよ。谷中自証院がモデル.

▼岐阜県高山市・清水君子さん

私の小学校の頃は、父が戦死したのであまり映画を見に行けなくて、たまあに動坂の松竹に行くときは、母がトウモロコシを茹でて持たしてくれた。見たのは「金色夜叉」。あとは映画を見るより、もっぱらブロマイドです。

柳さく子、栗島すみ子、田中絹代、洋物ではリリアン・ギッシュ、バレンチノ、いろいろためて友だちと見せあって楽しみました。

谷中墓地で「愛染かつら」のロケをしたと思います。五重塔から徳川墓地の大きなけやきの木にしめなわを張って、トーキーのため見物人が大きな声で話すと叱られた。おもだかやさんには今戸焼きのおかめの手あぶりがあって、それを撮影所へ持っていったのに、なかなか返してくれなかったこともありました。

●私の家でロケがあった──

▼世田谷・牛丸典子さん

女学校一年の時のこと、学校から帰ると団子坂上にあった私の家で（岡本邸、今の萩風荘）で映画のロケをしていたので驚きました。柳沢家の御殿という設定で、塀に沿って籠をかついできて、大門の陰に松方弘樹さんのお父上、近衛十四郎がかくれていて、巻物をとり返すために切りあいになる。「紅蜥蜴」という映画でしたわ。松方さんの母上水川八重子さんも出演し、映画だとお着物も豪華な感じがするのに、近くで見ると汚れていたりしてね。芝生の上でもチャンバラやったのか、父があとでだいぶ傷んだとぐちをこぼしてました。撮影後、出演した役者さんたちと撮ったのがこの写真です。

上映は昭和十五年、たくさん招待券をいただいて上野の映画館で見ました。

●映画を観て人生を考えた──

▼豊島区・渡辺臣蔵さん

テレビはなく、ラジオのある家も珍らしかった子どもの頃、映画は娯楽の王様だった。根津には常設の小屋（映画館）として芙蓉館があったが、そう度々は行けなかった。〝子どもだけで行ってはいけない〟という学校のきついお達しがあったからだ。それでもどうしても見たいものがあると、親に頼み込んで入口までついて来てもらって（親と一緒だったが、親は用があって先に帰る、という口実で）入ったり、それができない時は、小屋の表に知った顔（特に先生）がいないのを確めて素早く入ったりした。便所の臭気がただよってくる暗い客席に目がなれてくると、いつでも何人かの友達の姿を見かけた。誰も思いは同じだったとみえる。

いくつの時だったか、無声映画を見た記憶がある。画面に向って左側の端に弁士席、銀幕（スクリーン）の前の狭い楽士席（オーケストラボックス！）があり、追いつ追われつの場面になると（後で分ったのだが）オッヘンバッハの〝天国と地獄〟をかき鳴らしていた。

日中戦争から太平洋戦争へ……学校は一転して戦意昂揚のために積極的に映画を見せるようになった。映画館の一般上映の始まる前に、授業代りに団体で見に行くのである。防諜映画「あなたは狙われている」は、その一つだ。「ハワイ・マレー沖海戦」「海軍」「西住戦車長伝」「燃ゆる大空」「加藤隼戦斗隊」「勝利の日まで」など、上野の鈴本キネマ（寄席〝鈴本〟の向い側にあった）などへも遠出してずい分見た。子どもだけで見に行っても叱られることはなかった。

敗戦後、極度の食糧不足、物凄いインフレの中で、どこの映画館も作品に関係なくいつも超満員だった。ラッシュアワー顔負けの混雑にもまれるのもいとわず、せっせと通ったものだ。旧帝国劇場、シネマパレス（神田松住町）などはその頃よく行った小屋である。「戦火のかなた」「北ホテル」「自転車泥棒」「禁じられた遊び」「望郷」などの洋画、「銀嶺の果て」「酔いどれ天使」「また逢う日まで」「素晴らしき日曜日」などの日本映画の数々――中学から高校、そして大人までに見た映画はとても数えきれない。

映画を見て感動し、喜び、怒り、人生を考え、悩み……それらが後年今の仕事をするようになる培地になったのかも知れない。

シナリオライターの濱辺さん、今年も「もう一人のクラーク先生」で民放祭賞受賞.

●戦争中も映画を見ていた

▼世田谷区・上原文夫さん

昭和十九年か二十年です。神田でみたのですが、題名は不詳。仮に「壮絶・特攻機の猛攻」とでもしましょうか。太平洋上の米空母「ホーネット」の艦上から撮影した実写ドキュメンタリーです。

無数の線条が目にも止まらぬ速さで大空に舞い上がってゆく対空砲火、その弾幕を縫って近づく特攻機。その一機が艦に激突、濛々と上がる黒煙と火災。艦が激震、ぐらりと傾き、飛行甲板の搭載機がピョンピョン兎のように跳ねて、ザラザラザーッと舷側から海中にこぼれてゆく――やったァ！　だが、消火に駆けつける米水兵たちのクローズ・アップ。誰一人、喚きもしなければ、狂ったように走りもしない。平素の訓練通りか、一糸乱れぬ整然たる歩調、沈着な表情。

米兵は個人主義的で、享楽的で、物質中心的で、愛国心に乏しく、腰抜け――当時そう吹き込まれ、国民が抱いていたイメージとはまるっきりアベコベの、タフさ加減、したたかさが印象的でした。

戦争末期、この〝敵性〟記録映画が、どのような経路で日本に入ったのか。上

この店名を見よ

ペペル・モコ

ジュリアン・デュヴィヴィエの映画は全部好きです。「望郷（ペペル・モコの邦題）」「我等の仲間」「舞踏会の手帖」。この人の作品は男性好みかな。「望郷」はカスバにいる泥棒が、いつもパリのことを思っている。こじつければ、ギャバンの気持が私の気持にオーバー・ラップしている。ペペル・モコの響きも良い。この店名のおかげで年配のお客さまが多いです。皆、懐かしいといって、会話も弾みます。

生れは九州、中学の頃にアート・シアターが盛んで、自主上映運動に顔を出していました。プレベールの詩が好きなんです。カルネの映画も。ベスト・ワンは「天井桟敷の人々」。

谷中から上野へ抜ける細い道に面したフランス料理店。3月から9月まで改装のため休業予定。

台東区上野桜木1-10-26　3823-7387

映を許可した軍当局や情報局などのその筋は、命中する特攻機の凄まじさをみせ、国民の戦意を昂揚し、敵愾心を煽ることが目的だったのでしょうが、映画を観終って、神田の街に出た私は、著しく戦意を喪失し、暗澹たる気持でした。

それから、昭和十八年、動坂松竹で見た長谷川一夫と入江たか子主演の股旅もの。これも題名は不詳。故郷を故あって離れたヤクザが偶々郷里へ戻って、悪人の侍を懲らしめ、仇討の助っ人を務め、幼なじみの女と再会する筋でした。

当時私は、林町の親戚に寄寓して、駿河台の予備校に通っていました（戦時下でも浪人はいました）。時局向きの真面目な映画が氾濫する中で、こんな股旅映画の製作や上映が許可されていたのは、今考えると奇異な感じですが、ピリピリしていた戦時下では結構息抜きになりました。劇中、長谷川のヤクザが、音をたててソバをすすり込む場面があり、食糧統制下、空っ腹を抱えていた私も、傍の観客も、「いいなア、一杯でも食えたらなァ」と嘆息したのを覚えています。

●昭和29年頃の上野山下、右手に上野日活がみえる
――上平顕三氏撮影

●空襲・映画館が焼けた――

▼白山・元白山東宝劇場館主　中根寅男夫人

主人はサラリーマンだったんですが映画が好きで好きで、それで勤めをやめて映画の仕事をするようになったんですって。私と結婚するより前の話です。ＰＣＬ（東宝映画の前身）が始まりで、東洋キネマでも働いたそうです。

結婚してから本郷逢来町、ちょうど一炉庵の裏に住んで、その頃は京橋のグランドキネマの支配人。その後白山キネマを譲り受け、東宝から名前をもらって白山東宝劇場としてやりました。

映画館というのは薄利多売の商売です。とにかくたくさんの人を使っていたので、お金もかかりました。表方といいまして、フィルムを映画館から映画館へ運ぶ若い衆を三、四人。みな自転車で待機しているの。それから女給さんが十人くらい、テケツにいる人、テケツを切る人、それから……あら、テケツって知らないですか。切符売場のことをいうんですよ。Ticket がなまったんじゃないかしら。

↑当時、フィルムは近くの館同士で上映時間をずらして映していた。「タダイマ、到着ー！」

根津アカデミー劇場　・文京区駒込千駄木町194　千駄木2-44-3

昭和32年、根津東映の斜め向いに開館。木造1階、342席、当初なかった冷暖房を翌年には完備。洋画専門館だったが43年閉館。たった10年余しかなかった。

鈴本キネマ　・下谷区上野広小路町11

現在の鈴本演芸場の向いにあった。開館は大正中頃か？　館主は堀内政友氏とあり、この人の堀内興行部は下谷区谷中天王寺町15にあった。昭和20年閉館？

上野松坂シネマ　・下谷区上野広小路1

昭和21年11月11日に松坂屋の7階のホールに開館。25年10月19日、現在の新館のところに442坪の立派な映画館として独立。この時、上野には二軒しか映画館がなかった。その後、上野山下あたりに続々と映画館が増えるなか、昭和30年6月に閉館。

白山キネマ　・小石川区指ケ谷町130

昭和の初めに開館。当初は松竹系上映館であったが昭和10年以降に白山東宝映画劇場となる。20年、空襲で焼失。

後楽園シネマ　・小石川区春日1の1

昭和15年8月28日、後楽園スタジアムの玄関脇に後楽園**スポーツ・シネマ**という名で開館。客席数100の小さな劇場だった。17年12月23日、**後楽園映画館**と改称。戦争中も上映を続け、25年3月31日閉館したが、37年、新しい建物でA・T・G（日本アート・シアター・ギルド）専門上映館、**後楽園アートシアター**として再び開館した。しかし、翌年にはA・T・Gの上映だけではやれず、名前も**後楽園シネマ**に変わった。一昨年12月に**後楽園シネドーム**、昨年12月には**東京シネドーム**とたびたび名前を変える。現在文京区に残る唯一の映画館である。（三百人劇場もあるが、常設映画館ではないので）

ああ、それなのに、現在上映中の「四万十川」を最後に1月末に閉館する。絶対反対！

駕籠町映画　・文京区西丸町19

昭和33年開館、鉄筋2階、250席の邦画上映館。43年に閉館。

喜楽館　・小石川区柳町22

大正5年以前からある映画館のひとつ。日活系上映、昭和20年頃閉館。

文京映画　・文京区柳町23

昭和27年、喜楽館のあったすぐ隣に開館。木造二階、300席。邦画各社の作品を上映し、37年閉館。

文京東映　・文京区田町12　← 西片町15の5

昭和34年開館。木造一階、240席。37年に冷暖房完備。53年閉館。

※映画館の創立、閉館の年月日がわからないものが多く、ご存知の方があればおしえてください。

波打つ客席

小沢信男

敗戦と青春が一緒にきた私どもの世代には、映画がなかば人生そのものでした。

焼けビルの穴だらけの武蔵野館でみたチャップリンの「ゴールド・ラッシュ（黄金狂時代）」。あまりに身につまされて、観客大笑い。当時は客席が波を打ったもので、おもえば最近の映画館は、お通夜みたいですなあ。もうひとつ、紀伊国屋のとなりの小屋でみた「王国の鍵」。グレゴリー・ペックが主演だったと思う。カルチャー・ショックで、以後アメリカへ敬意を抱く。（おざわ・のぶお）

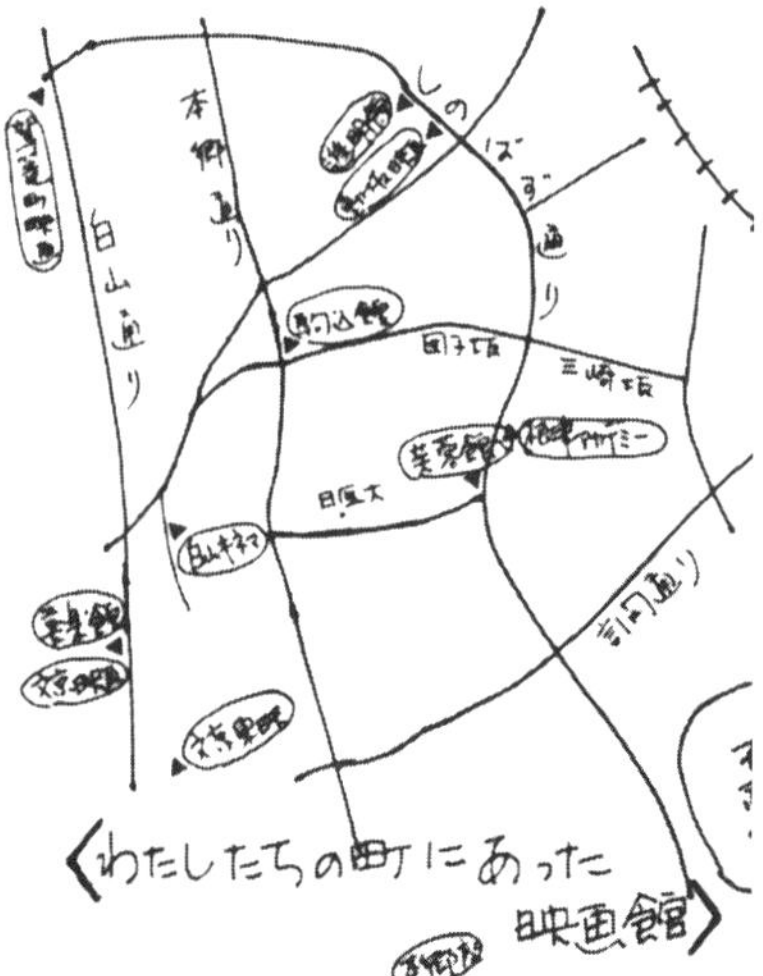

出す右手はござらぬのだ（丹下左膳／大河内伝次郎）

それに席に案内する人や事務の人、とにかく女給さんの仕事は多いのです。機械場にも必ず三人の男の人がいました。

▼白山堂書店の赤池福夫さん

書店になる前、ここは写真屋でした。僕は昭和十八年、五歳の時、白山神社に七五三のお詣りに行った帰り、隣の白山東宝で真珠湾攻撃の映画をみたのが最初で最後。その後疎開し、帰ってきたのが二十三年。もう映画館はなかった。二十年の空襲で焼けたそうです。この辺りは共同印刷で暗号を印刷しているというので狙われたと聞いています。

▼白山・横山貞子さん

今駒込館はあまり大きくないし、立派な建物でもないけれど、とても賑やか、新興キネマと大映の作品を上映してました。下は木の腰掛けで、二階は座布団敷いて。二十年三月十日だったと思いますが、空襲で焼けたんです。うちも焼け、近所に越したんですが、そこも五月に焼け、防空壕ぐらしをしていました。

駒込館は七時半になると鐘を鳴らすんです。それが聞こえるとあわてて家を出る、それからが割引の時間ですよ。あの頃は電車でも何でも割引というのがありました。覚えているのは山路ふみ子の「愛怨峡」。

▼千駄木・森晃子さん

浅草に育った私は映画に不自由しなかった。三月十日の大空襲では、映画街を背にして観音様が紅蓮の炎につつまれるのを見てた。

戦後、疎開先から動坂へ移り住むと、神明町に動坂松竹、根津に東映があって、松竹に毎週のように見に行った。

「君の名は」も動坂松竹で見た。雪道を大きなお腹をして、ひざかけを持って見にいったと思う。駒込病院の勤務医だったころ、コッポ編みというレースのようなショールを編み、頭からかぶって首に片方巻きつけて通ったことがあるけれど、これがのちに映画で流行した真知子巻。映画の感激が忘れられず、今、NHKの朝のテレビは見ていない。

●町にスターがやってくる――

▼船橋市・椎名公子さん

今は亡き美空ひばりが天才少女名子役として売り出した頃、やはりアメリカの名子役のマーガレット・オブライエンと共演した映画が日本で作られました。その撮影が林町の児玉希望邸で行われたと聞いたので、さっそく根津東映に見に行きました。じっと見ていたら、ひばりさんが誰かに追いかけられて逃げこんだお邸、ということで、あっという間に終わってしまいました。〝日米名子役の顔合せ〟の割には、映画も主題歌もヒットせず、ひばりさんがテレビであの曲を歌ったのも聞いたことはありません。

あれから信じられないほど時間が過ぎて、あまりにも昔のことになり、あれはもしかして……。

▼東久留米市・中村富秋さん

昭和二十八年に上京し、千駄木町二〇二の風呂屋の焼跡の家から、文京八中（今

映画トピックス

――活動写真舶来当初の弁士は誰か

第1号は京都の人、上田布袋軒（恒次郎）。第2号は大阪の人、坂田千曲。第3号が、錦輝館の初公開で弁士を務めた東京巣鴨の人、十文字大元。この人はのちに自彊術という腹式呼吸の健康道場を巣鴨に開いている。現在ある十文字学園の創立者十文字ことは大元夫人と思われる。

○明治30年3月6日、バイタスコープが神田錦町3丁目の錦輝館で東京初公開。入場料1円～20銭。（錦輝館は大正7年8月19日焼失）

○明治36年10月2日、浅草の電気館が日本初の映画常設館としてスタート。専属弁士の染井三郎は団子坂菊人形の呼び込みをしていた。

○大正12年10月、関東大震災により「廃虚と化した焦土の東京にようやく復興のツチ音が響きはじめた頃、最初に開館した映画館は、震災の日からほぼ一ケ月、小石川の電通館という小さな館であった」（「日本映画発達史」）滝野川万歳館だという説もあり。

○大正14年3月13日、田端に甲子館できる。

――大正14年6月、「都新聞」による映画俳優人気投票の結果。（「日本映画事業総覧」大正15年版）

五月信子	1313,521
阪東妻三郎	1132,012
川田芳子	843,464
勝見庸太郎	723,999
藤田陽子	702,844
岩田祐吉	427,696
柳　咲子	325,992
栗島澄子	289,672
小島嘉輔	273,221
尾上松之助	205,122

――大正14年、活動常設館はいくつあったか（「日本映画事業総覧」大正15年版）

アメリカ	17,900
ドイツ	3,731
ロシア	3,500
イギリス	3,000
フランス	2,400
イタリア	2,200
オーストリア	800
ベルギー	778
カナダ	750
日本	738
スカンジナビア	703
ポーランド	300
オランダ	227
ハンガリー	180
スペイン	156

――大正15年に映写機を所有していた小学校

本郷区　根津小、千駄木小、湯島小。

下谷区　根岸小。

浅草区　なし

（「日本映画事業総覧」大正16年版）

こういうのがあった。

こわ〜い映画館の話

逢坂剛

千駄木界隈で映画館というと、まず思い浮かぶのは《根津東宝》である。これは千駄木から根津に向かう不忍通りと、日本医大病院へつながる坂のぶつかる曲がり角にあった。その後《根津東映》と名前が変わったが、わたしが小学生のころは、ずっと東宝系の映画館だったと思う。

ここでいろいろな映画を見たが、記憶に残る中でもっとも古く、もっとも怖かった映画は「怪談佐賀屋敷」である。これは当時人気を呼んだ怪談もののはしりで、入江たか子がこわ～い化け猫を演じた。老婆が腕を動かすと、それに操られて踊

ったり宙返りしたりする。殿様に噛みついて口のまわりを血だらけにしたり、行灯の油をなめたりするシーンもあった。いや、とにかく怖かった。

筋の方は忘れたが、とにかく怖さのあまり画面を見られず、座席の下にもぐりこんだ覚えがある。そんな経験は後にも先にもこのときだけだ。クリストファ・リーの「吸血鬼ドラキュラ」も怖かったが、化け猫の比ではなかった。

ただそのことだけで《根津東宝》の名前がいまだに恐怖とともに、頭の中に残っているのである。

（おうさか・ごう）

の文林中）へ通学しました。高村光雲さんと学校の間の道の角に「サザエさん」という小さな駄菓子屋があり、いつも帰りには十円か五円の買い食いをしました。

その頃、田中絹代監督第一回作品の「恋文」のロケが市島邸の辺りであり、**森雅之が来ているぞ**、なんて授業中に言っておりました。

須藤公園を降りてきて、不忍通りを越した辺りに、かなり大きな広っぱがあって、そこで夏に野外映画をやってました。

●異常に熱っぽい一時期　**▼世田谷区・矢島昭彦さん**

約四十年くらい前、当時あった数寄屋橋やその傍の日本劇場、そしてその筋向いの奥の有楽座など、それらと共に今はもう影も形もない日比谷映画劇場で見た「嵐が丘」。

失恋で落ちこんでいた最中、ふと気晴らしのつもりで立ち寄ったのでした。

ローレンス・オリヴィエ扮する主人公の、**愛と憎しみに燃える暗い目の強烈なインパクト**に、思いがけなくも感情移入と言うか深い共感を覚えました。

それからは立て続けに四、五回通った揚句、セカンド館からサード館の果てまで上映を追いかけて、三十回も飽きず見ました。

老境に手の届く年齢になってしまった今の私には、「嵐が丘」も単なるメロドラマだったような気がしますけれど、この映画のよしあしはともかく、自分にもそんな異常に熱っぽい一時期があったこと、一抹の感傷と共にとても懐かしく思うのです。

〝思い出の窓辺に忘れな草が風に泣いてる昨日も今日も〟これは昭和十四年頃藤山一郎が歌った東宝映画の主題歌の一節で、若い時は何の気もなく歌ったりしましたが、なぜか今にしてしみじみと心にしみる年齢になってしまいました。

▼谷中・川田鈴子さん

昭和二十何年か、古川ロッパが正月の舞台挨拶に動坂松竹かなんかに来たことなかった？　岸井明っていう太った人気者も来て歌ったり踊ったりしてたわよ。

●みんなが映画狂だった――　**▼池之端・ビストロ楽屋の小鍋幸雄さん**

麹町の生れです。昭和の八年。平河町の永田町小学校に通ってました。ど真中の小学校で、ませてたから、丸の内ピカデリーや銀座の映画館まで出かけてた。初めて接吻の場面を見たのは中学になってたか、いや、まだ小学生だったか。大坂志郎と幾野道子のです。びっくりした。

わたしたちにしちゃ、あの時代の唯一の娯楽でしたから、そりゃ、みんなもう映画気狂いで。「天井桟敷の人々」「大いなる幻影」…、本当にもうキリがない。

▼彫刻家の鈴木義雄さん

フランス・シネマってのが神田にあってコリンヌ・リシェールがきれいだったな。ダニエル・ダリューの「ミモザ館」。「巴里祭」「三文オペラ」……そのうちフランスかぶれになって、桜木町のドミニコ教会でフランス人の修道士さんに五年間、フランス語を教わったの。だから僕のはアクサン・パリなのよ。

――今日は映画の想い出を何でもお話し下さい。

佐々木(圭)――私は川崎の近く、溝の口に住んでいた時も、映画だけは浅草。親が浅草育ちなもんで、映画っていうのは浅草で見るもんだと思ってたのね。

好みでいうと時代劇はやっぱり中村錦之助ね、「笛吹童子」「紅孔雀」。最近見てよかったのは阪妻の「無法松の一生」。外国ので「群れ」というトルコ映画がよかった。

林――私が覚えているのは大正十三年頃、十か十一歳で芙蓉館で見た日蓮の映画。信者がうちわ太鼓持って見に来て、感きわまるとトントコ叩く。弁士の声も聞こえないくらいだった。昔の客はピンチになるとハラハラするわけだ。そして助けが来るってぇと拍手する。

初めて見たのは「笑う男」というイギリスの怪奇映画。整形でしょっ中笑っている顔になってしまった若い男の悲劇。第一次世界大戦の米兵と仏娘の恋を描いた「ライラック・タイム」というのも忘れられないし、ゲーリー・クーパーの「モロッコ」は繰り返し見た。最後にディートリッヒが鏡に口紅で別れの言葉を書くシーンがいい。邦画では松竹、日活、新興キネマ、それに大都映画というのもあったな。

佐々木(安)――ボクは林さんより時代が少し下がるな。うちは高村光太郎さんの大家だっこが、こぜい風呂が、よかっこ。風呂屋さんで

映画の案内を見て、放任主義の家だったから小遣いくれてね、小学校二、三年から明けても暮れても映画通い。いつも一人でね。根津東宝はうちの店子の大畑さんところで持っていたからいつもあまるほど券くれて。

進明館では片岡千恵蔵の「宮本武蔵」、喜楽館で「エノケンの孫悟空」、中村メイコが天才子役で出ていた。「むっつり右門」の嵐寛寿郎。

林――うちは長屋住まいだったからね、ある日、親に姉と二人呼ばれて「活動行ってきていいよ」と一円もらったことがある。珍らしいこともあるなあと二人で浅草の帝国館の割引き見て帰った。大人になって気がついたんだが、子どもが大きくなると、まあ、夫婦の間のいろんな事あるからね。

そういえば正月は入館料がうんと上って八十銭から一円。女優さんの挨拶があった。何言うかと思うと、「皆様のお顔を拝見して胸がいっぱいで何もしゃべれません」なんてこと言うだけだった。

ニュース専門館というのもあってね、昭和七、八年ごろから二、三十銭でやっていた。

映画の話をしようじゃない

出演者/林正久・佐々木安正・佐々木圭子・木村民子・秋山眞芸実・鈴木武雄(司会/仰木ひろみ)

佐(安)――林町にシミキン(清水金一)が住んでいて、同じ町内のよしみでよく見に行った。映画といえば音楽、ルネ・クレールの「巴里祭」ドイツ映画の「会議は踊る」。若い時分はイキがって歌ったな。

林――「未完成交響曲」。これは事実とはちょっと違う創作なんだが、私ら二十歳前後の男たちがうっとりしちゃって、最後に霧の野原にマリアが立ち、アベマリアが流れてくるシーン、うーん、さすが洋画だと感心した。ロマンがあるよね。

鈴木――私も古い映画が好きで、近代美術館の講堂で見ました。鴎外の「雁」、別世界のような映像で、とても新鮮でした。

私が選ぶとしたら斎藤耕一の「旅の重さ」、「灰かむり姫」とか、「うしろ頭」という関西の8ミリ自主映画、「わが青春に悔いなし」という黒沢映画も好きです。

木村――子どもの頃の思い出では、団子坂上の大銀ストアの裏こあった総禅寺の空き地で

の映画会。昭和二十七、八年かしら。ゴザ持って集まってきて、見たのは「花の講道館」、菅原謙二主演かな。大観音でも三、四才の頃「紀元前百万年」を見た。オンブされて行った事だけ憶えているわ。

映画館は根津東映。二年生くらいから毎週家族で行ったわ。混んでるから新聞紙持ってね。私の叔父が東映の売れない役者で、予告編にギャング映画の撃たれ役でちょっと出てくるので、それも楽しみだったわけ。宮一平という名で、一番画面に出てたのは内田吐夢監督の「森と湖のまつり」。これは高倉健もちょい役で出てた。

――**毎週行くのはよほど好きだったのですか？**

佐(圭)――続きがあって、毎週行かなくちゃ行けなくなるのよ。

木村――そうそう、それに行けば皆に会えるし。大川橋蔵、若くてきれいだったわあ。

佐(圭)――東映の時代劇って、けっこう史実にもとづいてるのよね。

木村――動坂映画は邦画と洋画の両方あったけど、ひばり、いづみ、チエミの三人娘が好きで、三人娘見るなら動坂映画。洋画はアカデミーで、「エデンの東」。学校で行ったのは「十戒」。

佐(安)――学校で「西住戦車長伝」という上原謙主演の見たな。日本の国策に沿った映画ばかり見せられた。

林――学校でやるのは箱型の映写機。町内でも納涼大会とかにやりましたね。

佐(安)――古川ロッパの「ガラマサどん」、千駄木小の校庭でね、うしろから見たりして。

木村――急に思い出したわ。「アボットコステロ」ってアカデミーで見た。「ウエストサイド物語」も。中学卒業の時、グループで上野に初めて見に行ったのもこれ。

佐(安)――みんなまじめですね、ボクは小学校二、三年で一人で行ってたからなあ。

木村――映画は家族で行くと思ってたの。

佐(安)――話聞いてると全然かみ合わないなあ。

秋山――うちの母は、映画はこの辺で見ないで浅草まで行くっていってましたが、歩いて行ったんですかねえ。

林――昔の人は下駄はいてよく歩いたもんだ。

佐(圭)――映画館、夏なんか窓あいてませんでしたか。ちらっと見えるのが楽しみでね。

林――窓なんてあいてやしないでしょ。七時半になると割引きで、安いかわりに満員。それでも前の人の肩の間から顔出して見た。

――**最後にもう一度見たい映画は？**

佐(安)――もう一度見たいのないなあ。

林――まあ上げるなら「モロッコ」。

佐(圭)――わたしは東映の時代劇。

鈴木――「二十四の瞳」「ナチュラル」「デルス・ウザーラ」です。

秋山――昔大ウケしたロッパの「ガラマサどん」。話は聞くけど見たことない。

大村――「ウエストサイド物語」。何回でも。

（かみ合わないといいつつそれぞれ勝手に盛り上がった二時間半でした）

●この町にこんな人㉒──東日暮里2丁目

わたしの映画人生

宍倉寛人さん

宍倉寛人さんの年賀状には驚いた。姫君に扮してニタリと笑っているのだ。確かその前は紫頭巾姿の年賀状だった かなりの映画狂ときいて東日暮里の宍倉自動車整備工場に伺ったのである

僕は大正四年生れ、名前は寛人（ひろひと）。天皇と同じ読み方ですよ。震災のときは本郷追分町に住んでいた。僕のオヤジは東京市の官吏で、そりゃあゴチゴチ。映画なんかみると泥棒になるって言われた。だから追分小の三年くらいまでは、映画っていえば学校で「ハミガキの仕方」なんてのだけだった。それがひょんなことで、うちにいた書生に芙蓉館に連れてってもらった。「東への道」、シガシじゃなくてヒガシだね、これを見たんです。こりゃあすげえな、と思って、それからはオヤジやオフクロに内緒でね。芙蓉館は邦画もやってたから、尾上松之助に沢田正二郎の「国定忠治」やイタリア映画の「カピリア」、「的の黒星」の主演はエアポーロだったか、それに十分間の一巻物で十五～六回続くスピード・ハッチやハリケーン・ハッチなんかを見た。

大正十二年十二月に父親が死んで、それから一年くらい母親が素人下宿してたけど、だめでね。夜逃げみたいに田端に引越して、食堂をはじめた。僕は追分小から滝野川第四尋常小学校に転校した。食堂の手伝いをしてたけど、体は自由になりましたね。ウルサイ父親はいないし、母親は忙しいから子どもは放りっぱなしだし。それで近くの田端キネマによく行った。

大正末から昭和初期のことですが、よく映写室に入りこんでね、当時の映写室は手廻しだった。機械は二台あって、二人の技士が「ハイッ」という掛け声で替わるわけ。呼吸があわないと巻の継ぎ目で空白ができちゃう。技士が一人だと便所にも行けない。フィルムは全部可燃性のセルロイドだから、映写中に手を止めたら、その部分が数秒で発火する。映写機の光源も電球じゃなくて、カーボンの間に電気火花を飛ばすからピチッピチッと音がしてた。見てるまえで、フィルムに火がついたことが一回だけあったっけ。

トーキーになる前、映画館には専属の弁士と楽団がいた。楽団は出番がなくなると一人だけ残って、あとの人は裏でお茶飲んでるですよ。残った人が合図するとあわてて席につく。なんでそんなこと僕が知ってるかというと、うちの食堂で田端キネマに弁当を入れてたんです。その岡持をしていた。楽団の人数

日暮里周辺は撮影所のメッカだった

資料提供／稲垣書店 中山信行さん

福宝堂花見寺撮影所（荒川区西日暮里3-7-2）

いまの日暮里修性院の墓地のあたり、花見寺妙隆寺があり、撮影所があったという話は平塚春造さんはじめ、町の方から聞く。ここは明治43年7月5日に創立した映画会社福宝堂の初期の撮影所で「花見寺と称する一画があり、ほとんど廃寺同様の寺があった。その寺の付近に五百坪ばかりの空地があり、空地の片側に、小芝居のかかる寄席があった。この寄席の小芝居の舞台道具を側の空地へ持ち出して、日よけに天幕を使い、土間には筵を敷いて野天芝居を撮影し」たという（田中純一郎「日本映画史」S18・9月号）。明治45年福宝堂が四社合併し日活になったあと、日活に参加しなかった人々が、大正2年9月、弥満登音影株を興し花見寺撮影所を使っている。この会社は一年ほどで破産、花見寺撮影所は結局三、四年しか使わなかったようだ。

また、すぐ近くの諏方神社ではロケがよく行われ、ロケを「映画の種とり」と近所の人はいい、ゾロゾロついて歩き、ときにはエキストラで出演してお礼に入場券をもらった。宍倉さんは「明治43年の福宝堂映画『通夜物語』は、ほとんど諏方神社の境内でロケーションしたのだろう」という。初期の頃は「花見寺は天幕もなく、板敷もなく、ただ野天に筵を敷いて座敷に見立て、背景に書割を使い、太陽の照りつける下で撮影…」（吉野二郎談・

が足りなくて「ちょっと鼓たたいてくんない」とおばさんに頼まれて、配達に行ったまま、ポポンポンポンってやったこともある。

食堂やってると映画館のビラ貼らしてくれって来る。ビラの下の角に三角の「ビラシタ」ってのがついてるの。劇場招待券ね。それを切っておく。映画は週変りだからビラも毎週。これが楽しみ。たまに見たくないのだと、大人に十銭くらいで売っちゃう。それで僕は違う映画二本見るわけ。現代劇でイチャイチャしたようなのは売るの。

その頃、うちの近くにあったのは甲子館、田端キネマ、三島館。まだ明治通りがなくて、映画館行くのに田圃のあぜ道歩いてた。ハス畑があって、春なんかタンポポがたくさん咲いてて、いい気持で歩いているとおわい溜めに足つっこんじゃって、ギッコンバッタン、井戸水で洗ってるのがよくいた。田端の鉄橋はまだ木の橋だった。けど腐っちゃって、グラグラするんだ。それで電気溶接で鉄橋を造った、当時は画期的だった。この鉄橋の上で満州に行く兵隊を見送ったんだ。おつけやお茶を兵隊さんに配るの。そのときに若い兵隊の手紙を内緒で預かって、あとでソッと投函してやる。

田端キネマで覚えているのは日活の「乃木将軍と辻占売り」。確かこれが田端キネマの柿落しだったと思う。子どもが朝はしじみを売り、夜は三業地を辻占売って歩いてる。通りかかった乃木将軍が子どもの身の上を聞くと、父さんが旅順で戦死したっていう。それを聞いて残ってる辻占を十円で全部買うっていう話なんだけど……。二日間はこの映画をタダでみせてたね。

学校を出て、映画関係の仕事につきたかったんですが、結局ゼネラルモーターに入った、それでたまたま生きのびたんです。私の会社は軍需工場で、町の人の車を買い上げてカーキ色に塗ってエンジンを直すのが仕事でした。だから召集令状が来ても、会社のハンコを持っていくと「帰ってよし」といわれる。同年代の友だちはほとんど死んじまった。

戦争になると劇映画の他にニュース映画を必ずやる。空襲になっても映画館はやっていた。見てる途中で警報が鳴ると映画館から追い出されるんですよ。だけど出る時に次回のタダ券をくれた。映画はほとんど戦意昂揚ものですがね。

今も映画が好きで資料を読んだり、撮影所の跡を訪ねたりしているわけです。

――家中に山となってる映画資料を奥様に「あれ持ってきて」とか「あれ出して」とたのむ宍倉さん。脇で奥様が「ハイ、このオモチャ袋ですか」とひとくくりを差し出す。そして「こんなガラクタ、死んじゃったら捨てちゃいます」と奥さんは笑う。「そんなことしたら、化けてでますよ」となんとも暖かいご夫婦なのだった。

田中純一郎『日本映画発達史』）だったのだ。

宍倉さんは「寺の入口に荒川区の説明板があるが、撮影所のことを一行でも書いてもらいたい。それでないと永遠に花見寺撮影所は映画ファンの心より消えてゆく」という。

字幕で、たしか一度見たんだけどなア。知ってたらおしえてー！

天活日暮里撮影所（荒川区東日暮里6-43-2）

線路の向う側、〝夕焼け小焼け〟の碑のある第三日暮里小学校の道筋の太田インク本社工場のところにあった。その工場も今はビルになっている。

天活の創立は大正3年3月17日で正式には天然色活動写真㈱という。この撮影所は大正8年3月28日に火事で全焼、約5年間使われていたことになる。天活はその後巣鴨に撮影所を移し、名前も国際活映にかわった。

この他にも、大正14年頃を最盛期とした高松プロ吾嬬撮影所が墨田区京島3丁目に、大正2年10月、向島には屋根が総ガラス張りのグラススタジオ日活撮影所が落成、荒川区町屋4丁目には河合プロ町屋撮影所があり、この河合プロは河合映画となって昭和3年には西巣鴨の庚申塚に6、800坪という広大な巣鴨撮影所をつくる。

●たまらなく映画がみたくなった日に――

▼松戸市・河村数子さん

確か、昭和二十七、八年頃と思います。戦災で丸焼けとなり、間借りや戦災者住宅などを転々として、やっと古い家を買い、家無し生活から抜け出せてホッとした頃です。たまらなく映画が見たくなりました。「文なし横丁の人々」を文芸地下で見た時のことです。ユニコーン（一角獣）と気のいいまわりの人々の温い友情。最後に別れる一角獣に「ユニコーン」と叫ぶ。高い澄んだ哀しげな声が、今も耳に残ります。

少年の顔が長女の顔に似ていました。見終わって、感激を胸一杯に抱いて、階段をあがると、足下に百円札が一枚落ちていました。段々毎に三、四枚のお札が散らばっています。おそらく、階段を駆け下りた男の人のズボンの、ねじこまれたポケットから、ハラハラと落ちたのでしょう。私は拾い集めて切符売場の窓口に届けました。中にいた若い女性が二人「あら、どうしましょう？」と顔を見合わせていましたが、私はそのまま外へ出ました。復興途上の池袋駅前は、舗道が掘り返されて、板が敷いてありました。

この店名をみよ

天井桟敷の人々

脱サラなんですよ。9年前に、やるならよほど特長を出さないと目立たないんじゃないかと思いまして。店を出すまでに40数回、この映画を見てますからね。「赤いのど」の酒場を再現しようとデザインしたんですが、大工さんが日本人だから民芸調になってしまう。もちろん大工さんにも有楽座まで行って観てもらったんだけど。

あそこにあるスチール写真、あれを飾るために四苦八苦しました。でもおかげでちょっと雰囲気出てるでしょう。

店の個性はもうひとつ、「天井桟敷の人々」を上映することだったんですが、店ができたときはもうビデオの時代で、スクリーンに映すつもりが29インチのテレビで放映しました。週2回、午後2時からやってました。最初の2年間で、その後は見たい方にビデオをお貸ししたが、貸すと返ってこないものですね。

私は昭和8年、西暦1933年の生れです。本所の亀沢町、各町に映画館がありまして、八千代館、本所日活、共楽館、緑町に寿座、錦糸町に本所映画、江東劇場。とにかく母親が好きで、幼稚園から帰ってくるのを待って毎日映画に連れていった。映画だけじゃなくて、初代大江美智子とか中野美子の剣劇、江川劇場では曽我五一郎、江東劇場であきれたボーイズ、浅草の常盤座の水の江滝子、松竹座では新派をやってたし、公園劇場では梅沢昇や金井修。ほとんど毎日ね、小学校三年くらいまでは母親と必ず一緒でした。

「天井桟敷の人々」は1945年にフランスで作られ、日本公開は1952年です。映画雑誌ではずい分前からフランスですごい映画ができた、と書いていた。当時雑誌ではタイトルを「学園の子どもたち」としてました。原題は「Les Enfants du Paradis」、公開時には「天井桟敷の人々」って邦題がついてましたけど、"du Paradis"というのは大衆席、三階席のことをフランス語で言うんですが、日本にあった天井と桟敷という言葉を合成して、「天井桟敷の人々」というタイトルは旨い。

有楽座で初日にみました。案の定すごい映画でぶっとびました。

好きな映画は山ほどありますが、よくみたのはこれと、「七人の侍」が30回、「第三の男」が20回くらいのベスト3。

本格的なバーである。
文京区根津1-23-9-203 根津プレジデントハイツの二階 3822-8638

板をカタコト踏みながら駅へ向いました。

▼谷中・乱歩の鈴木稔さん

そうね、一本あげるとするとアンジェイ・ワイダの「灰とダイヤモンド」ですかな。最初新宿文化で見ましたが、百回は見てる。棺桶に入れてほしいね。六十年安保のころ、青春だったからさ。ほかにテアトル銀座でみたマーロン・ブランドの「若い獅子たち」とかソフィア・ローレンの「鍵」。エリザベス・テーラーの「緑園の天使」。上野日活で観た「黄色いリボン」は混んでてアバラぼねが折れそうだった。

●松坂シネマ（上野広小路）は昭和25年10月から30年6月の5年間しかなかった　――上平顕三氏撮影

▼谷中・田辺武さん

そうね、僕らの青春じゃ映画しかなかったもんね。戦後の一時期はさ。ジャズ喫茶と映画は関係あると思うよ。アカデミーって洋画の三本立てがあって、あそこで「サイコ」とか「カチューシャ」とか見たかな、松坂屋の新館のとこが松坂シネマで、あそこでみた「砂漠は生きている」が忘れられないね。

●子どもだけで行くのさ――

▼千駄木・前田秀夫さん

アカデミーは洋画で、根津東映からみれば新しくてハイカラだったし、トイレもきれい。値段も高いし、大人ばっかりで、なんとなくドキドキしながら行った。

よく行ったのはやっぱり根津東映の方。トイレは臭いし、売店は駄菓子屋がそのまんまきたって感じ。三十円くらいだったかな、東映＝チャンバラの時代だった。「新吾十番勝負」に「続」ができて、二十番勝負なんてのもあった。

もちろん、子どもだけで行く。ぼくなんか兄ちゃんがいたから兄弟で行っちゃう。親と一緒になんてことは一度もなかった。兄キは日暮里の金美館まで行ったけど。映画は子どもにとって、最高のぜいたくだったな。だって他の遊びではお金なんてかからないもんね。

▼白山じねんじょの高岡晴美さん

映画は七歳ぐらいのときから、年上の子に連れられてゾロゾロとくっついて見に行ってた。菊坂の手前にも映画館がありましたよ。えーと、（小石川）初音町の路地奥にあったの。そこで「新吾十番勝負」を見たわよ。何ていったかなぁ、不思議なところにあった。

（東京東映の事かな

私の住んでたのは白山だから、団子坂を下りて左へ行くと動坂松竹、右へ行くと根津東宝、今日はどっちに行こうかな、なんて。映画館っていうのは、ホントに身近にあったわね。「平家物語」っていうのがコワーイ映画として、今も心に残ってる。いけないって言われてるのを行くのが楽しみなのよね。映画が百五十円だった頃、私が縁日にもらえるお金が二、三十円。とても子どもが行かれる値段じゃないけど、誰かについて入っちゃったのかなあ。映画をみていいよ、というおうちも少なかったけど、映画代を子どもにあげられる家も少なかったのよね。

▼千駄木・仰木ひろみ

中学の時、友だちと弟連れて「ローマの休日」見に行ったのが動坂映画。コーラの王冠に当りが出たらもう一本というので弟が映画の最中出たり入ったりしてね。そのうちビンが床をコロコロころがり出してあわてたけど、全然他に客がいませんでした。廃館になるちょっと前のことだった。

●この前、本当の東京弁を聞いた――

▼相模原市・斉藤友美恵さん

この前、横浜オスカーで「うしろの正面だあれ」を見ました。平和なあたたかい下町のベーゴマで遊ぶ「それまけるかえー」の声。それから日本中が哀しくなる。声高ではないがもう戦争はぜったいにしないようにしようと心にしみるような映画でした。百人くらいの小学生が見ていて、最初がやがやしていたのに、カヨちゃんが出てくると水をうったように静かになって終わりまでせき一つしない。明るくなったら女の子などみな泣いてました。「カヨちゃんのために泣いてくれてありがとう」と私は深々と頭をさげました。

実は私、昭和二十年、芝浦の日本電気に勤めていて、多摩川園の運動会の折、売り出し中の林家三平さんがうつった写真があったので、大きくして根岸の香葉チャン（海老名香葉子さん）ちまでもっていきました。お会いできなかったけれど、夜十一時ころお礼のお電話をいただきうれしかったです。本当の下町っ子の東京弁でした。

◆映画の話を聞くのは楽しかった。映画しかなかったという時代の人の熱っぽさを肉声でお届けできないのが残念だ。◆Oは暗闇がこわかった。Mは早熟で小さい頃から悲恋のシーンに泣いた。三人で映画談義をしているときMが言う「映画館の暗がりで手を握られたことはなかった、あんたある？」「何度も」「えっ、いいわね！」これはみる回数が多かったからではない。

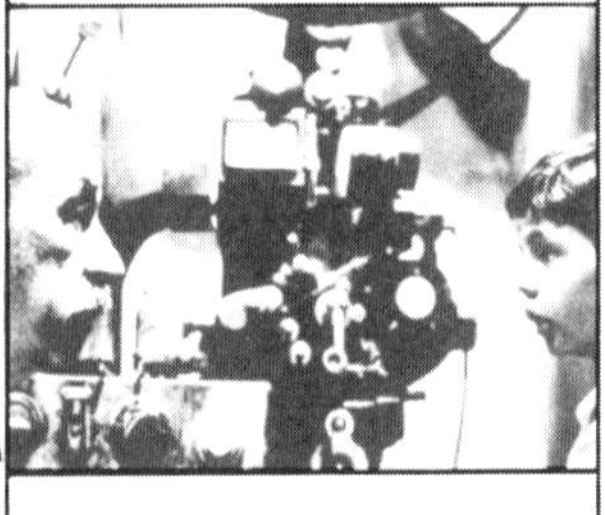

3人で感涙したニュー・シネマ・パラダイスのワンシーン。配給ヘラルド・エース。皆さん観て下さい！

そういう気分になりそうな場末の映画館に通う数が多かったということだ。◆宍倉さんの父上は、映画をみると泥棒になる、といった。そこまで言わなくても、不良になると多くの母親はいった。◆Oは本当に不良になると思った。Mは通ったけど不良にはならなかった。私は不良じゃないのにフリしてた、のだ。◆私たちの町に映画館がないことが、ホントにさびしい。――Y

［追記］

特集「酒屋へ三里豆腐屋へ二里　おいしい豆腐の買える町」

10号（一九八六年十二月）

記事の訂正はたいてい次号、すなわち三か月後になる。その間の恥ずかしいこと。豆腐特集ではのっけから、「織田作之助の『ダス・ゲマイネ』」なる大ミスを犯した。特に誤植探しの名人といわれる品川力氏を紹介する件であったから。復刻は当然マチガイのままで、穴があったら入りたい（当時は「舌噛み切って死んじゃいたい気分」と書いた）。ここは「太宰治の作品『ダス・ゲマイネ』中の登場人物ペリカンにして織田作之助の友」（百三十九ページ上段）と訂正。

次に同ページ中段「ぼくは小松屋の豆腐がうまいと思うけど」という山崎正一氏の証言は「豆腐も」に訂正。同じ谷中の石川屋さんの豆腐のファンでもあるのでこの言い方は、と指摘を受けたことが懐かしい。山崎氏は谷中興禅寺住職であり哲学者でもあった方だが一九九七年に亡くなった。石川豆腐店も今はない。

もう一つ、齋藤佐知子さんの「たとえ二丁腐らせても得じゃない」（百四十四ページ上段）の言い回しは不穏当で、「例え駄目にしても」に訂正。仲よしに甘えて主婦のホンネを代弁してもらったが、活字となってギョッとしたと嘆かれた。齋藤さんは現在仙台でスーパーヘルパーとして活躍中、88号の介護特集ではその過激な働きぶりを証言してくれた。

特集「谷根千キネマ　人生は映画みたいなわけにはいかないよ」

30号（一九九一年十二月）

この特集で、「著名人には原稿を頼まない」の禁を破り、Mが近藤富枝、吉村昭、小沢信男、逢坂剛の各氏から映画館の思い出エッセイをもらってきた。正直嬉しくて、私たちがいかにミーハーなのかを改めて認識した。タイトルの「人生は映画みたいなわけにはいかないよ」は、直前に三人で観た『ニュー・シネマ・パラダイス』に感動してセリフからとったものだ。

ここでも恥ずかしい誤植がある。「Les Enfants du Paradis」が「天井桟敷の人々」という邦題で公開される前、雑誌に紹介されたタイトルは「楽園の子どもたち」。「学園の子どもたち」（百六十六ページ下段）ではもちろんない。

31号の映画特集補遺には、根津で生まれ育った岡崎省吾さん（当時京都在住）が「芙蓉館に〝新世界〟が流れた」と題した、大都映画をはじめ戦前の映画と上映館について書いた十七枚の原稿を掲載。また、「谷根千映画人名録」を二号続けて載せている。

そして、発行直後に枝川公一さんからもらった一枚の葉書。

「失礼ですが、三十号の映画特集には納得できません。作り手の思いが縁辺をさまよっているだけで残念な気がします。そして映画が過去に封じ込められているのがもっと残念です。

人生は映画のようなものでないとしても、映画は人生のようなものです」

これに衝撃を受け、その後の励みにもなった。

聞き書き市井の人

わたしの谷中

高橋くら

6号

谷中の高台に住んで八十余年。
職人の娘として、妻として、おかみさんとして、
大所帯を切りまわした、その一生——

私は明治三十五年、下谷区谷中のここ初音町で生れたの。竹建という建具屋で(萬)が店の印でね。祖父竹次郎が始め、この人は私を大変可愛がってくれたというけど三つのとき亡くなった。その名を取って竹建というんですがチョンマゲ結って煙草すっている銀盤写真もあったのに私が欠いちゃった。文久三年生れの父伊之助は器用な人で、この部屋の茶ダンスも父が二十五の時作った物だわね。

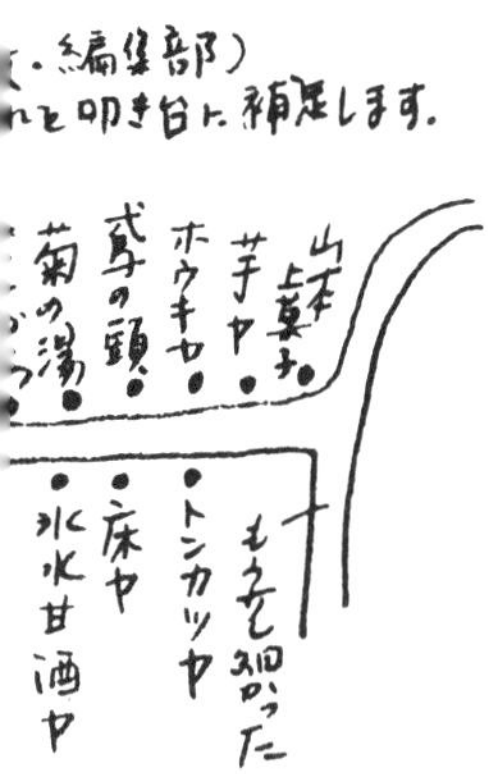

職人の家はどういうわけか女の子が多く、私が四人姉妹の総領娘で、父の弟子で群馬出身の人を婿に貰いました。その主人の利平のあとを息子の利三郎が継いで今が四代目というわけ。

一　明治の子供時代

子供心にはっきり覚えているのは明治四十三年、私が八つの時大水があって、お諏方様の崖上から見ると向うが一面の田圃。それが海のようになってワラ屋根に子どもと母親が乗って流されていった。助からなかったでしょうねえ。私は背の高い若い衆に肩車して、地蔵坂から降りてみたけど、水がどんどん深くなり、怖くて帰る帰るって騒いでイカダに乗せてもらって帰った。その若い衆は浅草の観音様の方までいってみたと自慢してました。

この辺はのんびりしてて、あちこちに竹ヤブはあったし、

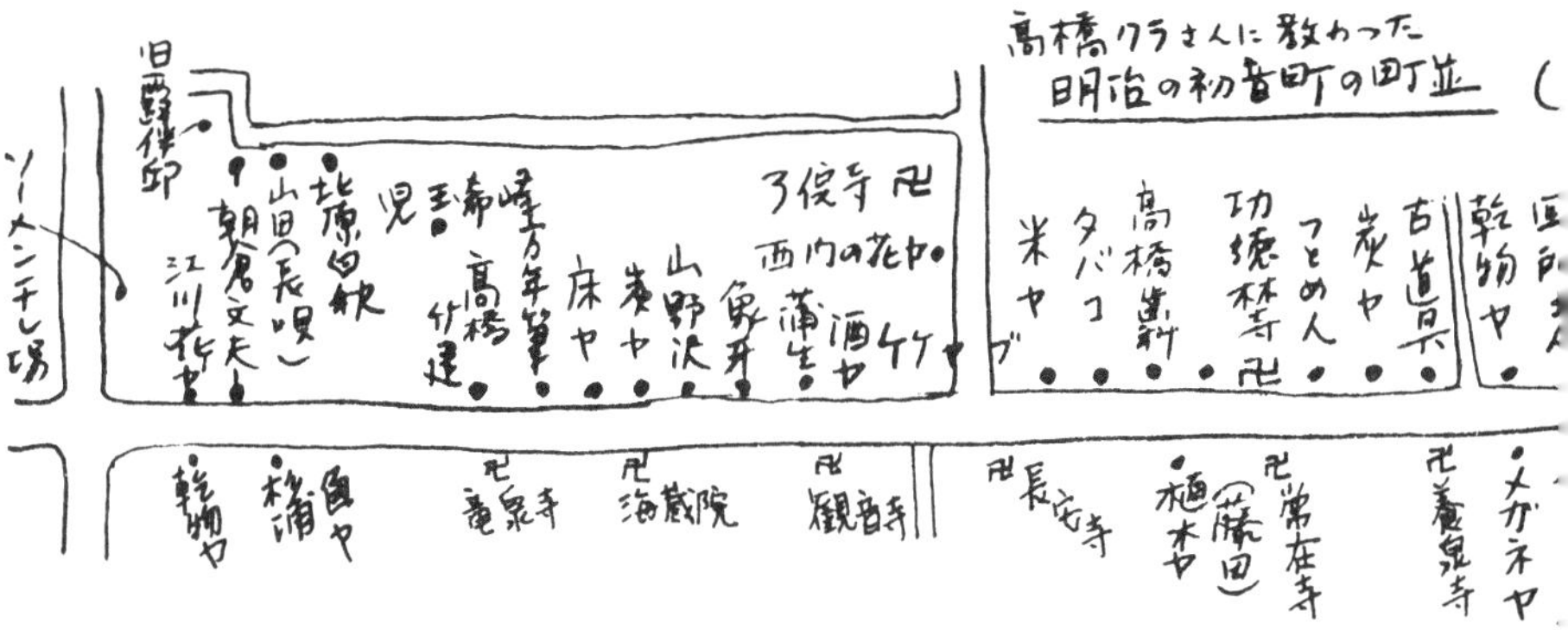

お諏方様の下の方には牛も六〜七頭いる牧場があったり、しょうが畑があったり。夜店通りはリボン工場や松本工場の裏はじき谷田田圃で、道の反対側は馬小屋がズラッと並んでいた。あの辺は水がボシャボシャ出て、歩けばズブリとしたんじゃないかしら。

谷中学校に入ったのが明治四十一年、男子が松組と竹組、女子が梅組と桜組、男女いっしょの組が菊組、運動場も男女別々にあったくらいでしょ。帰りに若鈴という長唄や三味線のお師匠さんの家に通いました。

団子坂の菊人形は学校から割引券もらってもちろん行きました。歩く場所は狭かったけど人形はたっぷりあってその間にご自慢の菊を並べ、それは素晴らしかった。今はあの坂もなだらかでしょうが、当時は急で狭くて、上っていくと向うから来る人が空と地べたから生えてくるように見えた。私が女学校に通うころ、通いの職人が腹がけの中に弁当を突っ込んで来るのによく出会いました。

さてこの辺のことを「西門」と呼んでたわね。了俒寺の手前に西門の花屋というのもあったっけ。天王寺の西門があったのでしょうか。ボツボツ店屋もあってたいてい買物は町内で間に合った。何か特に買いたいときは根津まで行った。谷中に生れたからには坂の上り下りはしょうがない。

朝な夕なに眺めた谷中五重塔は、かっこいいのじゃ名うてらしかったじゃないの。あの銀杏横丁には幸田露伴さんのあとが林家さんといったかしら、それとなんといっても朝倉さん、こっちの洋館は長唄の山田さん、その手前が大きな屋敷で北原白秋って表札が出てました。螢坂の辺はもっと薄暗い道で、螢草という小さな紫色の花が一面に咲いてたし、鶯谷ともいってヤブ鶯がいた。下の萩寺は本当の萩むらが沢山あった。

昭和初期の新築になった店の前で。後列右から三番目がくらさん、前列右から５番目が夫の利平さん（高橋くらさん提供）

二　娘からおかみさんへ

私が十六の年、母が急に亡くなって、私は共立女子職業学校をやめさせられて、妹たちや職人の面倒を見なきゃならない。父に「お前の代だけの建具屋じゃない」といわれて十六で婿を取り十七の時には子供がいた。地味な二尺の袖切って、髷（まげ）を結い、主人も若かったから職人にもなめられまいと随分つっ張りましたね。元祖つっ張り、涙のつっ張りね、私の場合は。

関東大震災の時は谷中では桜木町の省線のきわの二階家がペシャンコになったっていうくらいの話しか聞かない。それでも下町で被災した人がワンサワンサ上ってきて谷中墓地に野営して、自分がここにいるという立札を立ててたりして気の毒だったわねえ。

子供を産むときは玉林寺の前の白石さんという上手なお産婆さんにかかった。寝てばかりいると子供が下に降りないから、上流の家では豆まいて拾わせたりしたけど、私たちは毎日ハアハアしながら拭き掃除してたもの。

そのころの職人の生活ぶりはね、ご飯は朝昼晩、ご飯とおつけとおこうこ、それに煮物か焼魚のどちらかで、家族も雇い人も同じものを頂きました。

私の子供時代は箱膳でしたが、そのうち大きな台に並んで食べるようになりましたね。だいたい一人一日六合の計算で、十人いれば六升。足りないと恥かくじゃないの。親元に帰ったとき、あそこでひもじい思いをしたとかさ。で、ご飯もつけものもどっさり出す。二つべっついに大きな六升釜―赤ん坊にお湯使わせるくらいの釜とおつけの鍋をかけて、炊き上ると、さあ私じゃ持ち上がらない。男手を呼んで下ろしてもらって、それでも夕には三升追い炊きをしました。

谷中はいったいに水の出が悪い。井戸は深く掘ればいい水出るんだけど、つるべ井戸で冬なんか縄に薄氷張って冷たいのよ。水は朝昼、出が悪いから夜になって洗いもの。

小僧さんでも小さな子たちの洗濯は私がしてやりましたが、大きな子たちは仕事がすんで自分で洗濯するでしょ。台所にいると、洗いながら話してる声で誰だかわかる。

　　工員の水音荒き夜のすすぎ

ずい分バシャバシャやってるな。急いで早く切り上げたいんだろう。男の子が洗濯するなんてさぞ嫌なんだろうと音が身にしみてね。当時早い子は小学校五年生くらいで、口べらしもあって田舎から修業に来ました。最初の一週間くらいはかわいそうに、親が恋しくて寝られないのよね。布団の中で忍び泣き、それをパッとめくって、「どうした？　寝られた？」と飴玉かなんか握らせてて。そのうち年の近い子もいるし、店の衆になついて昼のうち飛んだりはねてくたびれるし、たいてい八日目には夜の見回りもしなくてすんで、ほっとしたわ。

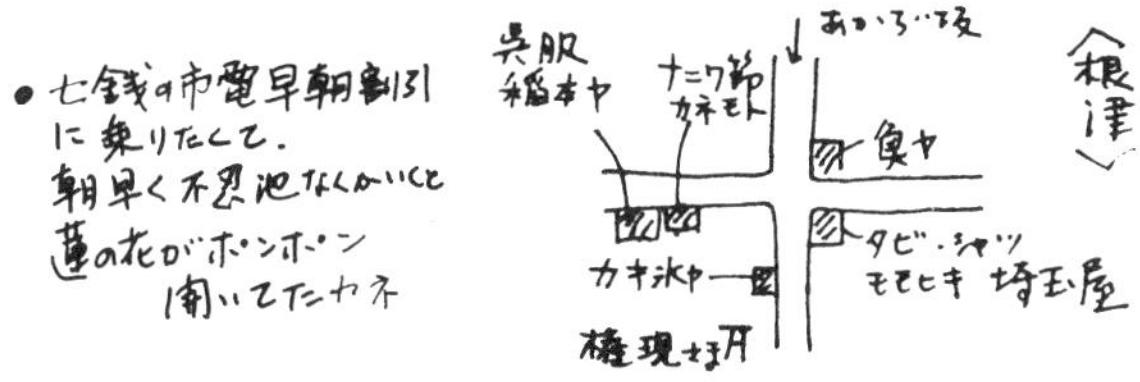

三　日々の楽しみと祭り

徒弟は二十一で兵隊検査が来ると年期明け。雑巾がけ、かんな研ぎからはじめて、やっと一人前になったなあと思うと嬉しいわよね。紋付、袴こさえてやって、手拭い持たせてお得意さまや近所を回る。「もう小僧ではございません。一人前に仕上がりました」と挨拶すると「そりゃよかった。もう大えばりね」とおひねりを下さる方もいるし。それから所帯持たせて、通いになってさらに腕をみがくんです。

職人の家の祝言というと、私の場合、来る人が多くて仲人さんちを借りて、あのころ打掛などなくて大抵、黒の留袖に角かくし。固めの盃を交わすともう花婿、花嫁とも立って、角かくしを取り、着がえて接待に回る。歌いたい客があれば三味線ひいて相手をして一晩中サービスしたものです。まあお金はかけないけど手間ひまは使ったわね。

お葬式は親族は白い着物、親戚の人は笠をかむるしきたりでした。冠婚葬祭はだいたい鳶の頭が世話してくれました。各町内に町内鳶がいて、お祭りの御輿や門松、家をたてるときの建て前ややぐら組を取り仕切る。威勢のいいもんで、何でも「頭に相談しな」と顔役みたいな役まわりだったわねえ。

楽しみといえば、当時遠くまで遊びに行くことはありませんから、根津神社の二十〜二十一日、お諏方様が二十七〜二十八日の月例のお祭りの露店が楽しみでした。あとは根津の稲本屋で着物見たり、埼玉屋で職人のモモヒキやシャツを買った帰り、哥音本(かねもと)のナニワ節きいたり、カキ氷食べたりね。そういう時は若い衆に荷物を持たせて「芝居行こうじゃないの」「お西さま行こうよ」と連れ出すの。主人が職人を一人だけ連れていくんじゃ不公平で角がたつじゃない。私が荷物持ちを言いつけておごったげる。それも気をつかううちでした。

各町内には、たいていお稲荷様があって、この辺では鳥正の裏にありましたが、初午の日にはお守りしている家が近所の子供に、おこわや煮しめをふるまいました。

盆と正月には薮入りといって職人を里に帰す。着物、半(はん)纏(てん)、ジャケツ、足袋、コール天のズボンとみな新品を揃えてやる。夏は細かい茶の縞の単衣ね。谷中の夏は蚊がすごいでしょ。どうせ寝れないし、お盆は近いし、蚊帳の中で人数分着物を縫いました。

暮は暮で大晦日にはかけ取りが来るし、元日は小僧さんがとにかく早く帰りたい。気がせくのを、新しい着物を着せ、角帯しめて仕度してやる。子供は元日、学校に行って菊の御紋入りの打ち菓子を貰ってくる。皆送り出すとヨロヨロして昼前に布団に入ったものよ。

四　戦中、戦後、そして明治

昭和の初期、うちは池袋の方に大きな工場こさえて、数十人も職人かかえて盛大にやってたもんですけど、こちらは人間がすれてないし、悪いのにもひっかかって、駄目になったの。

「谷中で小さくやってればいいんだから。人のカマドの心配ばかりしてもしょうがない」と私は主人にいって、またここに戻った。やっぱり商売はつりあいよくやらなくちゃなりませんよ。

戦時中、昭和十五年に国防婦人会が出来て、どうしてもというので私もこの町会から班長で出ました。ある時、兵隊さんが七十人もお寺に分屯して、その朝昼晩の食事を当番を決めて岡持で運ぶやら、洗濯やらの世話で、半月でガタッと痩せましたよ。あの時は。兵隊さんがどこから何で来たのか今もってわからずじまい。軍事機密とかで私たちは何も知らされなかった。ただ粗相があっては一大事と働きまわっただけ。変な時代ですよね。

終戦で一時止んでいたのが、戦後また声をかければまた出てくるというので谷中の婦人会ができた。婦人参政権もできたし、清潔選挙で白石てつさんを応援しました。主義主張ていうんじゃなく人情として、どうしてもあの人を出したげたいと一所懸命になったのねえ。

今の人は昔をいいと思うかどうか知らないけれど、明治なんて嫌なことも多いのよね。身分の差はあったし、世間はうるさかったし。おつとめの人は奥さんで、職人はおかみさんで一段低い感じでね。主人は気にするなというけど、どこへいっても「出入りの建具屋がなんだ」と言われないように、出すぎないようにって。

戦後、奥さんなんていわれると、かえってくすぐったかったですねえ。昔はとにかく金持ちがいばってる世の中でしたよ。

この辺の人気（じんき）はまあ、下町の人はウラがないからね。「アンタなんか早く死んじゃいな」くらいのことは言うけど、まともに受け取らないのね。ズバリと言うけど、お互い思うままに言うからその人がわかるでしょ、腹の底が。そして二〜三日会わなけりゃ「どうしてる」って飛んでくる。それがいいとこね。

とまあ、かいつまんで話すとこれが私の表の人生。もっともっとつらいこともあった。いっそ死んじゃおうかと不忍池を一巡りした夜もあった。

私にも私の一生わからないわね、今もって。だから雑誌に載るなんてきまりが悪いけど、まあ今の人の何か考えるヒントになるかも知れませんね。〔M〕

6号〔一九八五年十二月〕

文化少年のころ――益田武三さんの話

8号

不忍通りの団子坂近くでお兄さんが益田運送店をやっていらした益田武三さん（明治三十九年生）に伺った。

「私の家は今でいう美術運送で、文展などの出品作をうまく大事に搬入するというので大変な信頼があったもんです。田端の大久保作次郎、菊見せんべいの左を入った鈴木良治、藍染町の富田温一郎などもお得意でした。この辺いったい美術の匂いがする街だった。

吉江自転車の並びの松田写真館の息子と、谷中真島町の通称「モデルばあさん」のところに行ったこともあるな。画家にモデルを紹介するわけなんだ。寺町の中の仕舞屋の薄暗い八畳敷きくらいのところにモデルがいて、画家がいわばお見合いみたいに選んでいた。写真のモデルだと十分二円くらいでいい商売と思ったです。貧乏な画家も文展なんかで入選しちゃうとタチマチお金が入り、すぐ立派な家に移りましたね。岩田専太郎（挿絵画家）も道灌山や田端の方に住んでいたが、ブラリと歩いては喫茶店で一枚絵を描いてコーヒー代がわりに置いていく。そんな姿を見かけたことがある。私も、田端をさまよっては自笑軒て有名な料亭やら、芥川龍之介邸の辺りをさまよっては、垣根越しにのぞいたものだ。端然と原稿用紙の前に座って腕組みしたり、背伸びしている芥川も見ましたよ。

私はいまの本郷通りの向丘高校あたりにあった駒本に行った。駒込と本郷区をとって学校の名前にしたのだが、寺子屋時代の名残でゴザ敷きで着物を着て通った記憶がある。その次が白山下の京北、井上円了博士の創った学校で、人、義、礼の各組四十人ずつ。同級には道灌山下の歯科医、故鹿窪勝雄君、彫金家海野建夫君、中央大の独語科教授北村義男君もいた。団子坂は毎日の通学路だったわけだ。

もちろんバスにも電車にも乗らず早足で歩いていく。するとよく森鷗外さんが野村屋の脇の木戸から風呂敷包みをもって出てきた。駒込電話局のところは、物集高見(もずめたかみ)博士という碩学がいて、この人は『広文庫』という漢籍の総目録みたいな手間のかかる本を独自で出版していた。私の父はこの事業の編集係りみたいになっていたが、すごく広い邸で、丸い素柱の門の所から、母屋が見えないくらいだった(その子息が長寿でときどき新聞を賑わした故物集高量(たかかず)氏、息女が初期青鞜の同人物集和子氏でのち藤浪姓で『東京掃苔録』を著す。青鞜の事務所は物集邸にあり、いま「青鞜発祥の地」の史跡板が立つ)。

また大観音光源寺(こうげんじ)の先に栄松院(えいしょういん)という寺があり、境内の枯れた木に白い蛇がいっぱいいるので通称〝ヘビ寺〟といっていた。ここで、大正半ばごろの毎日曜、脚本朗読会なるものが開かれていた。主催者は岡田三郎、通称サボロー。文学青年、少女が寺の本堂に集まり、得意になってシナリオの読み合せをやっていた。

一番憧れたのは団子坂を上って右に入りまた左に入ったところにいた久野久子(くのひさこ)。東京音楽学校で嘱望されたピアニストで、すてきな洋館の前を通るとピアノの音が聞こえ、私はこんな人にピアノを習ったら、私の荒んだ気持ちも和むのではないかと思った。それで何度も、下男にでもしてほしい、ピアノを教えてほしい、と頼みに行くことを考えたが、果たせぬうちに、彼女は文部省の命をうけてウィーンに留学。そこでナゾの自殺を遂げてしまったんです。

岡本邸の裏手に「タダ学校」というのがあったと思う。岡本さんが土地を寄付したんじゃないだろうか。坂下の方には貧乏な子も多く、タタキと二畳の長屋に一家で暮らしてたり、ゴミ箱あさりをして食っている親子もあった。そこで救済措置として、授業料はもちろん、エンピツから何からタダでくれたように思います。

こうして話してくると自分が団子坂の路傍の小石にでもなって何十年かの世の栄枯盛衰を見てきたような気がしてくる。スラムの子は今どこにいるか、お邸の子は今どこにいるんだろうか」。〔M〕

8号〔一九八六年六月〕特集「団子坂物語」

この街にこんな人

『谷根千』の先駆者　木村春雄さん

12号

昭和三十六年に『谷中の今昔（しるべ）』という一冊の本がでた。著者の木村春雄さんは谷中真島町会長であり、ついこの前まで長らく谷中連合町会長でもありました。

森まゆみが『谷中スケッチブック』を取材する過程で、谷中を書いた数少ない資料であるこの本に出会ったのです。

――谷中にはいつから？

「私は明治四十年、宮城県の農家の生まれでね。十八の時に上京して、練塀町の印刷工場で五年間小僧をして、京橋で独立した。工場を持たないで、外交専門で本やパンフレットをつくる、いってみればブローカーだね。それがひょんなことでひっかけられて昭和十三年、仕事をたたんで谷中の長屋にきたのがはじめ」

――どうして『谷中の今昔』を作ろうと思われたのですか。

「そりゃ自分が馬鹿でないってことを見せるためだよ。戦後も商売で失敗して、仕事がないときに、ようし、金はなくても馬鹿じゃないってことを証明しようと。

それで、この辺のことを書いた本はないし、下谷区史の谷中に関する辺りをまとめようと、巣瀬純一さんと協力してはじめたんです。二人でしょっちゅう会って打ち合わせして。いやあ、ほとんど飲んでただけだったが」

――本づくりの資金は？

「金がまったくなかったからね。近所の店から広告を取って、それだけじゃ足りなくて家内が帯を加工する仕事もして。

それでも調べてつくる本だから、速くは書けないんだ。昼は食うために働いて、夜業してやるんだから、なかなか原稿ができない。そのうち印刷費は上るしさ。広告とったのに三年も本が出なかった」

――でも、この広告自体に資料性がありますね。当時谷中にあった店がわかる…。

「そういってくれる人もね。活版も金の続くだけバタバタ組んで、最後にやっとノンブル通したり、苦労したよ」

――タイトル文字は朝倉文夫先生ですね。

「そう。表紙の絵は、片町に住んでいた岩田正巳さんに描いてもらった。朝倉さんは、君も大変だし町のための仕事だとタダだったが、岩田さんはいくらかくれと言ってきた。平櫛田中（ひらくしでんちゅう）さんは、何も手伝えないが売れれば資金になる、と色紙を二枚描いてくれたよ」

――それで、本は売れましたか？

「定価五百円つけたけど、谷中銀座の本屋で三、四冊売れたくらいだろう。あとはみんなやっちゃった。もう手元にだって一冊しかないんだよ。

でもあなたたちはいい時に始めた。みんな町づくりとかに興味が出てきたから。私の時は駄目だった」

――そうでしょうか。でも、木村さんがいらしたからこそ、後に続いていけたのです。改めてありがとうございました。〔Y〕

12号〔一九八七年六月〕

［追記］

木村さんの著書『谷中の今昔』はなかなか手に入らなかったが、今はネットで古書を探し買えるようになった。今日、「傷みアリ／二〇〇〇円」という情報を見つけた。

根津神社　川原史敬／画（8号より）

私たちは史ちゃんと呼ぶ。目次上を飾る絵が欲しくて、2号から10号まで谷中の寺を中心にイラストを描いてもらった。実はMの夫であった

やねせん
こぼれ話

『谷根千』の出来るまで

仰木ひろみ

創刊の頃は原稿用紙のマス目を一つずつ埋めるのがもどかしかった。作文は苦手だ。レポート用紙に横書きで下書きし、見せたら「あんた何？　レポート用紙に横書き？」とバカにされた。これがトラウマになり、何を書いてもつき返されそうで、思うように原稿が進まない。「取材に行ったら帰りに喫茶店で書くのよ」といわれても、保育園のお迎えぎりぎりまで取材すれば、後は深夜まで書く暇はない。そんなバタバタを繰り返しているうちに一週間はすぐに過ぎた。

ワープロが谷根千にやってきたのは、二十年くらい前だろうか。「へその会」というイベントを企画する会を作って、上野東照宮の境内でガムラン音楽が出来ないか、毎日深夜まで話し合った。その中の一人で、山海塾の踊り手の緒方篤さんが、ワープロを買い換えるからと持って来てくれた。最初は人差し指打法だったが、段々とキーボードを打つ速度は早くなっていった。日本医大近くの一軒家が事務所だった時期で、古い家屋には電気のコンセントがほとんどない。蛸足に蛸足を重ね、やっとワープロを仕事に使い出したが、ちょうど台所の出入口を横断していたコードにモリが足を引っ掛け、打った原稿はアッ!!という間に消滅。引っ掛けられないようにしてあげる、とヤマサキが重い辞書をドンとコード上に置いた瞬間、アッ!!!と何時間もかけて打ち直したものも再び消滅。冬に電気ストーブやらなにやらつけて、ヒューズがプチン（ブレーカーが落ちるのではなく、ヒューズが切れていた）。当時ワープロが打てたのは私一人で、みんなの原稿を延々打ってはフロッピーに入れていたのだが、四時間の仕事が水の泡、なんていうことがしょっちゅうだった。

しかしながら、ワープロを使い始めると、原稿用紙では語順を並べ替えたり、途中に言葉を挟むのがすっきりできる。これが私にとっては救いだった。

そのフロッピーを持って、写植屋のある本郷までヤマサキが自転車を走らせる。この時代がしばらく続き、パソコンがやってきたのは今の事務所になってしばらくしてからだった。

パソコンも最初は当然もらい物から始まった。セッティングしてもらい、「はい、使って御覧なさい」といわれて、初めてメールを打ってみた。しかし、その後もしばらくは原稿を打つのはワープロを使っていた。この方が、文字を書くだけなら楽だった。ある日ヤマサキが、電気店でもうワープロは売らないんだって、というので、こりゃあもうパソコンで原稿を打つしかないか、ということになった。それで何とか原稿を書き、メールで送るという、二十五年前には考えもつかない方法で原稿が写植になる。まだ写植？　といわれているが、その写植にお化粧したり、絵を描いたりしているので、やめられない。

写植を貼る台紙も作らなくなって、手に入らない。ペーパーセメントのベタベタしたかすが、原稿につかないので、青焼きはきれいになった。手元でゴチャゴチャやる時間が少なくなり、徹夜をして切ったり貼ったり書き込んだりしたのが懐かしい。

あのときはテレサ・テンや中島みゆきのテープを聴いていたなあ、と思い出す。

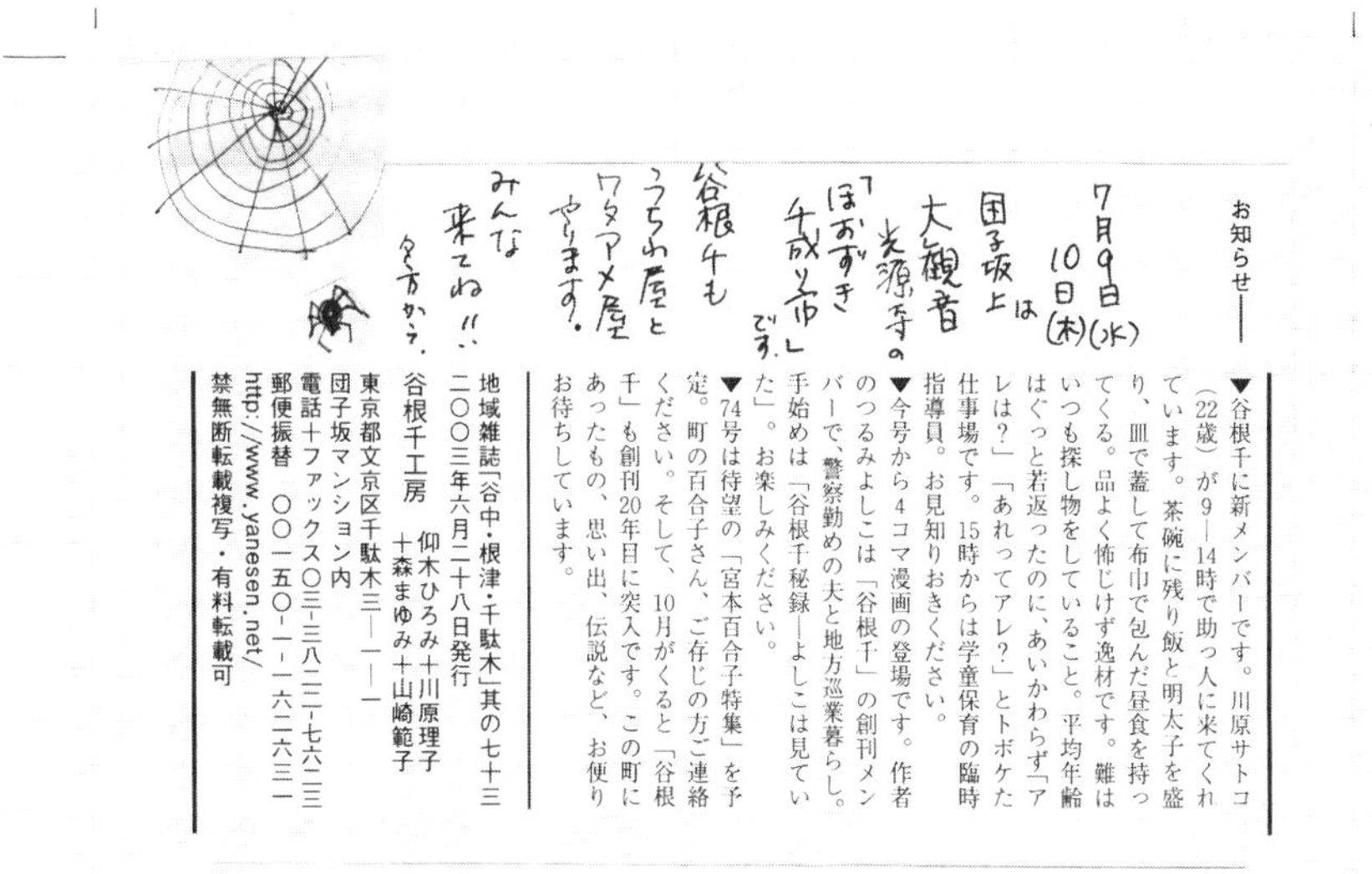
お知らせ――
7月9日 10日 (水)(木)
団子坂上は
大観音 光源寺の
「ほおずき千成り市」です。
谷根千も
うちわ屋と
ワタアメ屋
やります。
みんな
来てね!!
夕方から。

▼谷根千に新メンバーです。川原サトコ(22歳)が9－14時で助っ人に来てくれています。茶碗に残り飯と明太子を盛り、皿で蓋して布巾で包んだ昼食を持ってくる。品よく怖じけず逸材です。難はいつも探し物をしていること。平均年齢はぐっと若返ったのに、あいかわらず「アレは？」「あれってアレ？」とトボケた仕事場です。15時からは学童保育の臨時指導員。お見知りおきください。
▼今号から4コマ漫画の登場です。作者のつるみよしこは「谷根千」の創刊メンバーで、警察勤めの夫と地方巡業暮らし。手始めは「谷根千秘録―よしこは見ていた」。お楽しみください。
▼74号は待望の「宮本百合子特集」を予定。町の百合子さん、ご存じの方ご連絡ください。そして、10月がくると「谷根千」も創刊20年目に突入です。この町にあったもの、思い出、伝説など、お便りお待ちしています。

地域雑誌「谷中・根津・千駄木」其の七十三
二〇〇三年六月二十八日発行
谷根千工房　仰木ひろみ＋川原理子＋森まゆみ＋山崎範子
東京都文京区千駄木三―一―一
団子坂マンション内
電話＋ファックス〇三―三八二二―七六二三
郵便振替　〇〇一五〇―一―一六二六三一
http://www.yanesen.net/
禁無断転載複写・有料転載可

森まゆみの新刊
ほんとうの故郷
海はあなたの
PHP研究所
十日間ほどの韓国
昭和ジュークボ
旬報社
神田を歩く
毎日新聞社
東京といえば新宿
No！神田である
今すぐ書店で注

73号の版下。初期の書き込み、汚さはこの比ではないが、十数年前にそれまでの版下を思い切って処分した

子供とあそび環境

小鳥のおばさん

12号

根津の古いテーラーの写真を撮っていると、汐見小三年の鈴木敬子さんと苅谷幸江さんが近よってきました。

「何をしてるの」「古いお家とか、おもしろい貼紙を撮ってるの」「へえ、ヘンな趣味ですねえ」「ついでに子供がどこで遊ぶかも調べてるんだけど」「じゃあ、いつも遊んでるとこ、連れてってあげます」

行ったところは鈴木さんちの前の路地。

「私の家はほら、表側からは二階建てに見えるでしょう。でもホントは四階建てなの」。路地が狭いですからねえ。

さあ子供たちは何をして遊ぶんだろ。

「一番よくやるのはゴムだん。それから大なわとび、二重とびにドッジボール。ここは石けりするにもちょうどいいの」

そこに二年生の有馬さんが「オフロに行こ」とやってきた。内湯はあるけど梅の湯に行くのも遊びの一つで、洗い場で流しっこするのが楽しみとか。

ほかに「氷鬼（こおりおに）」。氷！　と鬼が叫ぶと、いわれた人は凍りついて動けなくなる。味方がタッチすればまた動ける、という鬼もののバリエーション。

「ひみつつくり」というのは、何人かの友だちの間で秘密をつくる。たとえばマンホールの中にあめ玉を隠す、扉のかげにカンを置く。貼り紙をめくっていたずら書きをして、また貼り紙をしておく、など。ちょっと変なのは「乞食ごっこ」。ダンボールの中に入って寝たりする。「電車ごっこ」は、門のジャバラを利用して、「ドアが閉まりますからお気をつけ下さーい」と乗降したり、キップを切ったり。

根津、千駄木には広い公園もないのですが、路地裏の環境をうまく利用して、創造力に富んだ遊びをしています。

子供たちの好きなタレントは明石家さんま。好きな曲は「鹿のフン」だそうで。「そうだ、小鳥のおばさんとこ行こう」というので、またまたついて行きました。

細い路地です。「コ・ト・リ・ノ・オ・バ・サ・ン」と声をそろえて呼ぶと、「ハイハイ」とやさしそうな年輩の女の人が……。「谷根千、知ってますよ。お話はいいけど、写真とかは困りますよ」。

もう十数年、この町で子供たちの話し相手になって下さっています。

「最初は拾った猫や、怪我してる小鳥を子供たちがどうにかしてって来たの。だから〝小猫のおばさん〟だったときもあるのよ。小鳥をみんなで順々に手のぬくもりで暖めたりして、それから子供たちと仲良くなったの。通信簿をおうちより先に見せてくれる子もいるし、工作や絵を描いてくれる子もいるし。

昔はもっと子供が多くて、工場の塀にカラスみたいにずらっと子供がへばりついていたけどねえ。子供は自由に遊ばせたい、遊ぶ力があるんですもの。子供に転ぶな、怪我するなって言っても無理ですよ。大人がしてあげられるのは、事後処理をちゃんとするってことじゃないかしら」。

知らない人についてっちゃう子を見ても、ダメよ、とは言えないの。だからそうっとついてってみるんですよという〝小鳥のおばさん〟は、地域のかくれた〝育児力〟ともいえる方なのです。〔M〕

町の子育て論

こけしのおばさん

12号

今度はよみせ通りのリサイクル・ショップ「りぼん」で出会った〝こけしのおばさん〟のおはなしです。

「昭和三十年代があたしの子育て期だったんだけど、毎日、自宅でミシンかける仕事をしてたからね。赤ン坊が動きまわると危ないでしょ。だから子供を柱にゆわえて、天井からこけしをひもでぶらさげてたわけ。子供はこけしをベロベロなめて、こけしの顔は真っ黒。

それで次に哺乳ビンに水を入れて、ゴムひもで天井からぶらさげてた。飲みたいときにひっぱって飲んでたみたい。もっと泣く日は、柱と抱き合せでぐるぐる巻きつけちゃった。だってそうして仕事しなけりゃ生きていけなかったんだもの。

でもあたし、あれはまちがいじゃなかったと思うわよ。

上の男の子なんてミシンかけながらオッパイ飲ませながら、右を十分、左を十分やったらおしまい、パッと離しちゃう。最初の日はそりゃギャーギャー泣いたけど、次の日はもう賢くなってさ、しがみついて十分でできるだけたくさん飲むようになる。子供ってそういうもんよ。そのうちもっと賢くなって、ちゃぶ台ひきずってきて、自分であたしの洋服ゴソゴソやって吸ってたわよ。だから仕事の手休めたことなんかない。

三歳くらいになると、台所で洗面器を裏がえしてその上にのり、卵のそぼろ作って食べてたわよ。五歳になると、自分で夕飯の買い物いって、献立もお豆腐一丁で半分はみそ汁に、半分は冷やっこって頭を回してさ。谷中銀座じゃ買物する子っていうんで有名だったわよ。

下の子が生れたら、おしめとっかえるのから何から全部面倒みたものね。ごはんの後も『めいめいでしょ』っていうと、自分の茶碗でも何でも洗ってた。

小学校に入ったら、上の子が、母さん小遣いまとめてくれ、というの。で一日十円だったけど、それから一月に三百円渡したの。そしたら半分は使って半分は貯金する。お年玉なんかも私が預ったのを『のなかストア』で使っちゃうと、母さんそれ僕のだよね、貸してるだけだよねって、ちゃんと覚えてるの。この子は今税務署に勤めてるけど、合っているのかもねえ。

下の子は反対、三百円渡したら次の日に三百円分怪獣のオモチャかなんかいっぱい買い込んでくるの。こりゃ一ぺんに渡したらだめだって思ったわ。

私も若かったからできたんだろうね。ある時おぶってミシンかけしてたのね。そしたらあんまり背中で泣くから、なんでこんなに泣くんだろ、と思ってひょっと時計をみたら午後の二時。あと一枚、あと一枚って縫ってて、朝の八時に母乳飲ませたきりだったのを忘れてたのね。ああ悪いことしたって。それでもちゃあんと二人、立派に育ったわよ」。

おお、過激なる子育て。でも私たちにも何か学ぶことはないだろうか。〔O〕

12号〔一九八七年六月〕

谷中の三奇人

深沢史朗

——私の自由はもろもろの価値の唯一の根拠である

20号

深沢史朗（1907～1978）

かつて、芋坂の途中に彫刻やペイントで飾られた不思議な家がよく中学生の私を立ち止まらせた。「そのころなら親父も生きてたんですがね」と深沢義人さん。父上は前回徳山巍（たかし）さんがいわれた谷中三奇人の一人、画家の深沢史朗である。

最近「アートフォーラム谷中」での深沢史朗氏展で、芸大生たちがその作品の斬新さ、若々しさに瞠目していた。ヨーロッパのクラカウ、リュブリアナ、ブリュッセル、フレッヘンほか、その名は国内より海外での方が高い。

「深沢さんといえば銀座で有名だった。月曜に画廊のオープニングが多いんだけど、ほとんど顔を出していた。例の不思議なメキシカンみたいなウェスタンみたいな恰好でさ。

しょっちゅう銀座に来てるから仕事はしないのかと思うと、午前中は谷中で精力的に制作していた。狭いアトリエに大きな版画の機械を置き、絵も重ねてあって足の踏み場もなかった」。

と谷中を歩いてたまたま友人の遺作展に出会ったという得田壽之画伯。銀座での深沢史朗はよく振り返られ写真を撮られたという。

「でもそれは目立ちたがったわけじゃないと思う。あの人はたえず自分を否定し、変革する。画風がかわるごとに生活、着るものまで全部変えてしまうんです。それから自分の本当に着たいものを着る自由を大切にしていました」。と深沢義人さんは父上を語る。

深沢史朗は一九〇七年（明治四十年）栃木県那須郡馬頭町に生れる。父熊之助にも画才があり、鎮守様の幟や水車小屋の壁に山水図を描いた。史朗も子供のころから近所の子をむりやり川の中に立たせてはスケッチした。大工になれ、という父の言葉をきかず、十八歳で上京し川端画学校に学んだ。梅原龍三郎の書生をしながら、生活のためには荷役夫や新聞配達もしなければならなかった。

「絵を描きたいんだから、あのころの画家は正業にはつきませんよ。肖像とか着物の柄を描くとか食うためのアルバイトですね。本当にいつだってどこでだって絵が描きたいんだから」。

生前のままに残されたアトリエにも、経木のはじに描いた絵がザクザクある。一九三七年、応召して兵隊として渡った満州でも、彼はちり紙の束に中国の人と風景を描きつづけた。それを戦後、自ら裏打したものを見せて頂いた。

戦前は日暮里に住んだが、戦後、谷中天王寺町のアパートに移り、そこから今の三十八番地、墓地の奥の仙境に越してきたのは一九五四年のことである。

「徳山さん、下駄をはいた稲田三郎さん、桜木町の木内克さん、坂町の張替正次さん、よく家に見えました。町の人誰とでも友達になっちゃうし、銀座で知り合った人、ヨーロッパの人、韓国や中近東の人も、誰でも家に連れてきた。

一番好きだったもの、それは酒でしょう。つまみをとる余裕がなくていつもポケットに煮干しかなんか入れていた。うちの長男の太郎を連れてって、すっかり酒場のアイドルにしちゃって。坂の下の江戸正って飲み屋では、いちばん奥の入口向いた席がオヤジの席だった。

酒が好きだからというより、飲むのは今日を消したいからだっていうんですよ。新しい明日を迎えたいっていう。それも嘘じゃなかった」。

酒喰い　朝目が醒めて　蛆になり
遠離の土地に　のがれ行たし

これも経木に書かれたメモである。深沢史朗の自己否定、変身と自由への願望がうかがえる。

「親父の絵を評価するより、人間としての深沢史朗と暮らせてよかったと思いますね。親子っていうより、いつも一対一の人間だった。人間の価値は物を創ることにある。そのために自由を大切にしなければというのが口グセでした。グループ展なんかでも権威主義を持ち出されるとすぐやめちゃう。天才という言葉も嫌いだった。ピカソが天才ならあとが凡才か、凡才の一生の努力だってかけがえないものなんだ、といっていました。仲間がいくら洋行しても、『僕は日本人深沢史朗のアートをやる、行く必要はない』といっていました」。

酔って谷中の桜を枕に一晩明かした深沢史朗。木内克が谷中村村長と呼んだ面倒見のいい深沢史朗。一九七八年(昭和五十三年)四月、脳髄膜炎のため七十一歳で死去。

生きているうちに、一ぺんでいいから会ってみたかった。〔M〕

20号〔一九八九年七月〕

［追記］

奇人の多い谷中で、最後まで残った「谷中の三奇人」とは深沢さんと銅版画家の稲田三郎氏、洋画家の徳山巍(たかし)氏と教えられた。理由はヘソ曲がりでホントのことしか言わないから、という。徳山さんの聞き書きは19号に掲載。

予言者の話

発乗通夫さん・T2生(谷中—当時根津)

私は根津須賀町で生れ、根津神社の境内が庭のようなものです。そのころ、所帯道具のナベカマをしょって町を歩きまわっている六十がらみのおじさんがいました。いってみれば浮浪者のような風体ですが、週に一度くらいは見かけます。私が根津学校に通っていた時分、このおじさんに会って「坊や、明日は雨が降るよ」といわれると必ず雨が降りました。そんな予言が必ず当たって、信心していた町の人も多かったのです。権現様にもよく来ましたが、変なんです。お社の方に尻を向けて、太陽に向って拝んでいました。

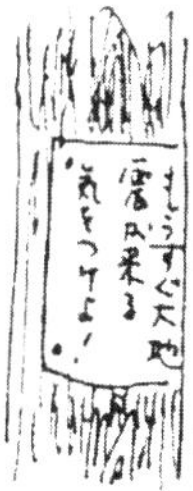

震災の直前に、そのおじさんは町中の電信柱に「もうすぐ大地震が来るからみな気をつけるように避難するように」と、新聞紙のようなものに書いて貼って歩いていたようです。これは私の記憶なので、ほかにこのおじさんのことを知っている方はないかと思っております。

24号〔一九九〇年七月〕特集「関東大震災に学ぶ」

手仕事を訪ねて

筆作り　田辺文魁堂

22号

あの稚なげな『谷根千』1号の裏表紙に「ピカソやミロの使った筆屋さんて知ってる」と書いてあったの覚えていますか。

その筆作りの田辺松蔵さんが十月二十五日、幽明境を異にされ、もうあの楽しいお話が聞けないと思うとさみしい。

いただいた緑色の自伝によれば、田辺さんは明治四十一年、下谷区根岸十一番地に生れ、金杉で育った。家はお米を買うお金にも事欠き、魚のアラを買い、質屋へ通い、お父さんはお酒を飲んでお母さんをぶったり蹴ったりするので、大きくなったら父を殺してやろうと何度か思ったそうだ。

松蔵さんは小学校を二年でやめ、オモチャ屋、酒屋、塗師屋と小僧になって転々としたあげく、竹町の和久田毛筆製造販売店に勤めた。ここの主人は必ず晩御飯の前に使いに出す。それはお腹が空いているので早く用事をすませ、寄道せずに帰るだろうということだった。つらくてこの店を夜逃げし、松蔵さんは田端の線路をうろつき、隅田川に飛び込もうというとき、亡くなったお母さんの「松蔵、お前がしっかりしないと、田辺の姓はなくなるよ」という声が聞こえたという。

そして元気を出して、東京で筆作り一番という神田小川町の温恭堂（蒔田章之助経営）の小僧となり、日下部鳴鶴、吉田苞竹、比田井天来、近藤雪竹、丹羽海鶴などの書家にかわいがられ、日本一の筆作りをめざした。一本立ちしてからも筆の頭ができると温恭堂の主人に見せにいく。良いか悪いか見てもらい、また作り直して見せにいく。そのたび市電代往復十四銭がかかるので、朝七時までの早朝割引九銭に変え、浮いた五銭で佃煮を買い、二日間はそれで飯を食べたという。

筆は羊毛を純羊毛、命毛、並筆毛、上毛など七つに選別

田辺松蔵さん（田辺文魁堂提供）

し、もみがらを蒸し焼にした灰で十時間以上も手でもんで、油気をとり、それと馬の尾脇毛をくみあわせて筆の形につくる。しかし書家によりそれぞれ書体の調子の出る筆を作りわけるのだという。それ以上は教えてくれない。「何がコツかって、そんなもん教えませんよ。マスコミが来て根掘り葉掘り聞くけど、うまくそらしちゃう。カラオケやんないんですか、『命くれない』とか『女の酒』とかさ。あたし物マネもやりますよ。踊りも踊るしさ。とかなんとかね。素人に職人の腕の良し悪しはわかりませんや、説明してもムダ！

この仕事、もう七十年やってんですよ。九歳からやってんだ。子供は五人、カカアと親と九人、あたしが食わしてきたんだ。夜明ししてさ。あたし変わってっから。好きなの作ってんです。それに値がつくだけってもんです。いろんな注文する若造がいやがる。べらんめェ、こんちくしょう。筆の先が割れたら銭返すってなもんですよ。

職人てのは意地ですよ。商人はもうけりゃいいけど。餅菓子一つ味わうにも、自分が職人だから作った人のこと考えますね。のどちんぽこで味わっちゃう。よくできてるなあ、軽いなあ、お腹の中で甘さがとれないなあってね。料理屋行ってうまけりゃあ、板さんどこにいるって聞いて、腕がいいなあって誉めにいきますよ」。

田辺さんのお客には、書家のみならず岡田啓介、若槻礼次郎、原敬、犬養木堂、斎藤実、吉田茂、鳩山一郎、東条英機、近衛文麿、芦田均、片山哲、石橋湛山、佐藤栄作といった歴代首相や、浅沼稲次郎、頭山満、西園寺公望、大倉喜七郎、福沢桃介、山本五十六、林銑十郎といった大物の名が並び、あらためて仕事の長さを思う。

「客ですか。今東光。こりゃあたしより口が悪い。桜木町にいた平櫛田中さんは鳩居堂で何万の筆買ったけど書けないからって寄ってくれました。中村不折さん、山下清さん。犬養木堂や東郷平八郎、浜口雄幸なんて政治家も神田の温恭堂にみなお忍びで来て、あたしの筆買ってくれたもんですよ。

ピカソ先生は手紙で五本、注文してきたんです。ミロは来日したとき通訳を連れてきて山ほど買ったね。さすがに大将、いい筆を選びますよ。あたしの一番大事な筆を売れっていうから『この筆はダメ』といったら、それまでニコニコしてたのに、急に目を光らせて、『オレはミロだぞォ』って怒ってんの。あれ英語ですか、スペイン語かねえ。ついに根まけしたよ。そしたら次の日、帝国ホテルに招いてくれて、絵を一枚くれたのがこれですよ」。

「ムシュー・タナベへミロ」とサインされた版画が店内に飾ってある。

ところで文魁堂では赤ちゃんの胎毛筆を作っている。長男温は天然パーマなので断念したら、松蔵さんは「天然パーマでも油をぬくと結構いい筆になることもある」という。そこで三年半後、次男宙は幸いきれいな直毛だったので、七ヶ月くらいのとき丸刈りにして毛を松蔵さんのところへ持ってった。すると「あたしも年だし、最近あちこちから筆頼まれるけどもうやんねえんだ。後世、これが田辺松蔵の筆かとバカにされるようなものは作りたくないんでね」とすげない。「そこを何とか」と赤子の毛を見せると、「ホウ、これは良さそうだ。まっすぐだし、毛の量もたっぷりあるし、ほらこうして選っていくでしょう。(トントン)ほら、もう形ができてきましたよ。ま、合間みて作っときましょ」。

何週間か後、「できましたよ」と電話をいただいた嬉しさ。ミロも買った名人の筆は八千円。「この胎毛筆を珍重する人がいるから五万円で売れるよ。ま、いい筆になりました」と松蔵さんは目を細めて笑った。筆にはしっかり、田辺松蔵作と青く彫り込んであった。〔M〕

22号〔一九八九年十二月〕

［追記］

手仕事を訪ねるシリーズは今もある。ほかにも竹籠、染物、目立て、桐箱、三味線、畳職人などに話を聞いた。

町の記憶

鶉屋さんのこと

32号

湯島で訪ね先がわからず、歩いていた方に道を尋ねたところ、おみかけした顔。「森さん!」とおっしゃり、私も「あ、鶉屋さん!」と手を握りあってしまった。

いつも膝掛けをして店番をなさっていた奥さまの飯田清枝さん。ちっとも変らない。古書鶉屋書店は谷中初音町の朝倉彫塑館の並びにあった。昭和二十二年に開業し、五十三年には建て直して赤レンガの可愛らしいお店になった。ご主人の飯田淳次さんは十年前に病に倒れ、三年前に亡くなられた。鶉屋書店の跡にはいま、若菜という象牙のお店がある。

「ちょっとでも寄ってってって」と誘われ、そのままお宅にお邪魔した。

「飯田の家はここ湯島新花町で挽き物の職人だったんです。でも長男の主人は本が好きで好きで、後を継がなかったのね。谷中で古本屋をやったのは戦後です。古典芸能と詩の本が好きでよく集めました。自分でも手帳に詩を書きとめていました。鹿児島寿蔵先生に本行寺で短歌を教わる会もやっていました。お客さまは新幹線で買いにくる遠くの方もいらっしゃいましたが、主人はほとんど買い出しや届け物でいない。土曜日だけはいるようにしたので、主人に話のある常連の方は、たいていその日にみえました。

よくいらしたのは演劇評論家の安藤鶴夫さんね。日医大へ通院のたびに車で寄られました。二番目のお嬢さんの運転で、帰りにジャルダンでコーヒーを飲んで。亡くなる十日前くらい、最後の外出のときもうちへみえたんですよ。

詩人では吉本隆明さんが本当によくみえました。上のお嬢さんの手を引いて、下のお嬢さんを抱っこしたりおんぶしたり。奥さまを大切にしていらして、あちこちのお店でお買い物をなさってね。

本を売りにくる方もあって、主人の留守は、私が値をつけて買うんですが、最初は恐い物知らずでわりと買えました。帰ってくると『この本をこんなに安く買ったのか』と驚くんです。『高く買った分にはいいけれど、値打の分っている人から安く買うと嫌な気分がするもんだよ』と、あとで主人が上乗せしてお払いしていました。

あの谷中初音町三丁目の座談会（『谷根千』18号〜21号参照）なんかも何度も書き直しては清書してね。それなのにずっと日の目を見なくて、それで五十六年に倒れたあと、原稿を豆腐屋の石川さんに渡すようにと主人から指示されました。それがああいう形で『谷根千』に載って、主人も本当に喜んでいました。

丸七年半寝てたんですが、私はちっともやだなと思いませんでした。結婚以来いつも店番や買い出しで忙しくて、病気になってゆっくり話ができてよかったです。性質のいい人でしたよ。同業者の若い人をすごい声で怒鳴ったりするので、私もハラハラしたけど、怒る価値のない人には怒らないというのね。見込があるから本気で言う、そんな人でした」。〔M〕

1976年（昭和51年）頃の鶉屋書店、飯田清枝さんが店番をしている（望月和枝さん撮影）

32号（一九九二年七月）

［追記］

谷中初音小路の入口にあった詩歌・演芸・近代文学専門の古書店「鶉屋」は深く親しく町に記憶されている。18号〜21号の四回にわたって連載した谷中初音町三丁目の座談会「我が町を語る」（座談会が行われたのは一九七七年）は鶉屋主人飯田淳次さんが司会を務め、テープおこしをしてまとめたものだ。飯田さんは座談会掲載中の一九八九年三月四日に亡くなられた。

20号で日本古書通信から青木正美氏の「鶉屋書店さんへの便り」を転載、21号では、古書の弟子であった三河島稲垣書店の中山信行氏からの手紙を掲載。また、二〇〇六年五月に千駄木の古書ほうろうを会場にして、四人の古書店主の座談会が行われ、鶉屋の懐かしいエピソードも紹介された。このときの模様は『彷書月刊』（二〇〇六年七月号、彷徨舎）で読める。

乗務員の華麗な生活——藤沢昭さん

34号

高校卒業後、警察官と国鉄の試験を受けてどちらも合格。ところが、実家の宇都宮から上京する車中で、同郷の人と話していたら、「就職するなら給料がいいからウチにおいで」と誘われて、「お願いします」と頼み、都の交通局へ入ったのが昭和二十五年の四月です。

まずは青山の教習所で実地訓練。交通局の青山病院を囲んでぐるりとレールが敷いてあり、そこで訓練するのです。目的地への乗り換えを適確に言えなくて苦労しました。免許をとると、見習いの腕章を付けてお師匠さんと実際に外を走る。さらに、運転手の資格もとりましたが、初めは恐かった。お師匠さんがいればブレーキをかけるタイミングを教えてもらえるけれど、一人だと難しい。

そして配属されたのが新宿営業所。一一番月島行き、一二番両国行き、一三番万世橋行きです。

待遇は初任給四千二百円。その他手当てがいろいろつき、当時としてはよかった。また抜擢という制度があり、交通局の人がお客になりすましで勤務態度を観察し、まじめだと降りる時にメダルをくれるんです。私は一日二個もらった事もありますが、メダルの数を申告すると成績が上がって、少しずつ昇進するのです。

私は不正定期を見つけるのが得意でした。降りるときの一瞬で定期の期限や区間の違う人がわかるのです。悪気のない人は目を見りゃすぐわかるから、「お客さん切れてますよ。新しいのを買って下さいね」と声をかけるくらいです。

勤務は七班に分れ、一班に二十人。必ずひと班は非番で休み。一日六時間から六時間半勤務で、交通渋滞にひっかかると遅くなる。

朝は冬が五時半、夏は五時が一番電車で、夏の早朝は特に気持ちがいい。月島行きは築地の市場に行く人が朝早く、ブリキの罐と籠を下げて乗るので、車体の大きな専用電車が走りました。

一番電車に乗務した日は折り返して営業所に戻って朝食を食べ、ちょっと休んでまた乗って、お昼まで働くと仕事は上り、次の日がアケで、翌々日は午後からという勤務態勢ですから、ゆっくり休めるし、同じ班の人ともよく旅行に出かけました。

夜は十一時半が終電。都内在住の人ばかりで泊ることはほとんどありません。新宿から田端の自宅へ帰る私などは遠い方で、駒込営業所に希望して異動したくらいです。

帰りは制服のまま帽子だけ置いて、行きつけの店で一杯やって帰る。営業所は食堂あり、風呂ありで、同じ釜の飯を食って風呂に入った人たちとは今でも仲よくしています。

こんな車掌さんがいた（田中隆光氏提供）

都電の乗務員はモテたんですよ。お客さんと結婚した人も何人か知っています。私のいた路線は、田町の統計局の前を通る。あそこは女の子だけでも三千人も勤めていましたから、お目当ての乗務員を探して乗って来る娘、運転手の方も好きな子を停留所で見つけると、足で警笛をポッポッて鳴らしてね。横に女の子をたたせているのもいて、帰りの電車ですれ違ってもまだ乗ってたり、停留所ごとに違う女の子がいる男もいたかな。
ドアのない電車で一日中たちっぱなしだった頃から、車体がだんだん改良されて冷暖房がつき、運転手用の座席がつき、マイクでアナウンスするようになったら、今度は自動車があふれて電車軌道を走るようになって、電車は立往生。そうなるとますます当てにならないと乗る人が減って、そしてとうとう廃止された。都営地下鉄に残る人もいたが、私は希望どおり台東区役所に再就職できた。まあまだ定年まで二十年はあったんですから。〔O〕

34号〔一九九二年十二月〕　特集「都電20番線　不忍通りをゆく」

〔追記〕
都電20番線特集の取材中に興に乗り、都電荒川線を借り切って「谷根千号」を走らせた。このときの騒動は35号に掲載している。

新聞配達の後を追う

35号

私は東京に来て十四年。ずっと東京新聞をとっている。二年前のある日のこと。集金に来た配達のお兄さんと二歳の娘が地球儀を回しながらジェスチャーをしている。まだ日本語を覚える前の彼と、幼ない子どもの会話だったのだ。彼の名はクヌーラ・リヤナゲ、現在二十五歳。スリランカから来た学生だった。その後、道で会うたびに子どもは勢いよく手を振る。私も谷根千配達車が新聞配達と同じ自転車なのでなんとなく同志的親しさがある。クヌーラさんの日本語はすごい勢いで上達した。子どもは集金日を心待ちにして話をする。思いたってある朝、私は朝刊を配達する彼の後をくっついて走ることにした。

クヌーラさんは朝四時半に起きる。五時に田端の販売店を出発、六時十五分、団子坂マンションに配達にくる。このマンションは三十一所帯で東京新聞はうち一軒だけ。出発時に百七部持ってきた新聞は、残り七十部ほどに減っていた。彼の配達区域は千駄木三、四、五丁目全部と、一丁目、向丘二丁目の少し。朝日新聞はほとんど同じ区域を五人で、しかもひとり二百五十部以上を配っているという。

「東京の人、東京新聞の事知らないね」とクヌーラさん。保健所通りを走り、歩道の縁石にペダルをひっかけるように自転車を止めて、スポッと新聞を入れる。スタート時のスピードを利用して坂をスーッと上がる。警察の官舎は三棟もあるのに東京新聞を読むのはたったの三軒。クルッと回転して宮本百合子ゆかりの門跡を入る。ひと筆書きになるようによく考えられたコースは、路地から路地を抜け、まるで迷路を連れ回されているようだ。

区の掲示板の前で突然止まる。

「これ、ポスター、なに?」

見ると、区民へ交通災害共済に加入を勧めるポスターで、激しく車が行交う道のまん中に、家族団欒の食卓を合成し

クヌーラさんとは町でたびたび出会った

た写真。

「ここで、車、買えるの？」「買えない、これ自動車事故起こしたときに見舞金がもらえるように、っていうポスター」

「フーン」

また路地に入る。朝日新聞の人と挨拶をしてすれ違う。なるほど、さっき保健所の前にいた朝日の人とは違う。

「ここと、ここは朝刊だけだよ」「そんなに細かくて間違えない？」「忘れたことはある」

口笛吹いて、鼻歌うたって走る。サッと止めて、クルッと回る。自転車の扱い方は芸術的にさえみえる。鶴の湯の前でまた違う朝日に会う。揃いのジャンパーを着てるから目だつなあ。なぜか、毎日と読売には会わない。回生堂薬局の前で時計を覗く。七時だ。

「いつもは、ここで七時十分前ね、今日は寝坊した」「それに私がくっついているしね」


五丁目の路地奥にローセキで道いっぱい線路、駅、電車、町の絵が描いてある。子どもの楽しい絵にしばらく見とれた。梅がそこここで咲いている。駒込病院前の通りを白山上に走り、団子坂をまた下がる。大銀ストアの脇を入って、配達は終わった。新聞広告にヘリコプターのパイロットになるための専門学校の案内があった。

「ここ、ぼく入りたいな、入れる？」「パイロット？　年齢も学歴もカンケイないって書いてあるから、電話してみるといいよ」「ウン。日本は何でも便利ね。でも、暮らすの大変」「スリランカに帰るの？」「勉強してから。スリランカに両親と妹二人と弟一人、それから恋人がいる。この間、テレビでスリランカを映してた。でもテレビで見せたのスリランカの悪いとこだけ。貧しい、ゴミで汚い。でもスリランカは仏教の国で、紅茶の国。お寺も、紅茶つくるところもとってもきれい」

クヌーラさんは集金に来た時に、つけっ放しのスタンドを「消しな、電気もったいない」とか、「ごはん残したらダメよ」と子どもに話してゆく。子どもの心にストンと落ちる話し方だ。

七時半、彼は配達を終え、日本語学校に向かった。〔Y〕

35号〔一九九三年四月〕

南洋館のレットナム君

多児貞子

博覧会には、いろいろな事件やエピソードがつきものだが、大正博覧会のために来日して異国の地、日本で病死したり、事件を起こして帰された若者がいた。

大正博覧会は、大正天皇の即位を記念して上野公園で開催された。主催は東京府、会期は大正三年三月二十日から七月三十一日までの百三十四日間で、七百四十二万人の入場者があった。第一会場の竹の台には第一〜三工業館・鉱山館・経済衛生館・教育学芸館・水産館・林業館・東京市特別館・美術館・南洋館・朝鮮館などがあった。第二会場は不忍池畔にあって第一会場とはエスカレーターで結ばれ、ここには外国館・機械館・台湾館・染織館・農業館・運輸館などがあった。ほかに演芸館や美人島旅行館、活動写真館などの娯楽施設もあって、とくに六月一日から一カ月間は、汽船や汽車の二割引運賃が適用されて、全国から団体旅行の見物客が集まり賑わった。

博覧会開幕の三日前、三月十七日に南洋館出演のためにインドや東南アジアの人達二十五人が来日した。当時の新聞は彼らを一括して「南洋土人」という蔑視じみた表現をしているが、マレー人やマドラス人などいくつかの国から芸や腕におぼえのある人たちが集められたようだ。

南洋館では、館内に南洋亭というレストランを作り、マレー人のコックが純南洋料理を出した。また館内では、連日、各国の民族芸能が披露されて、物珍しさから大勢の見物人が詰めかけた。三月二十九日には一日で一万四千人が南洋館に入場したという。

南洋館出演の人達にとって、短期間とはいえ、風俗や生活週間の違う異国での生活は、ストレスの多いものだったと思う。こんな中で手踊りの囃子方のハサム（二十五歳）と踊り手のミナ（二十二歳）に恋が芽生えた。相思相愛の二人は夢見心地の毎日を過ごしていたが、だんだんに日本

大正博覧会に出現したエスカレーターは上野の山と不忍池を結んだ（星野平次郎氏提供）

の生活に馴れてきたミナは、見物人や南洋館の事務員らに愛嬌をふりまくようになった。相手のハサムは毎日気が気ではなく、嫉妬でイライラする日がつづいた。

そして、とうとう事件は起った。南洋館の監督者であり通訳である池田善蔵（長崎県人二十九歳）とハサムとミナは、南洋館事務所の六畳間でいつものように床についた。その日の閉館後にミナが事務員と話をしていたのを見て嫉妬に燃えたハサムは、六月五日午前四時頃、ぐっすりと眠っているミナの喉元をめがけてナイフを突き刺そうとした。さいわい手元が狂ったため、ミナの救いを求める大声で飛び起きた池田が、もう一度刺そうとするハサムのナイフを取り上げ、大事にはいたらなかった。ミナはカスリ傷、池田も二、三箇所の軽傷で済んだ。ハサムは急報で駆けつけた警察官に引き渡され、ひとまず留置場に入れられたが、その夜、新橋発の汽車で神戸に送られ、七日に出帆の台南丸で本国に送り帰された。

この事件のあと、六月十七日に大正天皇の博覧会行幸があった。送還されたハサムを除く南洋館の出演者たち二十四名は、行幸通路に並んで天皇の列を迎えた。天皇は当時の新聞によると、「陛下には顧みさせられ、御微笑遊ばされ」たそうだ。池田善蔵は天皇のことを「只今の御方は、酋長より神様より遙に尊い御方」と説明して南洋館の人たちを感激させている。

この二十四名のなかに、もうひとつの秘話の主、マドラス人のレットナムがいた。

豊島区の雑司が谷墓地にレットナムの墓がある。そこにはＲＥＴＴＥＮＡＭと彫られ、その下に次のように書かれている。

印度マドラス人レットナム君ハ東京大正博覧会ニ際シ我南洋館ニ来リ常ニ棒ノ舞ヲ演ジ大ニ餘興ノ光彩ヲ添ヘタリ然ルニ一朝病痾ノ冒ス所トナリ聖路加病院ニ入院中脚気衝心シ終ニ浩焉トシテ死去セラル曷ソ痛惜ニ耐ヘシ哉因テ茲ニ碑ヲ建テ永ク其冥福ヲ祈ル云爾
大正三年八月一日歿ス享年二十有五白山三宅居士撰并書

南洋館の棒の舞を演じたレットナムは、脚気がもとで大正博覧会閉幕の翌日に死んだ。この碑を建てた三宅居士は、小石川区白山に住んでいた三宅捨吉という人物だが、南洋館に勤務していたスタッフの一人ではないだろうか。池田善蔵がハサムやミナと起居を共にしていたように、三宅捨吉はレットナムと同じ宿舎にいたのかもしれない。そして入院中は細々と世話をしたことだろう。この短い碑文からレットナムに対する親愛の情が伝わってくるし、今も三宅家の子孫の方がこの碑を守っていることを考えると、「南洋土人」とか「蕃人」といわれたのとはウラハラに、個人と個人の間では尊敬の気持ちを持ったさわやかな交流があったのだ。

＊たに・さだこ　豊島区東池袋在住。

39号〔一九九四年五月〕

［追記］
多児貞子さんとは東京駅の赤レンガ駅舎保存運動以来、不忍池地下駐車場反対などの市民活動をともにしてきた。また、自宅近くの雑司ヶ谷墓地に眠る人々を調査し記す掃苔家でもある。『谷根千』にはほかに村山槐多、いずみたく、内田百閒など、谷根千と雑司ヶ谷につながる人物のエピソードを書いている。現在は保存公開している千駄木・旧安田楠雄邸のマネージャーである。

漱石の散歩

奥本大三郎さんと千駄木を歩く

41号

——今日は奥本さんに漱石になって町を歩いていただいて、道々気が付いたことや木や虫や鳥のお話をしていただこうということで、よろしくお願いします。

奥本　漱石か……「月とすっぽん」ってすぐ言われるだろうな。（笑）まあ、ご近所のよしみだ。やりましょう。（笑）

——藪下通りに出るまでは裏の道を歩きながら行きましょう。奥本さんのお宅は随分たくさん木を植えていらっしゃいますね。

奥本　鳥が勝手に飛んできて糞をして種子を播くもんで、シュロ、アオキ、ヤツデ、ネズミモチも鳥が運んできたんです。カシは裏に木があるでしょ、表に植えたのはクヌギとカラタチだけです。

　この塀は関東大震災の時からあったらしいですよ。ほら、今ギンナンが落ちた。ギンナンは落ちたらみんなすぐ拾うけど、葉っぱが落ちると邪魔にするんですよね。

——天気がよくてよかったですね、きょうは。ここは車の多い道ですね。

奥本　多いですよ、この道は。車が増えたんですね。この駐車場はアイデアルの傘の社長さんのうちだそうですよ。ここからの見晴らしがいいんですよね。高いマンションがどんどんできちゃったけど。あのイチョウは崖の下から生えているんですね。あっちはスダジイ。

——お子さんは千駄木小学校ですか。

奥本　千駄木から文林中学。私立受けるかって聞いたら、死んでもやだっていうもんで。鐘がなってから走って行って間に合うところ。（笑）

——この辺は散歩なさいますか。

奥本　ええ。歩いたり、自転車に乗ったりして。

　この道は昔からこの幅なんだろうか。

——この三、四十年はそうだと思いますがさっきの地図ですともう少しカクカク曲っていますね。いつからなだらかだったのかわかりませんが、藪下の道と同じ幅だったかもしれませんね。

奥本　藪下道を歩いていると木下順二さんをお見かけします。足早にすたすたと。

　こういうところでもエビガラスズメ、シモフリスズメなんていうのや、アケビコノハという大型の美しい蛾がいます。ムベやアケビを垣根に造るので、その葉っぱを食って生きているらしいですよ。

——この文林中学は藤堂さんの屋敷でした。

奥本　ぼくが大学の時、藤堂先生って中国文学の先生がいらした。高虎の子孫。裁判の時なんかも全共闘の学生の味方して出ておられたな。

——奥本さんは学生運動をやってらしたんですか。

奥本　いやあ、ぼくはその頃蝶を捕りに台湾に行ってたりして。仲間と付き合いはあったけれど、頭の中は虫のことばかり。皆と話は合わなかった。仏文はノンポリラジカルだった。大学解体って叫んでたのが大学の先生になってる。（笑）

――この木はユーカリですか。

奥本　そう、ユーカリです。ヒマラヤスギにユーカリ。日本の自然とは縁もゆーかりもない木です。こんなもん植えてもつまらんですよ。早く大きくなってね、台風なんか来るとぱたっと倒れたりして。根が浅かったりするもんですから。イチョウだって、そういえば中国から来たわけです。生きた化石みたいな木でしょ。お、背の高いのがバスケットやってる。

　こっちは立派なマンションになったんですね。

――この道はきれいですよね。

奥本　そうですね。どうも昔から住んでいる人にとっては土地の値段ばかり上がるのは無茶ですね。相続税でほとんど没収だもんな。

――この葉はサクラですか。

奥本　ケヤキです（笑）。ケヤキの葉にしては幅広いですね。環境と木の状態によって葉が大きくなったり小さくなったりするんだと思いますよ。この道は、人力車の幅で車は通れないでしょ。どう思います、関東大震災級の地震が今きても、ぼくは結構大丈夫だと思うんですけど。あの時も地震の後に起きた火事が大変だったんでしょ。その当時七輪で火を起こして、障子と襖の家だったわけですから、そりゃいくらでも燃えますよ。今の方が不燃化しているんじゃないでしょうか。有毒ガスが発生するかな。

――夏目漱石に似ているといわれますか。

奥本　うーん、いわれますね。娘が小さいときに千円札みて「お母ちゃん、お札におとーの顔が描いてあるよ」って恐る恐る言ったんです（笑）。中国人の留学生には魯迅に似ていると言われる。それにしても光栄です。（笑）

――その頃、髭はもうあったのですか。

奥本　一九七四年から。その頃インドネシアにいったんです。あそこは回教の国だからですか、髭が生えないのは男じゃないように思われているのか、みんな生やしているんですよ。それに、山の中だし、髭なんか剃ってられない。

――ここは安田さんの家の裏側ですね。

奥本　ここら辺に通り抜けられる道があったんですよ。学生の時にそこの親戚の人に歌を習っていたんです。クラシック。大学紛争の真っ最中にオペラなんか習ってた、もうしょうがない奴。（笑）

――それで舞台に立たれたわけですか。

奥本　立つわけないじゃないですか。（笑）

――この辺は鳥が多そうですね。

奥本　そう、昔からそのままのところは生きものが豊富ですよ。一度更地にすると、表土が削られてバクテリアをはじめ生きものが死ぬわけですから。

――ここなど、百年以上は変わっていないかもしれませんね。

奥本　この辺り五百坪単位だったんですかね。昔は大財閥の金持ちが少し税金を払って、普通のサラリーマンは税金なんか払ってないでしょ。結局農民が人口の八割を占めていて、ぎゅうぎゅう絞られていたんでしょ。で、今はその代わりをしているのがサラリーマン。

文京区千駄木の路地で

——持ってる人に相続税がかかってもしかたない、持たない人間のひがみだけど。

奥本　そういう時に、たとえば緑地を寄付すると税の優遇措置があるとか、そういうことがあれば災害も少なくて自然も残るんですよ。税務署は都市の緑のことも、文化のことも、ましてや自然保護のことなんか何にも考えてない。

——あ、これはムベですね。

奥本　これこれ、これが増えているんでこの葉を食う蛾がいるんです。それが素晴らしい奴でね。

——猫をまだ一匹もみませんね。団子坂下の講談社の社宅の辺りではよく見ますけど。昔はネズミが出たから猫を飼ってた。

奥本　うちはネズミには難儀したんですよ。標本かじられたりして。

あの木はハリギリです。千駄木幼稚園の隣の水道局の土地に立派なハリギリがあったんです。それを公園にするときに全部切り倒してまた別の木を植えなおした。植木屋さんの仕事は増えるけれど、区のやることはおかしいですね。

——あ、猫がいたいた。

奥本　この猫は純粋の日本猫じゃないですね。ちょっと洋種が混ざっている。キジ猫じゃないですか。こっちに来ますよ。しゃがむと来ます。栄養状態もいいし。

猫　にゃーにゃー。

——野良かしら。

奥本　野良じゃないですよ。誰かが餌をやってるんでしょ。猫と写真を撮ってもらおうかな。ほら淋しいんだ。

この建物は何ですか。ぴかぴか光ってる。

——浄風会です。

奥本　立派だなあ、宗教法人てすごいですね。昆虫協会も宗教法人にしようかな、ご神体はカマキリなんてね。(笑)

これはスダジイ。うろからツゲとハゼが生えている。これも鳥の糞からでしょう。この辺りも郊外だったのが明治になってから住宅地になったところでしょ。

——林町は爵位を持った方が何人かいらしたそうですよ。西片町などは阿部さんの土地だったところで、賢い家令がいて、お殿様も頭がよかったから、土地を売らないで借地にして財産を残せたわけですね。

奥本　漱石だって、西片町にいた頃は土地を持っていたわけじゃないですからね。貸家ですよね。

——ここは鷗外の彼女せきさんがいた辺りじゃないんでしょうか。鷗外が独身だった頃ですからね。

奥本　いいなあ。つっかけで来られて。でも道で会うでしょうね。

＊横断歩道を渡り、古美術服部の前で。

奥本　鷗外書と書いてありますね。この団子坂上の通りはもっと狭くて坂もきつかったんでしょうね。団子坂は今でも自転車で上がると結構きついですよね。

——道の向こう側ですが、角に高山質店という宇野浩二の「蔵の中」という小説に出てくる店があったんです。

奥本　へえ、もっと白山のほうかと思っていましたけど。

——電話局のところは青踏の発祥地。広文庫の物集高見さんの屋敷あとです。

奥本　あれは便利な本ですよ。パソコンに入れておいたらいいのですが、結構読むのが難しい。息子の物集高量さんが住んでいらしたのは新宿区でしたっけ、東京都の最高齢者になられたんでしたね。百六歳くらいで。

——世尊院の脇から裏道を行きましょう。

奥本　おっと三味の音ですよ。

＊民家の二階から三味線がペンペンと聞こえてくる。

——二弦琴のお師匠さんの家なんて。

奥本　天璋院様の御祐筆の妹の御嫁に行った先のおっかさんの甥の娘。が、「吾輩」の好きな「三毛」のうち。（笑）

——鷗外の土地ももともとは世尊院の土地だったようですね。

奥本　そうですか。あ、これはゲッケイジュですね。小さい花が咲くでしょう。クスノキとか、ニッケイとかみんな仲間の木ですね。

——井戸の跡かしら。

奥本　井戸はたいていの家にあったでしょう。なきゃ困りますよね。

——ペットボトルがすごい。

奥本　ほんとだ。すごい。こっちは夏蜜柑に柿。これくらいでも玄関前に土があるといいですね。

＊籔下通りに出る。

奥本　もうここまできたんですか。ちょっと回っただけみたいに思いましたが。

——不同舎といって太平洋美術学校の前身で荻原碌山や青木繁が勉強していたのがここら辺です。

奥本　当時の人はよく歩いているわけですから、しょっちゅう「今から行く」なんていう葉書が来るはずですよね。郵便配達の回数も多い。

——「吾輩ハ猫デアル」の猫が捨てられた太田の池の辺りを画家はよく描いていますよね。

奥本　絵の練習ですね。描いてる、描いてる。

——汐見小の前の建物があった頃は覚えてらっしゃいますか。ケヤキの大木があって。

奥本　そうでした。暗かったですけれどこんなふうに木を切ってしまうと地震のときによくないですね。

——安政の大地震の時、「籔下の片側崩れる」って、記録にあります。鷗外の家の真ん前が崩れたことがあるんです。千駄木花屋敷の紫泉亭が潰れたらしいですが、その人が今の浅草の花屋敷をはじめた人らしいですよ。

奥本　この辺植木屋さんがたくさんあったでしょ。この階段なんか侘しくていいですね。当時の千駄木らしいところですね。ここが池だった。相当湿気が多そうですね。

――鳥の鳴声がすごい。

奥本　この鬱蒼としたところは個人の所有かな。なんかいい家を羨ましがって歩いているようですね。

この家は塀に使っていますが、マカダムってこの石、下に敷く石なんですよ。パリで道路工事してたのを見てると、原材料がたくさん積んであってね、ひとつもらってきました（笑）。

（セントバーナードの大きな置物）こんな犬の置物、子供の頃に親が買ってきて庭に据えてくれたら喜んだでしょうね。

＊珍しい鳥の鳴声が聞こえる。

奥本　飼っている鳥の鳴声ですね。九官鳥なんか飼っていると、日本の鳥の鳴声を真似してややこしいことになっちゃうんです。九官鳥の声とカメレオンの色は、本来の自分のが何だかわからなくなっちゃう。カメレオンも雄と雌がいて相手が気に入らないとカーッと真っ赤な色になってね。すぐわかるんですよ。人間なんかお見合いの時断るのに一応「うちにはもったいないような…」とかなんとか言って断るでしょ、あれが要らないわけですよ。

――正直なのが一番ですね。ここら辺は太田さんです。持っている人も大変だし、持っていない人も大変ですよ。

奥本　持ってる人が持ってない人にうまく繋げられるシステムがあればいいのですが、結局わけのわからないミニ開発になっちゃうでしょ。

豊島与志雄さんがヴィクトル・ユーゴーを訳したのはここら辺なのかな。

＊いよいよ着きました。漱石の猫の家。

――ひと言、漱石について。

奥本　今、漱石全集の月報を書くことになっています。それで雅号について書いてみようかなと思って。当時、漱石というペンネームの人はたくさんいるんですね。その頃の漢詩の雑誌など見ると何々漱石という人が何人もいる。正岡子規の幼少の頃のペンネームも漱石ですね。それで子規から借りたという話もあるみたいですが、どうもそうじゃなくて偶然みたいです。漱石が「漱石」を一番最初に使ったのが子規の書いている文章の批評でしょ。その前は平凸凹（たいらのでこぼこ）とか、愚陀仏（ぐだぶつ）とかいろんなペンネーム使ったみたいです。それでね、やっぱり今の私たちが書く文章がうじゃじゃけてきたのは、ちゃんとした雅号がないからだと思うんです。

――奥本さんはなにかおありですか。

奥本　ありません。雅号も持たず、汚い字を原稿用紙にボールペンで書いているだけじゃ駄目なんだなあ、と反省する今日この頃です。（笑）

それとね、我々の精神年齢は若いですけどね、これで僕なんか漱石より長生きしているんですよ。もうそろそろ老眼鏡なんて必要になってくるんですけど、眼鏡かけた漱石の写真はないでしょう。漱石は老眼鏡の味を知らなかった。

――昔の人は人生五十年ですものね。

奥本　そうですよ。あの千円札の漱石が四十五歳ですもの。貫禄あるでしょ。

――死んだのが四十九歳でしたか。

奥本　そう。その時の、子供と写ってる写真など見ると老人ですよね。「鬱然たる大家」という言葉があるけど、まさにそれでしょ。まあ、漱石の胃病も今の医学なら治った病気だったでしょうけど。

――先生になったのが二十七くらい。英国留学から帰って、明治三十六年にここにきて「吾輩ハ猫デアル」を書いて、文名が急に上がって十年くらいですものね。

奥本　誰でもね、真剣にものを書くと十年で死んじゃう。芥川だってもっと早く始めたけど、十年で死んだでしょ。そういう意味では志賀直哉だって、長生きはしているけれど、本当に書いているのは十年でしょ。

　漱石を読んでいてすごいと思うのは、博学だということ。とにかく何でも知っていますね。英文学だけではなしにギリシャ、ラテンの故事が小説の中にいくつも出てきますが、あんなに細かく英文の雑誌や本に目を通していたのかと驚きますよ。それとやはり場面の記憶力。十年も前に見た硯のことを写真にでも撮っていたように克明に描写するんですからね。

「猫の家」の跡には日本医科大学同窓会館が建った

――いろいろな引用がすらすら出てきますね。でも、十年というのは確かにそうですね。

奥本　詩人は二、三年ね。

――詩人は前のめりに早いから若い頃に詩を書かなくちゃだめですね。

奥本　数学者と詩人は本当に二十代ですね。芭蕉みたいに定型詩の場合は長持ちするけど。そんな気がしますね。ランボーも書いているのは一、二年。ボードレールが書いているのは「悪の華」一冊。原稿料で食えるわけないもの。ボードレールが母親に出した手紙なんて、お金をなんとかして下さいって無心の手紙ばっかり。詩人の手紙ほど、散文的なものはありませんね。

――生きているうちに認められずに、死んでから名を残してもね。

奥本　ボードレールの時代にも、生きているうちは大詩人だった人がいる。その当時の百科辞典にね、何ページにもわたって出ているカジミール・ド・ラ・ヴィーニュなんて今は誰も知らないし、辞典からもほとんど消えている。あるいはベランジェなんて。われわれの身近なところでは西条八十みたいに。そういうもんですね。

――個人的な興味でお伺いしたいのですが、小説を書かれるご計画はあるんですか。

奥本　小説ですか。実は書くことになっていて、締切も決まっているんですけどね。「吾輩は虱である」って題名まで決まっているんですけど（笑）。「吾輩ハ猫デアル」はね、すごく書きにくい部分があるわけですよ。どうしてかっていうと、要するに猫は家の中にしかいないでしょ。無理して行くとしても風呂屋にいくぐらいでしょ。虱だったら主人公の体についてどこにでも行ける。

――書くものはワープロですか？

奥本　いえ、鉛筆です。翻訳はワープロにしようかと思っているんですが。語順が変わったりするから。

――漱石は最初羽根ペンみたいなので書いていたみたいですね。

奥本　付けペンね。

――なかなか万年筆に馴染めなかったらしいですよ。

奥本　オノトの万年筆かな、丸善の。そういえば漱石の笑っている写真ってないですね。

――そうですね。あ、くだらないことですが千円札をこうすると、ほら、笑いますよ。

奥本　ホントだ。（笑）でも反対から見ると泣いています。

＊などと、最後は文豪漱石に対し、申し訳ない話となりましたが、いやー楽しい散歩でした。奥本大三郎さん、ありがとう。〔Y〕

41号〔一九九四年十二月〕
特集「夏目漱石の千駄木」

［追記］

夏目漱石特集記念の町歩きはソーセキ似の仏文学者・奥本さんと心に決めていた。博学で虫にも女性にも優しい。

旧奥本宅の敷地に建てられたファーブル昆虫館（二〇〇六年三月六日開館）を中心に、「やねせん博物誌」の特集を79号で組んだ。また、谷中在住の詩人で、仏文学者の父を持つ岸田衿子さんとの対談「蟲好きの文学者」を87号に掲載している。

この町にこんな人

琵琶一筋に七十余年の都錦穂（みやこきんすい）さん

42号

都錦穂さんに初めてお会いしたのは、一年半前。コンドーギャラリーの二階だった。馬淵広子さんの写真展「ふり向けば根津」のオープニングで、写真に写された当人の都先生が、お祝いに一曲披露してくださった。紫の房の付いた淡い色の弾奏着を羽織り、膝の上にまっすぐに立てた琵琶がベンと鳴ると、小さな錦穂さんの体から朗々と声が響いた。

根津銀座から横丁に入る。錦―都流琵琶の木札を目当てに引き戸をそおっとあけると、「さあさあどうぞ、寒かったでしょ」と明るい声で私たちを招き入れてくださった。

都錦穂先生は明治四十三年の生まれ。だから八十五歳。小柄で色白で、身のこなしが軽やかで、とても明治のお生まれとは思えない。

信州は岡谷なんですよ。本名は高橋静子。七人兄弟の長女でね。琵琶に興味を持ち始めたのはまだ子供の頃、菓子職人だった兄が鼻歌で琵琶の曲を歌うの。永田錦心のレコードがその頃岡谷でも流行だった。私はすっかり琵琶のとりこになり、学校を卒業してどうしても琵琶がやりたくて、製糸工場で働きながら大正十四年に錦心流門下の土田凍水先生へ入門しました。仕事が済むと、外出許可をもらって上諏訪まで稽古に通いました。どうしても夜遅くなるので、夜回りのおじさんに石鹸やらお菓子やらを届け、「門を開けておいてね」と頼んでいました。それがある時鍵が閉まっていて、監督さんに見つかった。「ルーテル教会に行ってました」なんて嘘ついたけど、「若い娘が今頃まで出歩いているなんて、会社でも責任が持てない」と家に通報された。それでも琵琶が好きで好きでやめられなかったんですよ。

昭和二年に奥伝を戴き、天才少女といわれたのよ。先生の後をついて前座をやったり、舞台に出たり。それが親に知れて、親子の縁を切るなんていう話にまでなった。でもある時、上諏訪の「都座」という大舞台に出ることになって、「隠れたる琵琶師」と新聞記事に載ったんです。当日、永田錦心先生が聞きにいらして、「女にしては太い声だ。前途有望だ」と言ってくださった。父も隠れて見にきていて、納得してくれたのか、それからは許してくれました。

そこへ、偶然出会った柿木寸鉄という高遠の人が、私を見込んで、「東京に連れていって鍛えるから、私に任せてほしい」と父に掛合ってくれてね。その柿木寸鉄という人は、琵琶の作詞家でもありますが、漢詩もやれば絵も描くという人でした。顔が広くて、自分で作った詩を私に演奏させる。伊東巳代治伯爵の前で、「吉田松陰」もやりましたし、藤山雷太という製糖会社の社長の家で、名前の由来を詩にしたのもやったことがあります。

そうそう、横山大観先生のお屋敷へ行き、炉端で演奏をしたこともあります。大観先生は勝海舟を尊敬なさっていらしたので、海舟の「城山」をやったと思います。私の着物をご覧になって、「これは着ると痛んでもったいないから家の唐紙にしたほうがいい」とおっしゃった。それから「お礼に何かひとつ描いてあげよう」と、枯れ木の傍のバッタに、真っ白い牡丹の図柄の帯を頂きました。三月九日の空襲でどちらも焼いちゃって、惜しいことをしました。

テープレコーダーが出始めの頃、コロンビアの吹き込み場に行ってレコードの録音をしたときは、自分が今演じたものがオウム返しに響いてきて、うれしくて涙が出ましたね。

三年間ほどその人のもとで過ごしました。私の錦穂という名も柿木さんのつてで、伊東深水さんに紀貫之の歌から名付けてもらったものです。

東京に来て、昭和十二年からは錦心流の水藤錦穣先生に入門しました。まだ岡谷にいる頃、錦穣先生の「白虎隊」をレコード屋に行って毎日かけてもらっていたくらいですから、念願叶って入門できたわけです。錦穣先生は水藤枝水先生の養女となられた方です。枝水先生はそれまでの四弦を五弦に改良して「錦琵琶」を興し、錦穣先生に「錦琵琶宗家」を名乗らせていました。この四と五の弦は同じ音に調律して、一緒に弾くのです。それに駒が一つ多くて五つ。そのために出せる音の数が多いんです。

錦穣先生は昭和四十八年に亡くなられ、五十年に枝水先生から錦―都派を名乗ることを許されました。

昭和二十七年に根津へくるまで琵琶の稽古の音が原因で、二十回も引っ越ししたそうで、田端の彫金家の香取秀真の家にも終戦の前に一カ月ほどお世話になったそうだ。戦時中は慰問団に加わり、農村慰問や被服廠を回った。二十年の七月には広島に慰問に行き、帰った翌月、原子爆弾が落ちたという。戦災で七面も琵琶を失い、そんな危険な目に遭いながらも、琵琶一筋に生きてきた。

都先生は昔を語りながら、さっと琵琶を手にとり、調弦をすると弾いてくださった。先日、銀座のホールで披露なさった「うつぼ猿」の聞かせどころ。目をつぶり、大きな撥を持つ右手が素早く動く。左手が力強く弦を押さえる。

「木は生きています。琵琶を弾くというのは魂と魂の戦いですね」。〔O〕

42号〔一九九五年三月〕

弘田龍太郎の碑ができる

四月一日、桜が満開に咲きほこる中、谷中全生庵の弘田家墓前で、弘田龍太郎作曲、清水かつら作詞〝叱られて〟の曲碑の除幕式があった。碑は上に譜と詞、下に略伝が銅板で埋めこまれたもので、龍太郎の門下生の元芸大教授、松村禎三さんが碑文を、鋳金家の西大由芸大教授が曲碑の制作をされた。

斎藤佐次郎ゆかりの曙ハウス

根津に現存する曙ハウスはずっと「八」の字だけだったのに、なぜか最近修復された。

20号〔一九八九年七月〕

〔追記〕根津二丁目にあった曙ハウスは町のランドマークでもあったが、二〇〇六年二月はじめに取り壊された。

文京区根津にあった曙ハウスの入口（平井勝夫氏撮影）

秋草咲く日　岡本文弥逝く

48号

十月二日、奏楽堂で岡本文弥一門の会があると出掛けたOとYが「おかしいね。文弥さん出演しなかったよ」と帰ってきました。心配していたら、主催者「谷中芸工展」の手嶋くんから六日朝、電話があり、文弥さんが亡くなったことを知りました。満一〇一歳。倒れる直前まで頭脳明晰。病院には三日、ほとんど苦しまずに旅立たれたようです。

俳句の方ではもう相当に有名ですが、白寿記念の歌集「味噌・人・文字」には魅かれる歌が多いです。

年齢表よりわが生まれ年削りたるこんな手帳や日記帳ある

一芸に生涯かけしひとの末にっぽんにてはおおかた寂しき

かえりみて栄華の日々を持たざりしわが生涯を自画自賛する

岡本文弥さんのお宅で（平嶋彰彦氏撮影）

「あたしは死んだら墓まで歩いていけますよ」と冗談を言っておられましたが、路地の小さな文弥さんの家のまん前が菩提寺妙福寺です。そこで十月九日、お葬式が行なわれました。

奥様で岡本流四代目家元である宮染さんのご挨拶は、「今日から私はひとりぼっちになります。みなさまよろしくお願いします」という実に短いものですが、胸を打ちました。文弥さんと宮染さんは戦後、五十と三十六で一緒になり、それでも半世紀、ともに生きてらしたのです。合掌。〔M〕

48号〔一九九六年十二月〕

［追記］

一〇一歳まで現役の新内語りであった文弥師匠は『谷根千』にも縁の深い方だ。13号で初めての聞き書きを掲載、40号で文弥百歳の特集を組む。一九九三年に森まゆみ著『長生きも芸のうち　岡本文弥百歳』（毎日新聞社、のちにちくま文庫）が出ている。

Mのお気に入り　ラーメン——白山の巻

沖縄で修業中の息子が帰ってきて、寿司とラーメンが食いたい、という。沖縄はソーキソバやラフテーやゴーヤチャンプルーやおいしいものが多いが、この二つだけは今イチだそうだ。

寿司はじいちゃんばあちゃんのうちで死ぬほど食わせた。ラーメンは……夜中に白山ラーメンに行った。この店はテレビでもよく取り上げているんだそうで、もう三回も行ったのによく場所がわからなかったのだ。今日は見つかった。

大通りの、ちょうど京華商業の校舎の反対側。一杯七〇〇円。二杯を息子と娘と三人で分けて食べた。ゆで玉子入り、白濁茶色スープにネギ、チャーシューはとろけるよう。麺はコシあり。おいしい。残りの汁や中身や割り箸をポリバケツに捨てるのがちょっとやだ。若い男女混合グループ客が多い。

一〇〇メートルも離れていないところにやる気ラーメン。こっちは客がいない。そうなると入りたくなる、三八〇円だって。オレもう一杯いける、と息子。じゃあ入りましょう。あの三人なんだけど、ラーメン一杯、でいいですか。はいっと気持ちのよい返事。「お、いけてるじゃん」「私こっちのほうがいい」「チャーシューは薄いな」「汁はすき透ってさっぱりしている」「この次はこっちにしよう」「極辛キムチラーメンをためしたい」

子どもたちよ、また連れてきてあげるね。〔M〕

65号〔二〇〇一年三月〕

やねせん
こぼれ話

D坂シネマの夜が更けて

山﨑範子

中古とはいえ、16ミリ映写機を買った日の喜びは忘れられない。北辰SC10、アームがぐるりと回る仕様で、スクリーンと合せて二十万円ちょっと。二万円のズームレンズは映写機購入祝いのオオギからのプレゼントだった。これでもう十キロ以上ある映写機を文京区から借り出して運ぶ苦労から解放されたのだ。

D坂シネマ（団子坂マンションの一室だったので）と称して自宅で映画会を始めたのは『谷根千』を創刊して数年後のことだ。子どもの通う保育園の映画会で、映写機を操作する保母さんに会い、「あら、誰でもできるのよ」と教えてもらって、さっそく映写機操作技術講習会に申し込み、三日間の講習と五百円の費用で認定証をもらった。これさえあれば自治体や都立図書館のフィルムライブラリーから16ミリフィルムが借り出せる。モラリス「赤い風船」や「白い馬」、カレル・ゼマン「悪魔の発明」、虫プロの「やさしいライオン」、岡本忠成「おこんじょうるり」「南無一病息災」、カナダやチェコや上海のアニメ作品なんかを借りては1DKのマンションでカタカタ映して楽しんだ。自分が見たいものを映していたが、そのうち近所の子どもが集まるようになり、夕飯前の忙しい時間に子どもを預ける場所として重宝されるようにもなった。

子どもが小学生になり学童保育に通い始めた。指導員の野中賢治さんから「ここで映画会をやりませんか」と声をかけてもらった。三十平米もない狭い家にひしめいて映画を見ている現場を目撃し、救いの手を伸ばしたんだと思う。学童保育の千駄木育成室の名をとって「千駄木キネマ」と改め、初めてプログラムも作った。

それから十三年間に四十八回、子ども、ときには大人相手に千駄木キネマは続いた。ほとんどは都立日比谷図書館のライブラリーから借り出すフィルムで、アニメのほかに「チャップリンの黄金狂時代」、小栗康平「泥の河」、東陽一「絵の中のぼくの村」もやった。近所に住むアニメ作家を招いて自作の上映会もした。暑い夏は公園にスクリーンを張って野外映画と夕涼み会をした。

子どもが子どもでなくなって、「千駄木キネマ」は私の手を離れてしまったけれど、一方で谷根千工房の事務所が団子坂マンションの半地下倉庫に移ったのを機に、あらたな「D坂シネマ」が始まっていた。

団子坂上に鮒松月という和菓子屋があり、熊沢半蔵という主人がいた。『谷根千』4号の和菓子特集で話を聞きに行き、ご主人が8ミリアニメを作っていることを知る。隠れ家のような部屋で作品を見せてもらったときの驚き！　熊沢さんの生まれ育った浅草の町が、少年の目で伸びやかに、ユーモラスに映し出される。

まったく知らずにいたが、キネマ旬報社の監督全集に「期待に応えうる個性ゆたかな作品を、長期間にわたって作り続けている」作家として紹介されてもいたのだ。

さっそく谷根千工房主催で「熊沢半蔵映画祭」をする。みんなに観て欲しくて、会場を変えて何度も映した。オリジナルフィルムしかないので、映画会には必ず熊沢さん自ら8ミリ映写機をまわしてくれた。その熊沢さんが一九九七年に七十三歳で亡くなり、フィルムの行き先がとても気になった。数年ののち、熊沢作品の大部分が京橋のフィルムセンター所蔵となった。

谷根千工房が団子坂マンションに移ってから、仕事場にスクリーンを張って、モリとオオギと三人でヒマがあれば記録映画を見た。モリが関係する「地方の時代映像祭」や「ゆふいん記録文化映画祭」関連の、お勧めを見たりもした。あるいは、『谷根千』34号の都電特集のときに都電を借り切って乗車したあとに東京都が制作した都電のニュース映画を、グァテマラからやってきた友人との夕食会にグァテマラの保健衛生の映画を、東欧に環境調査に行く友人にチェコスロバキ

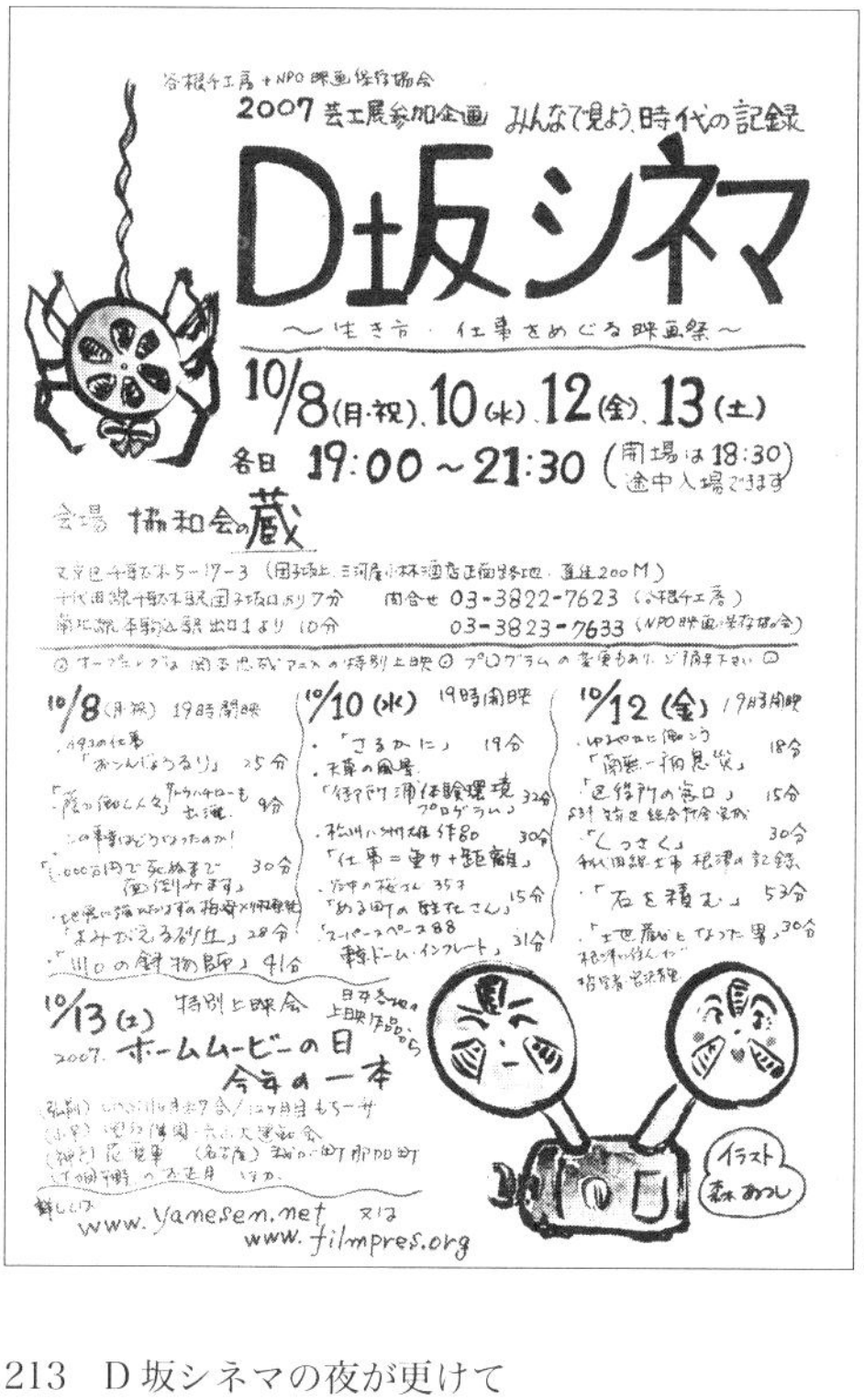

いまだに手書きのチラシを作っている。これは2007年（平成19年）のプログラム

ア時代の地理映像を探してきて映したりした。とにかく映写機を回したいだけだったかも知れない。

『谷根千』を発行していることで、「これってどこだかわかります?」と地域の映像を見てもらいたいという機会も増えた。白山にお住まいの岡田正子さんから一九一八年にベンジャミン・ブロッキーが撮影した「Beautiful Japan」をみせてもらったときも驚いた。こんな映画が残っているんだ。岡田さんはその後十数年かけて調査し、少しずつ映像の背景を明らかにしている。

五年前。谷根千工房に若手スタッフのカワハラが入社し、町の催し「谷中芸工展」の実行委員にもなった。「ヤマサキさん、D坂シネマを芸工展でやろうよ」という。一回目は「谷根千と東京を探る」をテーマに四日間で十九本。それから毎年「産業と谷根千」「日本の技、雅の世界」「生き方と仕事をめぐる」と真面目そうなテーマを決めては、誰も見たことのなさそうな映画を探してきた。

この間に、会場は谷根千工房の事務所から千駄木五丁目にある旧佐野邸(現・社団法人在宅看護協和会)の蔵に移った。築百年になる蔵の保存活用を手伝って縁が生れ、その蔵を今はNPO映画保存協会が借りている。公的支援から洩れた映画フィルムの保存に取り組むこの若手グループとは、熊沢フィルムをフィルムセンターへ橋渡ししたときに知り合ったのだ。今では「D坂シネマ」の強力助っ人である。

公共ライブラリーには、購入したり企業から寄贈されたまま、貸し出し記録のないフィルムもある。何が映っているかは見てのお楽しみで、ヒマを見つけて「D坂シネマ」のための試写会をする。文京区や台東区のライブラリーにもおもしろい映像は山ほどある。「二十年後の東京」(一九四七年、東京都開発局)を二十数年前に見たとき、これはみんなに見せなくちゃと興奮した。そういえば、「D坂シネマ」の始まりは子どものアニメとこの記録映画だったっけ。

さて二〇〇八年、「D坂シネマ」のメイン作品は解説付きの「Beautiful Japan」なのだ。

ご近所調査報告

浜松学生寮探訪

55号

一九九八年四月三日金曜日、千駄木の大給坂上の浜松市学生寮の入寮式があった。父母の皆さん、新寮生のために千駄木という町について話をしてほしいと頼まれ、出かけていった。

その昔、この辺りは寛永寺持ちの御林であったこと、明治以降、大学の多い町の後背住宅地として、大学の先生の邸や学生下宿が多かったこと、高村光太郎、宮本百合子など作家や芸術家も多く住んだことを三十分ばかり話した。とても熱心に聞いてくださった。

浜松市は人口六十万、それにしても一つの市が都市にこのような学生寮を持っているのは珍しい。ここは武蔵七党の流れをくむ久米家の屋敷があったところ。久米家当主は東京瓦斯の社長を務め、茶人でもあった。茶室宮休庵は現存し、都の重宝となっている。その一部を借り受け、浜松市が男子寮としたのは一九六二年のこと。この寮で出している「ひくまの」という寮誌は傑作である。今回、内情をよく観察する暇がなかったので、この冊子を参考に寮の生態に迫ってみたい。

「私は入寮前、当時通っていた都電の『駒込林町』より一停留所上野寄りの『団子坂下』に下宿していました。元卓球場だった木造二階をベニヤ板で仕切った三畳間に四十ワットの裸電球。家財といえば一組みのふとん、折り畳みの小さなチャブ台、石油コンロ、鉱石ラジオに鍋、釜、ヤカンが総てでした。この下宿場所に飽きを感じていた折、わずか三、四百メートル離れた場所で〝浜松市学生寮建設現場〟を見つけた時、何かジーンとした思いと共に運命的な出会いを感じたことを今も鮮明に思い出します」

第一回寮生でいま浜松で寺の住職をしておられる服部義照さんが書いている。浜松市寮は現在、定員九十六名。中はのぞけなかったが、各室入ると左右に二名ずつの四人部

浜松市出身の男子学生の東京生活を応援したこの寮は、2004年（平成16年）に閉鎖、いまはこの建物もない

屋であるらしい。

大石哲司寮長も、かつては寮生であった。

「麻雀を教えてくれたI君、沢山の授業料をお支払いしたよね。バイトを世話してくれたT君、おかげでリッチな学生時代を送れたよ。お酒の味を教えてくれたS君、二人ですずらん通りを端から端まではしごをしたね。お陰でお酒なしでは過ごせない体になってしまった」という大石さんが、すずらん通りの「あかしや」で『谷根千』と出会い、今回のご依頼となった。

大石さんによれば昔は「廊下をとばない」の注意書きだけだったが、昨今は、前号の弥生町真正館と同じく注意書きが増えた。「靴箱以外に置いてある靴は、随時処分します」とか「食器、トレイの持ち出し厳禁」、自立性より指示待ち症候群が増えたのかもしれない。寮生の気質もこのところ「バンカラから皆芸能人へと進化を遂げた」のだそうである。

自治会委員長の訓示は〝ナンパのすすめ〟である。「〝ナンパ〟が成功するためには短時間で自分のよさをアピールしなければならないし、またみず知らずの人に声をかけ、話をする度胸も必要なのである」という三年生、鈴木篤人くんのことばはきわめて示唆にとむ。

寮の中はどうなっているのか。部屋紹介を見てみよう。

「夏は頭にくるほど暑く、冬は死ぬほど寒い。この抜群の環境のせいか、虫がたくさん現れます。蚊をはじめ、ハサミムシ、ゴキブリ、ガ、ハエなど毎日のように現われてとてもうるさいです」12号室

「日々のあいさつは〝チワ〟皆毎日夜通しジュモンの様にとなえています。皆さんかなりやさしいのでチョー幸せです」21号室
「杉山くんはとても背が高い。そして甘いマスクでディズニーランドのトムソーヤ島で騎兵隊をやっている。台風十七号が関東地方へ上陸したときも騎兵隊をやってたんだ」22号室
「この部屋は位置も手伝ってか、人の出入りが多く、かつ多種多様です。また、右側と左側で『不可侵条約』が締結されており、欧米的個人主義の香りもうかがえます」23号室
「伊織さんはギターを弾きながら歌っていることが多く、あの美声で起こされ、心地よい朝を迎えたことは何度もあります。あの髪の中に鳥を飼っているという説もある」24号室
「正午の十二時きっかりになると、きまってカップラーメンのすする音が悩まし気に聞こえてきます」26号室
「入寮当初は、部屋の狭さと、寮生募集パンフレットの写真技術の巧みさに驚いたものだったが、アバウトな寮規則と真夜中でも帰ってこられる不夜城の如きこの寮に気楽さを覚える今日この頃である」33号室
四人部屋に住む楽しさ（お酒を飲んだり、ギターを弾いたり、ゲームをしたり）と大変さ（狭い、臭い、うるさい、先輩にイジめられる、気が合わない）が伝わってくる。また昼間は寮でゴロ寝、夜は飲んだりアルバイト（中には勉強いちずの方も）、ケイタイ電話必携、そしていわずもがなのＧＦ欲しいといった現代学生気質がよくわかる。

でもって「ひくまの」による寮生お薦めの店。

済州島　♥♥♥♥
学生寮の行事などでよく利用する焼肉屋。昔は、読売巨人軍の選手が食事に来たという伝説を持つ。交通◎寮より全力で走って三十秒、酔ってフラフラしながら五分四十秒。

末廣　♥♥♥♥
日・祝・祭日など寮メシが無いときに寮生が空腹を満たしに行くラーメン屋。夕方は、混雑していて外で待たされることもしばしば。
玄海ラーメン（豚骨）、末廣ラーメン（ごまたっぷり）が人気。交通◎寮よりタクシーで六五〇円（初乗り料金）、郵便局でお金をおろして八分ちょうど。

うどん市　♥♥♥
メンにコシがあり、寮内でもなかなか評判のうどん屋。

かき揚げ丼や、天丼などとのセットメニューは根強い人気。交通◎寮より寮チャリで一分三十秒。それがせっ盗チャリで交番経由で五時間程度。

三福 ♥♥♥

店はおせじにもきれいとは言えないが、作ってるおやじとおばちゃんもきれいとはいえない。居酒屋。チャーハン、焼ソバ、玉子焼き。交通◎先輩に愚痴をこぼしながら三分。財布を忘れ寮にトリに戻って十分十五秒。

私の講演の最後には質問がよく出ました。

1 「はん亭」を浜松でテレビで見ました。行ってみたいけどいくらくらいですか?

2 この辺でいいデートコースはありますか。

3 この辺で夕食のいい店はありますか。

4 井戸水の記事が出てたけど、水は飲めますか。

なかなかいい質問であった。そしてみんな大学での新しい生活に胸をふくらませている。大学よ、若人の期待を裏切ることなかれ。そして寮生のみなさん、退屈なときは谷根千に手伝いにきてチョーダイ。〔M〕

55号〔一九九八年十月〕

つるみよしこ／画

谷根千創刊にイラストレーターとして参加したヨシコは不思議な距離感を持ってずっと私たちのそばにいた。初期には「ひろみの一日入門」や町並のイラスト描き、73号からは「まんが谷根千秘録」を連載、副題は「よしこは見ていた」

津谷明治聞き書き

根津の旦那津谷宇之助と賢者河口慧海

69号

私は明治四十三年に根津で生まれました。父は津谷宇之助といって、いまの根津交差点の角で親父の代には貸家業をしていました。江戸の頃から住んでいると思います。父で五代目。いまの赤札堂のとこですね。『明治東京畸人傳』（新潮文庫）に糸屋と書いてありますが、確かに糸の卸もしてましたが、そんなに長い間じゃないですね。前っかわを藍染タクシーと伊東洋食店に貸してました。藍染タクシーは斎藤さんって名前で、ハイヤーの運転手をしてましたが、独立するならといって父が場所を貸したんです。

津谷の家はそもそも源平の合戦で逃れて岐阜で庄屋をしていたようです。津谷村というのがあるらしいが、江戸に出ないと食えなかったらしい。最初は根津遊廓の門前で豆腐屋をやっていたと聞きました。

僕のうちは女ばかり五人と僕、兄は結核で早く死んじゃったので、男は僕一人です。

母は宮永町の大地主の渡辺弘太郎の妹です。だから宮永町は津谷と渡辺でほとんど持ってて両家は仲良くしてました。夏なんか一緒に千葉の海に行って。親父は渡辺さんを代議士にしようとしてたのに、早く亡くなってガックリしてました。私の代になって、土地を二百七十坪、富士銀行に譲ったんです。その後、銀行が赤札堂に譲ったんですね。

父は慶応大学に入ったんですが、祖父が本を買ってくれないというので、やめてしまった。とても面倒見のいい人で、人の世話をして一生終わりました。

家は広くて二十部屋くらいあって、僕が学校から帰ると客がいない日はなかった。夕食も家族だけで食べたことがない。親戚の渡辺、団子坂の菊人形の浅井定吉さん、児童文学の金の星社をつくった斎藤佐次郎さん、あと根津の寄席哥音本をやってた本田慶一郎さん、爪皮屋の三田さん、

津谷宇之助さん

東大農学部の前の呉服屋さんなんかは毎週のように来ていました。

親父は字を書くのがうまくて、白山の角に酒井八郎右衛門の井亀泉て有名な石屋があって、大きな墓石をごまんと作っていた。父によく墓の文字を書いてもらってました。池之端の鰻屋の伊豆栄の看板も父の字でした。それから仲人だって百組じゃきかないでしょう。根津神社の元宮司の宮西さんの娘さんは二人ともうちの親父が仲人でした。

そういえば大正の博覧会をやるとき、根津の町を潰して会場にするという案があって、父は反対の先頭に立った。大正の博覧会は二、三度見ましたが、あれは盛大でした。

宮永町はよく大水が出た。坂と坂とに押しつぶされた町ですから。それで当時本郷区議会議員だった父は、藍染川の暗渠化の交渉にもよく行ってました。市電を根津に通すのも、促進会をつくってやってましたね。忍ヶ岡高女が廃校になるというので、その反対の委員長もやってますしね。ボランティアですね。人力車をほとんど一日待たせといてあちこち回って。藍染タクシーを使うこともありましたし。まあ芸事なんかしてる暇はなかったですね。浪花節と謡くらい。団子坂の上に敷島あられの小野田さんが観世鏡之丞さんの直弟子で、みんな習いにいった。僕も早稲田の友人と二人で通いました。

美術家で家によく来ていたのは、林町に住んでいた木彫の吉田芳明さん、高村光雲さん、上野桜木町の平櫛田中さんですね。このなかでは芳明さんが一番木彫り師らしい人で、光雲さんも大変誉めていましたね。二人は芸術家として尊敬しあっていました。

光雲さんの七十七歳の祝いを本郷座でなさった写真があります。光雲さんは芝居が好きで、特に七代目の吉右衛門が好きでした。この写真には河口慧海さんも写ってる。佐佐木信綱さんもお見えになってたはずです。

ずっとあとのことですが、昭和になって智恵子さんの心がおかしくなったとき、光雲さんから頼まれて、藍染タクシーを出して品川のゼームス坂病院まで送ったことがありますね。うちの父はあそこの顧問をしていたので、紹介したんだと思います。

責め絵で有名な伊藤晴雨さんがうちの二階で屏風絵を描いていた。伊藤さんはなかなか気難しい人でしたよ。

ですから、僕は小さいときからわりあいたくさんの大人にかわいがられてるんですよ。ことに三田の爪皮屋の弟さんはほとんどうちで暮らしてたようなもんで、本当にいろんなところに連れていってくれました。江戸っ子の遊び人でね。なんせ、藤田嗣治が春画を描いた長襦袢を着てるんだからね。あんなの見たことがない。彼と出会わなかったら、僕はもう少しまともになっていたんですが（笑）。

それからいま池之端でふるかわ庵をやっている古川さん。この方のおじいさんは上野で万盛庵という名代のそば屋をやってたんだが、うちの親父といっしょに浅草に万盛座って芝居小屋を建てました。持ってただけで、実際の興行は別の人がやって。あそこは上野の鈴本の貸し地で、やめたあと刃物屋ともう一軒に貸していたが、戦災後は鈴本に返しました。

うちの父は沢正（沢田正二郎）の小さいパトロンでもあった。だから僕は沢正の芝居をたいてい見ているが、親父は好きだったけど、役者としてはどうでしょう。うちのとなりの地所が空いたときに少しいたこともありますね。

宮武外骨さんとも懇意にしていまして、あの人の本はみんなあった。僕も二、三回外骨さんのうちに行きましたよ。庭の方からおあがんなさいといって温和な人でしたよ。

何といっても僕にいちばん影響を与えたのは河口慧海さんですね。この方は、明治三十年代、日本人で初めて、仏典を求めてチベットに入られた方です。みんな慧海さんを探検家のようにいいますが、あの方は本当の宗教者です。金は欲しがらない。名誉も欲しがらない。ああいう方はいまはいないでしょう。本当に尊敬できる方でした。

あの方はもと弥生町にいらしたのですが、三田さんと親父が中心になって、以前に斎藤佐次郎さんがいた所にお世話したんです。いま松田さんて方がいらっしゃいますが、あれは建て直した後の家で、もとは入り口が横丁のほうについていて、入って右手に玄関があった。斎藤さんは不忍通りでゴムびきシート屋を営み、人力車の幌なんかを作っていました。森さんの本には斎藤さんが無料で家を提供してたようにあるが、実際には親父たちが金を集めて毎月の家賃にしてたんです。

慧海さんは雪山精舎という名を付け、日曜学校を開いていまして、僕もいっては梵語でお経をやらされました。

僕をたいへん可愛がってくれて、ほうぼうへ連れていってくれました。よそのお宅で読経するときも、後ろで控え

前列右から２人目が慧海さん、３人目が高村光雲さん。光雲さんの喜寿のお祝いの集まりだろうか（津谷明治氏提供）

ていましたし、まるで小坊主みたいにね。団子坂の風呂屋にも一緒に行きました。今も残る教えは、「仏心とは向上心だということ」です。よく子どもたちに言ってました。

最初のころは、どこへお出ましになるにも僧衣を着てましたが、そのうちお経さえ読んでいれば着るものは関係ないといって平服でいらっしゃいました。

ひと月のうち二十日はうちにおいでになりました。うちの母が一度カステラをお出ししたら怒った怒った。卵が入ってますでしょ。あの方は動物性の物は摂らないから、「こんなもの食べられるか」というんでね。それで僕たちにはよく、チベットの麦こがしみたいなものを練ってくださったけど、これがまずくてね。親父の戒名も慧海さんが付けてくださいました。

慧海さんにいただいた手紙がこれです。

「明治さん　よくべんきょうしてますか。この楠の大樹ハ約六百年を経たもので　あります。能く雨や風や雪や日光の熱　を忍へて漸く大樹となりました　よく　ごらん」

旅へ行く先々から葉書をくださるんですよ。必ず「よく勉強するように」と書いてありました。

誠之小から開成に入ったのが、大正十二年の震災の年ですね。慧海さんのあとを継いでチベット仏教を学びたかったけど、それでは食って行かれないと親父が言うので、進路のことで一悶着あって、一年遅れで早稲田に入りました。

大正の終わりに慧海さんがまたチベットへいらして、向こうから金がなくなったと手紙をよこし、親父が金を集めに歩いたことがあります。

僕は学校を出て、最初主婦の友に入ったんですが、昭和十年に面接だけで東宝に移りました。入江たか子や高峰秀子、霧立昇なんかも東宝にいた。給料が安くて、台湾の部長になれといわれたんですが、銀座と離れるのがいやだった。あのころ一年三百六十日は銀座を闊歩して遊んでた。月給が七十円だったでしょうか。銀座の料亭へ行って泊まっても一人四円で遊べたんですからね。

やってた仕事はプロモーションというか、映画ができるとあちこち乗り込んで興行の手配をするんですが、当時の映画館にはたいていヤクザがからんでますから、ときどきピストルを出されたりしてびっくりしました。東北六県の映画館の開拓はほとんど僕がやったようなもんです。映画会社は写した影を売ってんですよ。フィルムを売るわけじゃない。けっこう危ない橋を渡りましたよ。

十八年に召集になって、十八年の暮れに親父が危篤だったんで、自費で帰ってきました。翌年の一月九日に亡くなりまして、そのあとまた軍隊に戻り、ソ満国境の川のところでスクリーンを張って「民族の祭典」というベルリンオリンピックの映画を写したのが忘れられません。

長く生きているとそれなりにいろんな物語があるもんですね。運がいいとか悪いとか、ホントにあると思う。私はどっちか分からないけど、出会いという点では運のいいほうでしょうね。就職しても軍隊へ行ってもわりあい上の人に恵まれました。人生の中で河口慧海さんに出会えただけでもね、もう最高ですね。

文化というものは旦那がいないと育たないものである。財力があり、趣味を持ち、暇もあって誰かれなく人を助ける。大地主であった津谷宇之助はまさにそんな人のようだ。高村光雲、伊藤晴雨、宮武外骨、そして河口慧海との交流はその旦那道をあますところなく物語る。根津のような小さな町で、ほかにも斎藤佐次郎、三田平吉、渡辺弘太郎らが、それぞれに旦那ぶりを示した。津谷宇之助はまた市電開通、下水処理、学校といった町の問題にも尽力した。旦那とは、タウンマネージャーでもあった。津谷明治さんは私たちに惜しみなく資料を与え、おいしいお寿司をご馳走してくださった。私たちが谷根千を始めてから出会った数少ない〝旦那〟であった。

●この原稿は、津谷明治さんに十年前から数度に渡ってうかがったお話を編集部でまとめたものです。文章責任は編集部にあります。〔M〕

69号〔二〇〇二年四月〕特集「根津に住んだ慧海さん」

おいしい店みつけた
動坂食堂

中濱潤子

いつも賑やかな動坂食堂は文京区の動坂下交差点にある（中濱潤子さん撮影）

じっくり考えて「いわし天ぷら定食」にしたはずなのに、隣りのテーブルに運ばれた五目うま煮を見て心は迷う。後ろからは「ショウガ焼き。半ライス。味噌汁のかわりにニラ玉子汁、あ、かぼちゃの煮物もつけて」の声。そんなのもいいかなあ、とまたまた動揺の繰り返し。

なんたって、ここ動坂食堂は選択肢が多い。約二〇種類の本日の定食（八〇〇〜一〇五〇円）のほか、一品料理と副菜を選び自分なりにお盆の上を構成すれば、流行のプリフィクスもかなわぬほどのバリエーションが楽しめる。

毎日通う常連さんもいるそうだが、「濃いよりは薄いほうが各自調節できるから」という味つけは確かに飽きがこない。冬は豚汁、カキフライ、夏は若アユ天ぷら、ハマグリ潮汁など季節を映した逸品。ほうれん草のおひたし、ひじきの煮物などのビタミン&ミネラルメニューもうれしい。

この場所で四十五年前から食堂を営む、天野ファミリー

70号

にとって、お客さんは家族も同然のようだ。お父さんの国男さんら男性陣が担当する調理を、お母さんの篤子さんの采配で盛りつける。「今日は暑いから定食の小鉢は冷奴がいいかしら」「旬の小松菜は油と炒めたほうがおいしいわね」という配慮は子どもの体を気遣う母のよう。できる限りおいしく安く体によいものをと、レトルトは一切使わず、マヨネーズ、ケチャップ、肉のつけ汁などすべて手作り。年季の入ったぬか漬けがまたうまいのだ。

ホールは娘さんたちが担当、アットホームな雰囲気のため、女性ひとりやカップル客も少なくない。店は休憩時間なしなので、私のような居職で、しばしばお昼が三時頃にずれこむ昼食難民の力強い味方だ。

さらに魚のうまさは食堂のワクを超えている。金目鯛の焼き魚を頼んで、「今日は煮付け」と言われてもがっかりすることはない。毎朝国男さんが千住の市場へ仕入れにいき、それをスタッフ一同で試食して、毎日いちばんおいしい調理法で出してくれるのだ。定番のマグロに加え、季節により活ダコ、アカイカなどの刺身もぷりぷりで、一人前一〇〇〇円以下と値段も◎。

夜は食事の前に一杯、という人も多い。

70号〔二〇〇二年七月〕

［追記］

中濱潤子さんは食をテーマに取材を続ける地域在住のフリーライター。谷根千工房のホームページを管理する守本善徳氏の紹介で知り合った。二〇〇一年の68号以降、毎号一店を、独自の勘と丁寧な取材で連載中。著書に『アイルランドの手触り』（日本放送出版協会）、『アイルランドB&B紀行』（東京書籍）などがある。

私のあった百合子さん

74号

(宮本顕治)はお帰りになったばかりでご病気のようでした。

百合子さんは地味な着物をお召しになり、小柄な方で、熱心に話してくださいました。

光太郎も百合子も漱石もハチローの旧居も、みな跡だけになって残念です。

百合子さんの家　香月丈子さん(文京区本郷)

私は百合子が好きで、千駄木の中條邸跡によく行きます。中條邸はわずかにあずき色の塀の一部が残されているだけで、敷地四五〇坪、門から玄関まで花形の敷石があったころの面影はまったくなく、なんともいえない気持ちになります。ただ、戦時中に取り払われた交番が復活していたり(今は再び取り払われた)、細井医院(中條家が見てもらっていた)が健在でした。

林町の青年部で　野崎多嘉栄さん(杉並区堀之内)

私が直にお目にかかりお話を伺ったのは一度だけです。昭和二十二、三年頃、東林会館(町会事務所の芳林閣か?)で、駒込林町の青年部の親睦会のような会合が何度かありました。ある時、その仲間で宮本さんのお宅で、お話をうかがうことになりました。「貧しき人々の群」「播州平野」「道標」「伸子」「風知草」など読んでいたので、私も喜んで行くことにしました。

明治二十二年生まれの父は「青鞜社はみだらな女の集まりだ」とか「共産主義者は恐ろしい思想をもったこわい人たちだ」と信じておりますので、私が東宝撮影所に入社した時も、たいそう心配していました。

それが百合子さんの話を聞きにお宅に行くといったので、「中條さんをだました人たちの話なんか聞くな」と大変な剣幕でしたが、私は出かけました。百合子さんのご主人

林町内科医院　島薗久子さん（杉並区）

戦後、千駄木三丁目に住んでいた兄は、洋館だった自宅が米軍に接収されないようにと林町内科医院を開業しました。書斎を診療室にして二年ほど、私も受付を手伝いました。ご近所だった宮本百合子さんも受診にいらして、顕治さんが紺絣の和服姿で付き添っておられました。

父の幼なじみ　高村規さん（文京区千駄木）

レッドパージのころ、中学生のぼくの部屋の前が百合子さんの書斎で、警察が見張るためにぼくの部屋に上げてくれと頼んできたが、親父（豊周氏）はその場で断りました。百合子さんて人は色白で丸い体を振って、日傘をさして、大地を踏みしめて歩くような人だった。拷問で耳をやられて、勾留されて身体も壊して、とにかくそのせいで早く亡くなったんじゃないか。葬儀は左翼や文壇の人が大勢来ました。赤旗の帰還者楽団の演奏もありました。

本の装丁　田坂ゆたかさん（品川区大井）

父、石井柏亭が中條精一郎さんと親しかったのです。私も千駄木小学校ですから、家も近かったですね。父は百合子さんを描いていて、その作品は近代文学館にあります。百合子さんの「貧しき人々の群」は柏亭の装丁です。お話したことはないですが、文化学院に通っていたとき、三年上に妹の寿江子さんがいました。

ピアノ　太田臨一郎さん（故人・谷中）

ぼくは弟の国男さんと友達で、百合子さんのお家によく遊びに行きました。百合子さんのピアノに合わせてぼくらが合唱して、楽しかったな。姉御肌でぼくも弟扱いされたものです。戦時中に家の前を通りかかると百合子さんが出てきて、『私一人なのよ、偉いでショ』という子どもっぽい話し方がおかしかった。

子ども好き　天野松子さん（故人・千駄木）

中條百合子さんはお屋敷町では珍しくニコニコして愛想のいい方で、近所の子どもを大事にしてくださいました。戦時中は尾行の警官がうるさかったですけどね。何も悪いことしたわけじゃないのにね。獄中の顕治さんに差し入れに行くときの、髪をひっつめにしてモンペはいて、リュックを背負って歩く姿が今も目に浮かびます。あのお家は竹藪が多かったわね。

書斎　大畑ちゑ子さん（故人・谷中）

うちは中條さんのすぐ近くの植木屋の蔵石さんの地所に

住んでいました。高村光太郎さん、智恵子さんも一緒です。百合子さんの書斎によく上がり込んで本を読ませてもらいました。『なんの本が読みたいの?』と笑って聞いてくれて優しかった。百合子さんの弟さんが私に結婚したいといったこともありました。

お風呂　竹田静江さん（故人・千駄木）

戦時中に担架にのせて森川医院まで運ぶ訓練で、百合子さんはご自分が担架にのる番になると「重くて困るでしょ」といってらした。あのころ伝達という回覧板回しが毎日あって、高村光太郎さん↓うち↓近藤洋二さんという順で、中條さんのところを通ると近道なんですが「どうぞどうぞ」といつも通してくださった。燃料がないので、百合子さんは原稿用紙の残りでお風呂を炊いてらした。私もよく入れていただきました。家が焼けたお宅には「うちにいらっしゃい」と何家族も仮住まいさせておられました。

74号〔二〇〇三年十月〕
特集「白くふわふわしたもの　その二　宮本百合子」

大空詩人のこと

昭和二十二年、団子坂上の想い出の人は「大空詩人」です。偶然でしょうか、焼け跡が残る団子坂上を中心によく見かけました。古びたマンドリンを首に掛け、物を売るでもなく、金銭を乞う事もなく、店の前でマンドリンを奏でるのです。通る人は立ち止まり、優しい音色をうっとり聞いていました。

「大空詩人」の身なりと言えば、髪もヒゲも長く、中肉中背で、優しい目をしています。着ているものは、お互い様で国民服のヨレヨレで、履物は主に長ぐつ。肩から空色のタスキを掛ける。洋がさ（コウモリ）持参が多く、小次郎よろしく背に掛ける。「大空詩人」も時に興ずれば、マンドリンを横にして、あのハワイアンバンドのスチールギターの音を出すのです。余韻のある、あの音です。弾く曲はナポリ民謡からアメリカ民謡、セミクラシック、何でも。私は「マリネラ」という曲を楽しみにしていました。

この「大空詩人」は、ほとんど語らず、歌わずで、声を聞いた事がないのです。この「大空詩人」は後に「永井叔」さんとわかりました。

なぜ、団子坂上に現れたのか。おそらくここに何か特別の想いがあったかと思います。

愛かもしれません。（土浦市　山辺康美様）

76号〔二〇〇四年五月〕

偉大なるアオ——高田榮一さんと爬虫類

79号

昨年の夏、Y家の茶の間でハムスターを呑み込み、腹がカゴの柵にはまって動けなくなった青大将のことを書いた。そのとき、助けに来てくれたのが弥生町のドクター・スネークこと高田榮一氏だ。同様の事件は多く、毎年五月半ばになると高田さんのもとに警察から「来てくれ」の蛇便りが届く。直に頼まれるご近所だけでも年に三件は下らないというから、このあたりの自然の豊かさに妙に感心してしまう。

　さて、うちのアオちゃんはどうしてるだろうと根津駅から三分の高田爬虫類研究所を訪ねた。『谷根千』2号で取材したときに、動物学者であるより詩人ですと自己紹介された高田氏は、話術の優れた粋人の印象が強い。あのとき飼育室にいたニシキヘビやコブラ、ワニ、オオトカゲ、サソリは相変わらずのんびり暮らしているのだろうか。

「ここにはもういないんです。ほとんどは研究所の沖縄分室に送りました。二千坪の広さがあるんです。アオダイショウはぼくが動物学を教えている学校の実習場（三鷹）に放すこともある。いま家ではアオダイショウとアメリカ産の白蛇コーンスネークと色彩の美しいミルクスネーク、それにアゴヒゲトカゲとイグアナの五匹を飼っている。書斎にいるが臭いもなく静かな共同生活者ですよ。あとで会わせてあげよう。

　ぼくは動物そのものに故

ワニ　吉野久幸／画

実はオオトカゲと間違ったキャプションをつけ大恥をかいた

郷を感じるんだ。ここにくる動物はどれも人から排除されたものばかり。捨てられたワニ、飼えなくなったカメやヘビ、逃げたか逃がしたか知らないオオトカゲ。人間が介在した文化を背負って持ち込まれるから、顔を見ると断れない。

人間も住みにくいこの過密な都市で生息できるヘビはアオダイショウだけ。アーバンライフスネークなんだ。日本にはマムシがいるから、ヘビを見つけるとマムシかって騒ぐけど、あれは町には住めない。動きがのたのたしているから、安全な山にしかいない。

アオダイショウをぼくは親しみを込めてアオと呼ぶ。日本にしかいない種類で〝大将〟なんて最高の名でしょ。嫌われても嫌われても人に寄り添って生き、知恵者のネズミの上を行く優れた能力を持っている。厄介者のネズミを退治してくれるのに、見てくれが悪いだけでなぜ排除するのか、ひどいよ。

ミルクスネークを抱き上げる高田榮一さん

ネズミだけいてヘビがいないのは地面も縁の下も天井裏もないコンクリの町で、銀座がそうでしょ。古い町はいい、ぼくが都知事ならマンションを壊して、木造の家にして草をぼうぼう生やすのを奨励する。アオのために。

あなた（Yのこと）の家のアオは檻にはさまれ骨が折れたかもしれないからケージを切って連れてきたが、本当はそっとしておきたかった。餌を食べて満足すれば静かに姿を消す。自活定着、つまり自分で餌をとり子孫を残そうとする足元の動物を、理解することが始まりだとぼくは伝えたかった。ヘビにごめんよという感じです。

今までにアリクイ、バク、ピューマ、ダチョウ、サルの仲間も五、六種類飼った。十カ月のライオンを預かったこともある。不忍池まで散歩に行ったが、犬が吠えても、自動車の音にもビクともしない。黙殺です。ライオンの目は永遠を見ているようで、さすが百獣の王。ぼくはすっかりしもべになった。

動物に学ぶことは多い。目耳鼻、餌を捕るのに必要なものを研ぎ澄ますでしょ。人も常に遠くを見ようという意思が大切なんです。過酷な自然のなかで暮らす人は目も耳もいい。現代人はテレビに騙されているんだ。あれは平面が立体に見える機械で、目を衰退させているんです。

動物はだれも自己防衛の臨界距離（クリティカルディスタンス）を持っている。距離を保っている限りむやみに襲ってはこない。これが自然の距離なんです。距離を持つというのはお互い干渉しないこと。ぼくも動物を飼うときに関心を持っても干渉しない。ヒトもそれぞれ距離があるはずなのに、規制やルールを作って自然の距離を狂わせる。密集した住宅や満員電車、どれも無理やり決めた距離だから神経がおかしくなる。スープの冷めない距離、愛情を分かち合う距離、人間もいい距離を持っているはずなのにね」

かたわらでオカメインコが歌うクワイ河マーチをバックに、時間を忘れて話を聞いた。暇を告げると、そうだそうだと書斎に案内してくれた。

天然の美しさ、ミルクスネークに感動する。これをカラーでお見せできない悔しさよ。オレンジ、黄土色、黒のくっきりした模様はまさにイタリー製の生きたジュエリーである。一メートルを超える体が頭から尾の先まで同時に動き出す。恐る恐る撫でる。艶やかなロウソクの感触である。湿り気もべとつきも臭いもない。

「爬虫類の動きは最小限。不必要に動くのは人間だけだよ」

高田氏がヘビの化身に見えてきた。ドクター・スネークは爬虫類の語り部としてこの世に遣わされた、特別なヒトなのだ。〔Y〕

79号〔二〇〇五年三月〕特集「やねせん博物誌　蟲を探して」

〔追記〕

高田爬虫類研究所の訪問記は、すでに二十一年前の2号に掲載している。当時、飼育室で見た百匹以上の爬虫類の可愛らしさを、私たちはほとんど理解していなかった。あのとき触ることができなかったヘビたち、このときは迷いなく抱かせてもらった。

成瀬映画をめぐる話

今日は朝から一人で店番の日。でも昨今の不景気に加え冷たい雨模様でひとっこ一人はいってこず、退屈のあまり（失礼）、ひさしぶりに『谷根千』通読しました。55号、「放浪記」をめぐる三人の井戸端会議（?）、おもしろかったですヨ。特に成瀬映画をめぐるくだり、「浮雲」ってどこがいいの？　男ってどうしてナルセ映画がすきなの？　ってあたりは新鮮でした。小生も恥づかしながら二十数年来の日本映画ベストワンイコール「浮雲」論者。でもそんなナルセ映画も女性からみるとこんなにまで不評とは。そしてその理由が《ダメ男でも女に救ってもらえる。ワガママとズルサがきくんだもの》とは、あっ！　自分自身でも気がつきませんでした。そういえば先日観た成瀬の「杏っ子」のダメ亭主（木村功）も、どうしようもない男だったけど、なぜか身につまされてしまったしなァ。（荒川区　中山信行様）

林芙美子特集、大変、興味深く読みました。昭和文学における最高の女流文学者だと僕は考えています。

で、特集を読んでいて映画『浮雲』に対する批評が辛いのに、谷根千のみなさんの健康な恋愛感、ないしは男女感とでもいうのでしょうか、皮肉ではなく、そういうものを感じました。

僕は、男と女のどうしようもない〝腐れ縁〟というものを描いた傑作だと、思います。渡辺淳一など足元にも及ばない。主人公の男がなんでいいの、女のどこが良いの……といったところが問題になるような映画ではないと思います。その辺りをポン、と超越し、ある種の恋愛の深み、泥水に足をすくわれてもがき続ける男女……というものを描いているように思います。

映画のストーリーの中に没入して、「どこで泣けるの？」といったことではないのです。どうにも成就できない燃焼度の高い恋愛というものは確かにあるものです。じたばたもがけばもがくほど終焉にしか進んでいかないような……それでも八方ふさがりの恋愛に陥る男女がいる。その不可解な力に支えられたのが映画『浮雲』だと思います。

しかし、うちのパートナーも『浮雲』を評価しないようです。みなさんのパートナーの『浮雲』観をぜひ、お聞きしたいものです。（メキシコ　上野清士様）

57号〔一九九九年三月〕

〔追記〕55号の林芙美子特集の中での映画「浮雲」談義に続けざまに反論がきて、いやーびっくり。

III わたしたち

石田良介「ほおずき千成り市　駒込大観音光源寺」 77号（2004年8月）

二十数年のお付き合い　石田良介

私と地域雑誌『谷中・根津・千駄木』との関わりは、一九八四年十月に「菊まつり特集号」が其の1として発刊され、八四年三月に「谷中ぎんざ」がリニューアルされた。同じ年の十二月に其の2が出て「谷中ぎんざ」が特集された。「谷中ぎんざ」の街路灯に、私の作品「谷中百景」が五十点ほど設置され、その縁で森さん、仰木さん、山﨑さんとお会いして、その続編として、八五年三月発刊の其の3から、私の文と剪画を連載することになった。以来、一回だけ画稿が間に合わず、掲載できなかったが、今日まで続いている。

不忍通りに面した街並みはバブル期に様変わりしたが、一歩横丁に入ると、二十数年前と変わらない佇まいと人情が残っている。やはり、この街からは離れられない。

いしだ・りょうすけ

一九三九年、群馬県生まれ。日本剪画協会会長、NHK学園講師。毎年、日本剪画美術展を文化庁、東京都の後援で開催。二〇〇七年にはニューヨークの国連本部で作品展を開催。著書に『切り絵入門』（グラフィック社）、『谷中百景』（アドファイブ社）、『下町そぞろ歩き』『谷根千百景』（日貿出版社）、DVD『霜夜狸』（電通ミュージック）などがある。

OMY鼎談〈3〉 わたしたち

Y　私は出版社で働いていたといっても、自分で文章を書くのは初めて。大変だった。

O　私なんか原稿にアカを入れることすら知らなくて、校正の本とか読まされた（笑）。

M　「ひろみの一日入門」なんか、朝から順番に書いて、小学生の日記みたい（笑）。

O　でも、市場とか問屋に行ってみるのは楽しかったわ。

Y　子どもを保育園に預けずに、あんなことよくやったと感心するけど。

O　私は子どもを自分の家で育てたかったから。

M　家に定着している人がいたから、私たちも子どもをOに預けて取材に出かけることができたんだね。

Y　会社勤めとはまったく違う仕事のやり方で新鮮だった。そうそう、谷根千工房は実は「トライアングル」って名前にしてたんだよね。

O　Yと知り合う前のこと。お金を稼ぐために、Mとハンダ付けとか翻訳のバイトをしてた。銀行口座を開こうとしたら、組織の名前が必要だと言われて、適当に付けた。母の眼、主婦の眼、地域の眼ってつもり。

Y　ハンダ付けと翻訳って、全然関係ない（笑）。

M　雑誌をやるって言ったときに、フシギと身内は反対しなかったわよね。

Y　そうねえ。Mの旦那のフミちゃんはイラストを描いてくれて、Oの旦那のフミオさんは、店に置く谷根千箱をつくってくれた。ウチの旦那のお姉さん（岡本明子さん）にもタイトル文字を書いてもらったし。

O　カズオさんはプロだからレイアウトを直してくれた。みんな家族総出でね。

M　『谷中・根津・千駄木』に決める前に本郷も入れようって話してなかったっけ？

O　あった。ヤネホンとか言って（笑）。

Y　でも、住んでいる千駄木を入れたかったんだよね。

M　団子坂下あたりがヘソで、三つの地域がつながる。「本郷松しん」に題字を書いてもらいに行ったのはOよね？

O　私がデザインして、文字を書いてもらった。

Y　最初、「地域雑誌」の部分が「商売繁盛」とか「家内安全」になっていた（笑）。

M　タウン誌という呼び方が似合わないと思って、「地域雑誌」にしたんだ。

O　雑誌名を商標登録しようと申請に行ったら、「地域」という雑誌があってダメだと言われた。じゃあ『谷中・根津・千駄木』だけで登録しようとしたら、地域名の羅列だからやっぱりダメだって。結局、登録できることになったんだけど、今度はお金がなくてできなかった。

Y　その間に「谷根千」という言葉が普及してしまったから、最終的に登録できたのはロゴだけになっちゃった。

M　谷根千◎◎って店が増えたもんねえ。「あれ、谷根千工房が経営してるんですか？」って訊かれたりする（笑）。

O　広告のこともよく知らなくて、五千円分の広告をもらいに行ったお店で、六千円食べて帰ったりしてた。

Y　それでよく続いてきたと、我ながら思うけど。

ひろみの一日入門

今日は八百屋の看板娘ダ!!

2号

初めての一日入門

前夜から興奮してやっと寝ついたら朝がきた。今日入門するのは、千三商店街の対馬青果店。この店の品は鮮度がよく安いので飛ぶように売れる。

約束の七時に行くと、おじさんはもう店の前に立っていた。細身の体にジーンズをはき、手にはおなじみの紺の前掛けを持っている。

タクシーでやっちゃ場へ

市場は巣鴨のちょっと先、不忍通りからタクシーに乗るとアッという間に着いた。中に入るのは初めてだ。「東京都中央卸売市場豊島市場」とある。小学校の社会科見学を思い出した。

江戸時代には、江戸へ野菜売りに行く近郊の人たちが往来して、駒込の辻、天栄寺前に「土物店（つちものだな）」ができた。そして昭和になって、今の所へ移転した由緒ある市場なのだ。

市場はインターナショナル

まずはモヤシ、納豆、漬け物。買った物とわかるように一ヵ所にまとめ、自分の店のナンバーをマジックでかいてゆく。シュークリームや団子まであってびっくり。

むこうでは雛壇に多勢並んでせりをしているのがみえる。これぞ市場だとうれしくなる。それにしても、会う人ごとに「今日は何？」「遅いね」とかいわれていたけど、私のために時間を遅くしてくれたのかと思うと申し訳ない。

キャベツ、ウドは東京の産。セルリーと書いてある箱は信州や青森、レタスは茨城や静岡と全国各地から、アスパラはオーストラリア。野菜の間を歩きながら旅をしている気分になってきた。

さらに奥へと行くと仲買いの店が四十軒近くあった。仲買人は朝三時にはきてせりで買い、よほどたくさんでない限り、小売りの人は仲買いから買う。行きつけの店はだいたい決めている。果物専門の仲買人もいる。今はカキやミカン、リンゴが主力。リンゴはいまだに木箱入りもあって、おいしそうだ。

これが目的、市場隣接食堂

ほぼ買う物を決めると朝食だ。どこの河岸や市場にも必ずある「通の為の朝めし屋」。豚汁が冷えた体においしい。朝からカツ丼を食べる人もいてびっくり。ちなみに朝定食は納豆・卵・のり・漬け物・みそ汁・ご飯で四百五十円也。

最後にもう一度ワゴンで市場をひと回り。仕入れた野菜を効率よく集める。このワゴンはプロ野球のリリーフピッチャーの乗っかってくる自動車に似てる。後は千駄木の店まで届けてくれるという。巣鴨駅からタクシーで帰ってくる。

今ごろになって、眠たくなり、コーヒーをがぶ飲みする。

なんと卵のパックづめ

十一時。ぼちぼちお客さんが来る。何でもやりますからとお願いし、梨を皿に並べるのから始める。三つのうち一つは包んである紙を開いて中が見えるように並べる。

その次は袋づめ。ミカンも大きさによってつめ方が違う。サツマ芋は目方でつめるが長いのや丸いのがあってむずかしい。少しやっているうちに見当でぴったり目方が合ってくる。勘が良いのか天才なのかと一人でうぬぼれる。

曲がったきゅうりは、形を見ての通りCと箱に書いてある。皿盛りにして売るが、売れゆきがよい。

それが終ると卵の箱だ。卵はすでにパック入りを仕入れていると思っていたが、これが一つずつ手で入れるのだ。空のパックを持って買いに来たおばあちゃんがいた。省エネでかしこい。

ダンボール二つ分のパックづめをすると一時の時報が鳴る。自分で入れたばかりのホカホカのミカンを買い、昼食のため家に帰る。

いざ出陣!

二時。客の出足はけっこう早い。おばさん達は慣れた様子で、客が来ると袋づめや並べていた手をやめて売り、すぐまた元の作業に戻る。私は店の奥でパックづめ。今のところはそれオンリーだ。

少し出てきて売ってみたらといわれてやってみるが、「いらっしゃい」の声が出ない。袋づめをしながら値段も少しずつ憶えていったが、店の前に出てくると勝手が違う。今日はホーレン草と小松菜百三十円、大根は百三十円と百

午後2時ごろ。まだこの時点ではニコニコしていたのですが……
なれた手つきの佐藤さん
仲良い夫婦
ご主人の鈴木勝見さん
これワタシ
こちら果物の部
ここらへんは白菜・大根・キャベツなどの大もの野菜
芽キャベツの植木

つるみよしこ／画

五十円。知ってはいても、玉ねぎやにんじんなどの目方を計っているともうわからなくなる。仕方なく野菜を入れた箱の裏に20円とか35円とか書いてアンチョコにする。しかし、急激な変化に頭がついてゆけなくなり、奥でみかんの袋づめをして心を静める。卵やみかんだけ単品で買うやさしいお客様はいないのか。たいがい「これとこれ」と袋に入れてから、「ああついでにこれ。あっ、それとこれ百グラム計って」、こうなるともういじわるとしか思えないのダ。でも新米の私以外は苦とも思わないから大丈夫。

三時半からが勝負ナノダ

ものすごく混んでくる。勇気を出し恐る恐る奥から出てくる。今日は黄ニラやズッキーニといった変わり種があり、「なあにこれ」とか「どうやって食べるの」という質問のたび、説明するが、それでもズッキーニは敬遠されぎみ。

葉物は新聞紙にくるみ、卵や玉ねぎは茶色い袋へ。それらを最後に白いビニール袋へ入れるが、この袋の大きさを選ぶのと入れ方にコツがいる。一万円札を渡された時など、入れるのに手間どっていると、すぐにおつりがわからなくなる。そんなドジを横から「はいブロッコリー百円ねー」と軽やかな声でおじさんが助けてくれる。そうしながらも白菜を樽につけたりして全くニクイニクイ。（この白菜漬

はお店の自慢）

記憶装置はオーバーヒート

五時半。ピークは続き、あまりの混雑に頭の回路が狂ってきた。そこへ一日預けた我が子がチョボンと姿を現わしたので、突然ボオーッとして何が何だかわからなくなった。「もうそろそろ帰ったほうがいいよ」とおばさんの優しい一声で、私の一日入門の幕は降りた。

最後にひとこと

売る側からの感想。年輩のベテラン主婦ほど品物をていねいに選んで買っている。これは売る側にとってはうれしいことなんだ。

文句をいわずにやりたい放題やらせてくれたおじさん、おばさん、佐藤さん。本当にお世話になりました。ピーマンの値段、二回程まちがえました。ごめんなさい。猫の手を借りたい時は、是非私を呼んでください。また邪魔しに参ります。〔O〕

2号〔一九八四年十二月〕

ロマン君シベリアを食す

ロシアから金沢大学に留学中のロマン君がぼくの家にやってきた。ウラジオストック出身の彼はシベリアにも旅したことがあり、さっそくパン屋へ連れて行き、シベリアをごちそうすることにした。「このパン知ってるよね」「ニェット（知らない）」「エッ、これシベリアにないの」「ダー（ええ）」「それじゃロシアンティは？」「ロシアンティ？　飲んでみたいな」。

さっそくロシアンティでシベリアを食べることにした。

シベリアとは大正七年のシベリア出兵にあやかって作られたお菓子だ。中央の羊かんは土、両側のカステラは氷で凍土を表している。ロマン君は、「ロシアにあんこはないよ」と日本人のイメージしたシベリアを楽しそうに食べていた。紅茶にジャムを入れたロシアンティは「子供が時々飲むことがあるけど」という。

そういえば数年前、天津で天津丼や天津麺を探したがなかった。ウィンナコーヒーやダッチコーヒーもそうだ。ジンギスカン料理だってモンゴルにはない。しかし作られていった背景にはそれなりの歴史があったわけで、大正時代の菓子シベリアが、今でも現役で売られているのはおもしろい。（谷中・野沢延行）

35号〔一九九三年四月〕特集「一〇〇人一〇〇様の食」

やねせん
こぼれ話

一日入門

仰木ひろみ

『谷根千』を始めたころ、保育園に子どもが通っていないのはうちだけ。三歳までは自分の手で育てたいと、神話のように思っていた。配達も取材もどこにも連れて歩き、皆さんにご迷惑をかけていたと思う。

２号の製作に入るころ、「私が預かるから一日八百屋さんで働いてレポートを書きなさい」とヤマサキにせきたてられ、まだ乳飲み子だった息子を一日預けてお邪魔したのが千駄木の対馬青果店という八百屋さん。早朝、青果市場に行くところから始まり、卵のパック詰め、みかんの袋詰めを体験。えーっ！　店で詰めていたのか、とびっくりした。夕方の混雑時、客の買ったものを暗算で計算しながら野菜を入れるビニール袋の大きさを決める。これ、けっこう難しい。頭がパニックになったところで、息子が乳母車に乗ってあらわれた。その途端、胸からジーンと乳が湧いてきた。

魚河岸から始まった魚屋魚亀では、店の内側で鰯をたくさん開いたりたらこをひと腹ずつパック詰めした。レントゲンの機械をハンマーで叩いた資源回収の浜井さん、ポルターガイストについて一日話を聞いた自転車修理の熊谷さん。クリーニング店は二軒行き、谷中銀座の後藤飴屋さんではたんきり飴を袋に詰め。どんぐり保育園では子どもと一緒に散歩。和菓子のひぐらしでは正月用のお供え餅を、澤の屋旅館では外国に手紙を書いたり、外国人家

文京区千駄木のどんぐり保育園で

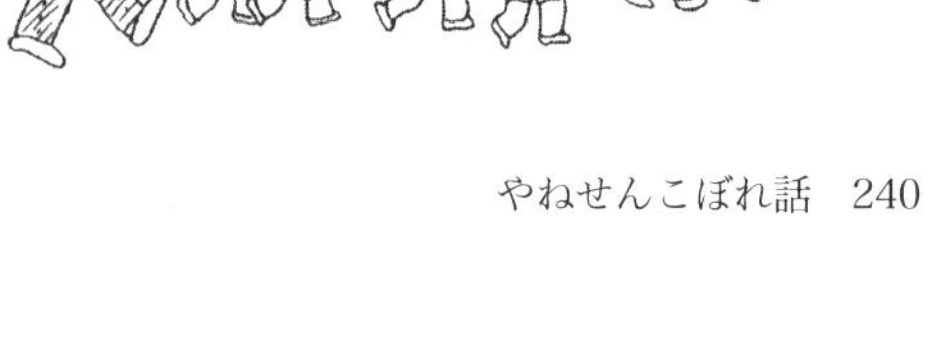

台東区谷中の都せんべいで手焼きせんべい修業

族をタクシーまで送ったり。都せんべいのあられやおかきは生地から作り、薄くスライスして乾かし、焼いて、醤油をつけて出来上がる。それぞれの職業のおいしい仕事だけをちょっとやらせてもらった感じではあるが、それでも貴重な体験だ。

どのお店も、ご主人はドンと私を一日引き受けてくれた。家族や従業員の皆さんと同じものを食べ、普段見ることのできない仕事の裏側、ご苦労も垣間見た。

「一日入門」以外にも、豆腐屋、そば屋、パン屋の特集には現場を見せてもらい、自分でそばを打ったり豆腐を作ったりの毎日だった。89号「大人の工作」特集では、尺八作り、陶芸、編み物、トールペイントと体験が出来たのは、役得だったかな。とにかく何でも自分でやってみなければ気がすまない性質なので、とことん作り、またその成り立ちも調べた。おそらく私の血と肉となっているに違いない。

和菓子店の谷中ひぐらしで鏡もちに挑戦

谷根千オンブズマン

風雲つげる上野地下駐車場問題

34号

なんだ、運動の話か、といってこの記事を読みとばさないでほしい。それでも運動アレルギーのある方は、謎解きミステリーと思って下さってもよい。

日本ではつねに巨大な都市計画はふつうの住民の手の届かないところで進んできた。できてしまえば、それは私たちの生活に大きな影響を及ぼすとしてもだ。二転三転した上野地下駐車場計画もその例外ではない。

私たち谷根千工房は地域住民のみなさんと「不忍池を愛する会」に加わって池の自然環境の保全を願う立場から活動してきた。賛成・反対はともかく、みなさんには、現在の情報をできるだけ正しく、多くお伝えし、いっしょに考えていただきたい。

〈第一話〉出入口が池にかからないか

今まで水面下で出回っていた「上野・浅草地区駐車場整備事業概要」が、公文書の形でようやく明示された。

これによると中央通りと不忍通りの一部に地下三階建、六百台分の駐車場ができることになる。工期は約六年、予算は二百十億を越えるといわれる。中央通りの地下一階部分は歩行者専用道として東京都の事業で行われ、地下二、三階の駐車場は台東区が第三セクターをつくって建設、経営にあたるとされている。

ここで第一に気付くのは、「不忍池はやめた」とされる地下駐車場が、ぎりぎりの不忍池南端に接して造られるということだ。区の委託調査【※1】では左の位置図に示される地下構造物は「不忍池に有害な影響を及ぼすことはない」としているが果たしてそうか。昭和四十二年の千代田線工事中に壁が崩れ、不忍池の水が抜けたことや、二年前に御徒町の道路が大陥没したことは忘れられない事実である。

不忍池を愛する会が行った調査報告書の検討によれば二十項目に及ぶ疑問点が指摘される。まず、地下工事による地下水位の低下や地下水汚染、駐車場への漏水による影響、地盤沈下の進行といった必要な調査が行われておらず、「影響なし」の結論を出すのに都合のよいデータしか集められていない。また、「不忍池の蒸発散量が熱帯並みに計算されていたり、あるはずのない武蔵野礫層が断面図に描き込まれている」といった科学的に重大な誤りも多い。

第二に、この図には駐車場の出入口が示されていない。三球照代の話ではないが、いったいどこから車は入るのか。

ここで注目されるのは東京都都市計画局が平成三年三月に出した報告書【※2】である。ここに、駐車場の出入口はいくつか検討したが、「いずれも問題点を含んでおり比較的問題の少ない案として上野公園南端利用案が考えられた」「出入口の連絡斜路を設けるためには直径二十m程度の円で囲まれる広さの面積が必要」とある。

報告書と呼応するように、十一月二十一日の副都心上野まちづくり協議会の臨時総会の席上でも、都の都市計画局の人は「不忍池の一部分を出入口として使わなければならない」と説明した。

この計画は本当に「不忍池には手をつけない」「自然環境を優先」したものなのか？

※1　不忍池周辺地下水及び地質調査委託報告書

※2　上野地区地下空間利用計画調査

〈第二話〉調査候補地選定が目的ではなかったか

台東区では駐車場建設促進の陳情を受けて、「駐車場を造る場所の可能性を探る」ために五年間、四回に分けて調査をしてきた。その経費は約一億一千万円にのぼり、委託コンサルは三回変わっている。最新の調査報告書の疑問点について「愛する会」では十月十五日、台東区都市整備課篠原課長と会った。その時の模様を秋山眞芸実さん（ジャーナリスト）がまとめてくれた。同席は小川潔さん（学芸大助教授）と宮内盛雄さん（得応軒主人）。最大の驚きは、これまで区は「候補地決定の調査」といっていたのに、突然「工事実施に向けての調査」だと答えている点である。

〈第三話〉駐車場建設は本当に上野を発展させるか

十一月二十一日、「副都心上野まちづくり協議会」の臨時総会が開かれ、ご案内があったので出席した。この会は上野広小路の商店主や上野観光連盟の加盟店など、会員百六十九人で組織する団体である。

以下、根岸英夫会長の報告や保坂三蔵都議の挨拶などをまとめてみた。

根岸英夫氏

「この度、住民の積年の願いであった地下駐車場が日の目をみて、GOサインがでました。この計画の正しい認識と賛成を頂き、推進にあたってご協力頂きたい。

当初は不忍池の地下に二千台という計画でした。しかし、私たちにとってもかけがえのない不忍池の環境を守ることを考え、無理だといわれていた中央通りの地下に造ることになりました。これまでには長い時間と、皆様や保坂先生、都議会の先生方の絶大なるご支援がありました。」

この後、台東区都市整備部から駐車場の説明と、平成十二年開業予定の常磐新線（秋葉原―つくば間、全長約五十九km、十九駅）、で秋葉原―浅草間三・四kmを先行し、都市計画、環境アセス等を行うこと、計画に対しての協力を求める発言があった。

続いて左記の決議を承認する。

一、上野地区公共駐車場並びに、地下鉄十二号線の早期完成を目指し、住民一丸となって工事推進に協力する。

一、常磐新線（新御徒町駅）計画が、円滑に一日も早く実現されるよう、住民の総意を結集し、計画達成に協力する。

なお、この決議の内容を各町会の会員に細かく説明してゆく方法等は、協議会執行部に一任された。

保坂三蔵氏

「私はGOサインに感銘、感動しています。これも小異を捨てて大同に就いて頂いた皆様のおかげです。六百台といいますが浅草に三百台、上野駅が新築になればまた出来、台東区は一千台を越えるキャパシティを持つわけです。この駐車場は一台あたり三千万円を越える費用がかかります。計画が延びると事業費はますます増え、途中で頓挫した池袋と同じになってしまう。これは一歩も引けない状況で、不忍池から一歩も二歩も譲歩して頂いた皆様のご英断の賜です。そして12号線に常磐新線と、新宿駅に匹敵する駅が広小路にできるわけです。そこに駐車場が出来る、ということで新宿を越えます。駐車場のもつ力がどんなに重いかわかります」。

その後来賓の挨拶は続き、理事の今井均氏の手締めをもって閉会した。

このままでいくと不忍池の脇に地下駐車場はできるだろう。池の南端、ちょうど水上音楽堂と下町風俗資料館の間に、直径二十メートルの穴が開くだろう。何本かの樹木は切られ、何本かは植木鉢化される。工事の現場は池にかかり、工事中、水鳥の繁殖はなくなる。交通量は何倍かに増え、今でも環境基準を大きく上回る大気汚染はますます悪化するだろう。地下道によってむしろ広小路の人出は減らないだろうか？　上野ならではの専門店は大丈夫か？　そして近い将来に地面が揺らぎ、沈下することは、本当にない、といえるのだろうか？

戦後日本は、「モノ」を造って成長した。今も大きな「モノ」を造り、景気の拡大を図るわけだ。不忍池を自然と歴史の遺産だと感じ、それを大切に町づくりを考えよう、という同じ土俵で語り合いたいと思ったが、発想の根本から違うようだ。

「住民一丸となって」というが、不忍池は台東区民だけのものではない。全都民・全国民の財産である。不忍池の保全に責任も持てないような区の調査を根拠に、地下駐車場を造ってよいのだろうか。

ドイツの都市では交通量抑制のために既存の駐車場を失くすことをはじめた、と聞いた。〔Y〕

駐車場問題　主な経過

一九八六年

▼三月十三日　読売新聞の報道により不忍池地下駐車計画が世に知らされた。

▼五月、都議三名と台東区長は上野商店街の人々と都知事に駐車場建設推進の陳情。陳情は地元住民の総意といわれたが、住民には意志表示の機会はない。

▼同五月、台東区民新聞に駐車場の図面が公表。蓮池を露天掘りにした地下三階建駐車場（乗用車二千台、観光バス六十二台収容）で、池の底はコンクリで固め水を張る、人口池化案である。

▼九月、池之端地区住民を中心に「不忍池の自然を守る会」が作られ、反対の署名運動を開始。

一九八七年

▼三月、「上野地区駐車場建設準備会」(代表根岸英夫氏。後に「副都心上野まちづくり協議会」となる)が結成され、台東区議会に「不忍池地下公共駐車場建設促進の陳情」を提出。数日後、守る会は「不忍池地下駐車場計画中止についての陳情」を提出。両方とも継続審議となる。

▼六月、台東区は駐車場の需給実態、立地選定の調査を㈶都市みらい推進機構に委託(予算一千万円)。

▼十一月、「しのばず自然観察会」は区議会に「不忍池地下駐車場建設計画の中止を促す陳情」を提出。

▼十二月、協議会は計画手直し案(蓮池の三分の一、地下五階建、乗用車二千台、バス六十四台収容)を発表。

一九八八年

▼三月、区の「上野・浅草地区駐車場整備計画調査報告書」が提出される。

▼四月、区は前年度調査の続きを㈶都市計画協会に委託(予算二千九百万円)。

▼九月、「浅草・上野駐車場整備計画比較検討委員会」が設置される。

一九八九年

▼三月、二回目の区の調査報告書が提出される。

▼四月、守る会、観察会のメンバーを中心に「不忍池を愛する会」が発足。

▼六月、愛する会は駐車場計画の中止を真仁田副知事に陳情。

▼区議会で報告書が発表され、不忍池真下を変更し、池の岸辺園路下を中心とした案が示される。

▼七月、愛する会、反対署名運動を開始。(二万二千二百七十九人分を都に提出)

▼十一月、駐車場計画の変更にともない陳情書をさしかえて提出する(上野地区町会連合会と協議会が「早期実現」を陳情し採択され、守る会は「建設反対」、観察会は「自然環境保全」を陳情し継続審議となる)。

一九九〇年

▼三月、科学者を中心に「不忍池地下駐車場問題を考えるつどい」を開催。

▼六月、前年に引き続き委託された区の調査報告書「駐車場整備計画比較検討案(2)」(費用千二百七十七万円)が提出される。

▼八月、㈶都市計画協会に地下水、地質調査(1)を委託(予算三千八百六十二万円)。

▼十月、愛する会はこれまでの三回の調査報告書を分析し、意見書を区長に提出。

▼十二月、内山区長が不忍池断念を発表。

一九九一年

▼二月、愛する会は地方選挙に向け、区長、区議立候補予定者に公開質問状を送付。

▼七月、愛する会は飯村新区長と会談。

▼十月、台東区は昨年の調査報告を待たずに地下水、地質調査(2)を委託(予算千九百三十六万円)。

一九九二年

▼四月、愛する会はシンポジウムを開催。

▼四月、台東区は一年以上遅れて「上野地下空間利用計画報告書」（東京都都市計画局）を公開。地下街ネットワークプランが示され、駐車場出入口を公園内としている。

▼六月、区が「不忍池周辺地下水及び地質調査委託報告書概要版」発表。区議会で守る会の陳情が不採択、観察会の陳情が採択される。

▼十一月、愛する会が報告書の疑問点を台東区に提出。同十一月、協議会は臨時総会を開き、駐車場早期建設の決議をする。

34号（一九九二年十二月）

［追記］

不忍池の蓮池を干し上げ、地下三階の池下駐車場を造る計画が公表されたのは一九八六年。計画中止までにおよそ十二年の歳月を費やした。この記事は推進派反対派の攻防がいちばん盛んだったころのもの。活動資金調達と計画内容を知らしめるために開催した数々のイベント、示される調査報告書への反論は、すべて『谷根千』に記録してきた（二百四十三ページ中段にある台東区都市整備課長との会見の内容は、本書には再録していない）。

現在、この計画は「上野広小路地下駐車場」となり、池の真下から少しだけずれて工事中。二〇〇九年完成の予定だ。当時、一台当たり三千万円の建設費（六百台収容で総予算百二十億）といわれてひぇーと驚いていたが、いま進められているのは地下鉄銀座線の下に、地下通路と一緒に建設するもので、実に一台当たり一億円の建設コスト（三百台収容で総工費三百億、うち百億は地下通路分）がかかる。これは国、都、台東区が三分の一ずつ支出することになっている。あいた口がふさがらない。

長新太さんが「しのばず池に絵展」に提供してくださった色紙。不忍池地下駐車場反対のアピールと活動資金調達のために開催した展覧会には50名を超える画家の協力を得た

㊙仲居日記

35号

あれは昭和の五十九年のことと記憶している。ある飲み屋で私たちは『谷根千』発行の資金稼ぎと、雑誌を置いてほしい一心で、一日交代のバイトを始めた。以下は情報交換用につけた日誌である。

11・26（火）　外側は評判のお店もやはり内側に入ると色々ありますねェ。驚いたのは、ここは時間制で料金が決まる。一時間千五百円かな。三時間いれば四千五百円プラスおじさんの気持。お気に入りは安くなり、一ゲンさんは高くなり、店の雰囲気に合わない人はお金をタタキ返して追い出す（後述）という寸法。

　四時。「こんにちは、今日からお願いします」。まず豆腐屋に買物。綿五丁、焼き豆腐五丁、コンニャク黒白二枚ずつ。バケツを下げて買いに行く。次はしょう油と砂糖一キロ。続けてキッチンタオル三包み。合間に煮干の頭とはらわたとりをする。

　五時。おじさんの流儀で店の前の水撒き。提灯に電気入れ。練炭火鉢の上にヤカンをのせる。本日の料理①こぶ（チョット）②大根煮物（途中からおでんに早変り）③カボチャ（サイコロ大2ケ）④べったら漬（薄切2枚）⑤うずら豆（七人分止り）⑥カキとベーコンとカブの鍋物（本日のメイン）⑦カズノコ（小二切）⑧おかゆ（あんかけ付）＋おしんこ⑨柿。以上。時に②、⑤ナシの客、⑥〜⑧の間に合わぬ客。

　事件。二十代の男の子が五時半ころ参りました。ひとりポツネンとしてて料理もでないし手持ち無沙汰。声をかけたら、渋谷に住んでて新宿で働き、根津は生れて初めて。雑誌で見て来たという。時はすぎ閉店間近。隣の客ともすっかり仲よくなり、「ボクは今日ほど充実した日はない」と大感激。ところが、儀式である主人手書きの領収書を貰い受けるさい、名乗らなかったのが原因か、主人に殴られる。青筋たてて「もう来ないで下さい」「いえホレたんです。また来させて下さい」「しつこいのはキライ。金はいらないから来るな」「そんなことといわないで」「警察を呼ぶよ」「そんな、ボク、ボク……」主人、金をエリ首につっこむ。

　P.S. フミちゃんご声援ありがとう。

11・27（水）　きのうの話があるので恐る恐る行く。おじさんの髪はアデランスかなあ、すでに台所に立っている。入るなりプレイボーイを本屋の紙袋から出し「こんなものに出てるらしいですよ」。結構自慢したいんだ。きのうの事件「あの人はうちにはふさわしくないです」「ああいう人はケトバシちゃうんです」。買物、キュウリのスライス、座布団並べ、

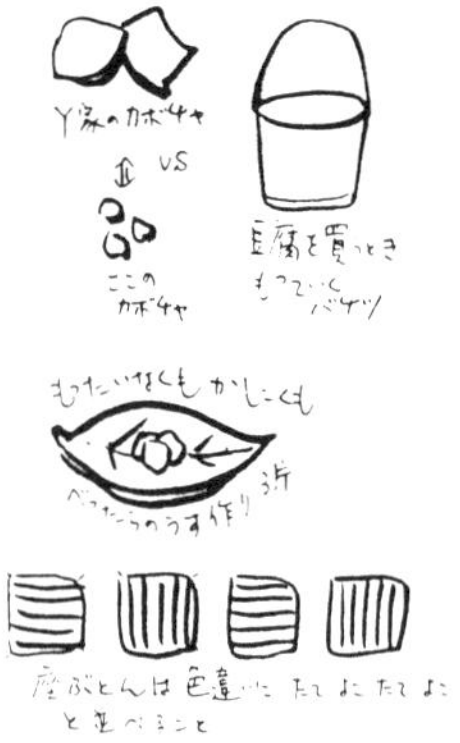

どれもむずかしい説明があるがすぐ終わることばかり。でもよけいな手出しは事故のもと。台所の鍋はすべてふたがしてあり、何か一つ置くにはふたを取り中身を確かめ、全部移動する。同じマナ板でカキも柿も切るのでハラハラ。

今日のメニュー「大根のおでん風、ぜんまいついたりつかなかったり」「かずのこのマヨネーズあえたったの一片」「梅干のあま煮一コ」「塩辛五〜六本」「カツオのさしみ三片」「おかゆあんかけ出たり出なかったり」。カキは「ここまで酢を入れて」というなりトイレにかけ込み七分も出てこない。出てくるなり「まだ出してなかったんですか」とヨーコちゃん（もう一人のバイト）を叱る。出したら出したで「どして出したんですか」になる。

八時半ころ来た二人連れは小鉢三つでもう看板になりそうなので「かわいそう」といったら「出ますよ出ますよ」とカツオと大根がどっと出た。おかゆがおいしいというと、「何杯でもおかわりしなさい」とうれしそうだった。私は二十歳くらいに見えるらしい。絣のエプロン着てたら男性に「東北の方ですか」と聞かれて新しい恋が芽ばえるのではないかと今後期待してるのです。でもきょうはオトーチャンの監視つきだったからなァ。「三千円稼ぐに五千円夫飲みにけり」字あまり。

11・29（金）　いくと「ようこそおこしくださいました」などと揉手で出てくる。することがない。キュウリを切りましょうかと聞くと「どうぞ、お手を削りますから、お気をつけてなさって下さい」だって。調子がとち狂って、カメに酒を六本開けてというのを七本も開けてしまう。最初に来た客は小太りのサラリーマン二人。とても上品で静か。彼らにはお酒を大サービス、故意に伝票に一本つけ忘れた。

次の男一女一は料理を出すたび「わあ感激」「すてきい」と酔っておる。サーファーカットの女性は宴会の客に混ざってちやほやされ、うれしがっておった。宴会は東大のOBらしい。子供が産まれたの、論文が通ったの、マンション買ったの、いかにワレワレが国家を動かしておるのか、ということを内輪ボメしながらダベっており、ケトバシたくなった。そのうち座が乱れ、オンナのバストとヒップの話になってメガネがズリおちてきた。なんと全員メガネ。勉強のしすぎだよ（あ、うちの亭主もメガネだった）。

最初は「東大の先生方」の客をじまんしてたおじさんは座が乱れるにつれ、不機嫌となった。とくに「タクワンがおいしいから一本土産に持ち帰りたい」といった男には形相を変えた。「東大のエライ客を怒鳴りつける自分」というやや屈折した優越感にひたっていると思われた。この宴会にイイ男は一人しかいない。この人は私を「おじょうさん」と呼んだがあとの連中は「おねえちゃん」「おかあさん」「おばさん」などと呼んだのである。

12・10（火）　きょうは座敷の方から客が埋まる。「チクマ書房です。うちは出版関係の人が多いので」とまたおじさん、さかんに客を権威主義的にランク付けしている。今日は始めにおでんがどっさり。梅の甘煮、「これは京都の大徳寺の梅でございます」といえという。何が大徳寺なのかわからないが、そういうと客は「ホーッ」という。カズノコ二切れは、「サラダカズノコ」のパックを切って出す。豚汁が発作的に出る。「タバコの煙でのどが痛いから水を下さい」というとおじさんシャンパンを持ってきて、「いっきに、ぐーっと、ぐーっと。いっきにいっきに」と飲まされる。今日はヨーコちゃんが来なくて忙しい。客も酒がまわって後ろに手をつく人がいて、その手を踏んでしまったりして。それがナカナカの男でゾワッチ。しかしよく飲むなー。おじさん珍行動集。①呼ばれていくと「あ忘れました」ということが三度。②死にそうな魚の蒸し物が裏のビールの間にあった。③あちこちの棚に練った辛子のそばちょこがたくさん。なのにまた練っている。④気に入りの客にはシャンパンを「マスターからといって下さい」と出させる。⑤おでんをよそってから二軒先まで辛子を買いにいかされる。⑥料理ができてから買ったばかりの器をナイナイと探す。⑦菜の花も客によりけり、ポンズになったり、ゴマ和えになったり。⑧おかゆのごはんは「ホカ弁」だった。

12・19（水）　最初の客は外人一人をはさんだ男女。コンニャクを持ってったら、となりの男が一所懸命、辞書ひいて教えている。「早く料理を出して」といわれるのが板ばさみでつらい。「次はお刺身です。待ってもらいなさい」とおじさん悠然。すると外人は生魚はダメという。おじさん「ネクストワン、ビーフシチュー、オーケー」と聞いてこいという。OKOKというと、おじさん、おもむろに缶づめを開ける。「三皿でしたからあと五皿です」というと、「全部で九ですね」と聞くから、「いえ八名様です」というと納得してない。九時ごろ来た男四人連れは「キリンビールはないのか」「洋食屋か」傍若無人だ。でも『谷根千』を買ってくれたのでサービスしちゃう。それにしても腰が冷える。（仲居生活はしばらく続いたが、以下省略）。〔M＋O＋Y〕

35号〔一九九三年三月〕特集「一〇〇人一〇〇様の食　わたしのおなかはその日気分」

〔追記〕

三人とも幼児を抱え、よくこんなアルバイトをしたもんだ。つまり、ここの主人は東大と早稲田と学者とマスコミが好きだった。アルバイトの待遇にも格差があり、Mはいつも帰りに料理の残りを持たされ、Oは平均的、Yは店先に立ちションする奴に注意しろと指令を受けた挙句、外から戻ると「まったく最近のバイトはサボってばかりで…」と客にグチられる扱いを受けた。この店も主人も町の伝説となった。

サトウハチロー特集のさいごに

45号

日本中、どこの町にも残したい文化財や先人の遺跡がある。とりわけ私たちの住むこの谷根千地域には、そうしたものが多い。しかし、開発や相続税、固定資産税などで、いくら住民が愛着をもっていても、それらはつぎつぎ消えてゆく。

どうしたら残せるのか。サトウハチロー邸の例は、幸か不幸かそのモデルケースであった。

私たちはできるだけ冷静に経過を追ってみた。文京区、佐藤家双方にいい分があるようだ。どちらが正しいと、判断するのは私たちの仕事ではない。また、書くことによって事態を悪くするのではないかとも心配したが、状況は今が底辺であり、これ以上悪くなることはない、と判断した。

私たちの取材の過程で、区側から「区が面倒をみてやったのに」「文京区には有名な人がたくさんいますから」「たった三億円」といった言葉を何度も聞いたのは気になった。これでは、遺族に対しても貴重な資料を頂くのだという、礼儀の尽くし方が足りないのではないかと感じた。誰もが「残したい」という返事をしながら、役所という細分化された組織の中で、考え方が硬直し、責任の所在が不明となっているのではないか。

区議の中には「何も知らされていない」「とにかく残念だ」と返事される方が多く、選挙によって信託を受けた、区民の代表者として、頼りなさを感じた。

そして佐藤家側は、ハチローさんに妻が三人おり、相続人が九人いるという複雑さがあった。少なくとも北上での記念館計画を、事前に双方で話し合う機会をもっていれば、状況は違ったものになったろう。区側には、佐藤家が譲るはずの大切な資料を持ち出したこと、区に何の相談もなく別の記念館を計画したことなど信義違反を指摘する声も多かった。

確かな形であったはずの「文京区立サトウハチロー記念館」の話はゼロに戻った。文京区は買わないといい、佐藤家は売らないといったが、さて、今までの話で、記念館が弥生の地にある意味を深く考えた人があったろうか。

①サトウハチローは童謡詩人としてだけではなく、戦前の東京大衆文化の中心にいた人物である。今後ハチロー本人の研究のみならず、大衆文化史の研究によって幅広く顕彰されるだろう。

②文京区弥生周辺に住んだ数多くの詩人、文人、芸人の中にも、じっさいに住んだ住居の残る人は少なく、総合的

役人は日本人のカガミ

年賀状を投函したあとで、『谷中、根津、千駄木』其の45を発見。サトウハチロー特集を一気に拝読。感服しました。前半は、さすがのキャリア。十～十九頁がすごい。このナマナマしさは並みの技ではありません。てんでんばらばらなところが妙味ですなぁ。もっとハチャメチャだとなお面白い、と欲がでる。後世、弥生町とサトウハチローを調べる人が現れたら、これは第一級資料になるでしょう。

記念館は残るに越したことはないけれど、この記録が残ればいい、という気もします。近年、芸術家の記念館が雨後の筍ほどに大はやりだけれども、東京出身の作家にはそれがほとんどない。サトウハチローはほぼ唯一の例外で、その点を文京区は大自慢していいはずなんだが。やっぱりこの都市に例外はありえないわけか。という妙な納得も胸中になくはありません。

ヨーロッパの町を歩いていると、この建物に何某が住んだ、という壁の刻文に出会って、それが今世紀や前世紀どころか、十八世紀、十七世紀の人物もいて、気が遠くなります。東京で文学散歩するなんて、抱腹絶倒の冗談か、たちの悪い詐欺か、という気味悪さを覚えつつ、一面平気でやっている次第でありますが。

福井県丸岡町の中野重治生家跡地が、なるべくそのままにという成文化された約束で町に寄付され保存されてきたのが、町長が変わった途端に、昨年六月その一角が道路拡張のため無断で削り取られるという事件が起きた。その復元要求運動の一端に関わっちゃったが。とにかくテキはほんの口先だけしか謝らない。知らなかった、いつのまにかこうなった、なんてこと言う。裁判にかけるぞとまで押して、やっと詫び状はとったが。状況は膠着。加害者のはずのテキが被害者意識にこりかたまる。

役人というのは、しみじみ日本人のカガミ、と私は思います。まるで話の通じない異邦人同志のような気持ちを両者が持って、何のことはないカガミ同志でいがみ合う。脂汗の出そうな喜劇。……いや、これは丸岡の話でした。

私はわりあい区役所贔屓です。公園の立て札一つも、区立と都立国立とは違う。傍観者の印象ながら区ごとに個性もあるようだし。その印象でいうと、文京区はややお高いね。区民のカガミでしょうね。（台東区谷中　小沢信男様）

46号（一九九五年三月）

な資料収集、展示公開の場としても生かす可能性がある。
③詩人の住居としての意味だけでなく、大正時代の貴重な建物でもある。
④二十年の長い間記念館として公開されてきた実績がある。

残したい理由はまだまだある。再び出発点に立った今、万が一資料がなくとも、まず建物と櫨の木のある庭だけでも残してほしい。文京、台東というこの恵まれた土地からは、あの建物を満たす資料はこれからいくらでも集まってくるはずだ。

この特集がどれだけのものを伝え得たか不安である。が、そもそも記事というものは「噂と事実のカケラのはざまで、真実めざして書くものではないだろうか」（小沢信男さんの言葉です）と思う。ご批判を頂ければ幸いです。〔Y〕

45号（一九九五年十二月）特集「サトウハチローが好き」

［追記］

サトウハチロー記念館の突然の閉館・移転に仰天して、特集を変更した、ドタバタ取材の締めの文章。発行後に頂いた小沢信男氏のおたより（二百五十一ページ）に励まされた。けっきょく弥生町のハチロー記念館の土地は売却され、いまは駐車場である。「小さな秋」のハゼノキも伐採され、どこぞへ移植された。その後の議会報告や、岩手県北上市に移転したサトウハチロー記念館のことは46号、47号に続報あり。

ミズヒキ　佐藤寿子／画

花を描くテキスタイル作家の寿子さんは、いつも私たちに惣菜やおやつを運んでくれる。49号の花屋、81号のヤドカリの表紙も寿子さん。隙間を埋める「谷根千のためのカット集」も作ってくれた。この本にも多数掲載文京たてもの応援団出現！

安田邸を残したい

47号

本駒込の建築家である松塚昇さんから「歴史ある家が壊される前に、記録だけでもしたい」と声をかけられた。そこで、以前から気になっていた本郷保健所の隣の安田邸をお訪ねした。安田邸は毎朝、木の門を開け、通行人との距離を身近なものにしてくれている。突然の訪問にも安田幸子さんは、こころよく応じてくださり、近々実測をさせてもらう約束をして帰路についた。

安田家は、先代の善四郎氏の時代に関東大震災で被災し、日本橋小網町からこの駒込林町十八番地に引っ越してこられた。屋号は柏舎。善四郎氏の妻峯子さんが、実業家安田善次郎の三女である。善四郎・峯子ご夫妻の長男が楠雄氏で、昭和四年に幸子さんと結婚。ご主人は昨年の十一月に亡くなられたということだった。

発見された棟札

古い建物を愛する仲間に呼び掛け、四月八日に実測調査をすることができた。この日、初めて拝見した庭はしだれ桜が満開だった。

屋根裏で棟札が見つかった。これによって大正七年に清水組が工事を請け負い、建て主は、藤田好三郎氏ということがはっきりとした。

藤田好三郎氏は明治十四年生まれ、日本銀行、三十八銀行神戸支店支配人を経て渋沢栄一の甥の大川平三郎とその弟の田中栄八郎らの片腕として製紙業界などで活躍。また田中の娘婿となり、根津宮永町二十六番地（今の弥生会館）の田中邸の敷地内に暮らしていたようだ。本郷区駒込林町十八番地の土地を購入したのは大正六年五月、住所移転は十年四月。林町の家に藤田氏が住んでいたのはほんのわずかのことだ。

この藤田氏は、練馬城祉付近に広大な土地を所有し、大

文京区千駄木にある旧安田楠雄邸の玄関。中に入ると大きな沓脱ぎ石がある

正十五年にそこに遊園地「豊島園」を開業している。

江戸、明治期の林町付近

江戸初期は、団子坂上の現在の千駄木五丁目一帯は寛永寺持ちの山林で、切絵図には「千駄木御林」とか「日光御門跡下屋敷」と書かれている。のち延享三年に御林地が解かれ、畑として開墾され、人家も建ちはじめた。江戸末期には四十戸の家があったそうだ。

この十八番地の土地は、明治二十四年には、川島彦次郎という人が土地登記をしている。同じころ、彫刻家の高村光雲は谷中から十八番地と裏隣の百五十五番地に引っ越している。光雲の懐古談によると、茅葺の門を入ると、右手が梅林、左手が孟宗藪、二百五十坪の土地に茅葺屋根の家が建っていたという。また高村豊周氏の回想録に、「家の南隣は安田家で、大きな屋敷になっているが、ここはその当時里芋畑だった」と書いており、明治末の林町の風景が目に浮かんでくる。

なんとか残したい

幸子夫人のお話から、愛着のある家をこのまま残したいと思っておられることを知った。売ってしまえば、建物を残して活用してくれるところはないだろう。気持ちはあっても、個人では土地、建物の維持保存は難しく、惜しまれつつ消えてゆく家が後を断たない。

なんとかしてこういう家を活用しながら保存する方法はないものだろうか。

私たち、おしかけ調査のメンバーは会を作り、そこで方法を考えてゆこうということになった。それが「文京歴史的建物の活用を考える会」通称たてもの応援団である。

調査の結果、安田邸の場合、建築技術が成熟し、近世から綿々と続いてきたものが頂点に達した、大変貴重な大正時代の建築であることがわかった。また、千駄木の大正時代ごろの雰囲気を伝える数少ない生き証人としても貴重な空間だ。

安田邸公開

たてもの応援団では安田さんの了解を得て、安田邸を一般公開した。

安田邸内部の様子

私たちが想像していたよりも安田邸は奥が深く、二階もあることがわかった。建物は大正時代に藤田さんという普請道楽の人が建て、室内の家具、ガラス、襖、カーテンなど、ほとんど建てられた当時と変わらないという。

内玄関を入ると、畳敷きの廊下が真っすぐ奥へのびている。大玄関との間の部屋は、書生のいた部屋。今も残る電話室。大玄関脇は、六畳のお待ち部屋。藤の絵の襖紙は当時のままだという。この玄関まわりだけで、今の感覚でいえば家一軒分だ。

廊下の一番手前が応接間。この家の中で唯一の洋間である。暖炉の柱の上には、リス、サル、フクロウの木彫。冬は火鉢になるという本調家具にも鳥の彫刻がある。L字型にガラス戸があり、その向うのサンルームには、卓球台がかつての賑わいを思わせる。廂が深いのと庭木のせいか、部屋の中はひんやりと暗い。緑深い庭のほうから鳥が鳴く声がしきりと聞こえてきた。

応接間を出て、廊下を進み、突き当たって右、二階への階段は少し傾きはじめていた。二階は、お嬢さんの踊りの稽古場だったそうで、舞台が作られていた。

もう一方の階段を下りてくると台所の前。さあ、もう自分がどこにいるのか、方向感覚がなくなってしまった。

台所では、先生を招いて、手伝いの人たちに料理教室をしていたこともあるそうだ。真ん中に流しとコンロのある鈴木式と呼ばれる当時の文化的システムキッチンだ。作り付けの米櫃や食器棚などがある。この辺りは後になって手が入っている部分だという。

その少し先が、仏間になっている。もとは奥様の部屋だったところで、ここには、ちょっとしたかわいい庭がついていた。

庭の向うに高村家の梅が見事だった。

邸内唯一の洋間。大正８年（1919年）の建築当初のカーテンが掛けられている。丸いテーブルは昭和４年（1929年）の楠雄さん、幸子さんの結婚時に贈られたもの

町の人々や専門家に見てもらうことで、この問題をみんなで考えたいからだ。六月十九日、午前十時半、雑巾を持って集合。すべての雨戸を開け、床を拭き、ハタキをかけ、掃除した。眠っていた家は、再び息をし始めたようだった。こうしてじかに建具に触れると、なお一層建物に対する愛着が湧き、細かい細工にまで目が行くものだ。庭の落葉も掃き、初夏の日差しに輝いた。

午後二時から公開。見学者は五時までに百三十人。三時からは専門家による調査報告もなされた。見学の多くの人は、この家が壊されてしまうのではないかと心配していた。

いま、安田邸の保存活用に多くの知恵が集まっている。〔O〕

47号〔一九九六年七月〕

安田邸の保存には多くのボランティアが関わった

〔追記〕

持主の見識があって、奇跡の保存を果たし、最良の形で始動した安田邸の経過は87号の特集に詳しい。財団法人日本ナショナルトラストに寄贈され、東京都の名勝指定を受けた旧安田楠雄邸庭園は、建物の修復を終えて、この記事の九年後の二〇〇七年四月、一般公開を始めた。このとき知恵を絞ったたてもの応援団はNPO法人となり、安田邸の管理運営を受託、水曜・土曜の一般公開のほか、数々のイベントや展示で活用の方法をさぐりながら、ボランティア活動を続けている。

事務所探し顛末

49号

わが仕事場は、根津権現裏門坂から路地を入る古い木造の二階家。と書けば情緒豊かに聞こえるが、ブロック塀にポスターをベタベタ貼り、部屋は運動部の部室とみまがうばかりの雑然さだった。この居心地のよい仕事場に恵まれたのは、今は亡き加宮貴一さんのおかげ。千駄木の昔の話をうかがったおり、雑誌作りには拠点が不可欠なこと、続けるためには財政を安定させることと教えてくれ、破格の家賃で、仕事場を提供してくれたのだった。

加宮さんは明治三十四年、岡山の生まれ。大正十年に書いた「鋭角すぎる」が中村星湖に認められ、小説家として活動を始めた。著書の「一斤のパン」「屏風物語」など現在ではほとんど手に入らないが、私たちは大正期の雑誌を調べたときに、何度も加宮さんの名と邂逅した。戦後、わけあって筆を折ったが、混乱の時代に、小川未明の作品を紙芝居にして子どもたちに見せたり、町会活動の民主化をすすめたという。町で知られているのは文京区議として働いた時代ではなかったか。谷根千の活動に理解と協力を惜しみなくくださったのは、ご自身が「新思潮」「あすの日本」「山行」などの雑誌を編集、発行していたからだった。

一九八六年に加宮さんが亡くなった後も、仕事場はそのまま使わせてもらい、結局十一年いた。そして今回、新しい仕事場の物件捜しと相なった次第。

だが、これはと思う物件は少ない。私たちの条件は、①家賃6〜8万　②10坪以上　③谷根千地域内　④一階

どうでもいい話

よくあることですがY家にこども9人がおりました。夕飯の塩むすびを作っていたら、玄関で、

「あのーォ」と若い男性の声。

「お客さんだよー」と子A。

「ハーイ」と2歩行けば玄関。

「駒込病院の前で英語教室をはじめたんです。今日はその案内で、ぼくたち東大出身が多いんですけど…」といいつつ部屋の中を見る。

「あのーォ、この家はこども何人いるんですか?」。

「9人だよ」と子B。

「す、すごいですね。あのーォ、これからの時代、こどもの頃から英語に親しんで国際感覚を身につけることが…」と青年。

「国語だってやなのに英語なんてやに決まってるじゃない」と子C。

「みんな塾行ってるの?」と青年。

「そんなの誰も行ってない」子D。

「ひとりだけ行ってるぜ、音楽教室、な」子E。

「寒いから入ればいいのに、ネェ山崎さん」と子F。

「チェス知ってる?」と子G。

「ネェ、オニイさん、このマンションに住んでるの?」と子H。

「あのーォ、また来ます」と青年。

「いまの誰?」と子I。(Y)

34号(一九九二年十二月)

⑤車が入る　⑥目立たない場所であった。10坪という広さは、今の在庫を半分以下に減らし、資料を大幅に整理したと仮定した広さである。以下見た順に。

①弥生の木造アパート　和4・5+和4・5、5万円。トイレ、台所共同。(安いがさすがに狭い、古いため床抜け心配)

②三崎坂途中のビル2階。南向き7万は狭く雨漏りあり、北向き6万は真っ暗。

③谷中コミュニティセンター近くの木造一階事務所。5坪7万円。(立地よし。狭いけどいいね、と考慮中に手遅れ)

④千駄木すずらん通り。7坪9万3千円。(飲み屋の誘惑付、保証金10ヶ月はきつい)

⑤大給坂下木造アパート。和6+和4・5が離れてあり、両方で7万8千円。(ウ〜ン)

⑥千駄木フラット1階。和6+台6、風呂付。7万3千円。(風呂を倉庫にする?)

⑦団子坂上、マンション1階事務所、17坪20万。(たかい!)

⑧汐見小学校近く2階鉄骨作業場。洋6+洋4・5で5万5千円。共同トイレ男女も一緒。(軍艦島のような怪し

い雰囲気が魅力だが、階段が狭く急すぎる)
⑨道灌山下近く木造1階　和6＋和4・5＋台5で6万5千円。(車不可だが貴重物件)
⑩根津路地木造アパート1階和6＋台6。4万7千円。裏に共有の中庭と枇杷の木。4月にもう一部屋空く予定あり、二部屋で8万5千円。(ここにしよう！と一度は決めた)
⑪富士銀行根津支店裏。和8＋和6＋台3、6万5千円。(ただし木造の2階なので床抜け心配)
⑫千駄木3丁目一軒屋、1階7坪作業場＋台4・5、2階和6＋和4・5＋ベランダ、20万。(実は『谷根千』41号を刷ってくれた楠本印刷のあったところ。自宅兼用ならば借りられるかな)
⑬団子坂マンション半地下倉庫24坪16万。もと千駄木美術教室のあったところ。坂の中腹、車での搬入はちと難しい。OとYが元住人という強みで家賃の交渉開始。読者でもある大家さんの理解でなんと10万になる。しかし、壁のペンキ塗り、床貼りを自分たちでやらねばならず、思案のしどころ。

と、こんなところ。賃貸物件探しの参考にしてください。

ズラリと間取りを書き並べ迷っているとき、Oがいうのだった。「谷根千発祥の地、団子坂マンションに帰ろう！」。

思い起こせば十三年前、団子坂マンションに住むOの台所に谷根千は寄生して産声をあげた。そしてまた、部屋こそ違え、元に戻ろうと決心したのである。

それから楽しい引っ越し作業の始まり。ペンキを買い込み家族を巻きこんで壁を塗った。松塚さん経由で荘司工務店に頼み床を貼った。保育園仲間だった出野さんからダンボール箱をもらった。格安の本棚を注文した。不忍池を愛する会からリヤカーを借りた。そのリヤカーで畳を運んだ。当日は読者の江幡さんご夫婦と秋山さんが一日中手伝ってくれた。子どももこの日のために産んどいたような働きぶり。引っ越し業者「パートナー」のお兄ちゃんたちも気持ちよかった。すべての荷物が運びこまれ、私たちは乾杯した。

この引っ越しが吉と出るか凶と出るか、まあ、しばらくは様子を見よう！〔Y〕

49号〔一九九七年三月〕

やねせん
こぼれ話

日医大のそばの事務所

川原理子

60号に、子ども座談会と、昔の谷根千工房事務所の写真があった。子供のころの思い出は、お寿司やの野池さんが耳からコインを出してくれたこと、芸大の手嶋尚人さんがプールの送り迎えをしてくれたこと、谷中墓地での花見、井戸水の調査などいろいろあるけれど、なんといっても、事務所である。

昔の事務所は、日医大のそばにあった。五時過ぎ、汐見育成室の帰りに、私はランドセルを背負って肉屋さん、八百屋さん、魚屋さんの前を通り過ぎ猫と鶏のいる文房具屋さんの手前で、ぴったり自転車に乗った豆腐屋さんに会う。おじさんはいつも「今頃帰りかい」と声をかけてくれる。が、今頃どころではない、このあと仰木家や山﨑家に預けられたら九時を過ぎる。こんな時間に小学生がウロウロしているのは、悪いことをしているようで、はずかしい。

その先の左手、コンクリートブロック塀に囲まれた二階建てが谷根千工房だ。クリスマスの時期、この塀一面にチョークでツリーを描いて母に叱られ、夜中に消しに行ったことがある。入り口の戸の横に郵便受け。その下に、不要な本を段ボール箱に入れて斜めに立てかけ、一冊五十円や百円で売っていた。売り文句はたしか「お金はポストにチャリーン」。

戸を開けると小さな庭があって、ユキノシタが生えていた。この葉が乳腺炎に効くというので、母たちは薄皮をはいで胸に貼っていた。はがすのは結構難しかった。それから玄関の横のムラサキシキブ。花もかわいいが実もかわいい。この木に二股の葉を見つけ、枯葉剤の犠牲となったベトちゃんとドクちゃんのことを思った。庭の奥には外流しがあり、角を曲がるとベルがいた。白いふさふさした毛の中型犬で、散歩用の綱を見せるととても喜んだ。ベルは子どもが綱を持っていても遠慮なしに走るので、散歩というより全力疾走のトレーニングだった。行き先はすぐそこの根津神社。境内を何周か回って、帰りには日医大の花壇の雑草を食べた。山﨑家の長男ガクちゃんも仰木家のヒコベイや友達ヒカル君とよくベルの散歩に行っていた。ガクちゃんが境内で綱を放すのは知っていたが、うまい棒を買って両端から一緒に食べていたとは知らなかった。

ベルはそのあと老いて死んだが、そのころは私もあまり事務所に行かなくなっていたのか、いつだったかはっきり知らない。

玄関は木と曇硝子でできていて、あけるとガラガラと独特の音がする。あるとき玄関の戸の硝子が割れ、テープでつないであった。ハチが戸袋に巣を作り、それを退治に来た区役所の人が割ったそうだ。玄関を開けると左に本棚があり、『谷根千』ほか運動関連のパンフレットなど並んでいた。ベルの散歩をすると三十円もらえ、その貯金箱もあった。正面にはコピー機。子どもは使ってはいけなかったが、本当はこれでまちがいさがしをつくりたかった。コピー機の上には前田秀夫さんのアキアカネの写真がかかっていたような気がする。

左が一段高くなって便所と二階への階段。便所は水のタンクが上にあり鎖を引っ張って水を流す形式。たしか朱色のひも付きの手拭が下がっていたような、いやあれは自宅だったかな。ベルの散歩で持ち帰った糞は便器に流していた。このころ学校で水は循環していると習い、私は自分やベルの糞が流れた水を飲むのかと思った。

一階は畳敷きの六畳に三畳くらいの小部屋が二つ、台所があった。どこも襖を外して広く使っていたが、襖はどこに閉まってあったのだろう。

玄関横の小部屋の本棚にはなぜか、あだち充のマンガ『みゆき』があった。これはきっと山﨑さんのもの。柱には「32度になったら仕事を休みませう」の紙がピンで留めてあった。いいなあ。スタンドは白熱灯だし、工房にはクーラーもなく、夏は暑かったかもしれない。窓枠は木だったので、網戸もたしかなかった。

六畳には仰木さんの机とみんなで使う朱塗りの座卓。拭くと布巾に赤い色がつく。押入れも襖を外して、在庫棚として使っていた。この部屋の思い出は、多児貞子さんが地図を折りながら自分の座布団の下に挟み、重石をかけていたこと、ジョルダン・サンドさんが柱

根津神社に近い文京区２丁目にあった旧谷根千工房。格安の家賃に甘えて、丸10年をここで過ごした

で逆立ちを教えてくれたこと。それからときどき子どもが病気で保育園を休んで寝ていた。

台所には戸が引きにくい食器棚、流し、小さな冷蔵庫。冷蔵庫には麦茶と仰木さんの作ったヨーグルトが入っていた。すっぱいので、蜂蜜をいれて飲む。上にコーヒーメーカーとコーヒーシュガー。事務所に行き、遊ぶ前に一応、なんか仕事ある？ と聞く。普段ある仕事は、ベルの散歩、チラシや地図折り、届けるだけの簡単な配達、そのくらいだ。特にないときは、コーヒーを淹れて、といわれる。さっき飲んだけど、ひとが淹れたのがおいしいのだ、と。

コピー機のうしろの三畳の小部屋には山﨑さんと母の机が並び、背面に本棚。山﨑さんの机には卓上用の箒と、赤いシンナー入れ。母の机は、末弟がまだ赤ちゃんの時、よだれで襟がべろべろになったシャツを着て笑っている白黒写真。育成室を卒室してもよく家のカギを忘れて事務所へ行ったが、ここに母がいないとがっかりする。

二階は三つか四つ部屋があり、上がってすぐ右の部屋が子どもの遊び部屋で、他の部屋は資料や在庫などをいれる倉庫。倉庫は埃っぽいしおもしろくないのでほとんど入ったことはない。

子ども部屋には上半分だけのもの入れがあり、子どもたちはそこに上ったり、飛び降りて遊んだ。映らないテレビとマンガがあった。マンガは『夕焼けの詩』と『ジパング少年』が最高におもしろかった。『生徒諸君』は子どもにはイマイチ。『カムイ伝』、『日出処の天子』なども脈絡なくあった。

そのうち図書館が遅くまで開いているのを知り、そっちの子ども室にも行くようになった。中学生に入ったら部活動が忙しくて、母より帰りが遅くなった。肝心の事務所の引越しを覚えていない。団子坂マンションの新しい事務所に畳を数枚運んで、むき出しになった床を見たような気もするけれど、ほかの家のことかもしれない。

およそ18年前の現スタッフ4人。
手前がカワハラ、後ろ右からオオギ、モリ、ヤマサキ

ご近所調査報告　㈳東京派遣看護婦協和会

56号

林町にあった小さな文化財――蔵の活用法を考えよう

十一月二十二日土曜日、風は冷たかったけれど、空気は澄み、よく晴れた日だった。バケツに雑巾、軍手の用意もある、よし、掃除の準備はできた。

この日、文京区千駄木五丁目十七番地にある「社団法人東京派遣看護婦協和会」の所有する、小さな蔵の掃除に、近所の人たち十数名があつまった。

さて、なぜ蔵の掃除をすることになったのか。ちょっとしたワケがある。

「協和会」は、「派遣看護婦の専門的教育及び社会的地位の向上を図り、もって都民の生命の保護、健康の保持増進に寄与すること」を目的として、一九五四年（昭和二十九）、この千駄木に設立された。ここは派遣看護婦さんの研修の場であり、宿舎である。

この秋、谷中大円寺の菊まつりに、理事の福田洋子さんがみえた。相談があるので寄ってほしい、という話がきっかけとなって、私たちははじめて「協和会」の扉を開けた。そして会長の木下安子さん、事務局の飛田昭俊さん、看護婦の海老根（えびね）マツさんたちと知り合った。

前を通るたびに、いったい何だろう、公園の奥から見える蔵は誰のものなんだろう、といつも不思議に思っていた。そのナゾがようやく解決するのだ。

一時は百四十名もいた「協和会」の会員は現在三十四名。この宿舎で暮らしているのはそのうちの約半数である。平均年齢も七十五歳を超えている。看護の仕事も身体がきつくなって、現在現役として働いているのは三名。長く看護の仕事を続けてきた女性たちが、自立した老後を過ごす場所として、「協和会」は今ある。だがそれだけでなく、今後もできうるかぎり地域の健康に寄与する事業を行なっていくつもり、という。そうした活動をしていかないと、社団法人としての法人資格がなくなり、看護婦として働いてきた人たちの、終の住み家までも失うことになりかねないのだそうだ。

話を戻そう。「蔵」である。

この土蔵は、外側は大谷石、内側が木造になっている。内部は太い木組、斜めに渡した筋交いが、地震対策であるところから、関東大震災直後の建築ではないかということだった。ゆるやかな階段のついた二階建、屋根は瓦ぶき。

児童公園の奥にひっそりたたずむ小さな蔵

「協和会」ではこの蔵と、蔵の横にある平屋の家（六畳と八畳の和室、廊下がある）を地域に解放して、会の目的に沿った事業をしていこうと考えている。都民の（すなわちご近所の）広い意味での健康に寄与する何かである。

そこで、とりあえず蔵のほこりを払い、晩秋の風を通し、近所の人に蔵の存続をアピールしてみよう、ということになった。そして「蔵をどうやって使おうか？」を、掃除をしながら考えてみた。

コンサートホール・ギャラリー（これはすぐに出てくる）。図書館、それも健康に関する専門の・子ども図書館もいい。自由で、音楽も流れていて、ここを拠点にして、小児科病棟などで本を読むボランティアをする（なかなかいい調子）。中学生くらいの子の溜まる場所がない、コンビニ前でたむろしている子たちの居場所にならない？（ふんふん）。絵を描く場所は、音楽を作る場所でもいい（フリースクールのようなイメージ？）。思い切って喫茶店、レストランていう手もある（本格的だね）。ボランティアを募って肩もみハウス、肩もみながら昔話を聞くの（それ、いいねえ）。

と、アイデアはいろいろ。また、第二弾で、十二月五日には「クラ（蔵）シックギターの音色」を聴くミニコンサートが行なわれた。ジーンとした音色が、心の中まで響いてくる。ギター奏者は同じ千駄木の後藤嘉子さんだった。

「協和会」設立までの背景を、会で行なわれるセミナーの資料から見てみよう。

派遣看護婦の歴史は明治にさかのぼる。

一八九一年（明治二十四）、帝大病院を退職した鈴木雅子が「東京看護婦協会」を創設したのがはじまりとなって、その後、たくさんの看護婦紹介所が設立された。派遣先は入院中の患者や自宅療養中の人などの個人が対象で、契約中はほとんどが住込みの就労だった。（この鈴木雅子は大関和（チカ）と同様、明治十九年に創立した桜井女学校のキリスト看護婦養成所の卒業生である。桜井女学校（女子学院の前身）はミッションスクールで、まだ日本には少ない看護婦の養成所となった。看護婦の歴史に詳しい鈴木俊作さんによると、ここには後年、平塚らいてうのお母さんも通ったという）

一九四七年（昭和二十二）、「職業安定法」が施行され、翌年GHQは、看護婦会会長のボス的性格、中間搾取、労働の強制を理由に、すべての看護婦会に解散命令を出した。これによって、新たな自治運営にもとづく、民主的な派遣看護婦会の設立が望まれるようになる。当時、病院の内勤看護婦は医師の診療の補佐が主で、患者のベッドサイドケアは付き添い看護婦が行なっていた。そのほかにも、病人の世話や出産後の産婦・新生児の世話に派遣看護婦を頼むことはよくあり、需要はとても多かった。

しかし、社会的地位は安定しておらず、なかでも、泊まり込みの看護のため、仕事のないときの宿泊場所の問題は大きかった。病院の一室を何人かで使っていたこともあったという。

こんな状況の中で、本郷森川町にあった八千代看護協会の看護婦であった番トメは、新しい時代の派遣看護婦を紹介する事業所づくりに奔走した。このトメさんが「協和会」の初代会長である。

「協和会」のあるところは以前、佐野東大教授の邸であった。トメさんは、東大病院の眼科婦長であった村上さんを通じて、佐野教授を知ったという。ちょうど自宅の処分を考えていた佐野さんは、派遣看護の事業に共鳴して、土地を譲ることにしたそうだ。

一坪約五千円でおよそ三百坪。土地家屋の購入に出資者を募り、昭和三十年に取得。資金は協和会への入会希望の看護婦の他に、病院勤務の看護婦や友人、知人であった。

看護婦不足への懸念や、収入の二割を徴収するという旧来の看護婦会とは異なり、会員の自治運営によるという理念が賛同されたのだろう。

当時の佐野家は、立派な門のある屋敷で、広い庭には井戸があったという。当所は屋敷をそのまま使っていた。協和会の新年会の写真に、屋敷の内部が写っている。看護婦のひとりの海老根マツさんは「庭に大きな枇杷の木があって、その木の下で大正琴を聴いたことがあった」と教えてくれた。海老根さんは六十年以上看護の仕事をしてきた方だ。時代の流れに翻弄された頃のお話を聞き、戦中戦後の看護婦の苦労が尋常でないことを知った。

看護婦試験に合格したとき、海老根さんはまだ十七歳。看護婦免許は二十歳にならないと得られないため、二年間を見習い看護婦として働く。満州事変後、陸軍軍医学校診療部に勤務し、第二次世界大戦中は中国に渡り関東軍の病院で働いた。終戦後、中国八路軍の捕虜となり、八年間のあいだ行動をともにして、日中の兵士の治療看護にあたった。この八年の間、一度もお風呂に入れなかった。八路軍と一緒にいたのが敬遠され、帰国後は病院勤務ができず、一九五四年に「協和会」に入会して派遣看護婦となったという。小柄な海老根さんのやさしい話し方からは、そんな苦労はまったく伺えないのだ。

遠藤ヨシ子さんに昔団子坂にあった料理屋、今晩軒での新年会の話を聞いた。昭和三十四〜五年のことだという。

「はじめて新年会を料理屋さんでやろうということになって、団子坂にあった今晩軒にいったんですよ。まず突出しがでて、お刺身がでて、というように、ポツポツとゆっくり料理がでてくる。あたしたちは長い間看護婦をしているもんだから、食事を急いで食べるくせがついていて、お酒を飲みながらゆっくり、なんてことができなくてね。

そのうち待ちきれなくなって、食べたお茶わんをお膳に重ねて、洗い場まで運んだ。前のを下げれば、次が早く出てくると思ったもんだから。私もお膳にみんなの茶わんのっけて持っていこうとしたら、ちょっとよろけて階段から落っこちた。当時一個三百円もする器を壊しちゃって、弁償はしなけりゃならないし、恥はかくし。で、それ以来、今晩軒には二度と行かなかったんです」。

若い看護婦さんの大騒動に、今晩軒の人も、ほかのお客さんも驚いたことだろう。

一九六八年（昭和四十三）に、「協和会」は今の鉄筋三階建てに改築。この建設費を捻出するために南側百三十坪を文京区に売却（これが現在の児童遊園である）、不足分は会員に債券を発行してまかなったのだという。この時に蔵の解体を見積もったところ、約三百万円。あまりの高額に取り壊しは断念、おかげで蔵は現在まで残ることになった。

一九七〇年以降、派遣看護婦は減少してくる。それは、病院医療が中心となって、派遣看護婦になる人がいなくなってきたことと、入院患者の付き添いを、無資格者に委ねるようになったためでもある。そして一九九四年十月、厚生省は付き添い制度の廃止を決めている。

というわけで、この「協和会」蔵活用作戦は、まだまだ進行中。コンサートの次なる企画は、以下次号。〔Y〕

56号〔一九九八年十二月〕

［追記］

その後、蔵を活用して「けんこう蔵部」という催しが始まった。蔵を使ってさまざまな演奏会やダンス、講談が行われ、歯科医の講演や健康相談、並行して蔵の修復資金を貯めるバザー、大工や左官を招いての修復ワークショップも。現在、蔵を所有する東京派遣看護婦協和会は在宅看護協和会と名称を変えて、訪問看護ステーションを開設した。蔵そのものは映画フィルムの保存に取り組むNPO法人・映画保存協会が借り受け、映画資料室として、上映会などのイベント会場として管理・貸出をしている。

新井彩乃／画（58号より）

彩乃さんの絵でシリーズ化しようと計画した文豪ポストカードは森鷗外でストップしているが、夏目漱石や林芙美子は年賀状用に描いてもらった。52号の鷗外、58号のランチ、67号の秋色モンブランの表紙も

怒濤の配達与太日誌

57号

12・25　午後4時45分、『谷根千』56号できあがる。団子坂マンションに仕事場が移ってから、納品作業には屈強な足腰が必要なのだが、その労働は三盛社にオンブにダッコ状態。「腰が痛い」「息が切れる」「脚がよたる」といいつつ八千冊の『谷根千』が壁のように積み上げられる。外はもう薄暗く、配達開始は明朝と決め、台帳整理を急ぐ。納品書・領収書に判をおし、請求書を書く。いつもながらのドロナワ作業。夜、ニュージーランドに出奔中の十七歳の友人が突然遊びにきて、「えっ、おばちゃんクリスマスにも働いてるの？」。

12・26　未明、時計屋を営む姉より電話。息子が急性虫垂炎で手術するのだが身動きがとれない。たかが盲腸の手術なんだから勝手にやってくれと医者にいったが、親族の付き添いと、もしものときの輸血要員が必要だと説得された。ついては「おまえ、午前中病院にいってくれ、ちょうどB型だし」と懇願される。実は、人にはいえぬ弱みを姉に握られ頼みを断れず、『谷根千』の配達を気にしながら川口へ向かった。病室へ入り「叔母です」と担当医に挨拶。手術前に「剃毛します」と剃刀とシャボンを持ってきたかわいらしい看護婦に、甥は「自分でやります」とカーテンを閉め悪戦苦闘、シーツを紅く染めた。手術は順調に済み、昼すぎにお役御免。睡眠不足のまま午後から配達。谷中銀座の武藤書店で「年の瀬だというのに静かなもんだねぇ」と声がかかる。今回は根津特集。これまで何かとストレートな反応（つまり苦情など）が多い根津のこと、心なしか配達の手が震える。

12・27　気温は低いが、風もなくまあまあの配達日和。朝一番で自転車を走らせる。新年を前にして谷中墓地は墓参りの人で賑やかだ。あの世の人にもこざっぱりと新年を迎えてもらおうという、その心づかいがうれしい。昨年の夏の終わりに亡くなった三原家の高尾重子さんを偲んで『谷根千』を読んでくださる方もあり。上野桜木の桃林堂で屠蘇散を、東大前のニイミ書店でのし餅をいただく。正月が近い。とっぷり陽が暮れたころ、駒込のフタバ書店に到着。ここの本揃えはユニークで主張がある。今回入口には「店長が選ぶ今年のベストテン」コーナーが新設され、堂々とコメント付きで並べてある。おお、その十冊のうち六冊までがわたしの今年のベストテンと一緒じゃないか、こんなに気のあう人は初めて

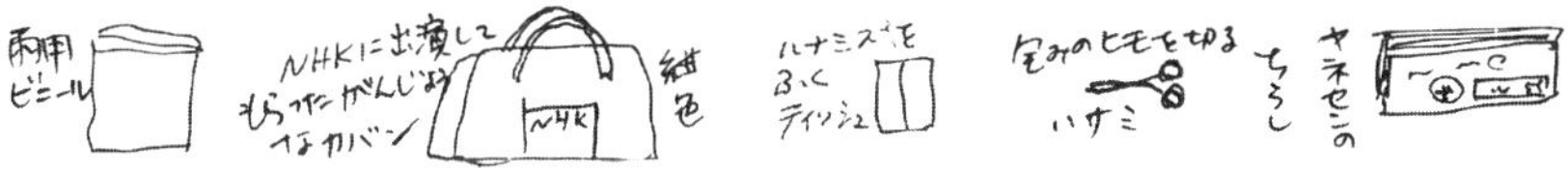

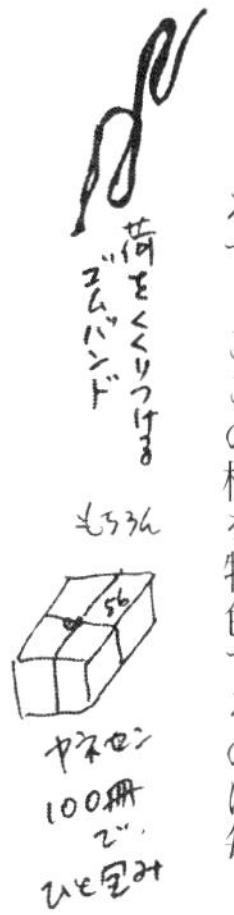

だぞ、と思いながら一位に輝く未読の『ビート・オブ・ハート』（ビリー・レッツ著、文春文庫）を買って帰った。

12・28 朝、本郷から神保町へ向かう。本郷通りの棚澤書店のおじさんが店頭ではたきをかけている。ここの建物は明治三十八年にはすでに建っていたという立派な出桁造りで、最近、建物を見にくる人が多くなったんだそうだ。「みんなが見てくれるから、今までは月に一度の掃除を週に一～二回拭くようにしているんだ。ほら看板もきれいでしょ」という。今日は年賀状書きで大忙しとのこと。落第横丁にあるペリカン書房の品川力さんは腰を痛めて臥せていらした。神保町すずらん通りのアクセス（地方小出版流通センターの本屋さん）で百冊の包みをドサッとおろす。ここの棚を物色するのは毎度の楽しみで、本日の掘り出しものはA5判の雑誌「中南米マガジン」五百円。ラテン音楽の紹介雑誌だが、中米料理店の店当てクイズ、ラテンの心を持つ女シリーズなどヘンナ記事も多い。『谷根千』とサイズも薄さも同じこの雑誌は、匂いも同じで見るからにマイナー、思わず創刊号から最新の四号までを購入。夕方、12月26日に閉店した小石川の児童書の店ピッピで最後の清算。この小さな書店と谷根千は、手を取り合って仕事をすることはなかったが、お互いの存在が支えで、見ている方向はいつも一緒だったと思う（少なくとも私はそうだった）。ピッピ最後の営業日は満員の大盛況で、閉店時間が迫るとカウントダウンが始まり、ゼロのかけ声で写真のフラッシュがいくつもたかれたんだそうだ。私を含めたこれだけのファンが経営難の力になれなかったのが淋しい。

PM10時、夜の店の配達に繰り出す。昼間は開いていないスナックや居酒屋に『谷根千』を置いて回る。大晦日まで頑張んなくちゃ、というのと今晩で今年は終わり、という店が半々くらいか。

千駄木の居酒屋兆治に行くとマスターが一人酒。朝7時までやっているこの店は12時すぎから混んでくるという。「この間TVの取材でなぎら健壱がきたよ。谷中銀座の鳥肉店の小林さんと、すずらん通りの惣菜店のキヨシさんとうち。うちのお汁粉サワー・青汁サワー・味噌汁サワーが珍しくてうまいからってさ」という。「ちょっと気持ちの悪い飲み物ですね」と私。

12・29 朝一番で上野明正堂書店へ。アメ横の人混みにくらべて店内は静か、歳の暮れに本を買う人はやはり少ないのか。気を取り直し稲荷町から浅草、浅草から山谷堀公園を通って南千住の大洋堂書店に向かう。日本堤二丁目の城北福祉センター前は大鍋に炊き出し、廃材と毛布が山のように積まれ、入り口前にはブルーシートで屋根をこしらえて年越し準備中。コゲ茶色っぽい上着をきたおじさんがまわりにおおぜい集まっている。その人垣の外側に年越し作業に背を向け山谷通りを向いている機動隊の姿もある。

ナンでこんなところに機動隊がいるの？「おまえら、こんなとこに何しにきたんじゃい」とおじさんの一人が機動隊のジュラルミンの楯を蹴っ飛ばしはじめた。酔っ払っているので蹴った拍子にヨロヨロとなる。機動隊の若者は楯を隣の隊員に預けて、おじさんを両手で受けとめた。気になりながら南千住、三ノ輪を抜け町屋の埼玉屋書店へ。町屋駅近くの団地一階に並ぶ三軒の店、左から「酒のいせもと」「煙草のえのもと」「敦煌のたきもと」。今日はじめて気付いたけれど何だか面白い。三河島から日暮里まで戻ってくる。寒くて暗い、早く帰ってあったかい鍋でもつくろう……。しかし、数時間後、節々が痛くなり鍋どころではない。あまりのつらさに夜中熱を計るとナント四十度、その数字にめまいがしてダウン。二日間続く高熱を下げるために三十年ぶりに座薬を使った。〔Y〕

57号〔一九九九年三月〕

花と水桶の似合う町　三崎坂の草人堂

「谷中、寺町、花の町」というので谷中に五千万円の助成金が出る、さて何の花を植えようか。という話で盛りあがったことがある。谷中に似合う花は桜、藤、それとも山吹……。と思い描いていたら台東区から現物支給。チューリップの球根が届き、かくて谷中の軒先にチューリップが揺れたことがあった。

そんなことを思い出していた折、仙台から自転車に乗って遠藤栄三郎さんが谷根千に寄られた。さっそく三崎坂の昔を聞く。

「私は仙台から昭和二年に上京しました。十七歳のときです。三崎町の草人堂という製本屋に勤めていました。これでかかしどうと読みます。これは宮城県の人で上山草人という俳優さんに因んでつけられたものかと思います。

仕事は上野の図書館の貸し出し用に、本に黒いクロスのカバーをつけて、金文字を入れて製本するのです。大八車に本が濡れたりしないようにトタンで覆いをつけて、上野まで三崎坂を大変な思いで上りました。

団子坂のほうも駕籠町の理化学研究所の仕事を受けてましたので上りました。外国のレポートを一冊の本にするんです。団子坂といえば見晴しの湯。風呂場の外のバルコニーで谷中や上野のほうを眺めましてねえ。

昼働きながら夜は第一外国語学校に通い、英語の勉強。根津教会で洗礼を受けたんです。ドイツ系の福音教会でした。土曜の夜になると根津教会という提灯を持って、あかぢ坂の下で、英語の讃美歌を歌い、悩める人はおいでなさいと辻説法をしてまわるのについて歩きました。

結局兵隊検査のために仙台に帰りましたが、その間の二〜三年のことです」。〔O〕

39号〔一九九四年五月〕　特集「谷根千坂物語」

谷根千オンブズマン

富士見坂東奔西走

61号

都心に富士見坂は十六。その中で本当に富士山の全貌が眺められるのは荒川区西日暮里の富士見坂、ただ一つ。その富士山の姿が本郷通りに建つ十三階建てワンルームマンションで遮られようとしていることを60号で詳報した。

あれから三ヵ月が過ぎた。富士山の眺望を保全したいという気運は高まり、住民や研究者を中心に「日暮里富士見坂を守る会」ができた。一年のうちで富士山がもっとも美しく見える冬の日に、ジャーナリズムは「最後の富士見坂ピンチ！」と一斉に書き立てた。しかし、マンションの建設工事は止まっていない。

荒川区は「都市計画マスタープラン」に〝諏訪台地区の歴史を感じさせるみどり豊かな景観の形成と富士見坂等の眺望の確保〟と書く。文京区は「景観基本計画」に〝起伏に富んだ地形が誘起する風景の魅力を高める〟と書く。

東京都は「都市計画マスタープラン」に〝日本の象徴でもある富士山を再び東京のランドマークとして都市景観の中に取り戻していく方法として、富士山の見える公園、緑地、富士山を望む広い道路坂道や展望台など、多様な眺望点を整備することが考えられる〟と書く。そして一九九六年度の東京都都市景観コンテストで、日暮里富士見坂から富士山を望む風景を〝この景観をいつまでも賞〟に選んでいる。

しかし、マンションの建設工事は進む。建築主である日本鋼管不動産（株）も、親会社である日本鋼管（株）も富士山の大切さは理解できる、と言った。荒川区長も、東京都副知事も、「どうにかならないか」と事業主に電話を入れた。国会議員も都議会議員も、超党派で保全要請の活動に参加している。

しかし、クレーン車は鉄骨を持ち上げる。なぜか。

これまでの経緯と町の声、交渉の様子を拾ってみた。すべての文責は谷根千にあるが、実際に巻き込まれてその場にいての見聞である。これを読み、なぜ、「東京の富士山」は消えなければいけないのか、教えてほしい。

大切なのは、立ち止まれば見えるということ

平塚波瑠美さん（荒川区）

富士見坂から見る富士山は冬のからっ風が吹くような、窓を開けるのもいやだという日が特にきれいですね。私の生まれた頃はスモッグはないし、この諏方台からは東に筑波、西に富士と丹沢、表裏で山並みが見えたんですよ。

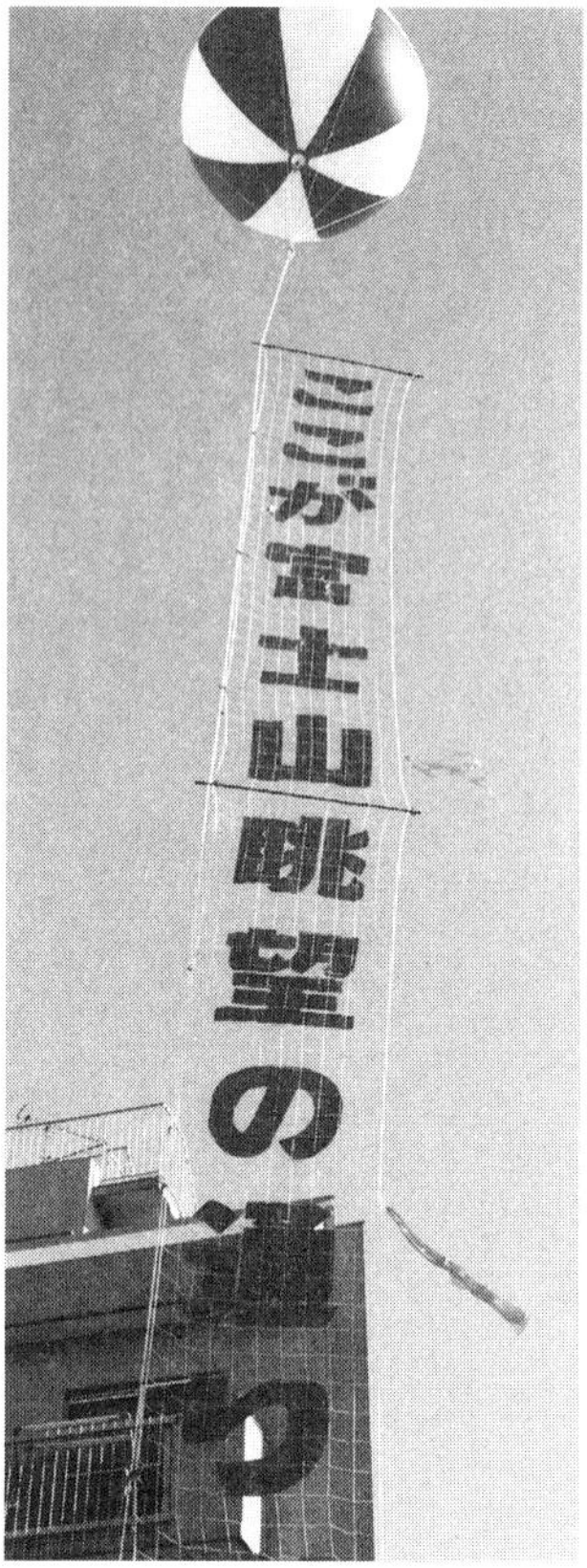

建築予定のビルの高さにアドバルーンを揚げてみた

富士見坂は石のごろごろした道でした。戦前はずっとそうだったと思いますよ。ただ、カーブしていたのが、だんだんと土地を削ってまっすぐになった。土は不忍池のまわりを埋め立てるのに使われたと聞いていますが。冬は雪がよく降って、剣道具やさんから竹をもらって長靴に縛りスキーをした。

富士山は日常のなかにありました。明治三十四年生まれの父（平塚春造氏、「日暮しの岡」の著者）は毎日、富士山を観察して日誌をつけていました。自宅の二階で日暮里町内放送局をしていて、「今日は富士山が見えますよー」なんて流してもいました。太陽がゆっくりと沈んでゆくのを見て、あー今日も一日終わるなーって。十返舎一九が「桜桃鯛より酒の肴には見所多き日暮しの里」とうたっています。ここは本当にいいところだったんですね。

金子誠さん（荒川区、佃煮中野屋）

幼稚園の頃から七十年も富士山を坂上から見ている。以前は富士見坂だけでなく七面坂からも見えた。風の吹いているときは山頂の雪煙までも見えたんだ。

森まゆみ（文京区）

この台地は江戸の最北の岡で、一番狭くなっているところ、江戸時代には寛永寺の領地で、この見晴らしは江戸庶民の絶好の行楽地でした。

文化財の保存というと歴史的建造物など物に走りがちですが、やっと景観条例が各地にできて、遠くの山並みとか崖線とか川辺の景色を守ろう、という気運ができ始めたところ。ですからこの活動は未来に向けての町づくりで、過去をふりむくレトロな話ではありません。

明治の頃に、不忍池の畔に競馬場を作るとき、博物局で風月の権利を主張して抵抗したという記録があります。

十年前、墨田区では百花園が観月権を主張してマンション工事をストップさせた例もある。これは珍しいことです。経済至上主義では環境権より、個人の財産権の方が強くなってしまう。

いくら建築基準法に合致するといっても、マンションを買える人だけが富士山を占領するのはおかしい。江戸以来ずっと富士山を見てきた場所を確保したいと思います。

益田兼房さん（芸大教授）

風景遺産という言葉は欧米では普通に使われています。世界遺産はバファゾーンやそれを囲むコントロールエリアなど周辺部で、なんらかの規制があり環境が保全されている。たとえばアンコールワットは山から見えるビスタが両側五〇〇メートルの幅で守られているし、フランスでは文化遺産の周辺を守るマルロー法が作られています。

日本では環境保全地区という制度があるが、昭和二十五年に法律ができて以来使われたことがない。抜かずの宝刀は錆付いて、国指定の文化財でも周辺の環境を守るのは大変難しいといわれています。

倉敷では川沿いのビルの高さを削ったことがあります。市が何億というお金を自腹を切って出すことについて、議会を含め市民の了解をとれる情況にあったからです。それは景観条例と、美観地区に隣接しているということの市民の意識が高かったからだと思います。

遠藤光胡さん（荒川区職員）

道路の仕事を四十年やっています。富士山は富士見坂にあるもの、当然と思ってその大切さに気付いていなかったと反省しています。荒川区の景観基本計画には「富士見坂の眺望確保」と書いてあるんですが、この眺望は台東・文京に跨がっている。それぞれマスタープランはありますが、荒川区の富士見坂に関してなにかできるものじゃない。これを契機に区を越えて連携できるシステムができたらいいですね。

千葉一輝さん（文京区、眺望研究会）

都市計画法はマクロでやっていますし、建築基準法は個別の敷地で考える。その間をつなぐ制度が手薄だし、何より土地の起伏をまったく考えていない。現行の法体系では眺望がもっとも弱いところで、早く組み入れる必要があります。

赤坂信さん（港区・千葉大助教授）

私が学生だった頃、日照権はありませんでした。それが今はあります。眺めや景色のことを言えば業者からは「あなたがたは勝手だ。私たちはお金を投資している」といわれる。そうしてささやかな勝手が巨大な勝手に負けてきた。私のいる緑地環境学科では大名庭園の保存で都内を歩いてきました。後楽園は東京ドームやトヨタ本社が周辺にできてしまったし、庭園内だけの保存を考えてもダメだと痛感しています。今後は眺望線の予約を考えるべきでしょう。

多児貞子さん（豊島区）

景観保全のために階数を下げる場合、実質的な損失分を業者と行政、住民が痛み分けをする。業者は社会貢献とその宣伝効果を考えて痛みを飲む。市民も広く呼び掛けて募金を募り空中権の一部を買う。こういうことは検討する余地があると思います。

大江勉さん（台東区職員）

役所に入ってバランス感覚を身につけろといわれてきた。そういう習性が身につき、思い切ったことができない。谷中では九階を計画していたマンションを六階にすることができたが、これは制度によらないで、住民と業者の話し合いで可能になった。業者は地域に喜ばれるものを建てたいと変更したが、そこまでの住民の粘り強い運動もありました。今回も話し合いの中で、相手が乗れる提案をする議論を起こしていきたいと思います。

木村民子さん（文京区議）

文京区情けないなという感じです。区は人口の減少を食い止めるために、ペンシルマンションが景観に及ぼす影響を考えずに認可した。マンション建設に好意的な風潮がある。そのなかで景観や眺望は二の次という雰囲気です。これは都や国のレベルの条例改正や建築基準法の見直しを考えるなど、全国的な話になるのではないかと思います。

竹内捷美さん（荒川区議）

皆さんの陳情書が採択されれば議会と行政が各方面に正式に働きかけられるようになります。先だって三遊亭好楽師匠が笑点でひとこと富士見坂にふれただけで、すごい反響でした。精一杯頑張っていきたいと思います。

小島和男さん（荒川区議）

情報が届くのが遅かったが皆さんと一緒に考えていくつもり。住民の意思表示をきちんとするのが大切です。日暮里富士見坂を守る会は行動する会にかかわって頂きたい。

太田久仁宣さん（文京区職員）

今の条例は面ばかりでラインについて考えていません。ただ、景観条例の申請が全面施行される七月一日以降は、パンフレットを作って配るとか、設計の固まる前に富士見坂の眺望を周知し、説明する方法を考えたいと思います。少なくとも事前に話し合う機会を作ることはできるのではないでしょうか。これだけでも行政としては大変な覚悟だということはわかってほしい。

小川幸男さん（荒川区、西日暮里五丁目町会長）

西日暮里の利用者のない横断歩道を撤去するのに十年かかった。行政を動かすのは粘り強い運動が必要だ。今回も運動することと自体に意義があると思う。将来の問題としても富士山の眺望を広く訴えていきたい。同時にあのビルを買い取って眺望を保全してくれるところも探しましょう。

「いながらにして、ときには布団の上から寝ながらにして富士山が見えるのである。毎日、日記に富士の見える日見えない日をつけている。冬の朝の富士、夕暮れの富士を眺められるのは岡の上に住む幸せである。何しろ東京都内に十八くらい『富士見坂』がある中で、ただ一つ富士が見える坂はここだけということで、NHKが番組を作った。それ以降は前より富士を見る人が増えた。不忍通りにどんどんビルが建てば、富士の見えなくなる日が来るのではないかと心配である」。平塚春造「日暮しの岡」一九九〇年刊より。

もし、平塚さんがお元気でいらしたら、今回の富士見坂騒動をどのようにご覧になっただろうか。

都心にあって、富士見坂という名の坂道から、こうして富士山を眺めることがどんなに幸福なことなのか、もう一度考えてみたい。写真で、文章で、この風景を記すものは、この風景が多くの人の努力と見識で残っていることも記さなければいけない。谷根千反省の弁。〔Y〕

61号〔二〇〇〇年三月〕

〔追記〕

61号には活動の経過、事業者との交渉の記録、そして荒川区選出の国会議員・副知事・都の担当課長への聞き取りも掲載した。事業者とのやり取りの記事には、建築主である日本鋼管不動産から訂正を求める反論が届いた。この文書と「日暮里富士見坂を愛する会」から建築主の親会社の日本鋼管・東京都・荒川区・文京区に対する質問状の回答は62号に掲載している。

左側稜線が見えなくなった富士見坂からの富士山。それでも眺望を楽しむ人は途絶えない。とくに、山の頂きに太陽の沈むダイヤモンド富士は、坂いっぱいの人で賑わっている。

この町に住んでよかったこと

古川恭子

結婚以来、谷中と千駄木に住んでもう五年半。♥諏方神社でたくさん電車が見られてうれしい。日本一♥バスにちょっと乗れば上野動物園、パンダにちょっと会ってくるというのもいい♥秋葉原に近いのがウチのダンナはうれしい◆神田に近いのも本がすぐ買えてうれしい♥でももっとうれしいことはネ。♥となりのおばあちゃんが〝ちょっと遊んで作ったの〟と甘辛い五目寿司、〝たくさん揚げちゃって〟と精進あげ、なす、かぼちゃの煮物など下さった♥二軒先の大石さんがお彼岸におはぎをくれた♥我家の玄関先を一生けん命掃いているおばさんがいた。〝すいませんねえ〟というから何かと思えば、道の向う側の家の方でご自分ちの柿の木の葉が飛んで……ご近所中の玄関先を掃いていたのだ♥焼鳥買ってお金だけ払って現物忘れた。いろいろ買物して帰ってみると小林鳥肉店のおばさんが我家の前に立っていた。〝たぶんこの辺だと思ったからサ〟♥そろそろ灯油がないとタンクをみると満たん、アレ、と石油屋さんに電話したら〝ちょっと通ったら空だったから入れといた。赤ちゃんいるものね〟って♥谷中銀座の石段近く〝ノラ猫にえさをやるな〟じゃなくて〝ノラ猫にえさをやったら最後まで始末して下さい〟だって♥そしてわが家の小さな庭にくる動物、てんとう虫・赤とんぼ・でんでん虫・ガマガエル・チビガエル・ナメクジ・バッタ・いなご・アゲハチョウ・モンシロチョウ・やもり・こおろぎ・はち・この前は電線をリスが走ったんだけど、遠くの親兄弟は誰も信じてくれないのですヨ。

10号〔一九八六年十二月〕

追悼　ヤマサキカズオ

『谷根千』を陰で支えてくれた人

72号

『谷根千』を始めて十九年になります。こういう仕事の宿命か、多くの方々と幽明境を異にしてきました。そしてこのたび一番身近な人と、私たちは別れました。

山﨑範子の夫、一夫さんが今年一月一日に五十五歳で亡くなりました。といっても、私たちの傍らで淡々と瓢々と生きておりましたので、ご存じの方は少ないでしょう。が、注意深い読者の方ならば、上野奏楽堂の「よみがえれ！パイプオルガン」や「赤レンガの東京駅」のパンフレットのデザイナーとして、名を覚えていてくださるかもしれません。

山﨑一夫氏は一九四七年の高知生まれ、土佐高校から武蔵野美術大学を卒業し、ブックデザイナーとなったころは世田谷の千歳烏山に住んでいました。二十六年前、新人物往来社に勤めはじめた十九歳のYと出会い、彼女の実家の川口の精光堂で眼鏡をあつらえたことからホの字となり、Yは一夫さんのところへ押し掛けるように家を出ました。そして千駄木の旧家の二階を借りて所帯を持ったと聞いております。

私たちがYに会ったとき、Mは二十九歳、Oは二十七歳で彼女は二十六歳、一歳半の岳ちゃんがいました。三人で出資し、イラストレーターの鶴見よし子も協力して地域雑誌『谷根千』を創刊してから今日まで、一夫さんは特段の協力もしなかったかわり、文句も言わず活動を見守ってくれました。「関心を持つと干渉したくなるから」という一言に見事にスタンスが示されていたと思います。

彼のブックデザイナーとしての仕事は、不二出版、新曜社、新人物往来社、小学館ほかの単行本で見ることができます。それは華やかではないけれど、上品な装丁でした。Mの『谷中スケッチブック』（一九八六年・エルコ）の装丁も一夫さんによるものです。

彼は変わらないスリムな体型、濃緑色のセーターを着、帽子をかぶって町をスタスタと歩いていました。よく本を読み、たいてい何を聞いても知っており、歳とともに明るくなり、お酒が入ると辛辣で饒舌でした。山を愛し、千駄木小学校の校外委員や、文京区の青少年委員などの地域活動にもかかわりました。山の仲間や地域の仲間は、また別の一夫さんを知っているかもしれません。山﨑家には岳、旬、牧という二男一女がすくすく育っていきました。

中央に立っているのがヤマサキカズオ。『谷根千』創刊3年目に開いた団子坂ターボラでのクリスマス会で

昨年十一月に検査を受けて入院した後のことは辛くて記すことができません。会葬御礼から少し引用します。

「二〇〇三年を家族に囲まれて迎えた後に安らかに逝きました。昨年十一月末の入院から本日まで短い日々でしたが、病室を抜けて仕事を終え、映画を観、大好きな山の仲間との忘年会も楽しみました。」

葬儀は正月早々でしたが、地域の方々はじめたくさんの方が来てくださいました。本当にありがとうございました。ご連絡できなかった方にもこの場を借りてご報告申し上げ、山﨑範子と子供たちのこれからを温かく見守ってくださいますよう、皆様にお願い申し上げます。〔M＋O〕

72号〔二〇〇三年二月〕

三崎坂大円寺で菊まつり

10・15　三崎坂大円寺で菊まつりが行われた。これは「自然と手を結ぶ四季の祭りを谷中で作りたい」という三崎坂商店街野池幸三理事長をはじめ、大円寺、町会、江戸のある町会の協力でできあがったもの。当日は晴天にめぐまれ、菊鉢も飛ぶように売れた。私ども『谷根千』スタッフも馴れぬ着物姿で雑誌第1号と菊酒を売らせてもらった。来年は文京区側の方々のご協力も仰ぎ一層盛り上げたい、と実行委ではりきっている。

2号（一九八四年十二月）

生活を記録する会

12・8「谷中・根津・千駄木の生活を記録する会」発表会は汐見会館で開かれる。芸大・前野嶤（まさる）助教授（建築史）より、上野芸大の赤レンガ保存運動や、街をどうしたら美しく再生できるか。法政大・陣内秀信助教授（同）より、下谷金杉地区の町並調査の経験などの話を聴き、皆で谷中を散歩した。

3号（一九八五年三月）

確連房通信――この間、会えた人

◎憧れの〝しのばずおじさん〟自然観察会の小川潔さん（学芸大助教授）に会えた！　彰義隊戦士の子孫。

◎高村光太郎研究家の北川太一さん（千駄木在住）に会えた！　沢山資料を見せて頂いていたら、ガラッと戸があき、白髪の青年ペリカン書房の品川力さんに会えた！　真冬にシャツ一枚であった。その後、品川さんは『谷中スケッチブック』の誤植一覧表を作って下さった。光栄です。

◎天王寺住職・大久保良順先生が気軽に会って下さった。楽しい話ののち、五重塔古材で作った数珠と一万円のカンパを下さった。感謝。

◎いとしの草野権和（のりかず）さんが田端から調布に越した。淋しがる私たちに、「一時間もかからないよ」とちょくちょく来て下さいます。

◎世田ヶ谷三軒茶屋で子供の遊びを研究をしている木下勇さんが美女を連れてふらりと見えた。これから谷中散歩とのこと。

「こんにちは小金井」の野口由紀子さんと会えた！　風のような人だった。

◎NHK「小さな旅」のディレクター米島慎一さんがおいしいチーズケーキを持ってやってきた。番組そのままの素朴な方でした。

◎岡本銀行頭取の子孫牛丸典子さんにやっと会えた。次号で詳報す。

◎八五年のクリスマス会で江戸千家家元の川上宗雪ご夫妻にまた会えた！　おひな様のようなお二人です。

7号（一九八六年三月）

確連房通信

◎事務所開設以来、本棚やカードを品川力さん、食器棚を三盛社さん、机を夜店通りの山崎呉服店さん、西日暮里の森田さん、食器や座布団を千駄木の斎藤佐知子さん、古川恭子さんなどにいただき、備品はほとんど買わずに揃いました。どうもありがとう。

◎事務所にいると夕方、決まって豆腐屋さんのラッパと戸田文具のニワトリの鳴き声。時計なんかみなくても「あっ、保育園に迎えにいく時間だ」とわかる。

　この文具店のニワトリのコースケ君、すごい立派なトサカで足?には真っ赤なマニキュア。なんで夕方五時ごろに鳴くかというと、朝早くから騒ぐとご近所迷惑だというので夜遅くまで叩き起こしておくからとか。出身は東大五月祭でもらったヒヨコとエリートでした。

◎団子坂途中右手に岩広ビル（三菱銀行）が建ちました。持主の岩沢さんは定礎石の中に、団子坂辺の古地図や最近の新聞、通貨といっしょに谷根千その8を入れたそうです。このタイムカプセルを開ける時、谷根千は存在するか。

◎彫塑の基俊太郎先生、戸張孤雁の生涯を調べに事務所にみえました。孤雁は彫刻家で、明治三十五年、荻原碌山にめぐりあい、谷中七面坂下に住み、肺結核で根津真泉病院に入院、四十五歳で亡くなった。墓は谷中大行寺にある。その孤雁の六十回忌の今年、長野県穂高の碌山美術館で孤雁展が催されます（9／2〜11／3。近く続報す）。

◎団子坂のカドの喫茶シルビア。ビルになるかと心配していたら、すてきなレンガ二階建ての喫茶店「千駄木倶楽部」ができた。味なことやるネ。

9号〔一九八六年九月〕

確蓮房通信

　ついに山﨑範子が「小説新潮」に登場。題して「千駄木不良主婦と鷗外のペーパーナイフの浅からぬ関係」。日本のピート・ハミルといわれる筆者枝川公一氏は、このルポのため、よれよれの子供用自転車で深川辺からやってきて、範子の配達にくっついて回った。氏の自転車運転技術があまりうまくないことは、お土産にもらったナシの満身創痍ぶりでわかったので、範子はいく分手加減して坂を上ったが、氏にはそれでもキツかったようだ。無口な範子は取材されてもあまり上手く話せず「あれで記事になるのかねぇ」と気にしていたが、さすがにプロの仕事は凄かった。みなさん「小説新潮」十二月号を買いましょう。

10号〔一九八六年十二月〕

玉流堂のおじさん逝く

　お世話になった根津の玉流堂のご主人、手塚山人（やまと）さんが一月三十一日九十六歳で逝去されました。ついこの間まで自転車で神田まで仕入れにゆき配達し、肌の色つやのよさは私たちも見習いたい位でしたのに。最初のころは「まあ次から読みたくなるから持ってって下さい」とお客に谷根千をすすめ、集金にいくと「あんた方のご損にならないように」とおっしゃいました。ちなみに玉流堂は『大菩薩峠』の中里介山が弟にやらせ二階で原稿を書いていたという由緒ある書店。「孫の代まで本屋をつづけてねとおじいちゃんはいってたのでがんばる」と息子哲次さんと秀子さんご夫妻。

11号〔一九八七年三月〕

おめでとうございます

　谷根千の熱烈かつ強力な応援者である東京芸大の前野嶤（まさる）先生が、このたびめでたく助（すけ）がとれて、芸大教授になられました。

　研究室一同はお祝にポケットベルを送りました。というのは、大事な会議の途中でも焼芋屋の声が聞こえると、そちらの方を追いかけたくなってしまうという天真爛漫なご性格のため、研究室ではいつも居所を知るのに苦労しているのです。同様に谷根千では先生とのミーティングに極力子供を連れないようにしているのは、子供が騒ぐためだけではなく、偏に前野先生が会議より子供と遊ぶのに夢中になってしまうからです。

先生は地域の活性化のため、たとえば上野寛永寺の大名行列の再現ですとか、谷中の古い民家を改造して民宿にするとか、いろんなアイデアをお持ちです。今夏には地域住民の「谷中建築学校」（仮称）を芸大の主催で開いて下さるそうです。建築史に興味のある方、谷中らしい住いに改築、改修されたい方、誰でも参加できます。

ちなみに、前野先生は寝食を忘れて研究に没頭し、手弁当で各地の町並保存や活性化に飛びまわっておられるため、そのご生活は極めて質素です。私どもスタッフは初対面の際、先生が「おごってあげる」というので楽しみについて行ったところが駅前の立ち喰いソバ屋。三七〇円の天プラソバじゃ悪いかな、とタヌキそばを頼みましたら、先生は「それとカケソバ一つ」と注文なさったのです。国立大の先生ってこんなんですか？

12号〔一九八七年六月〕

峯吉智子、事務所に居つく

谷中玉林寺門前木村山荘に住まいせる新婚峯吉智子が、ある日谷根千事務所に現われ、「無給にてもよし、お手伝いがしたい」と熱心にいってくれるじゃないのと思って仕事を頼めば、これが整理能力抜群、いつもニコニコ腰も軽いの近頃稀なる超お買徳人材にて、スタッフ一同に引っ張りだこでいつしか事務所に居つくことに相なる。以後見知りおかれたし。

13号〔一九八七年九月〕

その他もろもろ

本郷ぺりかん書房の品川力氏が谷根千を棚沢書店に置くようご紹介下さいましたが、私どもが無知のためお叱りのお手紙を頂戴。

「本郷の棚沢書店といえば、『あああの有名な』と返事があるものと思ってましたのに『存じません』とは、こちらがびっくり仰天しました。亡くなった先代の棚沢老は本郷の名物男の一人で、昔の一高生にはこの店に本の質入をやって、この老人のお世話になった人が多いのです。中野重治の作品『むらぎも』にも木下順二の『本郷』にも描かれているほど有名なんですぞ。だから今の若主人棚沢孝一君（美青年ですぞ）に会ったら、この中野重治や木下順二でも見ておりますといって先方を喜ばせることですね……」

早速伺うと、ナルホド美青年の棚沢さん、「本郷も近々ガラッと変わりますよ」とのお話。地下鉄が追分の下をくぐるそうで、このところ懐しい古書店の看板建築がバタバタ倒れていきます。

13号〔一九八七年九月〕

ついに谷根千英語版できる

谷根千がジャパンタイムズなど英字紙に紹介されるたび、英語で購読申し込みの電話がかかり、不馴れなスタッフは目を白黒。このとき応対マニュアルを作ってくれたサンドさんが、谷根千を翻訳してくれました。「商業ベースでの心の通わない翻訳でなく、私が好きな町をみんなに紹介したいと思ってます。まずは、この町に住む外国の人に読んでもらいたい」と追加取材に熱中していました。とはいえ忙しい方です。企画がでてからサンド目の正直でできました。千部限定発売中。32頁４００円ナリ。

14号（一九八七年十二月）

あの服部さんが勝ちました。

12号発売以来、谷根千読んで服部さんを激励にいった読者、取材にいったマスコミも多く、「お陰さまで元気も出、新聞やテレビに出たことも有利に働き、路地が通れるようになりました」。読者の中には支援のため、遠くから服部さんにタバコや洗剤を買いにいく人もいるようで、裁判費用もかかるし、「このご支援が一番ありがたい」と笑っておられます。

15号（一九八八年三月）

谷根千にワープロ入る

千駄木の緒方氏からもらったワープロにOが挑戦。ウーン、難しい。「谷中」はすんなり出たが「千駄木」や「不忍」がひと筋縄ではいかない。一本指打法で三時間。やっと打ち込んだ原稿…。ところがMがコードに足をひっかけプッツン。消えてしまった。「あっ！」というと「よくあることよ」と涼しい顔のM。次の日、気を取り直し半日かけてインプット。ようやく完成というところにYがきて「コンセント抜けないようにしてあげるね、ネッ」とコードに重い本をドサッと置いたら、またプッツン。「ヒエーッ」どうしてどうしてこうなのよォ。

21号（一九八九年十月）

池に絵展

12・1　上野のスペース・ニキを皮切りに四会場で「しのばず池に絵展」（不忍池を愛する会）がはじまる。不忍池の水と緑を未来に、という趣旨に賛成するたくさんの画家がチャリティで色紙や絵をよせて下さった。谷中ふるふる、ギャラリーコンドー、だうんＴＯＷＮ工房と巡回する。ご協力ありがとうございました。

22号（一九八九年十二月）

谷中学校

7・8　「谷中学校」開かる。芸大出の若い建築家、環境デザイナーを中心に、アートフォーラム谷中の熊井夫妻、大工の菊池さん、谷中町の加藤さん、写真の前田さん、桜木町の永尾さんらが一年間の活動を報告。台東区長も出席され「僕ァ不忍池は撤退するョ」との嬉しいお言葉。まさかリップサービスじゃ……。

25号（一九九〇年十月）

町で拾った話

◎「この辺でいまどき寺の貸家に二万だの五万だので入っている人がいますが、寺が門前の地所や家作を安く貸すのは功徳という意味もあって、一種の宗教活動だと思います。だが税務署は、それは分離して事業税を払えといってくる。そうすりゃ赤字ですよ。ずっと赤字だと申告していると今度は不良事業だから、もっと家賃を上げろといってくる。安く住まわせてもらうかわりに境内の掃除やお施餓鬼の時は手伝うといった大家店子の関係は崩れてしまいましたね」

◎文京、台東下町まつりが終わり「せっかくつつじ祭りにしても町の者が身銭切ってがんばってたところに行政が予算なんかつけちゃうと、いままで手間ひまをかけてお金を浮かしてたところをみんな金で解決しちゃう。工夫もなくなる。そのうちに、あの人が貰うならあたしだってとか弁当と交通費ぐらいでないの？って物取り主義になっちゃうと、本来の祭りのパワーがなくなるわよね。去年までボランティアでお願いしてたのに急に金をだす、と決めると、反対に去年まではどうして出なかったのと怒られたりさ。こうしてみてると、男の人たちはカゲでブーブー文句いってるわりに当日は手伝ってるのよね。そんならキッパリやらなきゃいいのに」

◎「今回の下町まつりは町会ごとには売り上げがあってよかっ

たという結論かもしれないが、とりたてて谷中の、それも天王寺の参道でやるにしては文化性がなかった。富突きくらいが目新しくて、あとは飲み食い。結局、電通丸もうけって感じですね。二千四百万て予算をいったいどこに使ったのか、目に見えるものがなかった」

◎「あれだけお金かけて作った富突きの道具を、一回こっきりで捨てちゃうんだってねえ。毎年使えば予算が少なくて済むのに、何、予算は無理して使わなくちゃいけないってのか」

◎女性から電話　お怒り。

「どうして谷中コミュニティセンターに谷根千のバックナンバーがないんですか！　買ってくれない？　台東区は何やってるんでしょう。あそこは新刊でも変なのが二冊入ったりしてるのに、入るべき本がなかったりするんですよ。谷中関係の郷土史の資料なんだから、まずそろえるべき本じゃありませんか。お祭りばかりお金かけて基本的なことがなってませんっ」

　ついでにいうと文京区内の図書館は谷根千を全館一冊以上、多い館は十冊も複本で用意しているが、私が行っても最新号が一冊もないので、あれまだ届いてないのかと思ったら「いま全冊借り出し中です」というほど利用率が高い。また文京区は十七万八千人の人口に九館。一方の台東区は十七万の人口に三館しかなく、上野谷中地区には一館もない。コミュニティセンターのは「図書室」なので専門の司書もいないとのこと。どうやって本を選んでいるのか、この電話で考えてしまった。

◎十月十五日、大円寺の菊祭りで。「桜木町なんてとこはいいトコでねえ、お屋敷のご隠居さんは風呂屋に行くにも紋付を着て歩いてたりしてたんですけど。最近はマンションだらけで品がなくなって行きたくないと弟は申しますのよ」「子供のころ谷中墓地じゃ墓石のアタマにのって高オニしたり、卒塔婆でスキーしたんだ。芋坂の上のところに原っぱがあって、吉永小百合が映画をとったこともあるし、慶喜公の墓あたりじゃ月光仮面を撮影してたな」

26号（一九九〇年十二月）

不忍池でハス掘り

5・12　不忍池でハス掘り（しのばず自然観察会に参加）。蓮池にはカイツブリの親子がお出迎え、ホワホワ毛のヒナのかわいいこと。池の方は足を入れるとズブッと腰までつかる。葉の向く方向を見て根を探すが、泥の奥深くに根が張り、作業は難航。植え替えないと蓮根はどれも細くて固いが、最後、四本目に掘り出した蓮根に歓声。白くて太くておいしそうだった。「これは天プラにできますよ」と誰かが言えば「いや、うす切りにしてゴマ油で炒めるに限る」。蓮の若根は学芸大構内に植えかえ、水の浄化作用を調べます。

28号（一九九一年七月）

たのしいクラス会

6月29日、神明町の「わらしっ子」にて富士前小学校大正十四年卒のクラス会にとび入り参加。とにかくみなさん銀髪だったり薄かったりするだけで、仕草や話しぶりは三十代みたいなのです。

「一組と二組でここで分れてんの。向うは明治生れ、私ら大正！」

「どっちみち、仕込みは明治」

「学校は元はお富士さんの前だった」

「そうそう、あそこに一年通ってからいまの九中のとこに移ったの」

「富士前からわざわざ誠之に転校したバカもいる」

「ありゃ親が悪い。ヤツは農商務省へ行きやがった」

「きれいだったよな後藤さん」

「オレはミスハルエの方だ」

「マドンナだったんだ」

「ほら勝本が後藤さんといっしょに伊勢神宮いったじゃない」

「そう当時、遷宮のときは六年で男女各一人総代で行ったんだ」

「費用は区役所もちでな。味なことやるじゃないか」

「勝本ってのは三菱の岩崎の番頭の子で、東大新聞作ったヤツ」

「富士前小で一番有名になったのは梅村蓉子って松竹の女優だな」

「ありゃうんと上だ」

「松竹館、進明館。いつも裏の便所からタダで入った」

「そういえば名主の高木さんの差配してた高代って子がチョンマゲで学校に来てなかった？」

「あ、覚えてる。それで佐々木先生が切れといったら親父さんが怒鳴り込んできてさ」

「大正の話だろ？　本当かよ」

「遊んだのはやっぱりお富士様に神明様かな」

「神明町の電車の車庫でタコ揚げやったよな」

「お富士さんのお祭りがすごかった。駒込駅から白山までビーッと夜店がでてた」

「五十銭以上使うなといわれてさ。テントで安来節もやってた」

「大きな事件ていえば、井上日召の血盟団が、井上準之助を撃ったのは千駄木小の選挙演説の時だよ」

「ちがうよ駒本小だよ」

「あれは何年だっけ。犯人はついこの前まで生きてたよな」

「それと相撲のストライキがなかった？」

「あったあった。大日本相撲協会の内部抗争で、関西相撲といっしょになるのがイヤだって、天龍とか大ノ里とか出羽嶽とか、秩父館て旅館を根城にがんばった」

「オレ、出羽嶽とマージャンやった覚えあっから、昭和六、七年だろ。高専のときだから」

「大きな手で牌握ってさ」

「チョンまげ切って七三分けにして対抗したんだから、いまの社会党よりよほど革新的だよな」

「有名人てば、吉野作造がうちのすぐ前にいたぜ」

「あとその近くに立松判事って朴烈事件の予審判事がいたよな。坂の途中」

「伊藤晴雨がいたじゃない。責め絵の。動坂の上から神明様の方へ入ったとこ。警察に捕ってもいつも市村座や本郷座の券バラまいて出てきちゃうんだ」

もうこの辺でみなさんも記者もお酒が回り、メモがとれなくなりました。来年のクラス会に乞御期待。

33号（一九九二年十月）

「ねづがっこう」がまもなく一〇〇号を迎えます。

根津小の昭和二十年卒の仲間で作るS19の同窓会誌は、発行責任者の渡辺臣蔵さんの恐るべき健筆に支えられ、月刊のペースを崩すことなく一九九三年二月に一〇〇号。今まですべて手書きという偉業達成です。ざっと数えるだけで一号に約八千九百字が埋まってますから、現在九七号で八十六万三千三百字の計算になり、書く人もすごいが、読む人もすごい。そして豊かな内容がまたすごい。私ども三人でピシッと立ち上がり、ただ今脱帽しております。

34号（一九九二年十二月）

横浜関内ミニコミ祭り

横浜の関内（私、ここの駅に降りるといつも「わかんない」と読んでしまう）で開かれたミニコミ祭りで野毛のタウン誌「ハマ野毛」と『谷根千』が激突。平岡正明VS森まゆみであったが完敗した。なんせ「町づくりとは町に森の石松を探すことだ」と浪曲清水次郎長はエンエン始まるわ、「区境というのはアウトロー跋扈する世界。ヤネセンの先輩は州境で犯罪をおかしたアル・カポネである」などと話がすっとぶ平岡さんには勝てぬ。帰りがけ「義兄弟誌になろうぜ」といわれた。平岡さんは実は汐見小の出身。そして谷

根千をおいてもらっている「平岡パン店」の甥ごさんで、あそこに住んでたとか。「汐見小の二級下に逢坂剛がいて色白の美少年だったけどなア」。逢坂剛、吉本ばななにつづき、汐見小出身の文士をもう一人見つけました。「おれ、さいごは千駄木に戻りたいんだ。いっしょの墓に入ろうナ」ともいわれた。アブナイ。義兄弟誌で比翼塚でも建てますかね。

平岡さんが谷中の岡本文弥さんを書いた『新内的』いい本です。また野毛には上と下があって、平岡さんたちのやってるのは風俗営業と大道芸の「下の毛」だそうです。

34号（一九九二年十二月）

岩崎さん来る

2・24　岩崎寛弥さん、谷内明夫さん来訪。岩崎さんは三菱の岩崎弥太郎氏の曽孫にあたり湯島にお住まい。現在、重要文化財の旧岩崎邸のある司法研修所の跡地に、地下式ゴミ焼却場をという陳情が上野地区商店街から台東区に出されており、懸念される。所内は植栽も豊富な歴史的文化財のある土地で、安易な地下工事を進めることには反対意見が多い。谷内さんは民俗学の宮本常一氏のお弟子さんで一緒に各地を調査された方で、教えて頂くことが多かった。

35号（一九九三年三月）

工房はあつい

ウダウダとした夏です。隣の工事音もいよいよ本領発揮。さて四十号を製作する仕事場では、首にタオルを巻き、左手にうちわが統一スタイル。流れる汗を右手で払えば、もう仕事はできません。

肩揉んダゲル、買物行っタゲル、麦茶作っタゲルと気晴らしばかりするYに、「いつ仕事するんだよォ」といいつつ、とどのように横たわるO。そこへ電話、「ソコ暑い？　アタシ家で仕事するから」とM。エアコンのない仕事場は地獄と化したのでした。

7・18　もらったエアコンを事務所につける。以後、「暑いから仕事できない」といいわけできなくなる。「夏だから仕事できない」ということにする。

40号（一九九四年九月）

谷中円朝まつり十周年記念祝賀会

9・20　「谷中円朝まつり十周年記念祝賀会」と三遊亭鳳楽さんの文化庁芸術祭賞受賞のお祝いが東天紅で。野池実行委員長の挨拶。「十年前『円朝さんはいろんな人が大勢さん来るのが嬉しいから、いいんじゃないのかい』という全生庵の平井玄恭住職のことばで実現した幽霊画拝観と円朝寄席。本堂から物置まで自由に使わせてもらって、終わったあとの掃除は住職もステテコ姿で手伝ってくれた。昨年八月十九日に住職はとうとうあの世に去ってしまったが、あんなすばらしい人には二度と会えない」。鳳楽、圓橘、好楽、三師匠の挨拶も楽しかった。

乃池寿司とかけて、
鳳楽のまくらととく、
そのこころは、
ネタが新鮮です。

41号（一九九四年十二月）

下御隠殿橋開通なる

日暮里駅前の跨線橋が六年がかりの工事を終えてやっと完成。鉄道を敷いたせいで橋が必要になったのだから、費用はJRが払うのかと思ったが、すべて荒川区持ちなのですね。建設費は三十八億円。全国で唯一、橋の上から新幹線が眺められます。他にもスーパーひたちやスカイライナーなど、一日約二十種二千五百本の電車が見られるのだ。

43号（一九九五年七月）

谷中墓地のソメイヨシノ

9・8「不忍池と井戸ツアー」は天気もよく参加者六十一人。最終地点は谷中墓地。近所の松田さん宅の井戸水でのどを潤す。

同日、谷中墓地のソメイヨシノの巨木が伐採された。数日前から工房に「あの桜は一本で花見ができるほど立派なんだから、なんとか切るのを止めることができないか」という心配の電話が相次ぐ。霊園事務所では「張った根で墓石が傾いているし、幹の一部が空洞化しているので移植もできない」という。伐採の様子を撮影した前田秀夫さんは「樹齢85年というでしょう、やっぱり倒される時は目頭がじーんとした」そうです。

48号（一九九六年十二月）

上野の地下駐車場計画の今

現在、ABAB前の中央通りに、二百台の地下駐車場計画が進行中。総工費は百二十億円（実に一台当たり六千万円の計算！）で、この四月から工事が開始される予定になっている。

三月七日の朝日新聞に「あと六億円あれば三百台に」の記事が出た。（どうせ）不忍池の水が漏れないように六十メートルまでコンクリートの壁を打ちこむのだから、あと二メートル掘り下げて規模を大きくするには六億円の追加があればいい（というわけだ）。

六十メートルといえば、あの松坂屋デパートを縦に二つ重ねて埋め込んだ深さだ。これほどの大掛かりな工事を必要とする土地を、あくまでも掘ってしまおうというのも暴挙だが、どうせならもう百台という安易さに驚くばかり（朝日もまったく何考えているんだか）。

しかも、工事費百二十億円の出資先は、国四十億、東京都四十億、台東区四十億の三分割。しかしこのうち国と都は、二百台を上限とした公共駐車場にだす補助金なのだから、三百台では対象外になってしまうはずのもの。どちらにしても、水漏れの心配の多い土地に、あえて作るために、これほどの税金が投入されてよいものか。台東区民はもちろん、都民も国民も、もう一度胸に手を当てて、よく考えるがいい。

53号（一九九八年三月）

谷中の穴、その後

58号でお知らせした谷中高台の道路（諏方道）下から次々と見つかる穴。その数は十カ所（八月三十一日現在）となった。六月二十三日に工事関係者の好意でその一つ、さんだら工芸の真ん前に開いた穴に入ってみた。「この穴は今まで見つかったなかでは規模も小さくて、崩れ方もひどい」という説明の通り、穴蔵としたカチッとした形は、残念ながらとどめていない。しかし長方形の穴の端はかまぼこ型に切り取られているし、ところどころには明り置きらしい凹があった。穴は深くおよそ地下三メートルの地点にあり、穴の深さは一・五メートル、長いハシゴがなければとても地上との往来は無理だ。前日の雨のせいで長靴が埋まるほど穴の底はぬかるんでいる。ドワ〜ンとした重い空気、下水道工事のためかわずかに悪臭もある。工事現場作業の苦労が容易に想像できた。この穴蔵が何を目的として掘られたのか、まだ謎は解けていない。

59号（一九九九年十月）

映画ロケ撮影秘話

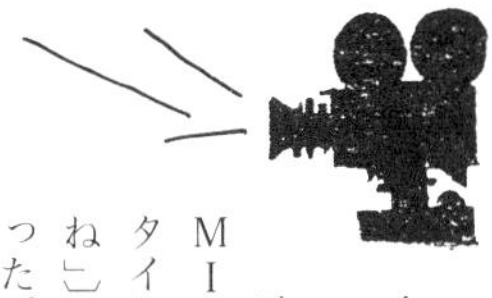

知る人ぞ知る名匠、すずきじゅんいち監督の映画「SIKIMI 樒」（公開時タイトルは「ひとりね」）の撮影が終わった。

実はまだまだ暑い九月の半ば。O家と同じマンションの住人だった映画のプロデュースをする小杉哲大さんが「大学教授の家という設定で、昭和初期の建物を探している」と工房にやってきた。大学教授役は米倉斉加年、その妻に榊原ルミ。大人の心の不安を描くモノクロの作品だという。仲よしの小杉さんは谷根千の催しにも参加してくれるし、何より米倉さんの友人役に原田芳雄を考えているというので協力することにした。

「本郷保健所の隣の安田邸は？」と小杉氏。「あんな立派な家に住む大学教授がいるの？」と私たち。でもあの玄関が広くていいというので現在の所有者である日本ナショナルトラストに電話。はじめは感触がよかったのに、「上に相談します」というところから風向きが変わり断られる。思ったより融通がきかない。

すぐ近くの島薗邸。ご家族の案内で見学。本当の大学教授の家だし、洋風の玄関も書斎もステキなのに、監督は和風の家がいいという。上野桜木の市田邸は手入れが大変、とこちらも融通がきかない。最終的には日暮里の岡本邸というすばらしいお家に決まった。

そのほかにもへび道近くの路地、日暮里養福寺前、聖テモテ教会、と次々にロケ地は決まる。役者のスケジュール調整もつき、いよいよ「来週撮影に入ります」と連絡があった翌日、小杉氏はショボンとして谷根千に現れた。米倉さんの回想シーン、四十年前に下宿していた部屋の設定で頼んでいた家が、突然借りられなくなったという。

友情に厚いOはおもむろにY家の見取り図を描き、「ここはどう？ 家具も少ないし、安普請の下宿家の設定にはぴったり」。というわけで十一月十日、Y家は二十人以上の撮影クルーでごった返した。小さな家の一階は役者の控え室となり、二階の本棚はベランダに出され、電器の傘や障子は美術の人が作ったものと取替えられ、米倉さんと余貴美子さんのからみのシーン（！）が撮影された、らしい。

というのは「けんこう蔵部」の行事と重なったから見ていないのだ。この日、家の一切は芸能人大好きの小学六年生、Mちゃんが請け負ってくれた。

当日朝、米倉斉加年さんに十年前に不忍池地下駐車場問題の呼び掛けに応じて、チャリティ絵画展にピエロを描いた色紙をくださったことのお礼を言うと、米倉さんはよく覚えていて「あれはリリオムを描いたのですよ。たしか呼掛け人に木下順二先生がいたでしょう。私は木下先生ほど立派な方はないと思っているんです」という。うれしくなって、木下さんが著書『本郷』の自筆広告をくださった谷根千6号をお土産に差し上げると、米倉さんは「これは宝物ですよ」と持ち帰ったのだった。

そうそう、友人役は原田芳雄ではなかった。原田さんでは歳を取りすぎているんだそうだ。

64号（二〇〇〇年十二月）

町の話題

◎昨年に続き水族館劇場の公演が団子坂上の駒込大観音光源寺の境内であった。今回も水と煙幕をふんだんに使った三時間ノンストップのパワフル演劇。汽車も空を飛んだのだった。戦後から近未来に続く人類の物語で、なかなかよかった。ポスターだけ見るとおどろおどろしすぎて怖そうだけど。

◎文京区が所有者から借り受けた樹林を、市民緑地として開放する説明会が六月十二日に汐見会館であった。この緑地（面積はおよそ三百坪）は千駄木一丁目の崖線にあり、二百年以上まえから太田氏によって保存されてきた。江戸時代は一帯が太田摂津守の下屋敷だったところである。今後、整地開発されてし

文京区の市民緑地第一号となった千駄木ふれあいの杜。9時～17時（冬期16時）に公開されている

まう可能性のあることを思えば、所有者の負担を軽減して区民に開放しようという試みを応援したい。とりあえずの契約期間は五年。今後は最低限の整備（保存が目的なので基本的には手を加えないで、崩壊防止の土留め、ひと休みできるスツール、園路などを作る予定）を行い、秋からは昼間に限って公開する。区では出入り口の施錠、清掃などの近隣ボランティアを募集している。

質疑応答では「公開前に現在の植生や生物の基本調査を済ませて欲しい」「自然観察の場になって欲しい」という意見も出たが、多くの近隣住民からは、「開放によって周辺の静けさが失われるのは困る」「家の中が覗かれるのではないか」「不審者や中高生のたまり場になってしまう」「安全保障はあるのか」「開放せずに保存したら」など計画に消極的な意見が出された（そんなこと言ってる場合じゃあない、と思うのだが）。
◎仕事場近くにニリンソウ咲く。前に場所を書いた後に根こそぎ持っていかれたことがあり、今回はどこかは内緒です。

66号〔二〇〇一年七月〕

町の話題

◎六月三十日、谷中初音町のスポーツセンター、セブンラックス閉館。「昨今の日本経済の大不況は、弊社及び地主オーナーの予想を遥かに越えるものでありました」とセブンラックス社長神谷健次さん。跡地は住宅公団の管理となった。ここはもと旗本近藤家の屋敷で、十四年前にスポーツセンターとなったが、このとき邸内の緑地「初音の森」は近藤家のはからいで保全されている。

現在公団、台東区、谷中住民による跡地の検討会が頻繁に行われ、「初音の森」の現状保存が決まった。しかし、施設の周囲にあった樹木は解体工事ですでに姿を消している。こんもりとした森の存在は、人の努力と奇跡で残っているのだ。

71号〔二〇〇二年十月〕

その他モロモロ

弥生交差点で虎にあう。自転車で坂を喘ぎながら上っていたら、すぐ前を走るタクシーの後部席から男が転がり落ちてきた。濃紺の背広姿の五十歳前後で、そのまま道路上にだらしなく伸びている。あぶない。自転車を降りて近づくと酒臭い。ちょっとオジさんここ車道だよ。びくともしない。しかたなく腕を引きずったら突然起き上がり、ワタシに携帯電話を投げつけ上着を脱いで振り回し、また伸びる。勝手にしろと思ったがトラックがくるじゃないか。手を振って迂回させていると、タクシーの運転手がおりてきて男を引きずり路肩まで寄せてくれた。アンタ交番いってお巡り呼んできな、といわれ走るが最近交番に警察官がいたためしがない。机の受話器を持上げると本富士署に繋がった。現場にいてくれと警察はいい、オレは仕事があるからと運転手は去り、虎は伸びたまま。警察到着。キミ通報した人？　名前は？　ときた。善良な市民にご苦労さまの一言がないのか！　ワタシは虎の肩を蹴飛ばして立ち去った。

74号〔二〇〇三年十月〕

町のうごき

◎根津茨城県会館本館取壊し　76号で既報の、競売で落札した「久保工」の工事説明会が、八月二十日に団子坂の汐見地域活動センターで行われた。説明によると、事業案に明記した本館の保存は老朽化のため断念したが、当初予定になかった和風庭園と蔵を保存活用するという。

　コンペで示した事業案の変更を茨城県では、地元根津が了解ならばよしとしている。全面保存に奔走した茨城県会館を活かす会では、今後別の場所への本館移築を検討するため、「久保工」に保存解体を依頼、了解された。

◎諏方神社勝訴　67号に掲載した「諏方神社境内整備事業計画」は、約二十億円をかけて境内の半分を墓地にし、神殿とセレモニーホールを新築するというもので、住民不在の計画は当初から胡散臭さがあった。その後、右翼団体による示威行動、神社印偽造の発覚などがあり、氏子総会は事業計画の白紙撤回を決議する。

　この決議に対し昨年五月、事業計画をすすめようとする中島克治氏（氏子総代合同会議で解任された元事業本部統括責任者）と田村重徳氏（建設会社田村組代表）は、諏方神社および日暮壮史宮司に対し、本事業の適法性と契約の成立を主張して裁判をおこした。今年九月二日、地方裁判所は被告である諏方神社の主張を認め、原告敗訴の判決をくだした。

78号〔二〇〇四年十一月〕

〔追記〕

　町をふらふらして出会う人、仕事場に飛び込む事件、自分たちが企画したささやかな催し、家族のドタバタなど、三か月の記録はノートいっぱいになる。まずは自分たちが覚えておくために、と書いたのが確蓮房通信だ。

　2号で「情報トピックス」というタイトルで始め、17号の時「確蓮房通信」とした。この確蓮房は日暮里養福寺の境内に碑のある自堕落先生こと山崎三左ヱ門俊明、江戸三奇人のひとりと言われる風流人の号に由来する。ほかにも不思議案、不量軒、舎楽斎なんて洒落た号もある。発見したMはこれいいねぇと即採用となった。しかし、次の18号からは「確連房通信」と字を変更。なぜかといえば、私たちの日々の生活はとてもじゃないが風流にはほど遠かった。そこで谷根千工房は確かな連帯の住処なのだ！　と突然誰かが叫びくさかんむりをとってしまった。きっとこの頃にアンジェイ・ワイダの映画かなんか観て、ポーランドの連帯に共鳴したに違いない。とにかくすぐ影響され、なぜそうなったかを忘れてしまうことばかりだ（チーズケーキやクッキーをもってきた人は歓迎されている）。

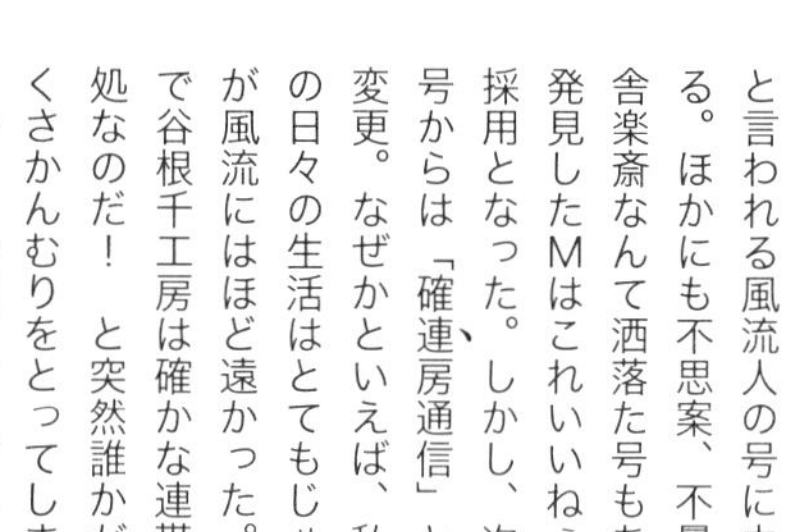

やねせん
こぼれ話

ヤマサキという人

森まゆみ

私の生涯最大の衝撃はヤマサキノリコと出会ったことである。川口生れで実家は時計屋、家業が忙しくて、家族旅行にはおろか、家族で一緒に食事すらしたことないという人。高校時代はセーラー服スカートを引きずるがごとく長くはき、ペチャンコの革カバンを抱えて学校へ行ってくるといっては盛り場の映画館にもぐり込んだ不良少女。出版社に入り、突然知識欲に目覚め、美大卒のデザイナーに目がハートになり、彼を下宿先で待ち伏せするなど追い回したあげく同棲、親からは勘当され、銭湯代もままならぬ。私が出会ったのは二十で駆け落ち、二十四で長男岳を産んだ頃のヤマサキで、子供がいるとは思えないほどの〝少女〟(美はつかないが)であった。

ところが見た目と内容はウラハラ。私とオオギはDNAが近いせいか、気が小さい。比べてヤマサキって本当に肝が太い「泰然自若の女」。「税務署が来るんだって、どうしよう」とおろおろする私たちに「来るなら来なさい」と微笑むヤマサキ。この人のすごいところはどんな難問にも「一秒で答えが出る」こと。要するに何も考えないヤツなのだ。

しかし天才的な勘で、たいていその結論は間違っていない。道徳的にも社会経済的にも。人を見分ける勘も鋭く、学歴、経歴、見てくれ、世辞には一切動ぜず、イバル、セコイ、タイクツな人間には「鳥肌」というセンサーが作動する。区長選の候補者選びでセクト主義がぶつかり合い、紛糾した時、ヤマサキの「こういう時、強い方、大きい方が退くのがスジじゃないでしょうか」の一喝で事が収まった、という話は(私はその場にいなかったが)後々の語り草で、「あれには驚いた」「尊敬しました」の声は高い。

〝頼れる姉ちゃん〟のヤマサキには男性ファンも多く、その度胸に似合わず、カラオケでは澄んだかわいい声で歌うもので、求愛も数知れず、しかしここでヤマサキの第二の特質をバラせば「ウソをつける女」、何でも思ったらすぐ口に出る、顔に出てバレる私と違い、この人には嘘発見器は使えないというほど平然とシラを切る。だから私はヤマサキの恋愛関係および私生活は一切知らない。しかしヤマサキは自分の責任逃れや得をするためにはウソはつかない。つねに人をかばうために、ウソはあるということらしい。

ヤマサキの困るところは「人のものは自分のもの」という「原始共産制の女」。私宛にくるみかんも魚も「まゆちゃん帰るまでに腐るといけないから食べちゃったあ」だし、私が貸した本は勝手に人にあげちゃう。「本は天下の回りもの」だって。「その服まゆちゃんより私のほうが似合う」と取り上げることも多い。そして「金は低きに流れ、服は細きに流れる」鉄則の通り決して私のほうに逆流することはない。あまりの貧乏を見かねて一万円あげたら、その日のうちにステーキ家族で食べちゃった人。そのくせ、いいと思うと例によって度胸よく三万円の陶器でも、八万円の絵でもパッと買うので、私よりいい物をたくさん持っているのががっくりというかシャク。

も一つ困るところは、「退屈はすぐ顔に出る女」。社会的に地位があろうが、谷根千がお世話になっていようが、つまらない人だと会合でも食事してもいかにもつまらなそうな顔になり、そのうち居眠りを始める。私は「失礼じゃないか」と思ってあわてて愛想よくふるまう。「だって私、まゆちゃんみたい営業スマイルできないんだもん」「いっしょだとラクだわー。喋らなくてすんで」。なんだ私は弾除けかよ、といつも損な役回りの私。ただしよく働くヤマサキはよく編集や、版下作りで徹夜していたので、昼間は眠くなるのは当然だった。一度、団子坂下のドトールに、徹夜明けにコーヒーを飲もうと入ったが、いったんトイレに入ったまま眠ってしまい、気がついて出てみたらコーヒーは冷めていたとか。

ヤマサキは私の命名によれば「嵐を呼ぶ女」。本当に面白そうな事件にばったり出くわすのである。富士銀行（当時）根津支店で全裸のストーカー男を見たとか。この話を友人のうちへ行ってすると、その人はあわてて二階へ上り、夫がいるのを確かめたというのがついでに大笑い。荷物をのせすぎた大八車が三崎坂でひっくり返ったのを目撃。ショーウィンドーの巨大カボチャをじっと見てたら店主が「あげましょうか」というのでもらってきた事件。夜店で売れ残ったカブトムシを公園のゴミ置き場に捨てているのを目撃した事件。これにはおまけがついて、ヤマサキそのビニール袋ごとカブトムシを拾い（救い）、育てて夏の子どもの夕涼み会の景品に配った。

自分も事件が多い。北海道へのフェリー上で子どもをかばおうと顔面を鉄柱に激突させた事件。尻相撲で自分の尾てい骨を折った事件。上野東照宮のお祭りで『谷根千』を立ち売りしていたらカラスのほうから目玉に飛び込んできた事件。「なんであんたにばかりいろんなことが起こるの」という人である。

そしてきわめつけは「肉体派の女」。頭はあまり使わないらしく直感のみだが、体は本当によく使う。『谷根千』の配達はほとんどヤマサキに頼っている。そのため足のモモはうんと太くなった。人の荷物を持つ、届ける、布団を干す、何でも嫌がらずやってくれ、私とオオギはこれにおんぶにだっこで来た。だから三人の中でヤマサキ一人、当初の体型を維持している。坂特集の「この坂は自転車で登れるか」とか「コンビニソバ、トーナメント大会」などは私にはとうてい思いつかない肉体派の企画であった。

田端にいた室生犀星は「福士幸次郎のことなら一冊書けます」といった。これに答えてサトウハチローが「ボクは三冊かける」と豪語したそうである。ヤマサキは福士幸次郎と同じような、今の世にめずらしい「バカな女」である。書く人でなく書かれる人なのだ。

最後にいえば、本当に「気のいい女」。困っている人にはだまってらんない。雪の日に遅く来るのは一人暮らしの読者の玄関前の雪かきをしているからだし、「ヤマサキさんにちょっと豆腐一丁買ってきて、と伝えて」と電話がくる。地方からの人を自分の家に泊める(最もタイから紹介できた人は、こんな狭いうちに泊まれないと帰ったそうだが)、今も亡くなっただんなの実母の介護に月に一度は高知へ帰る。「モリさんは何もしませんねえ」といわれたら、言い返す。「でも私は仕事仲間のヤマサキがそうするのを許容してるんです。それって大変なことなんですよ」。

やねせん こぼれ話

愛しの自筆広告

山﨑範子

雑誌の広告はおもしろい。『谷根千』を創刊したころ、資金稼ぎのアルバイトでモリと二人、「婦女新聞」の索引取りをした。原稿用紙一枚三百五十円と安い上に、四百字詰めだと思い込んでいた原稿用紙が六百字以上入る代物でがっかりしたが、戦前の広告を見るのは楽しかった。

『谷根千』の創刊号はペラッペラの八ページ。その表4に自社広告らしきものを載せた。季刊地域雑誌「谷中・根津・千駄木」は年四冊千円、「宅配もします!」の宣伝文句。ご近所しか買わないと思っていたわけだ。雑誌より先行していながらいっこうに出版されないモリの実質処女作『谷中スケッチブック』(エルコ)の刊行予告もある。これにも宅配可と書いた。やりましたよ、宅配。もうひとつは、雑誌には応援団が必要だと陣内秀信さん(当時法政大学助教授)が命名した「谷根千の生活を記録する会」という勉強会のお知らせ。どの広告も無謀なやる気がみなぎっている。

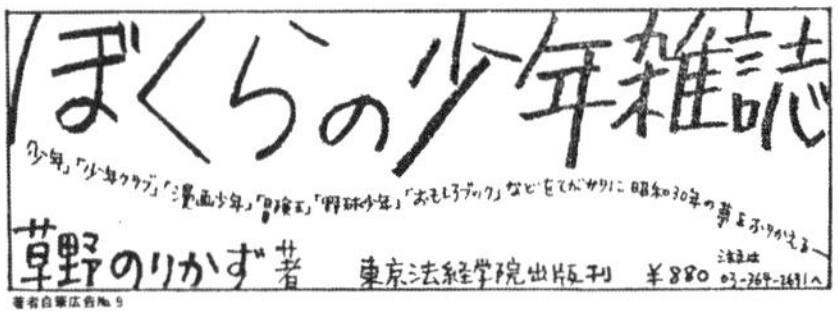

著者自筆広告No.9

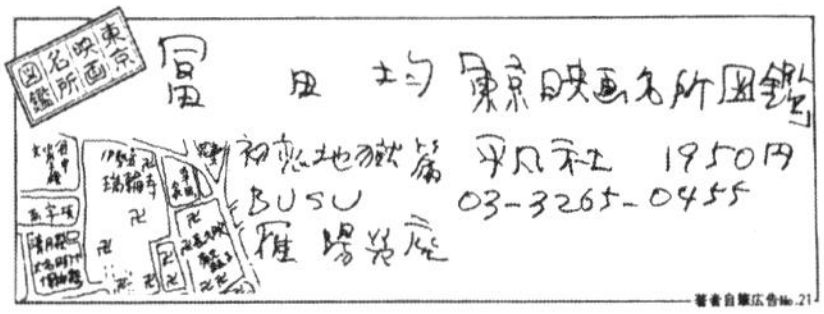

著者自筆広告No.21

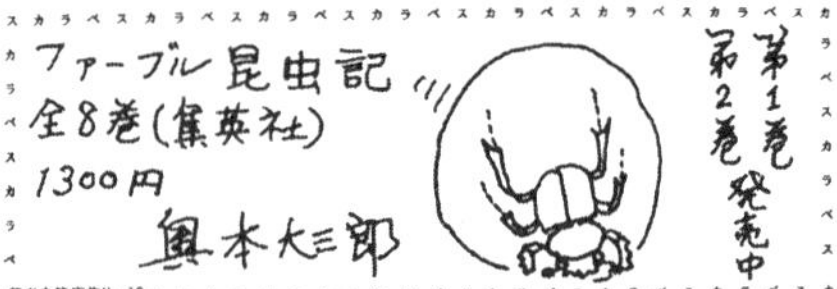

著者自筆広告No.18

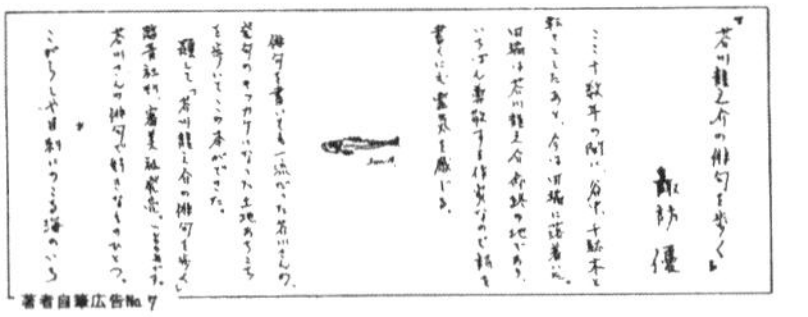

著者自筆広告No.7

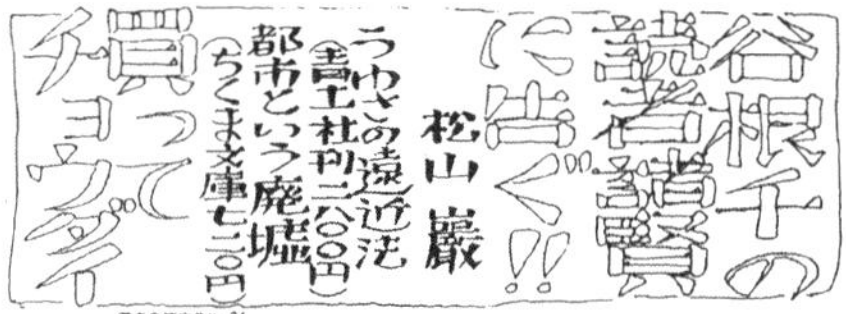

著者自筆広告No.24

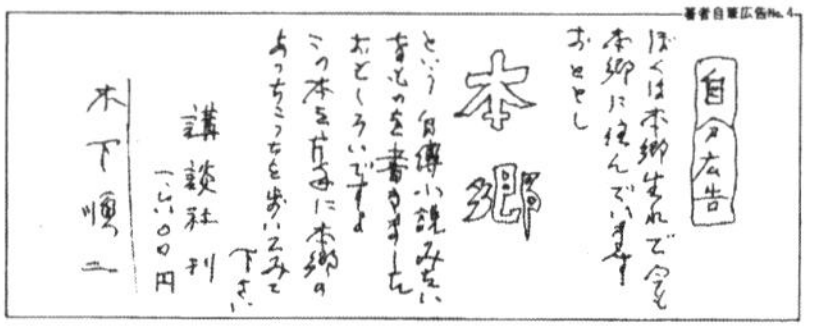

著者自筆広告No.4

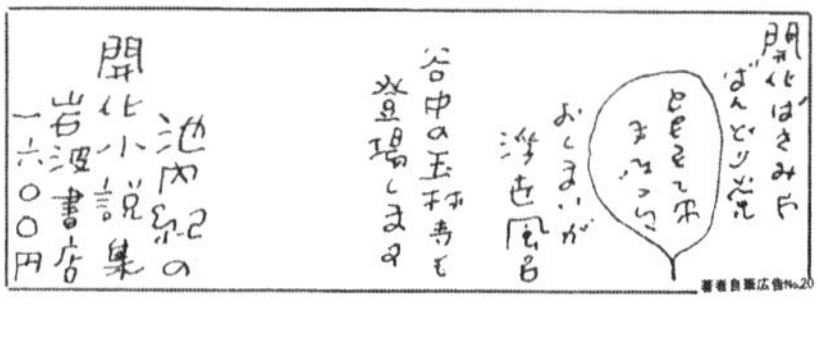

著者自筆広告No.20

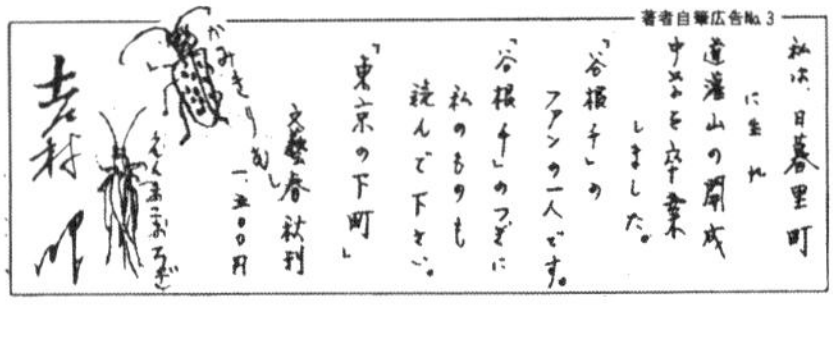

著者自筆広告No.3

私たちはよく、「ふつうの人の生き死にを記録したい」なんてエラそうなことをいったが、これは『季刊人間雑誌』（草風館）の編集人草野権和さんの受け売りだった。草野さんは2号から36号までの『谷根千』の校閲を引き受けてくれた人。その草野さんが二号に自著『ぼくらの三角ベース』（平凡社）の広告をくれた。著者自筆広告の生れた日だ。味わいのある字で書いた自作の宣伝、これがすばらしかった。著名人に話を聞くのも原稿を依頼するのも本意じゃないし金もない。でも、会いたい人に会うきっかけになるというよこしまな気持ちと、『谷根千』必読の本を紹介するという正当な理由もある。お願いして出してもらう広告に料金は取れないよといったのは誰だったか。著者自筆広告（無料）はときたま誌面を飾る宝物となった。

陣内秀信『東京空間人類学』、諏訪優『芥川龍之介の俳句を歩く』、枝川公一『都市の体温』、奥本大三郎『ファーブル昆虫記』、池内紀『開化小説集』、冨田均『東京映画名所図鑑』、松山巌『うわさの遠近法』……。忘れられないのは、吉村昭氏から届いた『東京の下町』の広告文が「私は日暮里に生れ道灌山の開成中学を卒業しました。『谷根千』ファンの一人です。『谷根千』の次に私のも読んでください」とあって、広告版下に「無料広告代一万円」が同封されていたこと。木下順二氏の『本郷』の広告を自宅まで受け取りにいき、通された応接間の書棚が馬の本ばかりだったこと。あー、いろいろ思い出す。

雑誌は購読者と広告主が支えだから、「毎号欠かさず図書館で借りて読む」人より、「とりあえず出ると買っては親戚に送る」人に感激する。一万円の純利益を出すためにいったい何冊の『谷根千』を売ればいいの。その点、広告代をくださる方のありがたさ。すでになくなった店を広告でみると、その昔、婦女新聞の広告を眺めた時のことを思い出す。

思い出　藍染川

私は大正時代藍染川畔の谷中初音町に住んで谷中小学校を卒業しました。川向う千駄木の子等とよく千駄木山へ行き木登りやぶらんこなどで遊びました。〈中略〉幼年時代の藍染川は大雨が降るとよく氾濫しましたが、普段はよく澄んだ流れで小魚も見かけました。私にとっては懐かしの故郷です。（北区　金井利男様）

3号〔一九八五年三月〕

思い出　市電・映画

私の子供時代は不忍通りに御影石の敷石、鈍く銀色に光ったレールが並び、市内電車が、早朝から神明町―須田町間を多くの乗客を運び、通りの商店も活気がありました。芙蓉館前の大きなカーブで、よく架線が外れたり切れたり、脱線したり、大騒ぎで私たち子供には楽しみでした。

映画館では「ノンキな父さん」や「正ちゃんの冒険」等、漫画映画が大変な人気でした。映画館の右前は、小倉電気店でラジオがまだ始まりで、よく立ち聞きしました。近くの交番には、大きなポプラの木があり、巡査の制服の移り変わりで季節の移り変わりを知ったものです。童心に帰り望郷の思いますます溢れてきます。（荒川区東尾久　藤林誠一様）

4号〔一九八五年六月〕

あやまちは後で訂正すればよし

地域文化再発見のために、皆で作りあげてゆく町、見つめなおす町、そのための機関誌、情報交換的役割を果すなど、地域にとって大いに益あることだと思われ、賛成いたします。また、この谷中地区は古い町並みや、形のみならず心意気においてすら、まだまだ昔が残っていて幸です。誤ちはのちに訂正すればよいのですから、誤ちを恐れずに、どんどん編集を続けて下さい。（谷中　中澤伸弘様）

4号〔一九八五年六月〕

宮坂さんのその後

■前号で、世田谷の宮坂務さんが伯父和地依行氏の消息を探していましたが、その方の娘さんと千駄木小で同級生だった大橋さんよりご連絡を頂き、消息がわかりました。今後とも、谷根千の誌面をお役立て下さいませ。

■ご紹介できなかったお手紙も多く、どれも編集部で泣いたり笑ったりしながら読ませていただきました。お手紙はそのまま資料になりますので助かります。またお待ちしています。

4号〔一九八五年六月〕

取材ありがとう

もうお人様に忘れられてる太郎を書いて頂いて、とてもありがたく嬉しゅうございました。とりとめのない老いぼれの話をよくおまとめ下さいました。写真もいぢわるばあさんのようでなく、よく写して頂いて厚く御礼申し上げます。（田端　太郎湯の塚本文子様）

6号〔一九八五年十二月〕

鷗外特集

前略、俄なる書信にて失礼。友が与へ呉れしが『谷根千』にてとりわけ鷗外特集なぞ一息に読み終へけるが、敢えて我が好みを記せば「青年」の純一君のみならず、貴誌にもちょいと、名の出でたる「細木香以」等、史伝ものよりの話もあらばと思いはべりき。ちと足をのばして不忍池に臨めば掖斎や史伝中の人物も多く住みをりしなるべく近世の谷根千もさぐり給へば我れ幸甚にさぶらふ。（京都市左京区　木島史雄様）

9号〔一九八六年九月〕

リボン工場

昭和四年、谷中小学校を出た者として、大変なつかしく存じました。十月中旬、池の端の弥生会館へ二泊して、いせ辰やら、昔住んでた根津へゆきました。リボン工場（昔の）がそのまま残っていて、交番まであったのは、驚きました。尚その上に、当時の方々が住んでいて、昔話もでき、またまたビックリしてしまいました。リボン工場のストライキに、五米おきに警官が出ていたこと、又市電の争議や上野へ向う下駄ばきの労働者のデモなどもなつかしく想い出しました。（別府市　芳村久太郎様）

10号〔一九八六年十二月〕

99歳読者

正攻法の編集、気に入りました。こうこなくっちゃ、成功はおぼつきません。思いつきだけのアホタリン雑誌に比べ、後光が差すようです。編集者のみなさんは、ひょっとして尼さん出身かしら。たぶん、アマチュア出身でしょう。気に食わなかったところも二、三あります。写真がぜひ欲しい内容なのになかったり、写真機くらいありますよね？　暗い素材も明るくなると思うのですが。天眼鏡が必要なページも、どうかご検討を。九十九歳の私にはいささか苦痛です。

でも、首都圏の片田舎に、こんな定期刊行物があったとはうれしいですな。きっと、スタッフの方が固い仲なのでしょう。利益なくとも、新企画を敢行して下さい。（千葉県稲毛海岸　羽紅胴様）

11号〔一九八七年三月〕

三原家のお便所

生まれて初めて〝投書〟というものをします。昨晩のこと、突然、谷中の墓地の茶屋、三原家さんのお便所のことを思いだしました。実家は谷中にお墓があり、三原家さんにお世話になっています。四年前に祖父が亡くなり、私は小さい子供を連れて何回となくお墓参りに行きました。そうすると子供のことですから、すぐにおしっこがしたくなり、三原家のお便所を借りましたら、お便所を見てとってもうれしくなってしまいました。母屋とは別に木造のお便所が一、二間離れて建っており、和式でもちろん男女別です。女性の方は床も木で、そこに白いタイルのスリッパ形の足のせ台があります。水は上から下った鎖を引いて流します。男性用はたしか緑色で前の部分を切り取った桶型のタイルでできていたようでした。扉もなく靴も脱がなかったと思います。これを見たときは壊しさでいっぱいになりました。なくならないで欲しいと思いました。私にとっては大発見、恥をしのんで書きました。（越谷市　春木美香子様）

14号〔一九八七年十二月〕

彰義隊・柳営会

彰義隊の特集、面白く拝読させて戴きました。と申しますのは、私共の柳営会は徳川幕臣の子孫をもって構成され、会員のご先祖の中には彰義隊に参加した方もおり、五月十五日の慰霊法要には必ず参列する方もおります。浦井正明先生には日頃からご指導を戴いております。その様なわけで「柳営会たより」に貴誌の紹介させていただきましたことをお許し下さい。（千駄木　柳営会　永田伝三郎様）

16号〔一九八八年七月〕

思い出　不忍池・浅草

〝不忍池〟の弁天様には小さい頃祖母に連れられ月に一度はお詣りしました。亀の子を放したり、木にたくさんかかっていた蛇の抜けがらをお守りにと頂いたり。人さらいにも会った。このおじさんは私をきっと浅草の玉乗りの子に売るつもりでしようか、あっちに行こうと浅草の方向を指さすので逃げたことなど想い出しました。

卜部秀子さんのお邸（旧渡辺四郎邸）も、今の水上動物園のところにあり、よく遊びに伺いまして、精養軒の崖の細道を登ってチキンライスを頂いたこと、その他上野の山も想い出つきぬ所です。（港区元麻布　櫻井能利子様）

22号（一九八九年十二月）

田端特集ありがとう

谷根千21号、田端の特集と地図、おおいに楽しみました。十頁下段「金沢人たち」の四行めの「田辺孝次」は私の父です。父は室生犀星さんの幼な友だちでした。今年は犀星生誕百年祭で、私は東京と金沢の近代文学館で「犀星の生活と芸術」という講演をしました。私自身、戦後、大森の犀星さんの家にいたこともあります。田端の地図をみていると、父と私ともども、ごく親しい人の名前が続々と出てきてびっくりしています。田端の特集、心からご苦労様でしたと申し上げます。（大田区　田辺徹様）

22号（一九八九年十二月）

新しい女

〝平塚らいてうと青鞜〟を拝見していくうちに興奮しました。

実は娘の頃、巣鴨に十数年おり、ある年、大塚駅の近くで断髪長身で裾まである様な長いマントを着た女の人にすれ違いました。同行の母が「敏さん、あゝいうのが新しい女と云うんですよ」と相手に聞こえそうな声で言うので、ハラハラしながら振り返ってみました。素敵だなあと思いましたが、こわい人達のようにも思えて見送りました。妙にそのマント姿が未だに目に残っています。ラクダ色の濃いめの色だったと思います。

今回の御本をみて、あの方たちも巣鴨には随分縁のある様なので、或いは私のみた人は有名人だったかもしれませんネ。

また女学校の五年の頃、友だちが、何かの雑誌でみせてくれて、その中の何頁かが、のりで貼りつけたのか見られないようになっていました。

聞きましたら「兄がここは読んじゃいけないとこんな風にしてしまったの」といっていました。

その時、初めて平塚らいてうという言葉を聞き、何となく奇麗な名前だと思いました。（千葉県君津郡　斎藤敏子様）

26号（一九九〇年十二月）

引越しの挨拶

明治三十五年生れ、この十二月に満八十九歳となるわけで、明治、大正、昭和、現代と四代の天皇陛下におつかえした官吏のはしくれでした。

もうそろそろ親、兄弟、女房達が住んでいる谷中の天王寺の方へ引越すだろうと思っています。そうなっちゃったらごあいさつも出来ないと思って、元気でやっているうちに引越しのごあいさつを済ませておこうと思い、荷物になるとご厄介、お軽いもので失礼ですが、どうかご笑納下されば幸いと思います。（小平市　渡輝雄様）

31号（一九九二年三月）

■あまりユーモアあふれるお手紙でご紹介したくなりました。ありがとうございました。

街頭理髪店

大正十二年九月一日大地震で、東京の焼失戸数二十八万九千八百四十六戸、と表に出ている。

私の家は幸い、不忍池と岩崎邸で火災は免れた。百年も経過し、博物館ゆきのような老朽家屋だが、破損個所もないのは驚きである。拙宅が無事なので焼け出された親類が二所帯、十一名が避難してきた。寒くなかったので助かったが、大わらわの生活が続き母は苦労したと思う。

　父の妹が銀座松屋デパートの横を入った所で理髪店を経営していた。連れ合いが早死にして、二十五歳と十七歳の息子が後を継いでいて災禍に見舞われたのである。

　地震も落ち着いたので、バラックを建て、開業したいが大工さん不足で困っていた。私の母が「不忍池弁天様の横に五、六十坪ぐらいの空地がある。平時と違い人通りが激しいから、テントでもはって営業したらどうか」と話した。兄弟は喜んで賛成した。

　最小限の道具をバケツに入れ、竹竿に通して二人で下げて行き、テントを張り、目隠しの幕に大人三十銭、子供十銭と張り紙をした。

　私は小学校六年だったが、災害で学校が休みで昼食とお茶などを持って手伝いをしたが、お客の多いのに驚いた。

　毎日弁天様へお参りしている御利益があったのか、ひっきりなしにお客が来てくれた。

　兄は若いが腕がよく、東京理髪競技大会で優勝している。当時手動バリカンで、坊主頭だと一分間できれいに仕上げた。

　弟は剃刀も満足に使えない。一日に二人ぐらいはひげ剃りでひっかけ、薬を付け脱脂綿をあてて謝っていたが、兄に叱られ、料金をもらうことはできない。

　夕食が終わると私の母に「お陰で今日はこれだけ稼ぎました」と報告した。平均七、八円の収入になった。予想外の収入で家族は大変喜んだ。当時一人前の職人で日給は二円ぐらいだったと思う。

　通行人を見ていると、荷物を背負い両手に子供を連れている女性、急ぎ足で通り抜ける人、荷物を下げ人探しをしている男性など、さまざまであった。それぞれ服装も違い、老若男女、皆真剣そのものの顔つきである。

　不忍池畔の理髪店はバラックが完成するまで、約二ヵ月ぐらい続けた。

弁天様へお参りするたびに、当時の状況を思い浮べる。

　大正大地震、大火災一覧表があるので参考まで。東京市は当時十五区でした。

人口＝二百三十万三百九十一人。

死者＝七万四千二十四人。

焼失前の戸数＝四十四万五百九十九戸。

焼失戸数＝二十八万九千八百四十六戸。

倒壊戸数＝一万五千九百四十二戸。

罹災者＝百三十五万六千七百四十人。

（松戸市　佐々木孝一様）

33号（一九九二年十月）

映画　腹違いの兄

　31号の監督列伝の中の西条文喜、実は小生の腹違いの兄です。子どもの時に一度しか会ったことがないのですが、こんな所で出くわすなんて「谷根千」には背後霊があるんでしょうか。

　また『不思議の町根津』の「哥音本」のところで引用された宇村千邦とは、あの時気ままにつけた小生の変名です。森さんのこの御本はすごい重量感があり、ここの地にこだわり続けている小生にしても発見の連続で圧倒されました。（京都市　岡崎省吾様）

34号（一九九二年十二月）

都電荒川線に乗ろうは良かった

　都電荒川線に乗ろう！　は乗って良かった。二月七日は思い出してもおかしくてたまりません。出発時刻が迫っても、なかなか来なくて気を揉ませたのんびり型の仰木さんと、人より一足も二足も早く来て、私のいるのも気が付かず、定食屋で一杯ひっかけて気炎をあげてた山﨑さん。三人はまさに○▽□の名コンビではなかろうか。

（川口市　鷺野巣敏男様）

35号（一九九三年三月）

発行が遅れても

　谷根千の発行日が多少狂っても気にしません。遅れれば遅れるほどに恋しさいやまさり、届いた時の感激一入です。とにかく息切れせずに続くように無理をせず（矛盾？）に頑張って下さい。（比企郡　渡辺礼一様）

37号〔一九九三年十月〕

掃苔録

「掃苔録」を大変な御努力で発行して頂いた事にお礼申し上げます。お陰様で谷中墓地に行く度に影万里江さんのお墓にお参りすることができます。

先日こんなことがありました。乙8のゾーンを歩いていた時のことです。三側の一画に木に囲まれて六つの同じ墓が並んでおり、その中に「長連豪」の名がありました。持っていた掃苔録の案内図（拡大コピーを持参しております、禁無断複写に触れましたらゴメンナサイ）を見ると三側のところに何も書き込まれていません。

シメタ！　ミーケタ！　モリサンモシラナイノダ！　と家に帰り、大久保利通暗殺の仲間達であるのを調べ、オシエテアゲヨウともう一度掃苔録をみると書いてありました。単に案内図の記入ミスと分かりました。別にミスに文句をつけるのではありません。逆にお礼が言いたいのです。あのミスで歴史書を調べ、目的の記事を発見したときの喜びを味わいました。本当に有難う。あの気持ちは楽しいものですね、ちょうど幾何の難しい問題を一本の補助線で解いた時の気持ちに似ています。

昨秋のお彼岸前の日曜日、天王寺墓地の小山春山の隣に新家春三氏の墓がありますが、そこで三人の方がお参りしていました。家に帰りハテ？　新家春三さんはいかなる人かと掃苔録を見ましたが記事がありません。よく見ると資料不足の名の中に新家氏があるではありませんか。シマッタ！　気づいていれば墓参の方に声をかけ、森さんに御連絡できましたのに、と残念でした。（東日暮里　綱本商店様）

39号〔一九九四年五月〕

地域誌に政治色は残念

谷根千という「地域雑誌」を1号から愛読しています。ところが43号にはガッカリし、限りない怒りを覚えました。その最たるものは「青島さんがんばれ」などです。地域誌に政治色が持ち込まれることが残念でなりません。

この件についてだけ申し上げれば、私は青島さんのやり方が都政史上「最大の愚行」だと思います。「公約」だといっても、事前に現地をみもしなかったし、訴える努力もされなかった。重大な問題であるだけに、事前の勉強と熱意が求められると思います。（中略）

都知事とは、千二百万人都民の生活を守る責任者です。一部の高い声に迎合して、カッコよくやることでは全くありません。青島さんに集まった票の多くが、積極的支持のものでなかったことは、よくご存知の筈です。「引き算」の政治ばかりでは、都民が困るばかりです。一部のマスコミが建前論しか言っていないのがとても残念です。

私たちの谷根千がそうならないよう心から願っております。（貴誌の愛読者様）

■ご意見ありがとうございました。地域誌は土地の自然、文化、暮らしぶりと同じく、政治や経済をもカバーしてもいいのではと思っております。都市博問題は東京がこれ以上開発優先を続けるのか、それとも環境保全を優先させ、〝住み続けられる東京〟を目指すのか、を占う象徴的な問題で、私たちの地域にも深い影響があると考えました。

44号〔一九九五年十月〕

ラカンさんの思い出

及川ラカンさんの記事、興味深く拝見しました。ラカンさんは、戦時中、学校を巡歴していたらしく、私の小学校（第四日暮里小学校、現ひぐらし小学校）にもきて、校庭で「全身を顔にしよう」と言って例の大きな笑い声をあげ、私たちは驚きました。ニコニコ会館にいっていた人もかなりいました。よくラカンさんを見かけましたが、戦後、青森駅のホームで旗を手にワッハッハとやっていました。雪が霏霏とし、人々が呆気にとられた顔をしていたのを記憶しています。

それから山手線の車中を歩いているのも目にしました。その頃は進駐してきていた米兵が乗っていて、私たちは恐れを感じ、かれらも横暴でした。そこにラカンさんが旗を手に乗ってきて、「ワッハッハ」と大きな声で笑いながら車両から車両に歩く。上半身裸のラカンさんに米兵たちがおびえて車中の端に寄ったのが印象深く思い起こされます。平塚春造さんの話では、国鉄総裁がラカンさんに心酔していて、無料乗車券を渡してあった由でした。（三鷹市　吉村昭様）

50号（一九九七年七月）

55号を読んで

まず、通信けっこう楽しんで読みましたョ。とくに「N子のマド」、ぼくはもう年に一、二回ぐらいしか映画を見ないようになって、ああ、せめて松と竹ぐらいみたいナと思いました。ぼくが今年観た「灼熱の屋上」、みてなかったらビデオにあるかも、これ絶対おすすめのぼくの松印。おもしろいよ。

さて、放浪記の特集、地理とくっついて、新しい放浪記のお芙美さんが出てた。

「理解するためのコラム」の親切でほかほかする「道案内」に加えて、それに同行してくれる先達みたいなＭＹＯトリオの座談、さすがに女三人の完璧ともいえるうまい編集やった。「映画・演劇の中の芙美子」はさすが手厳しい。「森光子がやってると『女の一生』のような気がしちゃうけど……」というのにも妙に感心した。

「私の放浪記」もいいよみもの。十三頁下段の「立ち上げ」ということば、このごろハヤリ出したかもしらんけど、ちょっと気になった。

それからもうひとつ目につき、なんか心にとまったのは、二十二頁中段の「子どもを生まないっていうのも、ひとつの体験なのにね」というコメント。

七輪、ぼくは昔よくそれを使った思い出がある。昔なら割り箸があれば、もうオンの字やったけど。結局消し炭をつくっとくことが一番ラクやね。（犬山市　向井孝様）

56号（一九九八年十二月）

他人ごとではありません

東海村の事件ですが、他人ごとでは、済まされません。東京大学にある、原子力施設は、臨界未満の実験施設です。昨年、東大総長、文京区長に質問書をだしましたが、答えは科学技術庁からするとの返事でした。今年は石原知事宛てに出しました。一応返答書がきましたので、一度見てください。谷根千も大地震発生の場合、全部危険区域。弥生町の東大敷地内にある逆三角の掲示付施設を全部取り除きたいものです。もう私一人では限度になったようです。

ＦＡＸで（文京区弥生　青木誠様）

60号（一九九九年十二月）

私もカモンの友達でした

谷根千62号、読んでいるうちに「カモンよさよなら」の記事が目に留まり、あの日のことが思い出されました。

実は三月二十七日、千駄木の谷根千編集部をお尋ねしたのですが、お留守でしたので、差し上げるべく用意した「遠心通心」誌と少しばかりのお土産を郵便受けに入れ、その帰り須藤公園に立ち寄りました。前より目に留めていた鴨はいるかなと、池の畔にいったら彼はいました。少し離れたところから写真を撮ろうとカメラを構えたのですが、近寄ってきて私のすぐ横にうずくまってしまいました。やれやれと思い、しばらく一緒に佇んだのです。餌の持ち合わせもなく、残念でしたが、実に可愛いじゃないですか。そんな思い出があったので、友を失ったのと同じ感慨で、もうあそこへ行っても見ることはできないのだなと思うと悲しい気持ちです。カモンはかなりの人気者で、みんなに可愛がられていたのですね。幸せものだと思います。心より冥福を祈ってやりたい気持ちです。（岐阜市　熊田義一様）

63号〔二〇〇〇年十月〕

ボーナスで牛飼いに

ふと立ち寄った谷中堂というお店で、「お肉屋さんへの応援歌」のタイトルを目にして、手に取るや年老いた母への土産と一緒に買い求めていました。牛肉騒動・冷静と饒舌のあいだ、と粋な口上で始まる記事に、ゆっくりと目を通しました。忠実かつ丁寧に取材をされていました。有り難いとも感じました。申し遅れました。私、神奈川県で畜産関係の仕事をしています。生産現場において、技術指導を行なう自治体機関の職員です。妻は、三百頭の肉牛農家の管理獣医師として働いています。

九月十一日のＢＳＥ発生以来、ともに苦しい日々を過ごしてきました。生産現場での価格低迷、農水省の再三の不始末と、己れの力の及ばぬ壁に立ち向かいながらも、微力ながらもＢＳＥ対策に終始してまいりました。にもかかわらず、マスコミは、ネタとなれば書き立て、何の裏付けもないまま風評に拍車をかける有様で、報道の姿勢は何処、といった感で憎悪感を通り越して、敵意すら持っておりました。そんな中、貴誌の取材記事は非常に好感が持てました。賛否両論ある中できちんとしたスタンスとビジョンがある。中立に意見を採り上げながら、方向性を持っている。これこそがマスコミが持つべき情報提供の真の姿だと感じました。一部専門的な用語に誤りがありますが（四ページ、短角黒牛とありますが、短角と黒毛和種は別です。日本在来の和牛と称されるものは黒毛和種、日本短角、褐色和種の三種類です）、そんなことは些細なことで、本当にご苦労さまでした。食肉業界が頑張ってくれれば、生産現場も頑張れます。欲をいえば、両論の一方でもある、生産現場にも言及してほしかったけれど、地域限定とあれば致し方ないことですね。和牛が好きで、この仕事について以来、昨年からはまさしく地獄の様でした。そして、それは今も続いています。産地の窮状も見るに絶えず、十月と今年一月には妻に了承を得て、牛を三頭買ってしまいました。趣味の牛飼いといったところです。知り合いの肉問屋さんはボーナスも出ないと嘆いていました。私の職場では、ボーナスが出ました。せめて、生きた金を使おうと和牛の産地で使い果たしてしまいました。わたしなりの生産地への応援歌です。

昨日の雪印食品の件、我が業界の一部では十二月末から噂が出ていました。そして、雪印だけではなく、他の大手も同様のことを行なっているとの噂も……。皆が困っているときに自分だけがよくなればいいという身勝手さは憤りを通り越して、悲しくもあります。「困ったときはお互い様」と我が身を差し置いて、手を差し伸べ合うやさしさがほしいものです。

母の生家のある西日暮里まで湯島からぶらぶらと、思い出を辿りながら妻との散歩の中で、ふと見付けた一冊の雑誌に励まされました。ふるさとはいつでも、暖かく迎えてくれるものなのですね。これからも心動かす誌面づくりにご精進ください。

（伊勢原市　牛若丸様）

69号（二〇〇二年四月）

不思議な谷中案内

八月四日、月曜日に、娘と二人、谷中、根津近辺を訪ね、散策をしておりましたところ、声を掛けてくださった方がありました。小柄でよく日に焼けた中年の男性でした。「この街へ来たら、もっと路地を歩かなければ」と。お寺から谷中墓地、必見のポイントを詳しい説明と共に案内してくださり、娘と二人感激の半日でございました。お名前は教えてはいただけませんでした。「この出会いを一期一会と思い、ただこの町を好きになってもらいたいのです」とのことで、さらに心打たれたのでございます。（草加市　高橋ひろみ様）

■その方へのお礼のつもりで…と工房に草加煎餅を送ってくださいました。おいしかったです。

71号（二〇〇二年十月）

藪下の石垣2

汐見坂の石垣がなくなりそうです。家はすでに取り壊されました。千駄木二丁目の秋邸がマンションになったとき以来の淋しさです。（小学校時代、私と悪ガキの友人たちは何度か秋邸に侵入しましたが、あの庭に底なし沼があったのをご存知ですか？　十五年前の千駄木は今より遥かに謎が多かった…）

私以外の家族の者は、地震にたいする不安などもあったので石垣がなくなることには必ずしも悪い感情だけではないようです。確かに大地震が起って石垣が倒壊したら我が家も壊滅ですが……。我々の生活を長年見守った石垣の最期をしっかり見届けようと思っております。

それにしても、やはり淋しい。

（文京区千駄木　河角直樹様）

■文京区景観審議会で石垣の風景を「景観賞」として推薦したところ、「開発予定のある場所に賞は出せない」との理由で行政側委員が却下したそうです。区のパンフレットなどでも利用してきた景色なのに。

74号（二〇〇三年十月）

東大向ヶ岡学寮のこと

昨年三月末まで根津駅近くの異人坂を登った突き当たりにある東京大学向ヶ岡学寮で生活していました。六畳間に二人暮らし、風呂、トイレ、キッチン共用という今時ありえないような条件のもと、大学三、四年のわずか二年でしたが、友人たちとまさに同じ釜の飯を食いながら、充実した生活をそこで過ごしました。その学寮が今年三月をもって五十四年の歴史に幕を下ろすことになりました。ついては、去る十一月十五日、十六日の二日間、最後の寮祭を盛大に開催いたしました。OBを含め、みんなで金を出しあい、さまざまな企画を考え、非常に楽しい催しでした。特にこの二～三年は演じ物であるナイトショーもレベルが高く、来ていただいたお客さまにもとても喜んでいただきました。その寮祭も今回で終わり。今後は巣鴨の寮へと残る寮生たちは移る予定です。向ヶ岡学寮の物質的には決して裕福ではないものの、精神的には豊かな生活の伝統を持っていこうと努力しているようです。日々の買物、食事、当然飲酒も根津ですることがほとんどでした。酒に酔っ払った挙句に真っ裸で走り回るなど、若気の至りで周辺に相当ご迷惑を掛けたことも数知れず。充実した生活を送ることができたのは、向ヶ岡学寮と街のおかげだと思っています。古い建物ですし、時代の流れかもしれませんが、寂しさをぬぐえません。できるならば、そういった場所があったことだけでも記していただけたらと思い、お便りをさしあげました。（京都市　橋本礼人様）

75号（二〇〇四年一月）

一九五〇年代の須藤公園で

須藤公園に図書コーナーがあ

ったことを覚えている人はいるでしょうか。もう四十年以上前に私が谷中の初音幼稚園に通っていた時のことです。母が公園に図書館を作るから本を皆で集めることになったの、読まなくなった本を家からも寄付するから選んで出そうと言ったのです。わが家からはキンダーブックを何冊か出したと記憶しています。それらの本は池の前の砂場の滑り台（今はもうない）のはしごの下、つまり滑り台の傾斜の空間に配置された観音開きの扉のついた木製本棚に収められたのです。公開されてから行ってみると貸し出し係の人がいて、本棚の本は自由に出して読んでよいというのです。そして砂場のふちに腰掛けて絵本をひろげている子どもも何人かいたのです。そこには私の名前が書かれたのもあり、私の本が皆で読まれていて、そして皆からの本も私が自由に読める素晴らしい仕組みだと、子供心に感動したことを覚えています。物がない時代でした。幼稚園で絵本を選ぶ時にぼやぼやしているともうボロボロで絵がはげている本しか残っていません。逆に本棚の近くにいて好きな絵本を手にすることができた時の嬉しかったこと。

それにしても滑り台の下に本棚を置いて、そこに皆で持ち寄った本を子どもたちに見せるとは誰が考えたのでしょうか。その時のお母さんだった世代の人は子ども時代に戦争を経験しています。平和な時代になり、子どもが楽しく本に触れられるようにという、周囲の大人の温かい導きというか、行いを大人になった今、感謝しています。

（府中市　篠原美和子様）

80号（二〇〇五年七月）

[追記]

菓子箱いっぱいのおたより。三か月の間に届く手紙の束が私たちの誇りで、次号への活力だった。手紙に端を発し、取材を始めることも実に多かった。31号の再開発の続編、44号の喫茶店リリオム、70号のうちわの大田屋のこと……。長編で、新事実がのぞくおたよりは、寄稿として掲載させてもらうこともあった。

引越していまは他所に住む方の、少年、少女だったときの記憶が、手紙の端に書かれた思い出の地図が、楽しかったころの写真が、私たちの手元に集まり、こぼれそうになったとき、『谷根千同窓会』（一九九一）という別冊を編んだ（自慢の出来なのに、これがなぜか売れず財政難に陥いることになったが）。

もちろん、記事への言及、批判、反論もある。それも含めて反響は嬉しい。けれども、インターネットを始め、メールでやり取りするようになって、便りがガクンと減ってしまった。

そういえば、毎回毎回、発行のたびに感想を寄せてくれる方もずいぶんあった。馴染みの郵便が届かないと、「どうしているのか」と心配になったもんだ。もう読んでくれていないのか、もう読めなくなったのか……。ある日、長年定期購読を続けてくれる読者から電話が来た。「今までのを並べたら一冊だけ欠けている、送り忘れているんじゃないですか？」。しばらくして再び電話。「思い出しました。その号は、父のお棺に入れたんです。毎回楽しみに読んでいて、亡くなった日に新しいのが届いたもんだから……」。

もちろん、励ましも思い出も批判も嬉しいが、この二十五年近くで、脅迫状、中傷の便りもわずかにあった。差出人の書いていないそんな手紙は無視、忘れることにしたんだった。

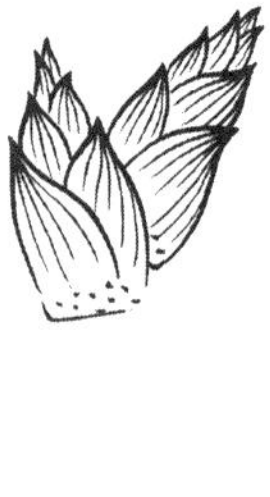

地域雑誌『谷中・根津・千駄木』年表（1984～2006）

《凡例》

・『谷根千』の各号はゴシック体、谷根千工房の発行物は「＊」、制作を担当したものは「＊＊」で区別した

1984年（昭和59年）

5月　森まゆみ（以下M）仰木ひろみ（以下O）山﨑範子（以下Y）、三人一緒の初めての雑誌づくりの相談

7月　創刊準備に入る

8月　陣内秀信氏に会い、地域誌創刊の助言をうける

10月15日　其の1（菊まつり特集）発行

10月15日　第一回谷中菊まつり開く。谷根千工房も1号と菊酒を販売。以後菊まつりは毎年開催

・事務所を仰木ひろみ方へ置く

・芸大助教授前野嶤（まさる）氏に会う。町並み保存連盟の事務所へ連れて行ってもらう

11月10日　根津寄席に参加。中入りで雑誌販売

・根津郷土史研究会に参加

12月8日　「谷中・根津・千駄木の生活を記録する会」発足。以後、生記会と略称。ほぼ月一回の学習会とフィールドワークを行う

12月15日　其の2（銭湯特集）発行

1985年（昭和60年）

1月7日　「谷中七福神めぐり」参加者ゼロ

1月19日　第二回生記会。はん亭見学と藍染川を歩いて染物現場を見る

・コロンビア大から東大に留学中の院生ジョルダン・サンド氏初来房

2月6日　「奏楽堂のパイプオルガンをよみがえらせる会」発足

・東大生産技研藤原恵洋氏と出会い、生記会の中心となってもらう。パートナーの藤原かおりさんは谷根千工房のスタッフに

・テレビ東京「上野・浅草・隅田川」に出演。放送は7月6日

3月15日　其の3（藍染川特集）発行

4月6日　谷中墓地で「大花見大会」、四十人参加

4月9日　「谷根千第一回井戸端学校」古川恭子さんを講師に無添加おやつのつくり方

4月19日　初めての社員旅行、文京区の保養所、箱根強羅荘へ

＊5月　『谷中・根津道中案内図』（石田良介画）発行

・地域の和菓子を一堂に集めて「きき菓子会」開催

6月15日　其の4（和菓子屋特集）発行

＊7月1日　『よみがえれ！　パイプオルガン』発行

8月　全生庵にて第一回円朝まつり始まる。一ヶ月間にわたっての円朝コレクションの幽霊画を展示。以後円朝まつりは毎年開催

8月15日　Y家に次男旬生まれる

・谷中のサンド邸改造を手伝う

9月15日　其の5（森鷗外特集）発行

11月22日　第1回NTTタウン誌大賞受賞

・しのばず自然観察会と交流

12月10日　M、『谷中スケッチブック』（エルコ）上梓

12月15日　其の6（酒屋特集）発行

・団子坂ターボラでクリスマス会。熊沢半蔵さんのアニメを上映する

・酒屋特集で業界大さわぎとなりあやまって歩く

1986年（昭和61年）

2月9日　生記会「谷中町あるき」

2月13日　NHK「関東甲信越小さな旅」で谷中特集

・地価高騰し地上げと住民追い出し激しくなる

・千駄木三丁目、平和地蔵の法要に参加

3月15日　其の7（谷中墓地と茶屋）発行

3月16日　生記会「通りに愛称をつけよう」

4月5日　遠方の読者もまじえて花見

4月20日　生記会。野沢延行さんの案内で「谷中墓地自然散策」

5月連休　事務所を根津神社近くの千駄木2―2―4に移す。有限会社谷根千工房を登録

5月11日　生記会。江戸切絵図を持って町を歩く

5月18日　O家に長女ゆず子生まれる

・学生と住人が一緒になって「江戸のある町・上野・谷根千研究会」を結成。代表は寛永寺執事浦井正明氏、事務局に芸大助教授前野堯氏。トヨタ財団より「身近な環境を考えるコンクール」助成を受ける

6月20日　其の8（団子坂特集）発行

6月27日　全町会商店街に寺院が加わり「谷中寺町花のまち会」発足。第一回事業としてMの『谷中スケッチブック』出版記念会」を谷中全生庵で開いてくださる

・谷中の吉田屋酒店の移築保存決定する

・スタッフの藤原かおりさん転居

7月19日〜21日　M、会津の第九回全国町並みゼミに二歳の理子を連れ参加

9月20日　其の9（高村光太郎と智恵子）発行

10月5日　生記会「谷根千探鳥会」を早朝に開催。野鳥の会の伊東清隆さんと親しくなる

・このころ地価急騰する

10月16日　M家に次男宙生まれる

・Y、『小説新潮』に千駄木の不良主婦として登場

11月23日　本郷法真寺の一葉忌で『谷根千』販売（以後毎年参加する）

12月20日　其の10（豆腐屋特集）発行

12月21日　汐見会館でトヨタ助成研究の発表会

1987年（昭和62年）

1月3日〜5日　連日、谷中七福神巡り客を目当てに天王寺門前で立ち売り

2月8日　M、日暮里南泉寺の伯円忌で話す

2月8日　生記会「林町の光太郎智恵子」北川太一、品川力、難波田龍起氏らが語るぜいたくな学習会

3月8日　「土地法学会」の依頼で地上げ現場を案内

3月20日　其の11（私の原風景特集）発行

3月27日　上野公園に移築された奏楽堂完成祝賀会

5月1日　加藤勝丕さんらの保存運動がみのり、旧吉田屋酒店が上野桜木町に移築公開。「上野・谷根千研究会」では残してほしい家にラブコール

・都千家、篠田邸、近藤邸、関邸、伊勢五の蔵など次々名建築消える

＊6月　谷根千風景ポストカード（野沢延行・前田秀夫撮影）制作

6月15日　其の12（底地買い再開発特集）発行

6月19日〜7月5日　谷中のギャラリーだうんタウン工房で『谷根千』三周年記念「谷根千の風景展」を企画・開催。前田秀夫さん、野沢延行さんの写真を展示

7月18日　生記会「船でめぐる川の手東京」

8月8日　「第一回谷中子供自然教室」

・峯吉智子、事務所スタッフとなる

・赤レンガの東京駅再開発計画浮上。「赤レンガの東京駅を愛する市民の会」結成、十万人以上の署名を集める

9月15日　其の13（路地特集）発行

＊10月15日　『Yanesen Magazine 1』（英

語版『谷根千』）サンド氏の協力でついに発行

＊11月28日　江戸のある町・上野・谷根千研究会編『谷根千路地事典』発行

12月20日　其の14（貝塚特集）発行

1988年（昭和63年）

1月24日　フジテレビ「日本ストリート物語」で谷根千工房の活動を番組に。「あなた方の貧しさを撮りたい」と密着取材

・このころ不忍池蓮池地下に二千台の駐車場建設問題起る

2月26日　「柳川堀割物語」（高畑勲監督）自主上映会

＊3月20日　『赤レンガの東京駅』発行

3月30日　其の15（彰義隊特集）発行

4月2日　Y家に長女牧生まれる

5月15日　「水と緑と鳥たち　下町緑のシンポジウム」に参加

＊6月15日　『Yanesen Magazine 2』発行

・1〜10号までのセット販売始める。『谷根千』三周年記念総目次索引付き

＊7月6日　江戸のある町・上野・谷根千研究会編『谷中五重塔事典』発行

7月10日　其の16（井戸特集）発行

9月19日　O家に次男瑞樹生まれる

10月10日　其の17（夭折の芸術家）発行

10月22日　地上げ、町壊しが進み「文京区町づくり懇話会」開かれる

・このころ谷中五重塔再建問題で百家争鳴

11月19日　台東区西町小学校にて「柳川掘割物語」自主上映。不忍池地下駐車場反対の機運高まる

11月24日　NTT第四回全国タウン誌大賞受賞

11月30日　トヨタ財団助成「身近な環境をみつめよう」コンクールで最終報告。優秀賞を得る

12月24日　谷根千忘年会。Oの創作した郷土の味「団子坂鍋」を披露

12月25日　其の18（渡辺治右衛門特集）発行

1989年（昭和64年・平成元年）

＊2月15日　江戸のある町・上野・谷根千研究会編『しのばずの池事典』発行

3月31日　其の19（童謡特集）発行

＊4月1日　『さえちゃんのうた——谷根千ゆかりの童謡集』発行

4月30日〜5月7日　「谷根千ウィーク」開催。写真展、講演会、映画祭など盛りだくさん。文京区教育委員会の後援をとるが雑誌販売をとがめられ、以後後援依頼をやめる

6月3日　不忍池を愛する会発足。不忍池水上音楽堂で「出帆——しのばず丸」開催。不忍池地下駐車場計画に反対署名運動はじまる

・町を横切る補助92号線問題浮上。「田端のまちづくりを考える会」と協働

・荒川区の旭電化跡地をトンボ公園に。「下町緑の仲間たち」と協働

・谷根千工房に初のワープロ入る。千駄木に住む舞踏家、緒方篤氏からもらう

・日暮里駅南口開業。駅周辺住民長年の運動の成果

・人参湯、真島湯、宝湯と、銭湯が相次いで閉業

＊6月20日　『谷中墓地掃苔録　壱』発行

7月15日　其の20（春日局特集）発行

10月15日　其の21（芥川龍之介特集）発行

10月21日　根津小にて「藤島亥治郎独演会」開催

11月13日　上野駅超高層化問題でシンポ「太るJR細る地域」

11月23日　不忍池地下駐車場計画反対の「龍神まつりパレード」に仮装して参加

12月1日〜20日　不忍池を愛する会が、チャリティー「しのばず池に絵展」を池近くの四ギャラリーでリレー開催。五十人を超える画家が協力してくれ、三百万を超える活動資金を得る

12月25日　其の22（谷中七福神特集）発行

1990年（平成二年）

＊2月1日　平塚春造さんの聞き書き『日暮しの岡』発行

2月6日～12日　アートフォーラム谷中で「いのちを描く――長谷川建展」開催

3月3日「不忍池地下駐車場問題を考えるつどい」開催

4月3日　其の23（上野桜木町特集）発行

4月28日～5月1日　名古屋の読者木村敬子さんのさそいで子供づれで三河足助へ竹の子掘り。以後恒例の工房旅行となる

5月13日　生記会「補助92号線を歩く」

5月31日～6月1日　智恵子のふるさと福島県安達町と交流

・大気汚染（NO_2）測定に参加。以後6月・12月に測定を継続

6月10日「不忍池21世紀フォーラム」ホテルパークサイドにて

＊6月15日『トポス上野ステエション』発行

7月8日　谷中の住民、専門家、学生らが谷中での一年間の活動を報告、「谷中学校」開かれる

・「日本住宅会議」の集会に出席

・このころ地価高騰と地上げでスタッフの住宅問題切実となる

7月10日　其の24（関東大震災特集）発行

8月「東京フォーラムSOS」に協力

8月18日　Y、16ミリの映写技師資格をとり「野外映画と花火と夕べ」千駄木公園で腕だめし

10月15日　其の25（「青鞜」特集）発行

10月21日　谷中石段のネーミング投票、Mの「夕焼けだんだん」が当選。一万円の旅行券と諏方神社で野外バーベキュー

12月25日　其の26（直しや特集）発行

＊12月　報告集「不忍池――都心の水辺空間」発行

1991年（平成3年）

3月25日　其の27（日本美術院特集）発行

4月27日『日暮しの岡』発行と平塚春造氏の卒寿を祝う会、養福寺にて。吉村昭さんも来て下さる

4月28日　アースデイ、「谷根千地区井戸水質調査」をソーラーシステム研究会と協働

5月12日　不忍池で蓮掘り、蓮めしの会

・文京区役所の改築高層化シビックセンター問題おこる

＊5月25日『谷中墓地掃苔録　弐』発行

7月10日　其の28（千駄木林町特集）発行

・M、『小さな雑誌で町づくり　谷根千の冒険』（晶文社）上梓

＊9月20日『谷根千同窓会――古写真帖』発行

10月4日～6日　日暮里サニーホールでオペラ「智恵子抄」公演に協力。O、染井墓地の智恵子の墓前で「智恵子抄」朗読

10月15日　其の29（古美術特集）発行

11月3日　酸性雨調査研究会とシンポジウム「わたしたちの文化財と環境」を上野の東京国立博物館東博講堂で開催

11月23日　不忍池畔で地下駐車場反対の「不忍展」開催

11月26日　読者渡辺臣蔵さん宅に遊びに行く。子どもは大喜び。屋根の上まで上がる

12月25日　其の30（映画と映画館）発行

1992年（平成4年）

1月18日　登場人物の方々が『小さな雑誌で町づくり』の発刊記念会を開いてくれる

・後楽園「シネドーム」閉館につき、Y、記念上映会企画を夜も寝ずに考えるが叶わず

・M、『不思議の町　根津』（山手書房新社）上梓

・文京区庁舎シビックセンター建設問題浮上

3月31日　其の31（底地買い再開発その後）発行

＊4月10日『Yanesen Magazine 3』発行

4月11日　「不忍池を愛する会」シンポジウムで小沢信男さん講演
・サントリー地域文化賞受賞
＊4月20日　藤島亥治郎著『ジャーナリズムに見る　明治の上野』発行
6月20日　藤島亥治郎先生を囲んで『明治の上野』発刊記念の蓮めし会
7月15日　其の32（谷中しょうが特集）発行
＊9月20日　『谷中墓地掃苔録　参』発行
・このころ都内の大書店で「谷根千フェア」を次々開催してくれる
・NHKラジオ「ハロー・グッデイ」にMが五日間生出演
10月20日　其の33（樋口一葉特集）発行
11月23日　一葉忌で『谷根千』33号がバクハツ的に売れる
12月25日　其の34（都電特集）発行

1993年（平成5年）

2月7日　貸し切りで都電「谷根千号」を走らせる。超満員。新江戸川公園の旧細川邸で都電映画上映会
・池ノ端旧岩崎邸あとに台東区の地下ゴミ焼却場をつくる計画が持ち上る
4月10日　其の35（「食」特集）発行
6月1日　上野地区地下駐車場計画の見直しを求める要望書を台東区に提出
＊＊6月10日　巣鴨駅前商店街振興組合の依頼で『もてなしの町すがも』発行
6月13日　「不忍池国際写真展」巡回開始を記念して、サイデンステッカー氏、赤坂信氏、Mのトークを新宿リーヴルで開催
6月26日　不忍池の蓮の若芽を摘み「蓮めしの会」
7月30日　其の36（集団学童疎開特集）発行
8月28日　「水郷水都全国会議たま大会」の分科会で谷中の井戸を案内する
10月　M、『抱きしめる、東京　町とわたし』（講談社）上梓
10月20日　其の37（道灌山特集）
11月30日　事務所の番犬ベル死亡。十五歳だった
・OY、酸性雨調査研究会の人たちとホンジュラス、グァテマラに二週間調査旅行

1994年（平成6年）

2月15日　其の38（質屋特集）発行
2月23日　生記会。「上野寛永寺御霊屋と葵の間見学会」
3月14日　山本有三記念郷土文化賞受賞。賞金で滞納している印刷代を支払い、残りは樽酒で花見！
5月30日　其の39（坂特集）発行
6月　「路地から環境を考える会」が発足。定期的に地下水、気温調査をはじめる
・もらったエアコンを事務所につける
9月10日　其の40（十周年特大号）発行
9月20日　谷中円朝まつり十周年記念祝賀会
9月23日　岸田衿子さんに誘われ、成田に子どもたちと栗ひろい
10月14日　「東京駅八十年バースデーコンサート」奏楽堂にて
・奥本大三郎さんと千駄木を歩く。その後カラオケに行き、奥本さんの「モナリザ」をフランス語で聴く。絶品
11月22日　読者による『谷根千』十周年ご苦労さん会という幸せな会開催
11月28日　第十回NTTタウン誌フェスティバル特別賞受賞
12月25日　其の41（夏目漱石特集）発行

1995年（平成7年）

1月17日　阪神淡路大震災
2月26日　O家に次女あゆみ生まれる
3月26日　「私たちの文化と環境」発表会を汐見会館で開催
3月20日〜4月5日　グラフィックデザイナーの小林顕一さんの遺作絵画展を谷中バオバブで開催
3月30日　其の42（石屋特集）発行
6月3日　上野の山歩きと蓮めし試食会

6月7日〜11日　環境調査の発表会「路地展」をすぺーす小倉屋にて
7月15日　其の43（町歩き特集）発行
・このころ狙撃された警察庁長官が日医大に入院し、事務所前は二十四時間体制の警備
7月25日　谷根千工房版に増補して、『新編・谷根千路地事典』（住まいの図書館出版局）刊行
**9月10日　しのばず自然観察会企画の『上野のお山を読む――上野の杜事典』発行
10月25日　其の44（「リリオム」特集）発行
10月28日　文京シビックセンターで藤島亥治郎先生の講演会を企画
11月18日　オペラ「五重塔」日暮里サニーホールで初演。僧侶の声明が会場に響いた
11月18日、25日　芸大にて「赤レンガの東京駅の保存」のトーク、講演会
11月19日　湯島聖堂の楽市楽座に参加
・サトウハチロー邸、文京区に移管して公開のはずが閉館。区長、区議あてに公開質問状を出す
12月27日　其の45（サトウハチロー特集）発行

1996年（平成8年）

3月〜　ジーンズメーカー・リーバイスの助成を受け「上野そのまんま博物館」を不忍池を愛する会と協働で開く
3月27日　其の46（木の伝説特集）発行
4月8日　千駄木安田邸の建物調査。「文京歴史的建物の活用を考える会（通称たてもの応援団）」設立
5月23日　北上のハチロー記念館叱られ坊主オープン。OY、前夜祭と開館式に出席
6月21日　O、大東晋氏パンフルートコンサートで共演。奏楽堂のパイプオルガンを演奏する
7月28日　其の47（宮武外骨特集）発行
8月11日　谷根千路地温度調査
9月17日　本郷閣見学会、ここのステンドグラスはのちに文京区の特別養護老人ホーム「千駄木の郷」に移設された
8月24日　千駄木安田邸、財団法人日本ナショナルトラストに寄贈されることに決定
9月15日　村山槐多生誕百年・墓参り
**9月21日　『川と人と町と――台東協同法律事務所の十年』制作
11月29日　第十二回NTTタウン誌大賞「特別顕彰」を受賞
12月10日　其の48（旅館特集）発行
12月20〜24日　引越しのため在庫一掃セール

1997年（平成9年）

1月25日　事務所を千駄木3―1―1団子坂マンションに移す
3月17日　「あの丸ビルが消える？」緊急シンポジウム
3月31日　其の49（花屋特集）発行
4月1日〜2日　谷根千社員旅行、箱根へ
5月3日　丸ビル保存を訴え、ビル囲むデモンストレーション行う
*6月28日　絵図『谷根千界隈そぞろ歩き』発行。絵はイラストレーター佐藤やゑ子さんに依頼
7月20日　其の50（町に関する本特集）発行
・丸ビル解体はじまる
8月　M、インドへ二十年ぶりの海外旅行、以後やみつきとなる
10月15日　其の51（マッチラベル特集）発行
10月19日　生記会「井戸めぐりとき水会」
12月　赤レンガの東京駅を愛する市民の会がCD「懐かしき鉄道の歌」制作
12月25日　其の52（森鷗外特集第2弾）発行
*12月25日　ポストカード『森鷗外』制作。イラストを新井彩乃さんに依頼

1998年（平成10年）

1月26日　谷根千生活道具講座「はたき作り」、多児貞子さんを講師に開く
2月3日　MOY、新宿のトークライブハウス「ロフト・プラス・ワン」に出演

・M、『鷗外の坂』（新潮社）で1997年度芸術選奨文部大臣新人賞受賞
3月31日　其の53（向ケ岡弥生町特集）発行
＊＊3月31日　たてもの応援団編、報告書『安田邸が残った』制作
5月9日　池之端七軒町パチリ会の記録映画「わたくしたちの街」上映会。大盛況
7月10日　其の54（そば屋特集）発行
8月　日本工業倶楽部の保存問題風雲急となる
9月17日～19日　全国町並みゼミ東京大会開かる
10月15日　其の55（林芙美子特集）発行
11月14日～23日　たてもの応援団が安田邸で「応援団ウィーク」開催
11月22日　千駄木「協和会」の蔵を掃除し活用を考える
・M、荒木経惟氏と共著『人町』（旬報社）上梓
12月5日　協和会の蔵でギターコンサート
12月8日　谷中三崎坂に大規模マンションの計画がおこり、住民大会が開かれる
・M、『長生きも芸のうち　岡本文弥百歳』（毎日新聞社）上梓
12月25日　其の56（根津特集）発行

1999年（平成11年）

1月21日　『小さな雑誌で町づくり』台湾で翻訳出版される
2月13日　不忍池・谷根千地域の環境調査報告会
・千駄木三丁目の平和地蔵が道路脇に移設
3月31日　其の57（正岡子規特集）発行
＊＊5月20日　たてもの応援団編、報告書『旧本郷真砂町足軽長屋』制作
6月13日　千駄木の協和会で第一回『けんこう「蔵」部』開催、以後年に四回開く
7月10日　其の58（ランチ特集）発行
・谷中の高台に謎の穴が続々見つかる
8月　白山南天堂書店で『谷根千』フェア
・東京駅丸の内駅舎の復元が決まる
・ロシア演劇人、上野文化会館で「牡丹灯籠」を公演、野池幸三氏が演技指導
10月15日　其の59（石井柏亭特集）発行
12月　本郷通りのマンション建設で日暮里富士見坂から望む富士山の左側陵線の危機。日暮里富士見坂を守る会結成
12月28日　其の60（十五年目の町特集）発行

2000年（平成12）

1月　日暮里富士見坂の眺望保全の要望書署名開始
3月31日　其の61（江戸の農芸特集）発行
・須藤公園のアイドル鴨のカモン没
6月　谷根千工房にパソコン入り、守本善徳氏の協力でホームページ「谷根千ねっと」を開設（http://www.yanesen.net）。プロバイダーとなる
7月20日　其の62（飲み屋特集）発行
9月2日　谷根千ねっと主催の第一回インターネット勉強会
9月13日　長谷工の「ルネ上野桜木」の無謀な計画に反対運動起る
・谷根千界隈で映画「ひとりね」（すずきじゅんいち監督）撮影
10月15日　其の63（笠森おせん特集）発行
12月16日　「馬と学校を考える」シンポジウムを馬好きな人々と協働
12月28日　其の64（ヒーリングスポット特集）発行

2001年（平成13年）

2月　谷根千社員旅行。亀岡酒造の清酒「鷗外の坂」仕込みツアーで愛媛五十崎から大分湯布院へ
＊2月10日　『樋口一葉歌集抄』発行
3月25日　其の65（六地蔵と六阿弥陀）発行
3月25日～4月8日　写真展「上野・谷中日和り」を上野桜木町のギャラリーJ2で開催。アラーキーこと荒木経惟さんの谷中を撮った記録を展示、トーク、落語、コンサ

ートなども
4月28日～30日　YOM、石見銀山「鄙のひなまつり」に招かれる
7月10日　其の66（町の文化財特集）発行
7月9日～10日　駒込大観音光源寺でほおずき千成り市復活
10月15日　其の67（ケーキ屋さん特集）発行
・湯島の旧岩崎邸の庭と和館が公開される
・文京区で市民緑地第一号「千駄木ふれあいの杜」（通称「屋敷森」）公開
11月23日～25日　千駄木三丁目の島薗邸で「応援団ウィーク」
12月25日　其の68（牛肉騒動特集）発行

2002年（平成14年）

＊＊**1月31日　たてもの応援団編、報告書『登録文化財島薗邸』制作**
2月28日　安田邸大掃除とお雛さま飾りつけ
3月3日　安田幸子さんを囲む雛祭りを安田邸残月の間で
・諏方神社、土地利用をめぐる裁判で勝訴
4月10日　其の69（河口慧海と根津宮永町特集）発行
4月24日　谷中墓地のイチョウの大木伐採工事中に事故があいつぎ、住民有志で神主を招いて始末式をとりおこなう
5月5日　旧安田邸五月人形を飾る
7月9日　駒込大観音光源寺のほおずき千成り市にて手描きうちわ、わたあめを売る
7月20日　其の70（うちわの太田屋特集）発行
7月27日　OY、けんこう「蔵」部のメンバーで信濃境にある木下繁太郎記念館「楽の家」に避暑へいく。以後夏の恒例行事
＊**8月10日　『三遊亭円朝はわれらの同郷人――谷中の円朝』発行**
・落語協会主催のファン感謝円朝まつり開催（以後恒例となる）
9月6日　谷中学校の椎原晶子さんらと上野桜木町の平櫛田中邸を見学。保存活用を考える
10月25日　其の71（落語特集）発行

2003年（平成15年）

1月26日　O、根津の茨城県会館の見学会に参加。保存を前提とした売却を提案
1月27日　大塚女子アパート取り壊し中止と保存を求め、東京都監査委員会に住民監査請求
2月20日　其の72（スローライフ特集）発行
・川原理子（以下K）、工房のスタッフに。午後は学童保育の非常勤
5月9日　谷中二・三・五丁目地区防災町づくり事業説明会
5月24～25日　上野彰義隊墓所資料館さよなら展示
・M、『「即興詩人」のイタリア』（講談社）でJTBの紀行文学大賞を受賞
・谷中墓地イチョウの切り株がベンチになって五重塔跡公園へ
6月24日　工房で松川八洲雄ドキュメンタリー映画上映会
6月28日　其の73（煉瓦特集）発行
8月31日　根津茨城県会館見学会に来館者五百人
10月15日　其の74（宮本百合子とパン特集）発行
11月22日　M、文京ふるさと歴史館主催の講演会で「一葉の四季」を語る
11月23日　樋口一葉百七回忌
＊＊**たてもの応援団・文京の文化環境を活かす会編『一葉すごろく』制作。絵は新井彩乃さん**
11月30日～12月1日　平櫛田中邸お掃除会
・茨城県会館コンペ形式での売却が決まる

2004年（平成16年）

1月20日　其の75（一葉と不忍通りラーメン特集）発行
・YOMK、オペラ落語のウーロン亭ちゃ太郎にはまる

2月2日〜16日　西日暮里高架下で富士見坂写真展
2月6日　たてもの応援団が文京景観活動賞受賞
・このころより書店の閉店あいつぐ
3月9日〜14日　YOMとねっと管理人の守本義徳さん、谷中学校椎原晶子さん、台湾へ視察旅行
3月24日　根津茨城県会館の売却先が有料老人ホームを計画する「久保工」に決まる
4月3日　旧安田邸第一期修復工事終了
・谷中学校移転
5月10日　其の76（お稲荷さん特集）発行
8月10日　其の77（乱歩特集）発行
8月14日　8ミリフィルムの保存・発掘をめざした上映会「ホームムービーの日」が谷根千地域で初開催（以後毎年恒例化）
8月19日　池袋の東武プラザで「江戸川乱歩展」開幕。会期中77号乱歩特集が三百部売れる。三崎坂の喫茶乱歩でも百冊以上
9月1〜2日　OKY、乱歩ゆかりの名張、坂手島、鳥羽へ取材旅行
10月2〜11日　谷中芸工展にD坂シネマ「谷根千と東京を探る映画会」で初参加（以後恒例となる）
10月23日　テレビ東京「アド街ック天国」根津千駄木の回で雑誌『谷根千』が二十位に
・根津茨城県会館本館取り壊し
11月25日　其の78（ステンドグラス特集）発行
11月30日　日暮里富士見坂が国交省の選ぶ「関東の富士見百景」のひとつに
12月13日　根津のスマイルで忘年会。ママのピアノ伴奏で歌う

２００５年（平成17年）

3月25日　其の79（蟲特集）発行
4月30日　第一回「不忍ブックストリートの一箱古本市」開催（以後恒例となる。２００６年からは秋も開催）
5月14日　Mの講演会「彰義隊遺聞」を根津のふれあい館で
・上野地下駐車場の工事現場から忍川の遺構の石垣が見つかる
7月20日　其の80（空襲特集）発行
10月20日　其の81（引越し特集）発行
12月17日　Y、ギャラリー「大地堂の眼」エンディングパーティ出席
12月29日　ウーロン亭ちゃ太郎オペラ落語最終高座が上野桜木町で
12月31日　其の82（銭湯特集）発行
・82号、「全国浴場組合新聞」に大きく紹介される

２００６年（平成18年）

2月6日　Y、スナック美奈子で着物修業開始
・ファーブル昆虫館「虫の詩人の館」開館
**3月20日　しのばず自然観察会企画『新版上野のお山を読む』制作
3月31日　其の83（キモノ特集）発行
・映画保存協会が地域アーカイヴを目指して、協和会の蔵に事務所を移転
6月4日　『新版上野のお山を読む』出版記念会を上野桜木の市田邸で
6月7日　たてもの応援団が震災復興小公園文京区立元町公園の「保存活用を求める要望書」を文京区長と区議会に提出
6月24日　OKY、岩槻街道を自転車で走る
・4〜6月　古書ほうろうで「日本一の映画専門古書店・稲垣書店がやってきた！」開催。店主中山信行さんのトーク、古本屋四人の座談会も
7月20日　其の84（上州特集）発行
10月21日　Y、「点字物語天の尺」に参加。夕焼けだんだんの手すりに張られた点字を読みのぼる
10月25日　其の85（ギャラリー特集）発行
12月11日　『谷根千』を２００９年発行予定の93号にて終刊にすることを決定

地域雑誌『谷中・根津・千駄木』総目次
（創刊号～90号）

《凡例》
・連載や定期欄などは（ ）でくくった。ただし、連載の回数は入れなかった
・毎号掲載されている「確連房通信」「おたより」は採らなかった

其の1（1984年10月）8頁
菊まつり特集
「向う横丁の」 笠森お仙子守歌、団子坂の菊人形、大円寺と瘡守稲荷、笠森お仙伝説、明治はるか菊人形、薮そば遺聞、菊づくし、文学に現れた菊人形、三崎坂イラストマップ
＊
4コマ漫画「やねせん横丁」

其の2（1984年12月）32頁
特集／寒い日はお風呂へ行きませう　ありましたこの町に十五軒
谷根千湯屋めぐり　真島湯・朝日湯・初音湯・世界湯・柏湯・菊の湯・人参湯・六龍鉱泉・山の湯・宮の湯・梅の湯・大菊の湯・宝湯・鶴の湯・富久の湯、銭湯あれこれ、聞きかじりエピソード、柏湯と善光寺湯
＊
花電車のころ　森晃子さん
（この街にこんな人）浩宮様の産着を縫った・栩沢多美次さん、爬虫類研究所・高田栄一さん
（郷土史発掘）根津とレンズ　小瀬健資
（手仕事を訪ねて）武関花籠店
（味のグランプリ）手打ちラーメン・玉川（千駄木）
自然食雑感　鳥居房枝（根津の谷主人）
（ひろみの一日入門）今日は八百屋の看板娘ダ！　対馬青果店（千駄木）
谷中・延寿寺　スケッチ／川原史敬
谷中銀座　スケッチ／つるみよしこ
根津の三階家について
（著者自筆広告）草野のりかず『ぼくらの三角ベース』平凡社

其の3（1985年3月）32頁
特集／藍染川すとりーと・らいふ　この道ずいぶん曲がってるね
雑学藍染川、橋尽くし
＊
（自由民権と谷中墓地）川上音二郎と劇界
（手仕事を訪ねて）丁子屋（根津）、中小路染物店（千駄木）
（この街にこんな人）旧い町の国際人・萩原忠三さん、踊りの名手・竹中初子さん
根津神社／つつじ祭りの由来、古へをたずねて、根津の飴売り、根津町名の由来諸説
（郷土史発掘）日暮里の岡はなぜ消えたのか　平塚春造さん
谷中の好きな東大生　山浦正宏
（味のグランプリ）スパゲティとサラダ・トレアドール（根津）
（ひろみの一日入門）今日はシシャモが安いよ　魚亀（谷中銀座）
谷中・瑞輪寺　スケッチ／川原史敬
根津教会　剪画・文／石田良介
谷中・三浦坂　エッチング／棚谷勲

其の4（1985年6月）32頁
特集／谷根千の甘～い生活　昔気質の和菓子屋さん
日暮・谷中ひぐらし・荻堅・谷中岡埜栄泉・桃林堂・藤家・大黒屋・日増や・笹屋・柳月・秋田屋・一炉庵・喜久月・羽二重団子・千両最中・懸賞だんご・むさし

や・尾張屋・花家・あづま家・鮒松月・山びこ・おわりや・西東屋・土佐屋・松仙堂・甲州屋、ザ・リポート　きき菓子の会、ザ・インタビュー　川上宗雪さん（江戸千家家元）、和菓子むかし話

＊

（自由民権と谷中墓地）明六社の知識人たち
大正荷馬車のころ　岸むめさん
（藍染川特集補遺）「支流」中澤伸弘、「水源」関根益次郎
円朝はわれらの同時代人・前編／鉄舟と円朝　全生庵住職・平井玄恭、円朝グラフィティ
ゆっくり、おっとり谷中の町　上口等（大名時計博物館館長）
（ひろみの一日入門）今日はいい汗かきました　資源回収問屋「浜井商店」
さようなら水晶ローソク
（味のグランプリ）天ぷら・天米（千駄木）
（この街にこんな人）上松大雅堂・上田松男さん
谷中・一乗寺　スケッチ／川原史敬
根津・S字坂　エッチング／棚谷勲
旅館「上海楼」　剪画・文／石田良介
（著者自筆広告）陣内秀信『東京の空間人類学』筑摩書房

其の5（1985年9月）32頁
特集／鷗外の愛した街・谷根千　森さんのおじさんと散歩しよ！
「青年」を歩く、花園町と赤松登志子、千朶山房と猫の家、観潮楼と荒木しげ、散歩する鷗外、鷗外みかけたことがありますか、荷風と鷗外

＊

「東大ケチョンケチョン」前説　根津の谷から　石飛仁
（この街にこんな人）コミュニティ・ワーカー・平井雷太さん
（ご近所調査報告）日展　千駄木の桂離宮
（手仕事を訪ねて）不忍通りの金物屋さん　小野塚刃物店・横川金物店・三金金物店三河屋・菅谷金物店・山崎刃物店・塩野金物株式会社・大吉大貫商店・みねや金物店・植田屋吉田金物店
（郷土史発掘）棲み家としての町へ　藤原恵洋
（味のグランプリ）ギョウザ・桐生屋（動坂ストア）
（銭湯特集補遺）太郎湯（田端）
根津・おばけ階段　剪画／石田良介（表紙）
日暮里・経王寺　スケッチ／川原史敬
千駄木・狸坂　エッチング／棚谷勲
（著者自筆広告）吉村昭『東京の下町』文藝春秋社

其の6（1985年12月）40頁
特集／酒屋六十軒全調査　そろそろ熱燗のうまい頃
伊勢五、宮田屋、相模屋、吉田屋、野村屋、根津の酒屋、日暮里と道潅山下方面、足立屋、上総屋、三河屋一覧、慶野酒店、夜店通りと谷中・千駄木方面、萬屋酒店、根津の文人・朗月亭羅文さんのこと、酒屋取材帳より、谷根千酒屋全リスト

＊

（自由民権と谷中墓地）小野梓と馬場辰猪
（谷根千の風景）崖の四季　加宮貴一さん
（手仕事を訪ねて）森田桐箱店（谷中）
（聞き書き市井の人）
わたしの谷中　高橋くら
（水晶ローソク遺聞）町工場の夏　清水小百合
藪下通りの景色が変わります　木村民子
浄名院のジョー　野沢延行（東雲）
資料・明治の新聞に表れたる谷根千付近
（鷗外特集補遺）
（本郷・ナイト・アンド・ディ）白山通り冬午前二時
（ひろみの一日入門）アイロンがけにコツがあった　三協クリーニング（根津）、大和クリーニング（谷中）
いいコーヒーは繁華街では飲めない　ラ・ゲール（上野桜木）、庵（池之端）
根津・丁子屋　剪画・文／石田良介
谷中・大円寺　スケッチ／川原史敬
日暮里・富士見坂　エッチング／棚谷勲
（著者自筆広告）木下順二『本郷』講談社

其の7（1986年3月）32頁

特集／谷中墓地散策　春は谷中の花見かな

江戸の花見、墓地の茶屋　三原家・おもだかや・坂本屋・金子屋・ふじむらや・花重、天王寺一問一答、天王寺住職・大久保良順先生の話、五重塔炎上、露伴と谷中、谷中霊園著名人墓碑

＊

〈自由民権と谷中墓地〉夜明けのランナーたち

猫　野沢延行（東雲）

〈この街にこんな人〉〝建築の忘れ形見〟採集人・佐藤龍蔵さん

やったね！　根津寄席　芸術祭賞おめでとう

〈ご近所調査報告〉平和地蔵を救え！

日暮里富士見坂／写真・武藤高、富士の見える坂・江黒美代子さん、晴れ、ときどき富士山・坂井茂生さん

〈酒屋特集補遺〉

〈谷根千の風景〉不忍池の冬

〈かおりのエプロンサイクリング〉谷根千界隈の「ホーム・ベーカリー」のお店を訪ねて

〈ひろみの一日入門〉自分で作ったお供えで楽しく迎えたお正月　ひぐらし（谷中）

〈自然食の店〉根津の谷、大きなかぶ

谷中・天王寺　スケッチ／川原史敬

谷中・花重　剪画・文／石田良介

千駄木・団子坂　エッチング／棚谷勲

〈著者自筆広告〉石田良介『谷中百景』アドファイブ出版局

其の8（1986年6月）36頁

特集／団子坂物語

見晴しの湯　浜田晋さんの話、岡本銀行頭取邸　牛丸典子さんの話、団子坂に並ぶ名医、文化少年のころ　益田武三さんの話、団子坂の子供たち、薮そば・菊そば・今晩軒、薮そば　母の話から　田口雅恵さん、イボタ虫ノ話　山口喜雄さんの話、団高の高橋鈴さん、百瀬ナツ子さん、団子坂ばなし

＊

円朝はわれらの同時代人・後編／谷根千円朝めぐり、円朝グラフィティ（続）

ギャラリー・谷中墓地周辺

the不忍通り／おじいちゃんおばあちゃんに聞く町の歴史　斉藤とよさん、望月次作さん、町並みスケッチ、街の発展と富士銀行

谷中のカエル　野沢延行

拝啓「こんにちはあいそめ」の皆様！

〈味のグランプリ〉アイスは大正ロマンの味・芋甚（根津）

吉田屋さんありがとう

再び平和地蔵について

根津神社　スケッチ／川原史敬

千駄木・団子坂2　エッチング／棚谷勲

谷中・藤棚のある民家　剪画・文／石田良介

〈著者自筆広告〉藤森照信『建築探偵の冒険』筑摩書房

其の9（1986年9月）36頁

特集／高村家の人々　光太郎智恵子はたぐひなき夢をきづきてむかし此処に住みにき

仏師光雲、谷中の家は道路のまん中、谷中の家　高村光太郎（「新風土」昭和十四年）、智恵子の谷中付近、林町一五五番地、二五番地のアトリエ、荒涼たる帰宅

＊

〈この街にこんな人〉光太郎研究家・北川太一さん（千駄木）

〈ご近所調査報告〉谷中の山車はナゼ越生に行ったのか

根津小学校創立九十年によせて　一二、三三九人の卒業生へ

ギャラリー　谷根千路上観察

〈町の小さな博物館〉江戸の時を刻む町　大名時計博物館

〈鷗外特集補遺〉色部義明氏に聞く

〈団子坂特集補遺〉D坂の殺人事件を推理する、フロへはいる散歩　見晴しの湯資料、記憶の団子坂周辺、訂正とお詫び

〈ひろみの一日入門〉ウェルカムトゥーサワノヤ谷中「澤の屋」旅館

谷中の赤とんぼ　野沢延行
千駄木・大給坂　エッチング／棚谷勲（表紙）
弥生・くらやみ坂　スケッチ／鹿野琢見
谷中・永久寺　剪画・文／石田良介

其の10（1986年12月）36頁
特集／おいしい豆腐の買える町　酒屋へ三里、
豆腐屋へ二里
特集のキッカケはこの人、懐しの豆腐屋さん、うまい豆腐のつくり方、きき豆腐会レポート、おいしく豆腐を食べるには、ジョルダン・サンド氏のアメリカ豆腐事情、引き売りレポート、元気印の豆腐です、豆腐雑学ノート、得する豆腐情報、谷根千手作り豆腐の買える店全リスト
＊
〈町並点描〉the観音仲見世通り　渡辺肉店主人に聞く
〈手仕事を訪ねて〉郷土玩具・京楽堂
〈谷根千の風景〉谷中墓地の自然　野鳥
〈ご近所調査報告〉谷根千の新名所・日暮里本行寺　一茶と山頭火、本行寺にて邂逅　木村民子
続・山車の話　谷中町の山車は早稲田の演博にあり
〈この街にこんな人〉桐谷エリザベスさん
このまちに住んでよかったこと　古川恭子
〈光太郎智恵子特集補遺〉林町はこんな町だった
〈トヨタ財団研究助成ニュース〉谷中・上野桜木の親しまれる環境調査より
日暮里・本行寺　スケッチ／川原史敬
池ノ端・三段坂　エッチング／棚谷勲
弥生・夢境庵　剪画・文／石田良介
〈著者自筆広告〉諏訪優『芥川龍之介の俳句を歩く』踏青社

其の11（1987年3月）32頁
特集／ほんのり浮かぶ明治・大正・昭和　私の原風景
七面坂の乗り合いバス　木村悠紀子、新聞少年、町を走る　鈴木義雄、町は花火のように、映画館のチラシ配り　山辺康美、林町のお化け屋敷　和田裕、鉄舟の娘さん　富田とみ、谷中と子供　詞／椎名千代＋曲／仰木ひろみ、宮永町付近　鈴木政子、往来の風景、千駄木界隈　松田重夫
＊
谷根千なつかしのちず
〈谷根千の風景〉谷中墓地の自然　キノコ
〈この街にこんな人〉世界の舞台で活躍する舞姫・山田奈々子さん
石のはなし／立原道造の墓、中心礎石、石敢当
よみがえる！パイプオルガン
豆腐特集補遺
根津・宮永町の思い出　スケッチ／押田次弘
谷中・あかぢ坂　エッチング／棚谷勲
千駄木の露地　剪画・文／石田良介
〈著者自筆広告〉棚谷勲銅版画集『不昧彩黎揮』村松書館

其の12（1987年6月）40頁
特集／谷根千・底地買い・「再開発」読本
不忍通りが大変だァー
不忍通りの形成史、町がビルになると、持てる者持たざる者、コミュニティが壊される、誰のためのマイタウン、街づくりは草の根から、納得のいく業者に　小堤良造さんに聞く、人間性を売り渡すことはできない　服部浩久さんに聞く、不忍通りの気になるお店　手作りTシャツ・アザミヤ、尼ヶ崎科学標本社、ごきや食料品店、柳屋高級鯛焼本舗、中田仏具店、帽子専門店・茂原商店、ブラシ・平出商店、加藤度量衡販売、町並みスケッチ　つるみよしこ
＊
〈この街にこんな人〉『谷中の今昔』の著者・木村春雄さん
雲の上の人・円朝　三遊亭好楽
〈11号特集補遺　懐かしいあの頃…〉谷・根・千とぎれとぎれ　三野輪幸節、焼芋屋があった　久保田益造、聖テモテ協会のクリスマス　小川久、藍染大通り付近　篠田光雄
〈谷根千建築紀行〉都千家　藤原恵洋

〔まちの記憶〕小野梓と長連豪の墓
〔子供とあそび環境〕小鳥のおばさん
〔町の子育て論〕こけしのおばさん
〔ひろみの一日入門〕お姉ちゃん先生大奮闘　どんぐり保育園（千駄木）
上野ジャズ散歩　高木信哉
〔なるほど・ザ・まちづくり　トヨタ財団助成ニュース〕谷中・上野桜木の親しまれる環境調査より
谷中・都千家　スケッチ／桐谷逸夫
谷中・三崎坂　エッチング／棚谷勲
谷中・岡埜栄泉　剪画・文／石田良介

其の13（1987年9月）40頁
特集／路地今昔
　富士山の見える路地、谷根千路地裏物語、カーペット路地、三角路地、明治の長屋路地、根津診発祥の路地、長屋の猫、まさか路地、この路地で四十数人、八木村、中村鞣路地、七面坂路地
＊
〔谷中天王寺町の人々〕北原白秋の住んだ家　田辺徹
〔この街にこんな人〕『団子坂の菊人形』を著した浅井正夫さん
〔味の魅力〕佃煮の店　中野屋、鮒卯
〔なるほど・ザ・まちづくり　トヨタ財団研究助成ニュース〕上野・谷根千建築ラブコール（谷中・上野桜木編）
谷中 四半々亭　岡本文弥さんに聞く
〔底地買い・再開発特集補遺〕
〔谷根千建築紀行〕徳田邸　ジョルダン・サンド
頑張ってほしいお姉さんたち／古書・温知堂、リサイクル・りぼん、器・絵まいゆ
上野公園の自然と歴史空間　上野公園をゆっくり歩いてみないか
大正四年根津神社祭礼神社みこし　写真／鎗新氏蔵
千駄木の路地　イラスト／桐谷逸夫（表紙）
谷中・玉林寺脇　エッチング／棚谷勲
根津・ふく由　剪画・文／石田良介
〔著者自筆広告〕草野のりかず『ぼくらの少年雑誌』東京法経学院出版

其の14（1987年12月）40頁
特集／谷根千海辺の集落　発掘、幻の延命院貝塚
日暮しの里は大騒ぎ、貝がザクザク出てきた、谷根千は昔から住みよかった、縄文人は文明人、いまだ興奮さめやらず、縄文・弥生時代の時代区分、谷根千考古学遺文松浦佐用彦の墓、谷根千は遺跡の宝庫
＊
〔谷中天王寺町の人々〕谷中は日本のモンパルナス　田辺徹
〔なるほど・ザ・まちづくり　トヨタ財団研究助成ニュース〕上野・谷根千建築ラブコール（根津・池ノ端編）
〔ご近所調査報告〕北見楼と菊岡亭のこと
今年もこれで無病息災　健康にご利益のある谷中寺めぐり
〔底地買い・再開発特集補遺〕
〔ランドマーク保存ニュース〕パイプオルガンよみがえる、吉田屋と朝倉彫塑館、次は東京駅だ
〔この街にこんな人〕裁縫の先生・乙咩ナヲさん
目安箱・少数意見
心も体もホカッホカおいしいおでん話　清水かまぼこ店、三陽食品、梅田屋
〔サトコのグルメストリート〕フリップフラップ、美華
お正月の花嫁さん（昭和三十二年）写真／関口文四郎氏提供
池ノ端・かんてら庵　剪画・文／石田良介
〔著者自筆広告〕諏訪優／文＋棚谷勲／画『坂のある町』踏青社

其の15（1988年3月）40頁
特集／戊辰の年、激動の予感　彰義隊の忘れ物
実況・慶応四年五月十五日、慶喜公謹慎葵の間之事　浦井正明氏の話、三人の薩摩藩士戒名之事　大円寺・豊田貫修氏の話、根津権現戦争之事　小瀬健資氏の話、川島屋

米貸証文之事、団子坂戦争之事、永久寺焼き玉砲丸之事　平塚良宣住職の話、東叡山焼失畧圖、経王寺山門の弾痕之事、ほら貝昇天之事　平塚春造さんの話、根岸・芋坂辺之事　沢野庄五郎氏の話、小川椙太と彰義隊墓所之事　小川潔さんの話

＊

〈この街にこんな人〉かっぱ村収入役・板久安信さん

〈谷根千建築紀行〉三角点にある民家　ジョルダン・サンド

〈郷土史発掘〉最後の掛茶屋　吉村武夫

おせんべは谷根千の地場産業です　いま、醤油顔がウケている！／菊見せんべい、昔せんべい、梅月堂、八重垣せんべい、嵯峨乃家、谷中せんべい、丸い四角いあるけれど、食べてみました七種類、心に残るせんべいの味　いろはせんべい

〈ひろみの一日入門〉おせんべやけたかな　都せんべい（谷中）

アトリエ坂へ　諏訪優

〈サトコのグルメストリート〉遊木里、よしもと

〈貝塚特集補遺〉古代遺跡は地域の宝なのダ

〈なるほど・ザ・まちづくり　トヨタ財団研究助成ニュース〉上野・谷根千建築ラブコール（地域になじむ建て替えとは）

〈谷中墓地であんよの練習　写真

千駄木・アトリエ坂　エッチング／棚谷勲

雪の日の日暮しの里　剪画・文／石田良介

其の16（1988年7月）40頁

特集／井戸のあるくらし　井戸、大地から貰う水

井戸掘りと井戸替えの話　西原金二郎さんの井戸、井戸屋の常世田さん、井戸掘りの鑑札、谷中の大井　朝倉彫塑館の井戸、井戸のあるくらし、大久保主水の墓、豆腐屋さんと井戸、井戸水はウマイ?、井戸が涸れるとき、防災の井戸、新しく井戸は掘れるか、水は大地に返す　清林寺の井戸、三角路地の井戸

＊

〈谷中天王寺町の人々〉少年たちよ今いずこ　田辺徹

〈谷根千建築紀行〉町並み保存現実的に何が可能か　ジョルダン・サンド

〈谷根千ＯＢインタビュー〉藤島亥治郎さん　一建築家の思い出ばなし

〈この街にこんな人〉白石てつさん

〈郷土史発掘〉玉流堂消滅　中里介山、谷根千の足跡

〈ランドマーク保存ニュース〉東京駅が残ります、不忍池に駐車場?、谷中五重塔再建の動き

〈ひろみの一日入門〉東京は谷中でしょうが飴後藤の飴（谷中銀座）

〈彰義隊特集補遺〉彰義隊三つの墓　三ノ輪円通寺、松平西福寺、下谷ＮＴＴ電話局

〈意見広告〉しのばずの池の自然を守る会　次の世代へ残してあげよう、不忍池　作詞・作曲／森山たけひろ

谷中の雑草　野沢延行

〈谷根千便利帳〉出前の頼めるお店屋さん

さあ夏祭りだ！（昭和初期）写真／森茂好氏提供

池ノ端・御厩長屋の井戸　エッチング／棚谷勲

根津の甚八　剪画・文／石田良介

〈著者自筆広告〉枝川公一『都市の体温』井上書院

其の17（1988年10月）40頁

特集／碌山、彝、悌二郎、孤雁…谷根千に生きた夭折の芸術家たち

一・碌山、上京して不同舎に入る　二・彝と悌二郎が出会い、太平洋画会研究所に入る　三・碌山の死、そして七面坂下の戸張孤雁　四・本行寺静座会、そして彝の実らぬ恋　五・悌二郎と鶴三の螢坂　六・神の愛でし人々　悌二郎谷中時代案内図

＊

〈郷土史発掘〉川端康成が林町に残したもの

谷根千は子供にとって住みよいか／子連れの外食案内、谷根千駄菓子屋物語

〈貝塚特集補遺〉太田ヶ池に古代人の集落があった

〈彰義隊特集補遺〉伴門五郎と幕末の三舟

〈なるほど・ザ・まちづくり　トヨタ財団研究助成ニュース〉谷中五重塔一六四四～一九八八
〈谷根千便利帳〉頼りになるお医者さん（内科・小児科編）
晩秋の谷中の階段（昭和三十三年ころ）　写真／基俊太郎氏提供
谷中・みかどパン　エッチング／棚谷勲
昭和二十三年創業の木村屋（千駄木の駄菓子屋）スケッチ／桐谷逸夫
谷中・魚善　剪画・文／石田良介
〈著者自筆広告〉益子昇『建築家・立原道造』アカンサス建築叢書

其の18（1988年12月）40頁

特集／根津藍染町から谷中真島町へ抜ける道　渡辺治右衛門て誰だ

一・あかぢ山への道　二・大財閥渡辺家　三・昭和二年の失言恐慌　四・虎の子がパアの悲劇　五・勝三郎と荒木しげ　六・日暮里渡辺町　六郎の夢　藍染大通り取材帳より　町並みイラスト　小島理志

＊

〈谷中天王寺町の人々〉人生の明暗を見てきた土地　田辺徹
朝倉彫塑館の鯉　平瀬志富
〈座談会・我が町を語る〉懐かしい我が町並　谷中初音町三丁目
千駄木小学校創立八十年　一五五三九人のおきあがりこぼし
〈郷土史発掘〉「遠野物語」の生まれたところ　柳田國男の谷根千　田中正明
〈谷中墓地散策〉白秋の墓
〈ひろみの臨時ニュース〉ガラスの靴は体に悪いのだ！　白山・ダニーシューズ
〈井戸特集補遺〉風船あられの井戸
〈谷根千便利帳〉頼りになるお医者さん（耳鼻咽喉・眼・皮・胃・整形・神・産婦・歯）
〈彰義隊特集補遺〉町人から見た上野戦争
〈美術の散歩道〉幻の浮世絵版画
寒行　冬の風物詩
花車（昭和初期）　写真／江川政太郎氏提供
師走の街上　絵／八木原捷一（表紙）
谷中・朝倉彫塑館　エッチング／棚谷勲
谷中・雪の田口人形製作所付近　剪画・文／石田良介
〈著者自筆広告〉佐高信『昭和恐慌　東京渡辺銀行の崩壊』駸々堂

其の19（1989年3月）48頁

特集／谷根千童謡物語　春よこい早くこい

西条八十とカナリヤ、「金の星」と斎藤佐次郎、童謡について三十人に聞きました、室崎琴月のぎんぎんぎらぎら、弘田龍太郎の靴が鳴る、つばめ唱歌隊と千駄木の子どもたち、うれしいひなまつりとサトウハチロー、谷根千童謡リスト

＊

〈この街にこんな人〉ビンに賭ける青春　高橋桂吉さん
〈続・渡辺治右衛門て誰だ〉芸術家を愛した家　渡辺照子さんのお話、大磯での生活のことなど　卜部秀子さんのお話
〈ひろみの番外編〉団子坂鍋顛末記
〈座談会・我が町を語る〉子どもの頃の遊び　谷中初音町三丁目
〈町並点描〉思い出の安八百屋通り
〈美術の散歩道〉彫りの仕事、彫りの芸術　大倉半兵衛さんに聞く
谷中の三奇人　徳山巍さんに聞く
〈いろいろ補遺〉相馬黒光と新宿中村屋、柳田國男の父母の墓、林町の往来に住む人々
〈サトコのグルメストリート〉メルシークレープ、駅馬車
〈谷根千便利帳〉わたしの町の文化教室
かごめかごめ　版画／鈴木伸太朗
弥生坂　エッチング／棚谷勲
根津・モレイラ　剪画・文／石田良介
〈著者自筆広告〉宮中雲子『うたうヒポポタマス　サトウハチローの詩と人生』主婦の友社

其の20（1989年7月）40頁
特集／江戸幕府に「造られた都市」　もうひとつの春日局物語
お福生まれる、子どもと別れて乳母に、家光将軍となる、六人衆と谷根千、お福による大奥の確立、春日局と春日町の誕生、麟祥院の墓石の穴、養源寺に眠る稲葉正勝、現龍院稲葉家の墓、寛永寺創建と谷根千、お菓子誕生「春日局」と「よそおいの春日」、春日局のまち文京まち歩きコース、春日局に使った税金三六、〇〇〇、〇〇〇円也
＊
〔童謡特集補遺〕春は名のみの風の寒さや　吉丸一昌のこと
〔谷根千便利帳〕畳替え、襖の張替えがたのめるお店
〔座談会・我が町を語る〕思い出の祭と風俗　谷中初音町三丁目
〔初音町追伸〕鶉屋書店さんへの便り　青木正美（「日本古書通信」より）
〔谷根千フォーラム〕不忍百家争鳴
〔町人の提言〕こんど大地震がきたら　船越春秀
〔美術の散歩道〕谷中の三奇人　深沢史朗
灯篭流し　版画／鈴木伸太朗
上野不忍池　エッチング／棚谷勲
谷中一丁目　剪画・文／石田良介

其の21（1989年10月）40頁
特集／町が人を呼び、人が人を呼んだ　田端人「芋蔓式」交友録
農村時代、方寸グループ、工芸家たち、金沢人たち、龍之介ネットワーク、四半世紀を過ごした田端という所　近藤富枝さん、大根と薪と　矢部清八さん、隣人・室生犀星広瀬淳雄さん、文豪の妻　小林以登さん、田端モンマルトル地図
＊
〔手仕事を訪ねて〕三弦師・菊音
〔座談会・我が町を語る〕震災と戦災のはなし　谷中初音町三丁目
〔初音町追伸の追伸〕中山信行さんの手紙
〔江戸幕府に「造られた都市」特集補遺〕上野東照宮にこもる徳川の霊気
〔谷根千読書漫録〕
聞き書き・明治の根津・池之端　小瀬健資
〔谷根千便利帳〕お酒やビールを配達します！
〔あんな店こんな店〕ミニショップ千駄木、ワンショットバー・コーヒー店豆
柿の木　版画／鈴木伸太朗
田端・ポプラ坂　エッチング／棚谷勲
田端駅南口　剪画・文／石田良介
〔著者自筆広告〕近藤富枝『田端文士村』中公文庫

其の22（1989年12月）40頁
特集／谷中七福神めぐり
弁財天、大黒天、寿老人、毘沙門天、布袋、恵比寿、福禄寿、谷中七福神めぐり地図
＊
〔田端人特集補遺「芥川龍之介の田端」〕書簡・日記にみる田端の王子様、芥川さんとそら豆
〔この街にこんな人〕いのちを描く　長谷川建さん
〔手仕事を訪ねて〕筆作り・田辺文魁堂
水と人間　雨と仲良くする町づくりへ（不忍池トークショー）
〔童謡特集補遺〕動坂三五九番地金の星ハウス　中川六郎さん、松田重夫さん
〔続・山車の話〕人形師原舟月と谷中町の〝関羽〟　加藤勝丕
聞き書き・谷中小学校の起こりと三崎坂辺り　加藤ふゆさん
〔谷根千便利帳〕お待たせしました、米屋です！
〔あんな店こんな店〕すし処・けい、つつじ茶屋
電話帳から
紙芝居　版画／鈴木伸太朗
西日暮里・町内放送所　剪画・文／石田良介
〔表紙〕谷中七福神の剪画／石田良介

其の23（1990年4月）48頁
特集／上野桜木町はいつも春だった
桜木町界隈地図、桜木町最初の住人船越春

珉　船越春秀さん、寛永寺出入りの畳屋　熊井正孝さん、れ組の鉄五郎から日美へ　星谷安久利さん、せがい造りだった上総屋　関盛彦さん、井戸水の豆腐藤屋　高橋岩元さん、桜木町の元祖お嬢様　鈴木武子さん・松本美智子さん・市田春子さん、尾崎一雄となめくじ横丁　井上春江さん、藤沢医院の七十五年　藤沢正輝さん、桜木町の芸人たち　柵木和恵さん、香川靖子さん、小唄の家元、春日とよ、サトウハチローと平櫛田中　尾臺卿子さん、坂本森一、三木武吉の家　高尾重子さん、殿様作曲家松平信博　加藤勝丕さん、浅尾佛雲堂の歴史　浅尾丁策さん、桜木町に住んだ文士たち

＊

〔この街にこんな人〕納豆博士　関口良治さん

谷根千寿司処へご案内、さあさあ鮨めさい／富久寿司・けい・魚がし・和花寿司・浜寿し・魚て津・松乃・乃池

昔の金物屋　吉田祺一郎

〔田端人特集補遺「芥川龍之介の田端」〕書簡　日記に見る田端の王子様、天然自笑軒のこと　小林泰次

〔谷根千紀行…大分行〕野上弥生子と日暮里渡辺町

〔谷根千便利帳〕町の美術館　博物館ガイド

〔あんな店こんな店〕陶器の店 篁、ゆべし 天三味

やねせん肩入れみっつの展覧会／長谷川建作品展、しのばず池に絵展、アパルトヘイト否！国際美術展

寛永寺根本中堂屋根巴蓋　写真／須賀一

谷中墓地桜並木　エッチング／棚谷勲

上野桜木 桃林堂　剪画 文／石田良介

其の24（1990年7月）48頁

特集／関東大震災に学ぶ　南関東大地震六十九年周期説によるとあと二年

震災グラフィティ　安政の大地震、予言者の話、入道雲を見たか、同時進行関東大震災、あの日のこと、あの時は釜鳴りがした、ちょうどその時に、所帯道具は持ち出すな、流言蜚語・井戸を見張れ、そのとき町はどうしたか、上野動物園のゾウ、帝大図書館焼失、日暮里駅が始発になった、避難者を助ける、地震の道、今、防災をどうするか、東大に逃げて大丈夫なのか？　災害時避難場所への疑問

＊

〔エッセイ〕水溜りと小鳥　澤田喜子

〔手仕事を訪ねて〕畳作り・クマイ商店

〔この街にこんな人〕名物園長・古賀忠道氏のこと

古賀さんの夢には歴史があった　絵／根本進

ベルツと不忍池

〔田端人特集補遺「芥川龍之介の田端」〕書簡・日記にみる田端の王子様　波山の両腕　現田市松、追記・井上猛一と宮本勢助宛の手紙

〔桜木町特集補遺〕谷根千読書漫録、私の上野桜木町　木村悠紀子さん

最新住宅事情

〔あんな店こんな店〕たこめし・三忠、押し寿司・古潭

夏雲の中の鶯谷　写真／基俊太郎氏提供

上野動物園旧正門　スケッチ／桐谷逸夫

上野桜木・桜や　剪画・文／石田良介

其の25（1990年10月）48頁

特集／千駄木山で生れた女の雑誌　平塚らいてうと「青鞜」

平塚らいてうという人、雪の塩原心中、「青鞜」創刊まで、「新しい女」への弾圧、「青鞜」と彼女たちの青春、人物コラム　生田長江・森田草平・長沼智恵子・阿部次郎・田村俊子・遠藤清子、小林登美枝さんと歩いたときのこと、限りない自由を生きて　望月百合子さんに聞く、平塚らいてうと「青鞜」関係地図

＊

谷根千生業調査・本屋／秋山書店・博山房書店・ブックスたばた・温知堂・あいぞめ書店・清水書店・松屋書店・創文堂書店・かるでや文庫・タナカ書店・伊沢書店・文明堂書店・やよい文具書店・武藤書店・清秋堂書店・南天堂書房

〔谷中を愛する心〕二つの墓　加藤勝丕
〔谷根千昔ばなし〕団子坂のたぬき
〔郷土史発掘〕関妙山善性寺と旧浜田藩殉難諸志の碑　吉村武夫
〔大震災特集補遺〕鯰絵のことなど
〔意見広告〕補助九二号線の建設計画に異義あり
〔ミニエッセイ〕夜なきそば
〔あんな店こんな店〕陶器・悠明堂、薬膳カレー・じねんじょ
芋坂上から見るSL（一九五七年）写真／岩尾雄二郎氏提供
谷中大円寺・菊まつり　剪画・文／石田良介
〔著者自筆広告〕えんぶつすみこ『CHICHIBU』タトル出版

其の26（1990年12月）48頁

特集／谷根千流モノを大切にする生活のススメ　町の直しやさん

三回までは直したが得、四回目にはお買い替え（傘）、長年つづけた腕があるからどんな直しもできるんですよ（靴）、修理ってのは新しいのを作るより難しい（鞄）、純綿ワタのふとんには頭と足、表と裏がきっちりあるんですよ（布団）、何よりもこういう仕事、好きなのね（洋服）、包丁は三十分以上かけて手で研がなきゃダメなんだ（鋏・包丁・俎）、この頃よく言われるのは「おじさん、長生きしてよ」ってこと（電気・ガラス）、自転車は本来捨てるものじゃないんです（自転車）

＊

〔谷中を愛する心〕谷中の鐘　加藤勝丕
〔ひろみの一日入門〕自転車のパンク修理に挑戦　前田輪業
〔おたよりから〕戦争のなき東京の多彩なる千駄木町団子坂よ泪流るゝ　小林静江
〔手仕事を訪ねて〕ポチ袋の摺り師・剣持昭正さん
〔「青鞜」特集補遺〕「編輯室より」にみる青鞜の巣鴨時代、青鞜年表
〔ミニエッセイ〕三段坂　古山茂雄
電話帳から
〔聞き書きエッセイ〕跨線橋の風景　金子瑞生
〔あんな店こんな店〕スナック・美奈子、そば・Tomioka
〔谷根千読書漫録〕
冬の不忍池　写真／武藤高
芋坂跨線橋から　スケッチ／桐谷逸夫
指物師・森田桐箱店　剪画・文／石田良介

其の27（1991年3月）48頁

特集／夢を追うや熾烈　日本美術院の人々　天心・大観を中心に

岡倉天心、東京美術学校、いわゆる美校騒動、日本美術院、天心・大観先生に仕えて　寺内千代さん、俗にいう八軒屋、五浦へ都落ち、天心の死、美術院の再興、再興美術院と大観　大智経之、大観の生いたち　長尾政憲さん、大観の日常　横山美代子さん、孫からみた大観　横山隆さん、日本美術院と谷中

＊

〔谷根千昔ばなし〕千駄木の七不思議
〔上野桜木町特集補遺〕回想の桜木町　波木井皓三
〔地域オンブズマン〕障害児が幼稚園・保育園に入るとき
〔谷中を愛する心〕瑞輪寺の鬼板　加藤勝丕
〔谷根千建築紀行〕谷中・近藤邸
〔この街にこんな人〕女優さんになった・伊勢たかえさん
〔「青鞜」特集補遺〕「青鞜」ノート
〔谷根千読書漫録〕
聞き書き　池之端仲町川島屋のつげ櫛
わたしたちの町の空気はきれい？　二酸化チッソ測定調査結果から
〔あんな店こんな店〕クラフト・芳房、イタリア料理・TAVOLA
日本美術院舎宅「八軒屋」（明治三十一年）写真／横山大観記念館提供
谷中・日本美術院　剪画・文／石田良介
〔著者自筆広告〕藤島亥治郎『ヴィタ・ロマンティカ　ある建築家の青春記』柏書房

其の28（1991年7月）48頁

特集／未完・みんなでつくる林町事典　いろんな人が駒込林町に住んでいました

駒込千駄木林町の図

＊

〔エッセイ〕二本杉原とルンペンたちと少年野球　文／古山茂雄、絵／小林顕一

〔ご近所調査報告〕「根津」の文字のある羽黒山碑　金子弘

〔まちの記憶〕「駒込大観音」を仰ぐ　岡田弘、四軒寺町の昔　光源寺住職・島田俊匡

〔夭折の芸術家特集補遺〕七面坂下の兄、戸張孤雁　山下つねさん

〔谷中を愛する心〕禹歩僊（仙）訣　加藤勝丕

〔井戸特集補遺〕足元の水を見直そう　井戸水質調査から　秋山真芸実、谷根千井戸地下水分布図　作図／小林顕一

〔あんな店こんな店〕甘味・花家、あづま家

『上野谷中殺人事件』（内田康夫著・角川文庫）について

不忍池の夏（昭和二十九年）　写真／上平顕三氏撮影

千駄木・高村光雲・豊周旧居　剪画／石田良介

〔著者自筆広告〕奥本大三郎『ファーブル昆虫記』全八巻・集英社

其の29（1991年10月）48頁

特集／団子坂・三崎坂　谷根千古美術ストリート

柳泉堂・榮林堂・サンユー・SHIN・明六つ・服部商店・古美術服部・奉生堂・大久保美術舗・ギャラリー箋・二本木商店・雅筌・宏西堂・雅風堂・弘和洞

＊

〔ご近所調査報告〕定食屋「こもん軒」の夢（本駒込）

〔この町にこんな人〕谷中町に九十年　太田臨一郎さん

〔林町特集補遺〕訂正と積残しの巻

〔日本美術院の足あと　引っ越し魔天心〕美術院グラフィティ、ついでに聞く・昔の銭湯　初音湯・鳥谷俊次さん、27号訂正

〔チラシにつられていってみる〕本駒込の松塚邸　いかにして体にやさしい家をつくるか

父・建畠大夢　渡辺町の思い出　建畠覚造氏に聞く

〔ランドマーク保存ニュース〕智恵子の生家甦る、シビックセンターと文化財、雑司が谷の山原鶴邸

〔あんな店こんな店〕三陽食品、柳沢商店、清水かまぼこ店

〔「青鞜」特集関連〕田井亮子さんのお便りから

根津小学校、秋の大運動会（昭和二十九年）　写真／木村正治氏撮影

千駄木・服部商店　剪画・文／石田良介

〔著者自筆広告〕森まゆみ『小さな雑誌で町づくり』晶文社

其の30（1991年12月）48頁

特集／谷根千キネマ　人生は映画みたいなわけにはいかないよ

この店名を見よ　居酒屋兆治、ペペ・ル・モコ、天井桟敷の人々、映画館の盛衰　芙蓉館・進明館・動坂松竹館・本郷座・上野日活館・駒込館・根津アカデミー劇場・鈴本キネマ・上野松坂シネマ・白山キネマ・後楽園シネマ・駕篭町映画・喜楽館・文京映画・文京東映、野に叫ぶ者　近藤富枝、町の映画館　吉村昭、波打つ客席　小沢信男、こわ〜い映画館の話　逢坂剛、映画トピックス、座談会・映画の話をしようじゃないか！、日暮里周辺は撮影所のメッカだった

＊

〔この町にこんな人〕私の映画人生、宍倉寛人さん

〔谷中を愛する心〕殿様作曲家松平信博　加藤勝丕

〔ご近所調査報告〕池之端・宝丹翁事蹟

〔林町特集補遺〕落ち穂拾いの巻、林町を歩く、心はいつも林町　父は万年青の鉢づくりでした　手島富さん

〔日本美術院の足あと　引っ越し魔天心〕初音町の岡崎雪声あるいは日本女子美術学校のこと

オペラ智恵子抄
お山の休み処　茶店・山里
（あんな店こんな店）戸田文具、下徳
（連載エッセイ）正月　宮本武夫
岡本邸でのロケ記念写真（昭和十四年）写真／牛丸典子さん提供
根津・ブリキヤ　剪画・文／石田良介
（著者自筆広告）池内紀『開化小説集』岩波書店

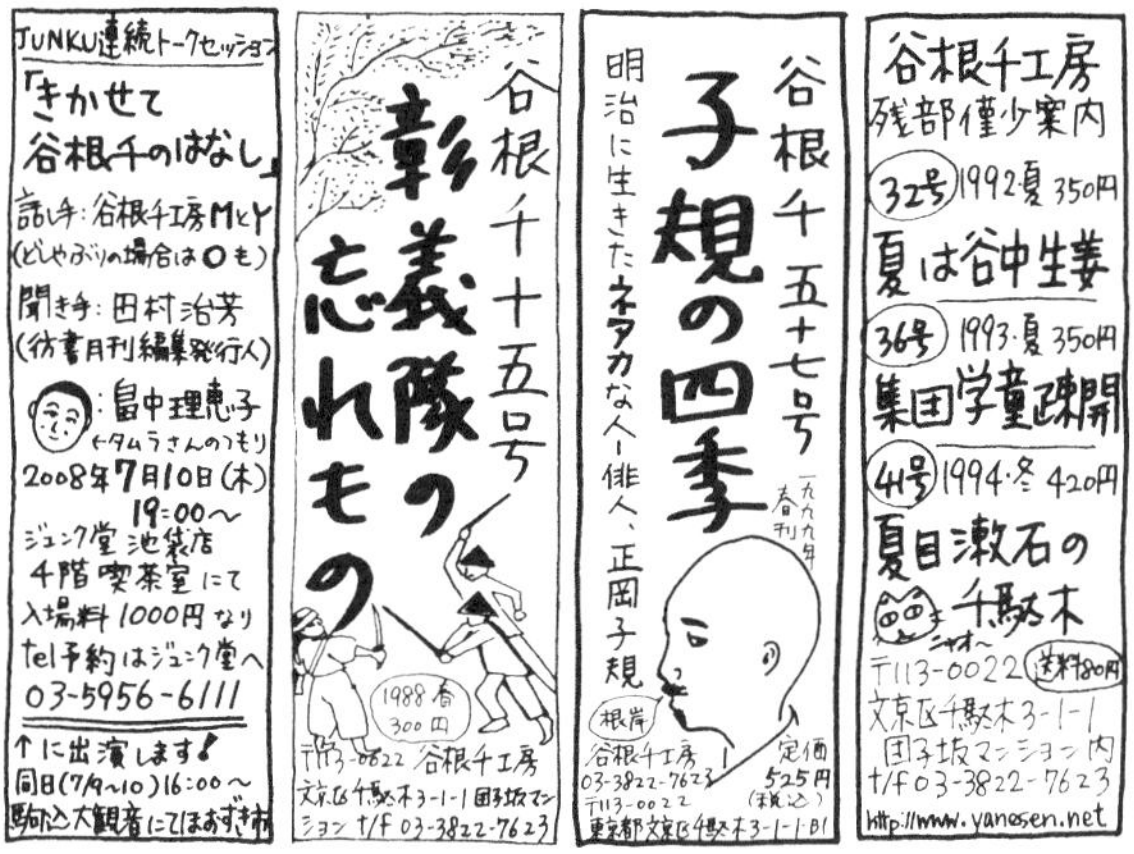

「彷書月刊」の告知版
川原理子／制作

5年前にスタッフに加わったカワハラは地図やイラストを器用に描く。古書探究雑誌「彷書月刊」とは長いこと手書きの広告を交換しあう仲だが、こちらは季刊であちらは月刊だから、バックナンバーの広告を打つことも多いのだ

其の31（1992年3月）48頁
特集／不忍通りの住宅と環境事情「強者」どもが夢のあと　それでも谷根千に住みたい
マンション住民の住み方集は、マンションの名前をいうと歯ぐきから血がでませんか？、台東区 文京区で家賃補助はじまる、谷根千に住むのはツライヨ！、これからどうなるか、を考えないと
＊
（この町にこんな人）イタリアF1チーム「ミナルディ」マネージャーの佐々木正さん
（日本美術院の足あと　引っ越し魔天心）五浦の恋、五浦時代の天心年譜、田端・滝の湯　柳橋孝栄さんに聞く
（町の記憶）惣集高量の思い出など　東京一の長寿男「団子坂のセンセイ」　矢崎泰久
（映画の余韻）芙蓉館に〝新世界〟が流れた　岡崎省吾、谷根千映画人名録・監督編
（生業の記録）生まれる命のコーディネーター　ふたりのお産婆さんに聞く　白石とよさん、岩塚アキさん
（地域オンブズマン）補助九二号線とわたしの暮らし　宮宇地克巳、上野駅建て替え計画への意見　川西崇行
（あんな店こんな店）石臼そば 巴屋
谷根千同窓会　梅組さん／アンネと一つ違いでした　朝比奈和代さん、卒業後初めてのクラス会　木村悠紀子さん、先生のお家はあかぢ坂　清水君子さん
上野動物園のおサルの電車（一九五七年）写真／上平顕三氏撮影
根津 不忍通りの商店　剪画 文／石田良介
（著者自筆広告）冨田均『東京映画名所図鑑』平凡社

其の32（1992年7月）48頁
特集／東京の野菜物語　夏は谷中しょうが
谷中しょうがは日暮里の産　対談・関多美子さん＋横山清四郎さん、なぜ〝谷中しょうが〟と呼ばれたか？、天保の頃の日暮しの里、日暮里を変えた鉄道　沢野庄五郎さんの話、農家の生活　横山庄右エ門さん、吾が家の農作物　日暮里歳時記、「しょうが」とはいかなる野菜か
＊

（連載エッセイ）谷中少年期・餓鬼大将　文／宮本武夫＋画／鈴木伸太朗
（郷土史発掘）谷中天王寺町の由来　小森隆吉
（しのばず学）誰のものでもない不忍池　天海僧正が池に託した宇宙観　小沢信男
三年半の映画館の記録　上野動物園・かもしか座　澤田喜子
（町の記憶）鶉屋さんのこと
（私の原風景）池之端の刀鍛冶　佐々木孝一さん
（映画特集補遺の補遺）あなたはどこで映画をみたか?、谷根千映画人名録追加（男性編）
（あんな店こんな店）フランス家庭料理・スマイル、コジヅカハム
石川光明とその娘たち　石川哲也
きわめて珍しい根岸御隠殿（明治中頃）　写真／羽二重団子提供
谷中・銅菊　剪画・文／石田良介
（著者自筆広告）木村民子『私の一歩を始めたい主婦たちの素敵探し』電通、澤功『澤の屋は外国人宿』ＴＯＴＯ出版

其の33（１９９２年10月）48頁
特集／一葉の生涯を歩く〝谷中の美人〟を探して
生誕地と父祖の地萩原、本郷桜木の宿、萩の舎三人組、「谷中の美人」のイメージ、本郷菊坂時代、半井桃水との出会い、竜泉寺町から丸山福山町へ、丸山福山町の一葉サロン、一葉の小説、引越と作品の舞台、樋口一葉の小さな世界地図
＊
（連載エッセイ）谷中少年期・とんぼ　文／宮本武夫＋絵／熊沢半蔵＋写真／野村圭佑
（郷土史発掘）谷中いろは茶屋　岡場所雑記　村山文彦
（手仕事を訪ねて）一家に一本ゲンコツ印　千駄木生れのドライバー
（ご近所調査報告）凡地学研究社探訪記　三十九億年前の石を売る店
（おたより大特集）思い出すままに、私の明治・大正・昭和　震災後の谷根千　白根乃亮さん、街頭理髪店　佐々木孝一さん、藤倉さんの軍配さばき　鷲野巣敏男さん
（町のあるき方）墓地探険の楽しみ　平野徳太郎
（あんな店こんな店）鳥正、すたんどかっぽう団子坂
菊坂一葉の井戸　剪画／石田良介（表紙）
トツカン（昭和十三年）　写真／山本幸雄さん提供

其の34（１９９２年12月）48頁
特集／都電20番線、不忍通りをゆく
大正六年七月二十七日、上野公園─動坂間開通、神明町の赤れんがの車庫、狭い町並を電車が走る、回数券と定期券、電車通りの風景、乗務員の華麗な生活、事故係日誌、保線の仕事とレールの標本、電車に乗って風呂屋へ、都電保存館を作って、キーワードでよむ都電の歴史
＊
（谷根千建築紀行）木の家を復元する　桑原邸の場合
（郷土史発掘）紫泉亭探査顛末記　原信田実
（谷根千オンブズマン）風雲つげる上野地下駐車場問題
（日本美術院補遺）日暮里の経師屋　吉村武夫
（林町特集補遺）大給邸のあったころ　大給近達氏のおたよりから
（連載エッセイ）谷中少年期　養泉寺境内の住まい　文／宮本武夫＋版画／鈴木伸太朗
林町のドロボウ顛末記　中川六郎
都電20番線　スケッチ／小林顕一（表紙）
不忍池入口をゆく都電（昭和二十九年）　写真／上平顕三氏撮影
谷中・かなかな　剪画・文／石田良介

其の35（１９９３年４月）48頁
特集／谷根千流・一〇〇人一〇〇様の食　わたしのおなかはその日気分
今日くらい外でごはん食べよ、天豊ファン、あの人とこの店へ、正統派ぼくのグルメガイド、食いもののウラミ、体によいカレー

の話、味と量と値段にもこだわって、つるつる談義、ロマン君シベリアを食す、甘党の哲学、お茶をください、この店・つまみはコレ、南洲屋の肉豆腐、よく行く飲み屋、女ひとりのカウンター、幻の銘酒と幻の店、わたしだけのお箸、よっとくればなし、忘れえぬこの味、食べものの原風景、閑文字なつかしの食べ物、㊙仲居日誌

＊

〔ヤネセン春の社説〕文京・台東でも住民参加の教育委員会を

〔エッセイ〕谷中のタンポポ　野沢延行

〔都電特集補遺〕荒川線に乗ったよ

〔ちょと離れたご近所調査報告〕教育の原点、人を育てた巣鴨　巣鴨周辺教育関係図

〔谷根千オンブズマン〕われら「自転車」操業（上）自転車を引き取りにいく、新聞配達の後を追う

真相に迫る　駒込ピペットの謎

谷中の夜中　写真／北小路康敬

根津・尾張屋芋甚　剪画・文／石田良介

其の36（1993年7月）56頁

特集／「集団学童疎開」塩原、那須、福島へ

座談会・学童疎開は何だったのか、根津小学校の場合・第一日暮里小学校の場合・千駄木小学校の場合・汐見小学校の場合・谷中小学校の場合、いつも戦争をしていた昭和の最初の二十年、くいものの恨みってやつかな　植村豊さん、ニシャカンプラクレッカ　宇田川喜久雄さん、お手玉を送ってください　来住南陽子さん、集団疎開の第一陣として　梶原四郎さん、疎開先で赤痢が蔓延したんです　清水洋子さん、虚空蔵菩薩広場のラジオ体操　森幹松さん、苦しいときは、清子ちゃんを思い出すの　高尾美千子さん、猫のエサ食べちゃった　田辺武さん、背中をしらみがのぼっていく　金森久城さん

＊

〔町の記憶〕千駄木の文化「ポプラ萬年筆」山崎晃大朗

〔谷根千オンブズマン〕旧岩崎邸が危ない　なぜ地下開発を進めるのか

〔暑いと思えば暑い〕谷根千の氷事情　愛玉子・大黒屋・桜や・柳屋

漢文雑感　村山文彦

〔ヤネセン夏の社説〕「散歩道」を散歩するために

〔エッセイ〕谷中の蟲　野沢延行

〔私の原風景〕団子坂上に生れて　佐藤芳さん

学童疎開　剪画・文／石田良介

谷中の夜中　写真／北小路康敬

〔著者自筆広告〕松山巌『うわさの遠近法』青土社、『都市という廃墟』ちくま文庫

其の37（1993年10月）48頁

特集／謎は氷解するのか　キーワードは道灌山　藍染川はもうひとつあった

道灌山はどこか、もうひとつの藍染川の謎、東叡山領の新堀村　松本新太郎さん、道灌山の自転車屋　鈴木金太郎さん、京成電車道灌山通駅、ドウカンソウの謎　野村圭佑さん、道灌山下の風景（昭和十七〜十八年）五明敏雄さん、日暮里の金魚屋さん　大谷つるさん・加藤美沙子さん、開成学園道灌山に移る、開成学園指定の洋服店　中野育蔵さん、角の浪花家甘辛食堂　柏倉みや子さん、Ⓟ大日本製薬、ポケットに入るオーケストラ「トンボハーモニカ」竹田幸生さん、ハーモニカの青春　山崎隆吉さん、「スラズにムク」岩田兄弟商店

＊

〔ヤネセン秋の社説〕車よ、歩行者に気をつけなさい

〔エッセイ〕谷中のドングリ　野沢延行

〔町の記憶〕根津、画家の住む町

谷根千「事物起源」と「その後」谷中菊まつりこの十年

〔郷土史発掘〕三橋家のルーツを探して　三橋榮子さん

〔ご近所調査報告〕内田百閒が下宿した弥生町一番地の洋館　多児貞子

〔チラシにつられて行ってみる〕年をとってもこの町で暮らすには　スタジオー
向陵稲荷坂　剪画・文／石田良介
谷中の夜中　写真／北小路康敬
〔出版社主自筆広告〕『アイヌ文化の基礎知識』草風館

其の38（1994年2月）48頁
特集／遠くの親戚より近くの質屋　質草のある豊かな生活
いいものを大切にする、根津は質屋向きの町ですね　サイタ質店、ウスイ質店、うちが質屋をはじめたころこの辺はしょうがを作っていた時代でしょうね　田戸質店、井澤屋質店、質屋のイメージも「ちょっとおぢさんの店に行ってくる」といえば明るいでしょう　質屋おぢさん、玉家質店、小林質店、現存質屋一覧

＊

花を育てる楽しみ　花木屋
〔ご近所調査報告〕いずみたく物語　日本のミュージカルを育んだ日暮里諏方台　多児貞子
〔町の記憶〕谷中と朝倉文夫先生　田辺徹
〔谷根千オンブズマン〕われら「自転車」操業！
〔下〕私の自転車が消えた、愛しの自転車の無残な姿！
〔とにかくやってみる〕カルメ焼き
〔ヤネセン冬の社説〕やっぱりビールはビンがおいしい…かな！
根津・サイタ質店　剪画・文／石田良介〔表紙〕
〔エッセイ〕谷中のシダ　野沢延行
谷中の夜中　写真／北小路康敬
〔著者自筆広告〕真寿美・シュミット村木『「花・ベルツ」への旅』講談社

其の39（1994年5月）52頁
特集／おりたらのぼり道　谷根千坂物語
あかぢ坂石垣のつつじ、異人坂の異人は誰か?、三浦坂下でひと休み、解剖坂の十二段目、S字坂はSではないのだ、根津裏門坂の三階建て、薮下の道・汐見坂の碑、坂のある町で生まれ育って　御代幸子さん、富士見坂から見える景色、その名は弥生坂、三段坂の名はいつから、七面坂遠き軍歌の走馬灯、三崎坂の草人堂、団子坂は誰でも知っている、団子坂のチビッコギャング石黒徳衛、どこにも行けない芋坂、地蔵坂は鉄路のとなり、清水坂商店街、おばけ階段の数、大給坂はおぎゅう坂と呼んで欲しい、動坂に仏さまは長居せず、アトリエ坂の名付け親、谷根千坂まっぷ

＊

大正博覧会秘話　南洋館のレットナム君　多児貞子
〔岡場所雑記〕川柳に詠まれたる根津遊廓　村山文彦
「文京区商工名鑑」を読んで　一九五〇年代の屋号
〔谷根千オンブズマン〕お米の話見聞録、お米屋さんに聞く　大野米店・高橋米店・上野米穀、お米年表
〔エッセイ〕谷中の幸　野沢延行
サトウハチロー記念館館主・佐藤房枝のたどった生涯
根津二丁目　絵／酒井不二雄
ふり向けば根津　写真／馬渕広子
根津・花木屋　剪画・文／石田良介

其の40（1994年9月）72頁
特集／文弥百歳、谷根千十歳　長生きのおすそわけ
第一幕・岡本文弥さんと歩く谷根千、第二幕・手作りメディア「谷中きく会」、第三幕・岡本文弥と日本の百年、谷中と千駄木二つの岡のおつきあい　岡本文弥さん／山本安英さん

＊

私のホッとする時間　谷中かなかな
天心ゆかりの地へインドからのお客さま　タゴール国際大学の一行来日　松野高尚・幸子
昭和二十年三月十一日の卒業式　上野の杜にあった「文部省図書館講習所」　鈴木ミチル
〔大地震・私の意見〕経済災害はどうなる　佐々

木孝一
飛鳥時代様式三重塔の建立　向丘・清林寺
愉快に暮らすボケ講座　多児貞子
草木染めに挑戦　谷中の染色教室
「住民参加」の難しさ　大高智子
〔根津の原風景〕バンズイの金魚屋を追って／バンズイの記憶、金魚の歴史
〔岡場所雑記〕洒落本に見る根津遊廓　村山文彦
40号鼎談　朝まで恐怖のデスマッチ
林町のお祭り　石黒徳衛
〔エッセイ〕谷中の蚊　野沢延行
上野駅　絵／酒井不二雄
ふり向けば根津　写真／馬渕広子
谷中・文弥師匠宅　剪画・文／石田良介

其の41（1994年12月）48頁

特集／夏目漱石の千駄木　詳註「吾輩ハ猫デアル」

作品「吾輩ハ猫デアル」、夏目漱石プロフィール、妻の証言、郁文館訪問記、漱石の散歩　奥本大三郎さんと千駄木を歩く

＊

地蔵になった男　宮沢芳重　根津に住んだ哲学者
〔岡場所雑記〕明治の根津遊廓　村山文彦
〔町の話題〕まちにとびだす芸工展
〔谷根千オンブズマン〕ペットだからペットボトル??
〔エッセイ〕谷中の雪　野沢延行
谷中二丁目　絵／酒井不二雄
ふり向けば根津　写真／馬渕広子
千駄木・平岡パン　剪画・文／石田良介

其の42（1995年3月）48頁

特集／廣群鶴と谷中の石屋　加藤勝不調査ノートを道しるべに

廣群鶴の系譜、谷中・廣群鶴鐫刻碑一覧、石屋雑学、谷中の石屋　川名石材工務店・和泉家石材店・岩城石材店・野澤石材・中村石材店・高橋石材・関澤石材店・安納石材店・石六、取材こぼれ話、職人さん話

＊

〔この町にこんな人〕琵琶一筋に七十余年の都錦穂さん
〔谷根千番外地列伝〕辻潤の美しきバアレー
〔珍しいもの見つけた〕ツゲの入歯
〔郷土史発掘〕田中増蔵（聚精堂）と今井甚太郎（杏林舎）　田中正明
〔坂特集補遺〕ひと筆描き坂めぐり　諏訪優をしのんで
骨董の店プラスワン　「夢市」布の世界
震災関連オンブズマン
白山南天堂書房・奥村清江さんのこと
〔谷根千の喫茶店〕スターバレー（本駒込）
谷中六丁目　絵／酒井不二雄
谷中・川名石材工務店　剪画・文／石田良介
〔著者自筆広告〕西井一夫映像論集『存在の中心は闇なのだ』みすず書房、佐久間典子『サハラの岸辺に木を植える』社会思想社

其の43（1995年7月）48頁

特集／私的町歩きのススメ　時計をもたずに家を出よ！

町歩きマップ、詩人の散歩　小沢信男さんと歩く谷中

＊

〔谷根千の喫茶店〕ダージリン・インド式おいしい紅茶を召し上がれ（谷中）
笑う門には福来る　江戸東京尻とりばなし　寺澤幸夫さん
〔谷根千番外地列伝〕鶴田吾郎・エロシェンコを左から描いた男　鶴田煕さんに聞く
〔学童集団疎開特集補遺〕大場先生のスケッチブック　尾崎愛明さん、東京のお父さんお母さんおやすみなさい　金子瑞生さん、カーテン閉めてお餅つき　川崎当子さん、忍岡小学校の場合、大野屋動坂下の洋品店　宮沢こうさんに聞く
〔町の景色〕雨あがりの谷中　絵・文／佐藤やゑ子
〔石屋特集補遺〕明治の女性はカッコイイ　岩城ふみさんに聞く
〔最後の子育て日記〕オムツの巻
夕焼けだんだんのペンギン　写真／高野ひろし

向丘・浄心寺　剪画・文／石田良介
〈著者自筆広告〉江戸のあるまち・上野・谷根千研究会編『新編・谷根千路地事典』住まいの図書館出版局
〈編集者自筆広告〉『彷書月刊』弘隆社

其の44（1995年10月）48頁

特集／「リリオム」の時代　谷中三崎坂四五番地・芸術家のいた喫茶店

「リリオム」と「赤荳会」、赤荳　勝本勝義（一九三九年、「石田新一追悼誌」より）、父、母の「リリオム」　中林啓治さんに聞く、「リリオム」の思い出　難波田龍起さんの手紙（新田基子さん宛）、追憶の散歩　一九三〇年代「リリオム」を歩く　新田基子さん・園田道子さん・高橋千秋さん

＊

〈ご近所調査報告〉本を直す、本を守る「キャット」　出版物の修復保存の現場を訪ねて
〈郷土史発掘〉駒込林町二五番地のロシア人・大正五年の夏の一夜　桧山真一
〈谷根千オンブズマン〉「町づくり」にこうした提案は？　大竹亮さんの手紙より
〈町の景色〉夕暮の根津神社　絵・文／佐藤やゑ子
〈最後の子育て日記〉おんぶの巻
「一味会」の思い出　高間正勝さん
ありし日の茶房リリオム　スケッチ／中林啓治
〈表紙〉
煙草屋とペンギン　写真／高野ひろし
谷中・すぺーす小倉屋　剪画・文／石田良介

其の45（1995年12月）48頁

特集／サトウハチローが好き　サトウハチロー記念館を弥生に残してください！

サトウハチローのいた谷根千、弥生坂とサトウハチロー先生　刑部正太郎さん、サトウハチローと木曜会　宮中雲子さん、サトウハチローと根津音頭　滝沢和気枝さん・上田あやのさん、サトウハチローと忍岡小学校校歌、サトウハチロー記念館（パンフレットより）、サトウハチロー記念館を弥生に残してください！　記念館北上移転騒動全記録

＊

〈建築紀行〉本郷弓町の福士勝成邸　明治五年の洋館が残っていた　多児貞子
サラバ大菊の湯　銭湯の煙、桶の音
〈チラシにつられて行ってみる〉〝体が資本〟で「可憐堂」詣
〈谷根千の風景〉千駄木町五八番地の家　松本禎子
〈路地から環境を考える会だより〉路地には路地のよさがある　秋山眞芸実
〈町の景色〉千駄木の風呂屋　絵・文／佐藤やゑ子
上野のフクロウ入院す　野沢延行さんより
〈最後の子育て日記〉ミルクの巻
お地蔵さんとペンギン　写真／高野ひろし
弥生・サトウハチロー記念館　剪画・文／石田良介

其の46（1996年3月）52頁

特集／木霊を聞きながら　木の伝説

六百年谷中にあり　玉林寺住職・山口孝雄さん、住民の誇りメタセコイア　島津直子さん、あれがスパイのムクノキ、私の好きな一本の木　野沢延行さん、江戸を伝える楓の木　寛永寺執事・浦井正明さん、人の命を助けた藤三原家・高尾重子さん、めいわく桜はみんなの桜　廣瀬セイさん、寺に実生のグレープフルーツ　感応寺住職・小倉俊学さん、コウヤマキとノウゼンカズラ　西宮脩さん、心に残る木、本郷樹木探険　杉崎光明さんと歩く木の旅

＊

〈チラシにつられて行ってみる〉桜並木は「ギャラリー工」へ続く道
病気と闘う家族のもうひとつのわが家「ぶどうの家」ができました
町を記録する写真館　活キチぢいさんがゆく　弥生の玉井孝洋さん
〈町の景色〉諏方神社で見たもの　絵・文／佐藤やゑ子
〈サトウハチロー特集補遺〉八方塞がりの中、弥

生の土地は売却寸前、サトウハチローのお墓（雑司が谷墓地）　多児貞子
（谷根千番外地列伝）谷中リリオムから池袋パルテノンへ　吉井忠氏に聞く
谷中に雪男（イエティ）現わる？　野沢延行さん
わが町味自慢　白山編
（最後の子育て日記）バギーの巻
（谷根千オンブズマン）風雲急を告げる東京芸大美術館建設計画　大学側の動き、大浦食堂について
廣瀬さんの桜　スケッチ／桐谷逸夫（表紙）
根津神社のペンギン　写真／高野ひろし
弥生・聖テモテ協会　剪画・文／石田良介
（著者自筆広告）桐谷逸夫＋桐谷エリザベス『東京いま・むかし』日貿出版社

其の47（1996年7月）52頁
特集／宮武外骨、過激なるジャーナリスト上野桜木町にて新雑誌創刊　外骨の住んだ町
初めての東京、ジャーナリスト外骨、外骨・上野桜木町へ、妻八節の死と「袋雑誌」、ご町内雑誌「スコブル」、大正デモクラシーの子、女は眼中に無い、宮武外骨・谷根千関係年譜、吉野孝雄さんと外骨を歩く
＊
（谷根千オンブズマン）文京シビックセンターの建設費はナゼこんなに増えるのか！
（耕開日誌）無農薬野菜のススメ　野沢延行
文京たてもの応援団出現　安田邸を残したい！
（サトウハチロー特集補遺）ハチロー記念館よ、サラバ…とはいえない、父ハチローの思い出　佐藤四郎
路地奥の料理店「根津くらぶ」　季節を食べる
子どもたち、走りまわれ　御殿下サッカークラブ
昭和十年代の世相「流行り出した商賣」　絵／片山寛二さん
千駄木・安田邸　剪画・文／石田良介
（著者自筆広告）吉野孝雄編著『宮武外骨』『滑稽漫画館』『面白半分』『猥褻風俗辞典』河出文庫、『過激にして愛嬌あり』『予は危険人物なり』ちくま文庫
（編集者自筆広告）吉野孝雄監修「宮武外骨此中にあり」全二十六巻・ゆまに書房

其の48（1996年12月）52頁
特集／谷根千旅館案内　今日のお泊まりはどちら？
澤の屋　総括的戦後小旅館盛衰史、勝太郎、弥生会館、水月ホテル鷗外荘、山中旅館、ビジネスホテル千駄木、寿々木旅館、さつき、田仲旅館、ランチめぐり　水月ホテル鷗外荘・山中旅館内「古月」・弥生会館・ホテルソフィテル東京「黒門」、取材こぼれ話・わたしの見た戦争　鈴木寛治、谷根千旅館情報
＊
（耕開日誌）垣根のむこうから　野沢延行
村山槐多　もう一つの生誕百年　多児貞子
（樋口一葉特集補遺）一葉ふたたび　交友録
日本舞踊を習った日々　日暮里渡辺町の家　吉川章子さん
（リリオム特集補遺）団子坂下茶房リリオムの履歴書
秋草咲く日　岡本文弥逝く
（私の原風景）八重垣楼の階段　杉本昇
林町の新しい店　クリスタルショップ「ハジュ」　シャンデリア、光のプリズム
昭和十年代の世相「石炭飢饉」　絵／片山寛二さん
弥生・田仲旅館　剪画／石田良介

其の49（1997年3月）52頁
特集／モノクロで送る花屋特集　春の花屋さん
花重・花屋の歴史あれこれ　関江重三郎さんに聞く、花定、ハナミキ、江川花店、花風船、盛香園、高尾生花店、花美代、フローリスト華、花米、タナカ花店、花祐、ガーデン・ブランシュ、千草園、藤倉生花店、フラワーショップ小竹、TNフラワーギフトサービス、菅井生花店、岩崎フラワー、浅賀生花、花清、フラワーショップ北斗、ハナオト、花金、花倶楽部、花吉、ヨネヅ生

花店、花木屋、六阿弥陀詣で、江川政太郎氏の話、大田市場に社会科見学、花づくし、千円で春の花束作ってください、榊と樒

＊

〈谷根千番外地列伝〉及川裸観・全身を顔にしよう
〈耕開日誌〉キュウリの花　野沢延行
〈リリオム特集補遺〉駒込動坂町九二番地　彫刻家・新田実のアトリエ　新田基子、戦前戦後の自由美術のこと
〈この町にこんな人〉吉野久幸　絵の中の映画館
祝・汐見小学校創立七十周年　汐見小学校をめぐって　山崎隆吉
〈旅館特集補遺〉根岸・鯱旅館のこと
〈ハガキにつられて行ってみる〉「つゞら堂」でみつけたくつろぎのお茶
事務所探し顛末
チューリップ　イラスト／佐藤寿子（表紙）
昭和十年代の世相「石炭飢饉」絵／片山寛二さん
団子坂・ハナミキ　剪画・文／石田良介

其の50（1997年7月）56頁

特集／谷根千50号特別企画　町が愛した50冊
谷根千名著イントロクイズ、これが谷根千体験の事始め『早すぎた夕映　評伝有元利夫』米倉守著　馬渕洋、辛苦を乗り越えたこの情がたまらない『深川澪通り木戸番小屋』北原亜以子著　森晃子、学校だよりの中の捨てきれないもの『心のままに』折本拓郎　M、思い出の中の同じ風景『下町で遊んだ頃〈子どもの文化〉再考』加太こうじ著　佐久間典子、大河内正敏の魅力は底無しだった『味覚』大河内正敏著　藤代治康、やはり一番は乱歩の作品でしょう『算学奇人伝』永井義男著他　鈴木稔、わたしの詩人は、アトリエ坂の名付け親『東京風人日記』諏訪優著　O、50号記念クロスワードパズル、『上野谷中殺人事件』についての補遺

＊

〈ハガキにつられて行ってみる〉江戸文字のはなし
〈耕開日誌〉完熟トマト　野沢延行
〈花屋補遺特集〉駒込生花市場、花供養
谷中のまちとすまいのクロスワーク　暮らしの諏方道再発見
「さんだら工芸」暮らしの道具に囲まれて
〈サトウハチロー特集補遺〉弥生町の家　佐藤四郎
谷中のお寺でオペラをみる　観智院・初音ホールで「奥様女中」上演
50号記念子ども座談会　話はすぐに横道へ
みみずく　木版画／草野権和（表紙）
昭和十年代の世相「デパート中元福引廃止」片山寛二さん
谷中・さんだら工芸　剪画・文／石田良介

其の51（1997年10月）48頁

特集／とっておき一九三〇年、モダンな下谷・本郷　マッチラベルに残る町。

〈マッチの歴史〉根津光栄舎製燐寸は〈日本一〉、マッチラベルの謎、〈モダンな町の顔〉上野に日本初のコーヒー店、根津観音仲見世通りの花札マッチ、下谷・本郷生活文化年表、〈一九三〇年証言〉喫茶南米　渋木重太郎さん、フルーツパーラーヤオモリ　野口豊子さん、高木薬局喫茶部　高木孝純さん、広々上野プリンス　宮内盛雄さん、ぼくが行った町の喫茶店　山崎晃大朗さん、〈カフェーと作家〉本郷区東片町一〇五番地・林芙美子のレバノン、本郷区駒込神明町一二二番地・佐多稲子のカフェー紅緑、本郷区本郷四ノ二一番地・宇野千代の燕楽軒

＊

〈ご近所調査報告〉日本舞踊、萩井流家元の稽古場　踊りたい人この指とまれ！
〈谷根千の水環境を探る旅〉井戸の恩恵　秋山眞芸実
〈町の記憶〉駒込林町、高村光太郎のいた頃　難波田龍起氏に聞く
明治の思い出　上野の生活　江本義数
〈50号補遺〉クロスワードパズルの答えはこれだ！

吃音矯正の思い出　山辺康美
昭和十年代の世相「仏国降伏の新段階による日海支南洋の新東亜体制建設放送」　絵／片山寛二さん
池之端・清水坂　剪画・文／石田良介

其の52（1997年12月）48頁
特集／鷗外特集第二弾　明治の終りの団子坂
鷗外の母、峰の日記より、鷗外と同じ町に住んで『鷗外の坂』のMに聞く、図書館で鷗外に会う　文京区立鷗外記念本郷図書館、図解・鷗外記念室、鷗外年譜、そして鷗外記念本郷図書館ができるまで、鷗外「天寵」のモデルM君　画家・宮芳平のこと

＊

〔ご近所調査報告〕和裁士の仕事場　石狩和服裁縫所
〔谷根千の水循環を探る旅〕きき水会のこと　秋山眞芸実
電動ハイブリット自転車購入記　アトリエ坂をグイーンと上ろう！
〔マッチラベル特集補遺〕広告マッチはこうして作られた
鷗外の家族　イラスト／新井彩乃〔表紙〕
「鷗外記念会児童遊園」の風景〔昭和二十九～三十五年頃〕写真／毎日新聞『昭和史』より
千駄木・白へび坂　剪画・文／石田良介

其の53（1998年3月）48頁
特集／向ヶ岡弥生町読本　地主は浅野のお殿様
向ヶ岡弥生町グラフィティ、浅野家土地家屋管理人　青木誠さんに聞く、ガス燈跡の残る家　畑井ふみさんに聞く、賄付下宿真正館物語、弥生町内会文化部発行「弥生町案内」、大正の原風景　太田博太郎先生に聞く、立原道造記念館、弥生町ひとめぐり

＊

池之端七軒町の青春　パチリ会映画部作品「わたくしたちの街」
〔谷根千番外地列伝〕小説家の家　徳田秋聲・一穂の住んだ本郷森川町一番地一二四　徳田章子さんに聞く
〔慈雲の谷根千味めぐり〕ビアレストラン「パパ」　赤松慈雲
〔谷根千の水環境を探る旅〕雨と井戸　秋山眞芸実
馴染みの町を描く　小川幸治さん
安田邸、都の名勝指定に
〔ひろみの生活道具探険〕はたきの巻
私の原風景　佐藤栄理子
名勝指定された安田邸の新築当時の一枚　写真／藤田好三郎氏提供
弥生・異人坂　剪画・文／石田良介

其の54（1998年7月）48頁
特集／谷根千そば入門　あたしゃあんたの蕎麦がいい
川むら・夢境庵・新婦じ・満寿美屋・Ｔｏｍｉｏｋａ、そばの雑学、再び薮蕎麦のこと、おかめそば太田庵　松本康行さんに聞く、コンビニ対抗そばバトル！、そば打ちに挑戦、そばやのもり与太日記、そば処マップ

＊

〔この町にこんな人〕松橋博さん　フレスコ画、呼吸する絵
〔郷土史発掘〕「不」の石の謎　明治の遺産　角田篤彦
〔慈雲の谷根千味めぐり〕割烹料亭「うさぎ」　赤松慈雲
〔旅館特集補遺〕本郷・鳳明館
〔パチリ会補遺〕「わたくしたちの街」上映会騒動記、平成十年、今井行き！　三堀久子
〔谷根千オンブズマン＋意見広告〕小子化の時代だからこそ本駒込幼稚園を残したい
〔ひろみの生活道具探険〕硼酸団子の巻
谷中清水町の焼夷弾消火訓練　写真／川野雅志さん提供
西日暮里・川むら　剪画・文／石田良介

其の55（1998年10月）48頁

特集／秋が来たんだ　林芙美子の「放浪記」

芙美子を理解するためのコラム、独断と偏見の林芙美子講座、私の放浪記　千駄木T・Sさん／古書ほうろうのAさん／根津のY・Mさん

＊

〈慈雲の谷根千味めぐり〉居酒屋「天豊」　赤松慈雲

〈谷根千美術図鑑〉タナカヤスシ　謎の日本人画家　井上禎治

〈谷根千の水循環を探る旅〉谷中の地層と水みち　秋山眞芸実

〈この町にこんな人〉横笛自作自演の三浦進さん

〈ひろみの生活道具探険〉七輪の巻

〈ご近所調査報告〉浜松学生寮探訪

〈弥生町特集補遺〉終戦後の下宿「真正館」での思い出　阿部庄三郎

諏方神社の祭礼（震災後～昭和三年頃）写真／白石一海さん提供

根津・曙ハウス　剪画／石田良介

其の56（1998年12月）48頁

特集／根津百話

帯の定期券　三浦志吾、チンチン電車　菊地孝子、街角の職人　押田次弘、根津っ子の遊び場　坂田実、夜の根津学校　佐藤尚信、宮永町の路上　田中光子、八重垣食堂から八重垣へ　野寺治巳・温子さんご夫婦に聞く、向こう権現、両隣り　大橋洋子、馬との出会い　吉田祺一郎、カマタニはどうしてる？　小林清志、異人坂の思い出　清野善五郎、思い出の店々　岡崎省吾、木馬のある床屋さん　松下美由紀

＊

〈いさかかつじの根津日和〉権現さま

〈町の記憶〉追憶の町、根津八重垣町　金田元彦

〈まち探訪〉根津に近代建築を探して

〈谷根千オンブズマン〉谷中三崎坂に計画された大規模マンションのゆくえ

〈林芙美子特集補遺〉林邸の大工さん　桜井延さんにきく

〈ご近所調査報告〉（社）東京派遣看護婦協和会林町にあった小さな文化財

〈慈雲の谷根千味めぐり〉小料理「木曾路」、スナック「モレイラ」　赤松慈雲

報告　全国町並みゼミ東京大会ワークショップ、安田邸ワークショップ体験記　多児貞子、諏方道での発見　椎原晶子

不忍池畔にいたリヤカーのパン屋さん（一九五四年正月）　写真／上平顕三氏撮影

根津・かき慎　剪画と文／石田良介〈表紙〉

其の57（1999年3月）48頁

特集／明治に生きたネアカな人　根岸の俳人、正岡子規　子規の四季

子規の四季　俳句と地史、根岸に来るまでの子規、陸羯南、羽二重団子、笹乃雪、妾宅、鶯春亭、八石教会、正岡律、寒川鼠骨、加賀屋敷、子規庵保存、子規の墓、大槻文彦編著「東京下谷根岸及近傍図」、行って楽しい根岸案内

＊

〈いさかかつじの根津日和〉つつじ祭りの植木屋さん

〈郷土史発掘〉追分一里塚追跡　角田篤彦、体で感じる一里塚

〈この町にこんな人〉山岡進さん　起こし文、立体化するメッセージ

〈ご近所調査報告〉（豊島区駒込）　こんなところに畑があった　私の庭みんなの庭

〈谷中墓地の明日はどっちだ〉生活ゴミ　野沢延行

〈町の近況・その後の報告〉真正館廃館のお知らせ　赤松慈雲、「ライオンズマンション台東谷中」計画のその後　西河哲也

怒涛の配達与太日誌

〈根津特集補遺〉宮永路上は私たちの遊び場　山下浩子さん

ゆずっこ三人の「GOGO！　谷中さんぽ」　おおさわゆずこ作・画

正岡子規の愛用した文机　写真／渡部二郎

根岸・麦丸まんじゅう　剪画・文／石田良介

其の58（1999年7月）48頁
特集／谷根千ランチめぐり　今日のお昼どこにしよ
尾張屋、半、海路、ターボラ、ウィズ、鳥安、魚善、ふるかわ庵、はん亭、古月、JACK、マヌビッシュ、エスカルゴ、イルサーレ、天外天、NOPPO、千駄木倶楽部、ヴァルガー、西菜亭、ドン・キ、いなほ、九曜、スピガ、たまゆら、根津の谷、夢、桜や、鳥正、フリップフラップ、ペペ・ル・モコ、シャレー・スイス・ミニ、筆や、花へんろ、K.、ブーフーウー、カフェ・セル・ポアブル、こもん軒、スターバレー
＊
〔この町にこんな人〕のむらやのワインアドヴァイザー　中村秀晴さん
〔たてものの履歴書〕根津宮永町、友愛病院のこと
〔いさかかつじの根津日和〕宮本町の町内消毒
〔ご近所調査報告〕谷中に穴があいた！　谷中七丁目穴蔵の謎
〔正岡子規特集補遺〕子規の四季　やり残しの巻
〔谷中墓地のあしたはどっちだ〕除草剤編　野沢延行
〔町の記憶〕根津界隈覚え書き　渋江達三
なにを食べようかなぁ…　イラスト／新井彩乃
〔表紙〕
昭和三十年、谷中真島町の風景　写真／柴田啓次郎氏提供
谷中・筆や　剪画・文／石田良介

其の59（1999年10月）48頁
特集／明治のユニバーサルマン・石井柏亭千駄木で創刊された美術雑誌「方寸」と日暮里渡辺町の生活
日暮里渡辺町の柏亭　松村三冬さん・田坂ゆたかさんに聞く、石井柏亭年譜、「方寸」、浅井忠、古賀春江、長原孝太郎、文化学園、奥村博史、「明星」、パンの会、ひぐらし幼稚園
＊
永井荷風と谷根千　谷中大円寺　お仙と春信の碑
〔谷中墓地のあしたはどっちだ〕樹木編　野沢延行
〔町の近況・その後の報告〕住民の決めた町づくりルール、谷中三崎坂「建築協定」
〔ひろみの一九六〇年代図鑑〕動坂のお地蔵さま
〔ランチ特集補遺〕今日のお昼はカレーライスだ！　ダージリン、じねんじょ、カフェ・ラ・カンパネラ、酷暑カレー三昧日誌、カレー雑学
〔いさかかつじの根津日和〕祭りの準備
〔森鷗外海外編〕ベルリンの夜
〔サンべの犬も歩けば〕谷中に外国人はナゼ多い？　文／三邊晶子、絵／三邊立彦
千住蔵あるき　三堀久子
鳥取でミニコミ販売　南陀楼綾繁
一九九八年秋、谷中三崎坂で　写真／荒木経惟氏撮影
谷中じねんじょ　剪画・文／石田良介

其の60（1999年12月）56頁
特集／十五年目の町　懐かしい建物、懐かしい人たち
十五年目の町　藤原恵洋さん、桐谷逸夫さん、桐谷エリザベスさん、野沢延行さん、手嶋尚人さん、椎原晶子さん、権原伸博さん、前田秀夫さん、懐かしい人々　谷根千奇人伝、初めての保存運動、消えた街角　角田篤彦、三田商店、成侊亭、変化する町十五年を歩く
＊
〔谷根千オンブズマン〕日暮里富士見坂の眺望が危ない
〔谷中墓地のあしたはどっちだ〕ネコ編　野沢延行
〔サンべの犬も歩けば〕並ぶ植木に秘密あり？　文／三邊晶子、絵／三邊立彦
〔ひろみの一九六〇年代図鑑〕動坂ストア
〔59号特集補遺と訂正〕風景協会のことなど　藤島亥治郎さんからの手紙
一九九八年冬、田口義雄さん（六代目面六）撮影／荒木経惟
伊勢五酒店、スカイ・ザ・バスハウス　剪画／石

田良介
十五年目の町　絵／椎原晶子（表紙）

其の61（2000年3月）52頁
特集／谷根千の植木屋その前編　江戸の農芸
その一・江戸野菜、郊外型農業、その二・江戸の本草学、その三・江戸の花見　上野・飛鳥山行楽ルート、その四・染井のつつじ伊藤伊兵衛、その五・団子坂菊人形、江戸の野菜、江戸の名木、植木に関する記事、菊人形の名家、植梅の菊人形チラシ
＊
（手仕事を訪ねて）江戸千代紙・いせ辰
（ご近所調査報告）千駄木、島薗邸　林町での日々　島薗久子さん
（谷根千オンブズマン）富士見坂東奔西走
（郷土史発掘）富士神社と富士講　駒込は一富士二鷹三茄子、富士講の歴史　田中斉さん、駒込のお富士さま　富士神社宮司・船田和良さん、富士講の一年　講元・松塚幸司さん、「神龍」麦藁蛇　田中清一さん
（サンべの犬も歩けば）谷中銀座の街頭放送　文／三邊晶子、絵／三邊立彦
町の出来事
（谷中墓地のあしたはどっちだ）マスコミ編　野沢延行
富士山に沈む夕日　写真／中島尚史
本駒込・富士神社　剪画・文／石田良介

其の62（2000年7月）52頁
特集／眠るにはまだ早い！　飲み屋探検隊がゆく
喜多八・たむら・おぐら・一芯・根津の甚八、あるたい、つばめや・あさと・ふるさと・EAU DE VIE・炭屋宗兵衛・やぐら、「谷根千」のある夜の店案内、私の夜はこんなところで、実録・初音小路　初音小路のなりたち、都せんべい・たむら・京子・佐渡・囀・びん・みち・力弥・よしもと・双葉・鈴木・みやま・加代・藍
＊
茶室を訪ねて　千駄木「山脇邸睡庵」
（郷土史発掘）赤帽印のネクタイ、南文蔵を追う
（この町にこんな人）屏風絵を描くアラン・ウエストさん
続・江戸文字のはなし　二代目ビラ辰のこと　近藤梅子さんに聞く
石めぐり・江戸の五色不動　角田篤彦
（谷根千オンブズマン）日暮里富士見坂その後
（サンべの犬も歩けば）大学芋の松葉　文／三邊晶子、絵／三邊立彦
須藤公園の鴨の話　さよなら、カモン
（お知らせ）電脳谷根千への道
日暮里富士見坂から望む富士山　写真／野沢延行撮影
千駄木・山脇邸　剪画・文／石田良介
（著者自筆広告）圓佛須美子・ルブルジョワ共著『WATER WALKS』

其の63（2000年10月）52頁
特集／江戸の谷中美人　笠森おせん
お仙の夫は隠密だった　村山文彦、桜木養寿院・谷中功徳林寺・谷中大圓寺、つれづれ話、日本美人伝
＊
駒込天祖神社・神幸祭、追跡！　町の人の話から、荒井三郎さん、高善装束店
（谷根千番外地列伝）知られざる花の画家、長原坦のこと　石射虎三郎さんに聞く
井出文子さん追悼　駒込曙町の人々
ペルシャ絨毯の店　オリエンタルガーデン
（谷根千オンブズマン＋意見広告）マンション紛争はなぜ起こるのか　「（仮称）上野桜木マンション」計画を考える
（サンべの犬も歩けば）なかよし文庫　文／三邊晶子、絵／三邊立彦
二代目ビラ辰　川部殖造氏のビラ文字
昭和三十一年十月十五日、天祖神社の宮神輿は牛車に乗せられて町を巡った　写真／小川初枝さん提供
谷中・笠森稲荷　剪画／石田良介

其の64（2000年12月）52頁

特集／谷根千ヒーリングスポット　心とからだを整える

駒込曙町治療院、ひぐらし堂鍼灸治療院、汐見鍼灸接骨院、宇佐美鍼灸接骨院、中国紀行導引整体院、東洋整体実践院、アコルデ、カーム、青汁スタンド、グリーン・リーブス、YMO鼎談　なぜこの特集をやったのか、谷根千治療院一覧

＊

択木道場「禅セミナー」体験記　福留省吾

〈エッセイ〉「不便」は楽しいたくましい　真鍋じゅんこ

町の神さま仏さま　頭の神様・谷中本光寺の人頭さん

文化単位としての「谷中根津千駄木」　岡村圭子

〈郷土史発掘〉谷中町の関羽再び

〈赤帽印ネクタイ補遺〉父、文蔵の思い出　南あぐりさんに聞く

〈サンベの犬も歩けば〉根津ステエション　文／三邊晶子、絵／三邊立彦

〈谷根千オンブズマン〉ニチメンのマンション紛争

〈Mのお気に入り〉ラーメン・団子坂周辺

大正時代の上野公園博覧会風景　写真／南あぐりさん提供

西日暮里・ひぐらし堂鍼灸治療院　剪画／石田良介

其の65（2001年3月）52頁

特集／谷根千の巡礼みち　六阿弥陀、六地蔵

六阿弥陀詣、六阿弥陀の由来、阿弥陀と阿弥陀信仰、六阿弥陀の寺、行基について、六阿弥陀を詠んだ川柳、六地蔵参り、江戸六地蔵再考　角田篤彦、谷根千近辺六地蔵参り、その他の谷根千付近巡礼路

＊

〈千駄木総集編〉私のふるさと　田中アキさんに聞く

〈この町にこんな人〉革を纏った魚たち　黒川郁雄さん

〈エッセイ〉谷中の珈琲・カヤバとルノアール　野沢延行

〈谷根千オンブズマン〉上野桜木のイエローキャンペーン、根津の共同住宅建設、谷中の空　中澤伸弘

〈赤帽印ネクタイ補遺〉南家の四姉妹

〈ヒーリングスポット補遺〉アレクサンダー・テクニーク、花影抄

〈サンベの犬も歩けば〉大家むくちゃん　文／三邊晶子、絵／三邊立彦

谷根千社員旅行記

A定食で行こう！

〈Mのお気に入り〉ラーメン・白山

千駄木のコインランドリーで　撮影／齋藤めぐみ

江戸六地蔵二番・浄土宗専念寺　剪画／石田良介

其の66（2001年7月）52頁

特集／大切なもの、いかに残すか　私の町の文化財

市田邸、はん亭、旧忍旅館、スペース小倉屋、スカイ・ザ・バスハウス、上野文化財めぐり、根津遊廓の名残り、根津教会、渋谷邸、半床庵、山脇邸、はん亭、私の町の文化財地図、文化財保護の先駆者・町田久成、岡倉天心、文化財建造物保護の歴史、建築文化財の残し方、文化財切り抜き帖、文化財関連確連房日誌

＊

Mのアメリカ駆け足町歩き

〈谷根千江戸奇譚〉六代将軍徳川家宣の生涯—村山文彦

〈町の記憶〉大正初年の千駄木　片桐勝

〈谷中墓地のあしたはどっちだ〉カラス編　野沢延行

〈サンベの犬も歩けば〉江戸屋主人のスニーカー　文／三邊晶子、絵／三邊立彦

上野谷中日和り報告

古書ほうろうの夜　撮影／齋藤めぐみ

根津遊郭の名残り　剪画／石田良介

はん亭　撮影／平嶋彰彦（表紙）

其の67（2001年10月）52頁
特集／谷根千の甘ーい生活第二弾・ケーキ屋さん案内　秋色モンブラン
ストレル、タバーン、さおとめ、風の谷、ミルリトン、マルグリート、シャトレ、まある、セレネー、パティシエイナムラショウゾウ、アゼリヤ、カフェクラナッハ、取材ノートから、ケーキ屋さんマップ
＊
日本社会における駄菓子業界の存在価値　日暮里駄菓子問屋街の消える日　阿部清司
〈弥生特集補遺〉藝州浅野家、弥生町での日々　十七代当主、浅野長愛さんにうかがう
弥生町の発掘調査から　遺跡発掘で知る古の暮らし　弥生式土器、方形周溝墓、射的場
〈ご近所調査報告〉江戸時代の自然が残る場所　千駄木屋敷森のこと
谷中の小さなレストラン　筆や
〈谷根千オンブズマン〉「諏方神社境内整備事業計画」の真偽
〈谷根千ランドマーク通信〉
愉快な笑吉人形　撮影／森田政彦
西日暮里・諏方神社　剪画／石田良介
秋色モンブラン　イラスト／新井彩乃（表紙）

其の68（2001年12月）48頁
特集／牛肉騒動・冷静と饒舌のあいだ、お肉屋さんへの応援歌　今夜はスキヤキ
お肉屋さんに聞く　すずき精肉店・ミートAOKI・かんだ肉店ステーキ鉄兵・コシヅカハム、基礎知識、狂牛病で食卓は変わったか？、ウシの雑学、おいしいすき焼きを食べよう
＊
谷根千のイスラム世界　マスコミだけを信じるなオリエンタルガーデンとザクロ
〈ご近所調査報告〉根津で真綿を作った　財団法人日本真綿協会
江戸と東京の重ね地図で遊ぶ　あの人のいた場所
〈町の記憶〉大正中期の千駄木　河合周三
〈谷根千番外地報告〉浅草寺福祉会館
〈おいしい店みつけた〉魚菜・呼友　中濱潤子
〈ケーキ屋さん特集補遺〉村山なおこさんに聞く、欧風菓子サブロン
馬先生の健康相談
ブリックワン　黄色い家の出来事
〈谷根千ランドマーク通信〉弥生からハゼの木が引っ越しました、谷中墓地のイチョウの悲運
さあ、新春　撮影／前田秀夫
谷中銀座・肉のすずき　剪画／石田良介
〈著者自筆広告〉竹内伸子『ゴリラの森からの絵手紙』東京堂出版

其の69（2002年4月）56頁
第一特集／谷中墓地の樹木　緑の台帳を作ろう
都営谷中霊園はおよそ三万一〇〇〇坪、墓地を森林公園に、役所用語の「承認木」と「支障木」、御神木らしき大イチョウ、かわいらしい福寿草、崖地の風景が変わっていた、一ヵ月後、コラム　木のあった場所、雑草・野草の楽しみ、落葉とダイオキシン、「猫の家」にあったシイノキ、谷中霊園の改修フェンス、除草剤、登場植物リスト、こぼれ話、谷中霊園緑めぐりマップ
第二特集／スリーイヤーズ・イン・チベット
河口慧海と根津宮永町
河口慧海という人、チベット学の先駆者たち　田中公明さんに聞く、高村光太郎と河口慧海、ネパールに農場と学校を　小林栄えさん・みよ子さんに聞く、多羅庵　山田尚美さんに聞く、ネパール料理の店　PASA、ミルミレ
津谷明治聞き書き　根津の旦那津谷宇之助と賢者河口慧海
＊
〈茶室を訪ねて〉江戸千家見学記　伊郷吉信
動物園通りのマンション計画
〈谷根千番外地列伝〉藤澤清造貧困小説集
〈おいしい店みつけた〉B－KA　中濱潤子
〈谷根千ランドマーク通信〉安田邸のひな祭り

（谷根千オンブズマン）拝啓、東大総長殿
林町の吉田芳明　写真／提供者不明
池之端・江戸千家　剪画／石田良介

其の70（2002年7月）56頁

第一特集／家族の肖像　根津宮永町　うちわの太田屋のこと

太田屋とは何か、太田屋の仕事、太田屋の暮らし、田中家の人々、大河内家そして近所の人たち、父の絵はがき、うちわ雑学、昭和十八年頃の太田屋周辺地図

第二特集／手仕事を訪ねて　江戸鼈甲

大澤鼈甲、べっ甲甲洋、赤塚べっ甲、田中繁一さん・淳功さん、べっ甲の話あれこれ

＊

（谷根千江戸奇譚）ただ一度の根津権現、宝永の天下祭　村山文彦
（ご近所調査報告）「谷中坂町ハウス」の実験
（おいしい店見つけた）動坂食堂　中濱潤子
（町の記憶）昭和初期の安八百屋通り　高崎信子
（戦争の記憶）藤棚に助けられて　高尾好子さん、悪夢の思い出　田邊武さん
（Mの旅日記）石州流の茶
（谷中墓地の樹木補遺）イチョウの切り株
69号のお返事と訂正
父の絵はがき（昭和八年七月二十八日付け）田中子卯一
上野公園・彰義隊墓所　剪画／石田良介
高田馬場からの応援広告

其の71（2002年10月）56頁

特集／谷根千落語三昧

（その壱）志ん生のいた町　古今亭志ん五さんと歩く、古今亭志ん生略々伝、志ん生を探して、志ん生の菩提寺、（その弐）寄席はすぐそこ　柳家小はんさんの上野高校古典芸能研究会、三遊亭好楽さんの日暮里養福寺「仁王寄席」、三遊亭小圓朝さんのこと　武藤高さんに聞く、落語の世界　北村真澄さんに聞く、十代目柳亭芝楽と根津寄席、志ん朝の思い出　渡辺史絵さんに聞く、『東京かわら版』片手に寄席通い　田谷悠紀さんに聞く、新作新内「あばらかべっそん」と「なめくじと志ん生」　岡本文弥さんの思い出、「圓朝まつり」と「はなし塚まつり」

＊

（この町にこんな人）笑吉人形を作る露木光明さん
樋口一葉生誕百三十年　ふたりの夏ちゃん
（おいしい店みつけた）たんぴょう亭　中濱潤子
（Mの旅日記）浜田市をたずねて
（うちわの太田屋補遺）房州うちわと丸亀うちわ
（谷根千オンブズマン）上野桜木町紛争から環境協定へ、東京大学総合研究棟建築計画のその後、池之端二丁目の空気の汚れ調査
はなし塚のある浅草本法寺の塀　写真／編集部
上野・鈴本演芸場　剪画／石田良介

其の72（2003年2月）52頁

特集／スローライフ、スローフード　谷根千流「こたつみかん」な生活

江戸指物展示・木楽庵、香・詩仙香房、アフリカ雑貨・タムタム工房、猫置き物・谷中堂、りさいくるきものさろん桂、古裂・夢市、平井履物店、戸波畳店、ペルシア絨毯・オリエンタルガーデン、阿部建築、西庵の暮らし、めん・坂戸商店、貝・福島商店、小野陶苑、茶・金吉園、かみやうどん、竹工芸・翠屋、寝装具・初音屋

＊

（谷根千オンブズマン）守れ石垣、残れ藪下の景色
二・二六事件秘話　総理大臣の生還　村山文彦
（谷根千番外地列伝）金子文子と新山初代
（町の記憶）なつかしい物売りの声　吉成久志
（おいしい店みつけた）茶房はん亭　中濱潤子
（Mの東京散歩）『荷風の誤植』
（落語特集補遺）志ん朝のお師匠さん　佐々木良子さんに聞く、志ん生のご長女　美濃部美津子さんに聞く、浄名院の馬楽地蔵、町の噺家
追悼ヤマサキカズオ
茨城県職員東京宿泊所　写真／編集部

谷中・木楽庵　剪画／石田良介
こたつみかんな生活　絵／竹之内真紀

其の73（2003年6月）56頁
特集／谷根千れんが探しの旅　煉瓦の記憶
レンガ建築との出会い　前野堯、ボリビアに日干し煉瓦の学び舎を　薩田英男さん、いまに生きるれんが　杵塚高二さん、寺と煉瓦、谷中小学校、煉瓦銀座の碑を訪ねて、墓地の中、職人の技、煉瓦あれこれ、消える煉瓦、ブーフーウーの家、薮下の景色、弥生町で、東大構内、池之端にも、れんが探し地図
＊
上野彰義隊資料室閉室　彰義隊墓所で　小川潔さんに聞く
文人清雅の音楽・琴　鳥海翁がいた団子坂　伏見靖
〈戦争の記憶〉バケツリレーの井戸
〈おいしい店みつけた〉ミュゼバサラ上野　中濱潤子
〈Mの旅日記〉美作勝山をたずねて
〈落語特集補遺〉関座・富久屋忠兵衛は天狗でござる
〈谷根千オンブズマン〉安田邸の春、同潤会大塚女子アパートメント取り壊される、上野公園に新東京タワーはつくらせない
〈まんが谷根千秘録〉つるみよしこ
重要文化財に指定された東京駅　撮影／櫻井寛
団子坂下・千駄木倶楽部　剪画／石田良介
〈著者自筆広告〉大松麒一『神田上水工事と松尾芭蕉』東京文献センター

其の74（2003年10月）64頁
特集／白くふわふわしたもの　その1・パンまたは麺包あるいはブレッド　朝一番早いのはパン屋さん
クラスティ、パリットフワット、アンティークブルー、ラ・スール・リマーレ、リバティ、金の小麦、パル、明富夢、パン・ドゥ・ミー、リトル・マーメイド根津店、コーンポピー、仕事場拝見、おばさんメロンパン一つちょうだい、メロンパンを作る
特集／白くふわふわしたもの　その2・宮本百合子　駒込林町の百合子さん
百合子の日記、林町に残る中條邸跡の「あずき色の門柱」についての実地調査報告、林町の家と百合子姉のこと　中條咲江さんに聞く、私のあった百合子さん、養源寺、おじいさんの墓、中條精一郎、百合子年譜、いま読んで欲しい百合子の作品「道灌山」（抜粋）
＊
平櫛田中と谷中上野桜木　祖父と、祖父のいた町のこと　平櫛弘子さんに聞く
〈まちの風景〉鋸屋根に魅せられて　吉田敬子
取り壊しまであと一年　続・日暮里駄菓子問屋街の消える日　阿部清司
駒込坂下町の講談社　加藤丈夫著『漫画少年』物語」を読む
〈Mの旅日記〉碧海紀行
〈おいしい店見つけた〉根の津　中濱潤子
〈れんが特集補遺〉煉瓦を訪ねて深谷まで
〈まんが谷根千秘録〉つるみよしこ
よみせ通りの鋸屋根　撮影／吉田敬子
千駄木・中條家の門柱　剪画／石田良介

其の75（2004年1月）48頁
特集／新玉の年のはじめの流行りもの　その1・不忍通りラーメン街
大島ラーメン、毛家麺店、天外天、不二子軒、彦龍、らーめん一番、鮹八、博多ラーメン屋台、神名備、百亀楼、ごっぴん、三福、えぞ菊、二六、鈴政、福龍菜館、取材帖から
特集／新玉の年のはじめの流行りもの　その2・これが最後の樋口一葉
一葉紙芝居日記　絵／一円破顔、桃水と対馬巌原　森まゆみ
＊
〈意見広告〉「残したい建物があります」根津・茨城県会館

（Mの旅日記）北へ南へ「釧路の石川啄木」と「芙美子の直方」
（この町にこんな人）アニメーション作家の村田朋泰さん
（谷中を愛する心）上野東照宮にある二つの大鳥居　加藤勝丕
（チラシにつられて行ってみる）団子坂でジャンゴ
（おいしい店見つけた）一寸亭　中濱潤子
（こたつみかんな生活実践編）着物で町を歩くのだ
（パン屋さん特集補遺）反響、おたより、落ち穂拾い
（宮本百合子特集補遺）百合子の門のことなど
（サトウハチロー特集補遺）弥生町ハチロー邸の前身（お詫びと訂正）
平櫛田中邸の屋根の上から　撮影／平賀茂
（まんが谷根千秘録）つるみよしこ
本郷菊坂・旧伊勢屋質店　剪画／石田良介

其の76（2004年5月）56頁
特集／素朴な信仰　お稲荷さん
駒込稲荷と乙女稲荷、満足稲荷と御林稲荷、加藤勝丕さんと調べた満足稲荷、高橋家の稲荷、七倉稲荷神社、鈴木一男さん所蔵の古写真、境稲荷神社、真島稲荷、向陵稲荷神社、稲荷の雑学、あなたはいくつ食べますか？　いなり寿司日記　松寿司・尾張屋・トーホーお弁当・武蔵屋・三花・秋田屋・京樽・宝家・ファミリー・ちよだ寿司・いそ貝・オリジン弁当・小僧寿し・すし花館・茶月・宝らい・田畑米店・おつな寿司・きつね寿司・大円寺菊まつりの菊稲荷、いなり寿司を作ろう、稲荷寿司専門店・三花主人に聞く
＊
妖精の話は自在に流れる　詩人の谷中　岸田衿子さんに聞く
（この町にこんな人）北川太一さんの『高村光太郎ノート』
（おいしい店見つけた）玻璃家（ボーリージャ）　中濱潤子
（谷根千オンブズマン）根津茨城県会館緊急報告
台湾的視察旅行記　まちづくり運動関係者訪台団は行く
路地のブロック塀に描かれた赤い鳥居　写真／編集部
（まんが谷根千秘録）つるみよしこ
谷中・真島稲荷　剪画／石田良介（表紙）

其の77（2004年8月）56頁
特集／谷根千乱歩ワールド　D坂の魔力　本邦初公開の話ばかり！
場末の町 団子坂、一九一九年のD坂を歩く、芸術圖書 三人書房本郷團子坂上、乱歩作品の挿絵画家　弥生美術館・堀江あき子さん、喫茶乱歩、乱歩と鷗外異説外伝　小森岳史、乱歩と槐多、文学講演会より　父、江戸川乱歩　平井隆太郎
＊
劇団文化座と田端のこと　佐々木愛さんに聞く
「音羽屋」が行く　人力車試乗記
（ご近所調査報告）朝はやなか珈琲の香りから
台湾と谷中　安平会　舘山恒枝さんに聞く
（電脳コラム）インターネットと著作権　守本善徳
（おいしい店見つけた）レインボーキッチン　中濱潤子
（Mの旅日記）佐渡の海で
三崎坂の喫茶乱歩　イラスト／内澤旬子（表紙）
（まんが谷根千秘録）つるみよしこ
向丘光源寺・ほおずき千成り市　剪画／石田良介

其の78（2004年11月）64頁
特集／小川三知をめぐる旅　ステンドグラス
ステンドグラスに魅せられて　田辺千代さんに聞く、技術を伝えた二人、三知の田端、黒澤ビルはまるで三知美術館、ステンドグラスを探しに、ステンドグラス豆知識
＊
建築講座（たてもの応援団講演会より）安田邸の魅力　藤森照信
日暮里駅前再開発　日暮里から駄菓子問屋街が消えた日　阿部清司

〔鷗外特集補遺〕森鷗外と赤松登志子　赤松正枝さんに聞く
〔おいしい店見つけた〕モゴモゴ　中濱潤子
「温故知新はるもにあ〜日々発見」コンサートによせて　旧奏楽堂とパイプオルガンのその後
〔谷根千乱歩ワールド「D坂の魔力」特集　続〕
座談会・明治大正を語る　団子坂は変わったねえ、野崎多嘉栄さんのD坂地図、乱歩のカンパ、怪人二十面相の棲み家、江戸川乱歩映画祭、乱歩を訪ねて　M県T市I湾への旅
〔電脳コラム〕オープンソースというアイデア　守本善徳
須藤公園のパンフレット
旧南文蔵邸にあった三知のステンドグラス　撮影／藤原恵洋
〔まんが谷根千秘録〕つるみよしこ
団子坂下・ペチコートレーン　剪画／石田良介

其の79（2005年3月）64頁
特集／蟲を探して　やねせん博物誌
ファーブル資料館誕生　奥本大三郎・井上洋二氏に聞く、「オオミズアオ」の生存
村岡次郎さんの手紙、上野公園にいた虫
小川潔さんとタンポポ、谷中の昆虫事情
小川透君の観察ノート、やねせん昆虫記河合嗣生さんと歩く、インドの木染めと織物の店「アナンダ工房」、ヨシさま来日　伊東清隆さんと鳥、偉大なるアオ　高田榮一さんと爬虫類、喫茶店「花歩」
＊
〔桜——碑銘の記憶〕瀧波善雅と桜樹苗寄贈の碑　興津喜四郎、廣群鶴と櫻賦の碑　加藤勝丕
〔Mの旅日記〕生田春月と生田長江
〔おいしい店見つけた〕よかしこや今風庵　中濱潤子
〔ステンドグラス特集補遺〕ステンドグラス探しの習性が消えない、ステンドグラス講座、小川三知の工房を知る人に出会えた、ステンドグラス作家の木村愛さん
〔稲荷特集補遺〕消えた稲荷
〔電脳コラム〕インターネットで谷根千創刊号を読もう　守本善徳
ウーロン亭ちゃ太郎、オペラ落語連続公演を聞く　こいつは春から縁起がいいや
「誰も知らない」谷根千製作裏話
〔追悼〕岡本文弥夫人五代目宮染さん
斎藤月岑のこと
巨大ドームが谷中に出現　撮影／編集部
〔まんが谷根千秘録〕つるみよしこ
屋敷森（千駄木ふれあいの杜）　剪画／石田良介
〔著者自筆広告〕金原亭伯楽『小説・落語協団騒動記』本阿弥書店

其の80（2005年7月）64頁
特集／六十年めにやっと聞けた　わが町の空襲
〔平和地蔵と三四真地蔵（昭和二十年三月四日）〕、平和地蔵のこと　松沢英夫さん、父の手帳　坪井知明さん、崖下の防空壕　服部壮蔵さん、真島町では　山本思外里さん、疎開先から戻ったら　一條富高さん、特派員の父　和田章子さん、団子坂下で　清水春江さん、仲よし三人組座談会「戦時中の駒込坂下町」味谷将一郎さん・武藤富男さん・前田賢司さん、〔下町大空襲（昭和二十年三月十日）〕、鳥越から上野をめざして　宮川正さん、仁王門だけを残して　根岸栄宏さん、日暮里駅辺は焼夷弾　金子良子さん、深川の味噌屋ビル　亀谷敏子さん、浅草ひょうたん池　森晃子さん、錦糸町公園で　高柳正義さん、〔土煙りの町（昭和二十年五月二十五日）〕、天然記念物の椎　城信子さん、よみせ通りで　瀬川長勝さん、〔私の戦争（昭和二十年八月十五日まで）〕、理化学研究所のレンズ磨き　吉江重利さん、工芸高校の英語　味谷将一郎さん、生きる術　武藤富男さん、捕虜に投げた石　清水真吉さん、衛生兵として　柿沼孝三さん、シンガポールで　河野てつ子さん、〔祖母の戦争（戦争体験を聞き取る授業から）〕永田麻由子、谷根千周辺空襲記録、取材こ

ぼれ話

＊

〔この町にこんな人〕青年活弁士の坂本頼光さん
〔おいしい店見つけた〕大阪鮨・梅光　中濱潤子
〔寺を訪ねる〕養福寺　根岸栄宏さんに聞く
〔ご近所調査報告〕映画フィルムは残せるか　FPSの大きくてささやかな取り組み
〔いろいろ補遺〕第一幼稚園のステンドグラス　石井達子さん、満足稲荷の参道　戸井田勇さん、真島稲荷　中川文壽さん、オオミズアオのその後　村岡次郎さん、あれはワニでした（訂正）
ひろみの一箱古本市リポート
〔まんが谷根千秘録〕つるみよしこ
千駄木平和地蔵　剪画／石田良介
〔著者自筆広告〕吉本隆明『中学生のための社会科』市井文学株式会社

其の81（２００５年10月）56頁
特集／いまどきの賃貸事情　引っ越しは楽しい！
赤澤不動産・赤澤稔章さん、ハウスサポート・小松栄子さん、東京不動産企画・佐藤豪一さん、体験的物件案内、引っ越しは楽しいか　編集スタッフ座談会、池之端十四畳キッチンバストイレ付き三万五千円の謎

＊

〔郷土史発掘〕バルトン撮影による幻の写真集『日本の戸外生活風景』発見　石井ゴンベエ
諏方神社リポート　山車人形が里帰り武藤歌織
〔ご近所調査報告〕ザ・大銀ストアー、フルーツスガハラ
〔Mの旅日記〕知里幸恵と本郷森川町
谷中ギャラリー「大地堂の眼」からの伝言　大地堂良介に会いに　溝田琢夫さんに聞く
〔落語特集補遺〕三代目春風亭柳好の思い出　森幸彦
〔おいしい店見つけた〕ターボラ　中濱潤子
〔電脳コラム〕パソコンで選挙　守本善徳
〔谷中墓地掃苔録・肆／準備編〕殿様画家・藤澤次謙、明治天皇の侍医・青山胤通
上野公園　バルトン撮影「日本の戸外生活風景」より
〔まんが谷根千秘録〕つるみよしこ
宿借り　イラスト／佐藤寿子〔表紙〕
谷中・間間間　剪画／石田良介
〔著者自筆広告〕森まゆみ『プライド・オブ・プレイス』みすず書房

其の82（２００５年12月）56頁
特集／町の湯めぐり案内　銭湯に行こう！
がんばれ・六龍鉱泉、二つの富士山・鶴の湯、湯船が真ん中・初音湯、バリアフリー・富久の湯、煙突探して湯屋めぐり、銭湯雑学、銭湯利用者の本音、銭湯入ったとこデータ　菊水湯・歌舞伎湯・白山浴場・光楽湯・シビックランド日成・鶴の湯・おとめ湯・日の出湯・富久の湯・富士見湯・宮の湯・山の湯・世界湯・初音湯・朝日湯・六龍鉱泉・萩の湯・燕湯・松の湯・滝の湯・宗湯・田端湯・亀の湯・月の湯・つるの湯・ゑびす湯・殿上湯・千歳湯・富来浴場・斎藤湯・玉の湯・湯パーク日暮里・黄金湯・雲翠泉・帝国湯・寿湯・カネカ湯・やすらぎの湯ニュー椿・梅の湯

＊

〔巻頭コラム〕情報発信　本を売る本屋　笈入建志
〔Mの旅日記〕『彰義隊遺聞』補遺　平九郎グミの木
〔町の記憶〕根岸だより　坂口和澄
〔おいしい店見つけた〕ベスナー　中濱潤子
気になる碑／勿翦勿伐、どくろ塚、孫文の刻字
〔わが町の空襲特集補遺〕戦場で看取ったもの　坂本登喜志さん
〔やねせん博物誌特集補遺〕虫の詩人の館ファーブル研究所資料館　啓蟄に開館！
本の読める喫茶店　江田珈琲店
〔少年の日〕神明町の市電車庫　斎藤弘
D坂シネマ報告
〔まんが谷根千秘録〕つるみよしこ
銭湯に行こう　イラスト／佐藤やゑ子〔表紙〕
山門新春（長久山本行寺）撮影／平井勝夫
千駄木・鶴の湯　剪画／石田良介

〔著者自筆広告〕安野光雅『大志の歌』童話屋

其の83（2006年3月）56頁

特集／「キモノ」をめぐる生活　はたらくキモノ

きものや「ピエタ」、着付けを習う、「丁子屋」洗い張りの現場〔手仕事を訪ねて〕、「おばこ」からあふれる音楽、東京国立博物館でお茶会、Yのキモノ修業　スナック美奈子での五日間、〔この町にこんな人〕琵琶を弾く人　川嶋信子さん

＊

〔おいしい店見つけた〕おむすび米ど　中濱潤子
〔ご近所調査報告〕駒込名主屋敷
〔Mの旅日記〕田端文士村　芋づる式交友禄〔軽井沢篇〕
〔町の記憶〕東京初空襲記　澤野孝二
〔あむりた料理教室〕新じゃが芋アラカルト
〔谷根千番外地列伝〕井上日召の血盟団事件　森まゆみ
善光寺湯の思い出　田中勉
〔まんが谷根千秘録〕番外編　つるみよしこ
丁子屋　剪画／石田良介〔表紙〕
谷中七丁目　撮影／望月和枝
根津・丁子屋主人　剪画／石田良介

其の84（2006年7月）64頁

特集／上州と谷根千

その一・講談社　野間清治の団子坂　講談社訪問記、「キング」七十五万部はあちこち手分けして　池田長治さんに聞く、講談社の団子坂時代　井田源三郎さんに聞く
その二・絹の道　富岡製糸場場長と彰義隊の関係、甘楽の天野八郎、吉野藤と吉野秀雄そして山脇道子の不思議な関係、吉野秀雄のことなど　山脇美智子さんに聞く
その三・自由の風　安中教会とステンドグラス、同志社創立者新島襄、日向輝武と林きむ子、三遊亭圓朝と群馬、街道をちょっとだけ行く、清治と団子坂周辺、上州ってなんだ、絹の国、谷根千と上州をつなぐ人、谷中霊園に眠る上州人

＊

〔巻頭コラム〕町の点字物語を「夕やけだんだん」に　坂部明浩
〔おいしい店見つけた〕そば馳走とお山　中濱潤子
〔弥生町特集補遺の補遺〕向ヶ岡弥生町の歴史　弥生時代と明治時代の遺跡　原祐一
〔わが町の空襲特集補遺〕三月四日、谷中三崎坂で　村山竹子さん
〔「東京初空襲記」補遺〕父も見たドーリットル中佐の一番機　坂口和澄、上野高校の学級日誌　中澤伸弘、あの日の記憶　平井勝夫
明治の植木屋周辺　誰か「神泉亭」を知らないか　平野恵
〔あむりた料理教室〕トマトでからだイキイキ
〔82号銭湯特集補遺〕銭湯のバリアフリー　関根義雄さんに聞く
〔報告〕やねせんJAZZフェスティバル、稲垣書店がやってきた
「めぐりん」に乗って　安達栄子
〔Mの極私的エッセイ〕千駄木独身生活〔ひとりぐらし〕
喫茶リリオムの手拭い
〔まんが谷根千秘録〕つるみよしこ
谷中二丁目〔昭和五十一年アルバム〕撮影／望月和枝
本郷・元町公園　剪画／石田良介
〔著者自筆広告〕平野恵『十九世紀日本の園芸文化　江戸と東京、植木屋の周辺』思文館出版

其の85（2006年10月）56頁

特集／谷根千ギャラリー、オープンスペース情報　本日はアート日和

ギャラリー五辻「古い町で新しいことを」五辻通泰さんに聞く、スカイ・ザ・バスハウス「空間の勝利」浦野むつみさんに聞く、HIGURE17－15CAS「日暮しのラクダ」小澤洋一郎さんに聞く、アートスペースゲント「日本美術院の跡地で」

政所利子さんに聞く、花影抄、千駄木画廊、ギャラリーKingyo、千駄木空間、ふるほん結構人ミルクホール、谷根千展示場情報

＊

〈谷中植物園〉タラヨウ　文／西岡直樹、絵／西岡由利子
〈おいしい店見つけた〉カポ・ペリカーノ　中濱潤子
〈谷根千番外地列伝〉渋沢栄一の御一新
〈ファーブル昆虫館便り〉教養講座をご近所で土日学級開設　奥本大三郎
〈谷根千オンブズマン〉本郷元町公園であいましょう　震災復興小公園のこと
「婦人公論」に見る二・二六事件　総理大臣の生還　森まゆみ
〈上州特集補遺〉音羽の講談社裏のキングレコード　坂口和澄、吉野藤のことなど〈訂正〉
〈あむりた料理教室〉だから木の子丼
根津神社「御遷座三百年神幸祭」江戸神輿、担ぐ　宮地健太郎
日本医科大学百三十年　野口英世と済生学舎
〈追悼〉吉村昭さん逝く　慟哭　澤野孝一、「冷たい夏、暑い夏」　仰木ひろみ
〈まんが谷根千秘録〉つるみよしこ
スカイ・ザ・バスハウス　イラスト／はと〈表紙〉
谷中観音寺脇〈昭和五十一年アルバム〉撮影／望月和枝
西日暮里・HIGURE17―15CAS　剪画／石田良介
〈著者自筆広告〉石田雄『一身にて二生、一人にして両身』岩波書店

其の86（2007年2月）64頁

特集／谷中墓地桜並木の石碑と霊園再生計画

其塔碑は即ち魂魄の憑る所

花岡真節先生之碑、平野富二君碑、「平和に生きる権利」の碑、蓮庵先生戸川安清寿蔵之碑、北林先生之墓表、藤野景響君碑、木下久三招魂碑、日比野照墓碑、北冥居辞世句碑、渡部欽一郎君碑、伊東氏墓碑、岩崎馬之助君之碑、岡本義方墓碑、幾石文平之碑、根岸美佐男招魂碑、勝部君招魂碑、田寺鐘一君碑、羽峯南摩先生碑銘、老鶯巣の歌碑、雲煙供養、朗廬阪谷先生之碑、八代目市川団蔵墓碑、大審院長玉乃君碑、幕末動乱と戸川安清の寿蔵碑、根津藍染町の老鶯巣、谷中霊園再生計画

＊

〈谷中植物園〉沙羅双樹いろいろ　文／西岡直樹、絵／西岡由利子
〈ご近所調査報告〉大正八年の畳床　角野茂勝
〈町の記憶〉恋はやさし野辺の花よ　父愛雄、祖父好愛のこと　小林國雄さんに聞く
〈弥生町特集補遺〉新説弥生土器の発見場所　原祐一さんに聞く
〈寺に聞く〉向丘金峰山高林寺　緒方洪庵の墓と熱帯情報研究所
〈ファーブル昆虫館便り〉虫と遊ぼう　奥本大三郎
樋口一葉二題／三宅花圃と池之端、彰義隊にも関連する丸茂病院のこと　森まゆみ
〈おいしい店見つけた〉あんくる　中濱潤子
本郷元町公園存続を　鹿野陽子さんに聞く
「夕やけだんだん」点字物語の余韻　坂部明浩
〈わが町の空襲特集補遺〉池之端七軒町の出来事　本田史子
〈あむりた料理教室〉大根一本丸ごと蒸そう
谷根千・町の記憶　絵と文／いさかかつじ
〈サトコのマル秘潜入ルポ〉この町のこんな人たち
〈まんが谷根千秘録〉つるみよしこ
谷中六丁目あざみや〈昭和五十一年アルバム〉撮影／望月和枝
日暮里駅前・人力俥谷中音羽屋　剪画／石田良介
〈著者自筆広告〉南陀楼綾繁『路上派遊書日記』右文書院、内澤旬子『世界屠畜紀行』解放出版社

其の87（2007年6月）96頁

特集／旧安田楠雄邸公開　千駄木のお屋敷へようこそ

「残したい」から「残した」安田邸へ　伊郷吉信、藤田家から安田家に受け継がれた

お屋敷　多児貞子、アメリカ帰りの名工・永徳斎　圓佛須美子、多くの協力で安田邸を次世代へ　佐々木建成さんに聞く、発見された8ミリフィルム　中川望、安田邸に住んで　安田篤弘さんに聞く、祖父母と叔母とそして母と　斉藤有美さんに聞く、技の伝承・安田邸修復日誌、安田善次郎のこと、安田邸を支えるボランティア

＊

（谷中植物園）香りの王者、梔（クチナシ）文／西岡直樹、絵／西岡由利子

蟲好きの文学者　岸田國士からカブトムシまで　対談／奥本大三郎＋岸田衿子

シンデレラ・ボーイ、蕗谷虹児　蕗谷龍生氏に聞く

桂弁三と桂ユキのこと　桂博澄氏に聞く

（少年の日）神明町の漢方薬局　竹川光一

前代未聞の大学疎開　日本医大、鶴岡へ　新田基子

（おいしい店見つけた）栄児家庭料理　中濱潤子

（谷根千番外地列伝）若き日の与謝野鉄幹と浅香社　森まゆみ

爺さんにもこんな昔があった!?　坂口和澄

続・谷中墓地桜並木の石碑と霊園再生計画　其塔碑は即ち魂魄の憑る所（後編）　雙鶴碑、靖恭本山先生遺墨埋蔵之記、盛岡儒員芳澤下田先生之碑、井上達也君之碑銘、故大学大博士佐藤尚中之碑、農学士出田晴太郎之墓、清水久徳之碑、梵字碑、紀恩碑、櫻樹苗四百本寄贈碑、川邨君之碑、春原誠志碑、招魂之碑（山田吾一君碑）、片山氏之墓表、丹下君之碑、南部浪士相馬大作之碑、龍雄雲井君之墓標、川上音二郎君之像、獨逸國學士利渇耳君碑、高橋お傳の墓、宕陰塩谷先生之碑、陸軍中尉依田真遺剱碑

（まんが谷根千秘録）つるみよしこ

うちわを持つ女性　イラスト／蕗谷虹児（表紙）

踊りのお弟子さんと七夕まつり　安田邸のアルバムより

千駄木・旧安田楠雄邸　剪画／石田良介

其の88（2007年11月）80頁

特集／私の最期はどんなだろう「介護」はたいへん？　谷根千介護事情レポート

介護がやってくる、こんな日常の過ごし方、家族は何ができたろう、ヘルパーという仕事、業界参入の可能性、事業所は奮闘する言問通り訪問看護ステーション・サポートコスモス・あゆみ介護文京、台東区立特別老人ホーム谷中「谷中の特養は町の中に溶けて」、遠距離介護で出会ったもの　村山節子さんに聞く、社団法人在宅看護協和会「誰でも望めば在宅で過ごせるように」、銀の会「気楽にはなせる仲間がいれば」、介護保健の仕組み、不都合な現況、ヘルパーやってます、ケアマネージャーってなに?、介護業界っていうのかなぁ、町で聞いたいろいろ、谷根千居宅介護支援マップ

＊

（谷中植物園）クサギとヤブミョウガ　文／西岡直樹、絵／西岡由利子

（ランドマーク散歩）黒田記念館に行ってみよう

木版口絵の楽しみ　山田奈々子

（ご近所調査報告）荒川区リサイクル事業協同組合訪問記　捨てればゴミ、活かせば資源、古紙は日暮里から世界へ

（郷土史発掘・彰義隊補遺）上野松坂屋　森まゆみ

（おいしい店見つけた）ルーチェ　中濱潤子

（蕗谷虹児補遺）石井柏亭と蕗谷虹児　父のことを語ろう　田坂ゆたか＋蕗谷龍生

（根岸だより番外編）昔は使われたが今は死語　莫連女に軽石亭主　坂口和澄

（上州特集補遺）絹の国、ダムの村　シルクカントリー群馬へ

専修商業学校をご存知ありませんか?

「B―ぐる」試乗記　安達栄子

五重塔は谷中の心の象徴に　坂部明浩

（まんが谷根千秘録）つるみよしこ

わがATELIER　イラスト／蕗谷虹児（表紙）

昭和二十七年の団子坂　撮影／上平顕三

上野公園・黒田記念館　剪画／石田良介

其の89（2008年3月）64頁

特集／豊かな時間の過ごし方　町で遊ぼう大

人の工作

体験　美火土陶碗・世界に一つの私の徳利、陶房土の香りで陶芸初挑戦、マイ箸制作・いろはに木工所、ｎｉｄｏでキャンドルスタンドを作る、トレマーガの毛糸の手触り、アンティークブルーで花を描く、でうさんの尺八、金継ぎｎｉｋｏで茶碗直し、気になるお店、青空洋品店

＊

〔谷中植物園〕ボダイジュ　文／西岡直樹、絵／西岡由利子

〔時には昔の話を〕言問通り三話　下宿東台館そして谷中五重塔が燃えた日　関達夫さん、川崎商店そして忍岡小学校の太陽灯　川崎廣司さん、根津銀座のオトメそしてみんな食べてたオトメパン　落合光さん

〔介護特集補遺〕万霊塔のすすめ　谷中興禅寺山崎正矩住職に聞く

〔ファーブル昆虫館だより／旧安田楠雄邸補遺〕虫の音の楽しみ方　鳴く虫を聞きながら俳句を作る　増田陽一さん、昆虫学と虫の文化史の話　奥本大三郎さん

〔尋ね人〕菊池タケと下宿屋みづほ館のこと

〔おいしい店見つけた〕ごはんや　中濱潤子

〔谷根千番外地列伝〕「吉原酔狂ぐらし」のひと　森まゆみ

〔根岸だより番外編〕羅宇屋さん　坂口和澄

わが家の伝説　木村勝作

〔報告〕本郷元町公園朗報、本郷追分発掘調査

〔まんが谷根千秘録〕つるみよしこ

昭和三十年の根津銀座　写真提供／落合光

西日暮里・諏方台通りの四軒長屋　剪画／石田良介

其の90（２００８年7月）64頁

特集／森まゆみ「聞き書きという幸せな作業」

その１　東京転々　中一弥の人と仕事（前編）

その２　フランス料理店鉢の木のこと　井上謙治氏に聞く、日陰の江戸っ子　井上謙治さんが行く、鉢の木に集う人々

その３〔集団学童疎開補遺〕鳴子温泉のみなさんありがとう　小石川区、浅草区の学童疎開を受け入れて、Ｍの鳴子湯治日記

＊

〔谷中植物園〕幼なじみの草たち　文／西岡直樹、絵／西岡由利子

〔おいしい店見つけた〕メゾン　デュ　シャテーニュ　中濱潤子

帝銀事件から六十年　獄窓の画家　平沢貞通のこと

〔この町にこんな人〕表紙の作者　武川暖子さん

紅茶のおいしい喫茶店　おとら

90号記念クロスワードパズル

奏楽堂レポート　川村航

同郷の友、関谷四郎と板垣良吉　細谷純一

〔まんが谷根千秘録〕つるみよしこ

安田邸サイン計画から　図案／武川暖子（表紙）

一九六〇年代の谷中首ふり坂（三崎坂）　撮影／平井勝夫

千駄木・藪下にあった石垣の家　剪画／石田良介

根津生まれの山下浩子さんが作ってくれた〈読者広告〉は「彷書月刊」に掲載された

おわりに

まちのエンサイクロペディアとして

いまじわじわとかんがえる。

一九八四年、二十代の三人の女が、なぜ無謀にも地域で雑誌を出そうなどと考えたのか。講演などでは「震災にも戦災にも焼け残った町の歴史を掘り起こし、文化を残したくて」などというが、言うはじからキレイゴトだなとかんじる。

本当は、金もない、暇もない、子供はいる、亭主は構ってくれない、地域と家庭に鎖でつながれたプロレタリアートの女たちの青春の爆発だったのではないかと。

本当に健康だった、体力もあった、けしてめげなかった。

発行資金を稼ぐために、三人で週二回ずつ飲み屋でバイトをした。赤ん坊がいるのに、夜出て行く妻をよく夫たちは許したものだ。

でも途中、スタッフだった藤原馨ちゃんなんか、夫が大学院生で朝五時にパンやでアルバイトをして、それから赤ん坊連れて事務所に来た。

みんなみんな、周りはプロレタリアートで生きるだけで必死だった。助け合うしかなかった。

取材先からクレームがあったり、呼びつけられて二時間玄関でしかられたり、広告主からただで店のロゴやチラシをデザインさせられたりした。

新興宗教や政治活動と間違われることもしょっちゅうで、配達というとかならず雨が降ってぬかるみに『谷根千』ぶちまけたり、雪のなかをショッピングカート引いて配ったこともあった。赤ん坊を背負って町歩きの案内をして、赤ん坊が肺炎になりかけたこともあった。

でも今はそのことひとつひとつ、かけがえのない思い出である。

原稿を頼んでも書いてくれないので、こちらから出張して聞き書きをした。これにまつわる数多くの失敗は『谷根千の冒険』（ちくま文庫）に詳しい。人を傷つけずに気持ちよく話してもらうこと。楽しかった時代、つらかった震災や戦争をおもいだしてもらうこと。裏を取ること。文章化の落とし穴。旅立たれる方とのお別れ。困難は多いけれどもそれでも、人の話を聞くのはいまも楽しい。狭い町は掘っても掘っても新しい水が湧き、新鮮な驚きにみち、私たちは町を旅して飽きなかった。

この二十五年間に九十余冊の『谷根千』本誌を出し、その他、東京の地方叢書、保存運動パンフレット、委託出版物、地図、葉書など数十点の印刷物を制作し販売して来た。奏楽堂のパイプオルガンの復元や赤煉瓦の東京駅の保存を皮切りに三十をこえる建物の保存活用、不忍池の地下駐車場反対や富士見坂からの景観保全などの活動に参加してきた。バブルの時期には地上げを批判し、土地に残ろうとする人を励まし、自分たちも高い家賃にもかかわらずどうにかこの地域にこびりつき、この町をどうしたらいいか町ごとに話し合う会を持った。コンサート、ワークショップ、まち歩き、講演会、展覧会、映画会をかず知れず催してきた。

それはこの町がふるさとであり、この町を好きだからだ。

テレビもなく、クーラーもなく、車もなく、化粧もせず、服も買わず、二十年パスポートも持っていなかったけれど、私たちは貧しいと思ったことはなかった。

貧楽、幸福であるかどうかは定かでないが、貧乏でも楽しかった。

言いたいことをいえる仲間がいた。けんかしても分裂しなかった。ものは誰かがお古や余ったものをくれた。もっと困っている人がいればどうにかたすけた。

何かことがおこればたちどころに人が集まって、いっしょに考え、行動した。そしてみんなで飲んだり食べたりしてきた。

田舎ですら消えかけている「結」「もやい」の仲間がこの地域には育っていった。英語で言うと「コモンズ」であろう。百をこえるお寺、神社、谷中墓地、古い木造の建物、広い空、井戸、路地、土の地面、大木、居酒屋、駄菓子屋、商店街、職人の手の技、お祭り、そして何よりお年寄り、その知恵と生活文化、物語こそ私たちの町の社会的共通資本、コモンズである。

これはかけがえがなく、いったん壊してしまったら再生は効かない。私たちはそれを壊そうとする外からの資本、規制緩和などで破壊を後押しする官僚、彼らと野合する大学教授やコンサルタント、不勉強なジャーナリストに異議を申し立て闘ってきた。たとえ青臭いと言われても。

再開発、活性化、振興、発展、近代化、雇用の創出、内需拡大、国際化、地域間競争、公共の利益、かれらはそんな美名をかかげて地域と人間関係をずたずたにする。

町の運命は町の住民が決める。

自分の頭で考える。

そのことを手放し、官僚や資本を信じて身を委ねたらどういうことになるか、金儲けや天下り先、利権を狙う奴らの甘い言葉に乗ったらどうなるか。政治的圧力に負けたらどうなるか。

その結果は全国の中心市街地、幹線道路や新幹線沿いの町、ダムに沈んだ村、原発に土地を売り渡した村の姿を見れば明らかだろう。

文化とは何か。ずっと考えてきた。

高階秀爾氏は「記憶の継承」であるという。

司馬遼太郎氏は「それにくるまれているとやすらぐもの」であるという。

それもいい定義だが、私は「昔からあって生活の細部を輝かすもの」であると考える。右に「コモンズ」としてあげたものはみなそうだ。

たとえば私は寺の中の借家に住み、鳥の声を聞き、四軒先の寺の梢を眺め、路地を歩き、井戸の水でお茶を飲み、町の知恵ある老人の話を聞き、銭湯に通い、お祭りの山車を引き、赤提灯に沈没してきた。なんと文化のある暮らしでしょう。そのころは自分の町を掘ることにかまけて、海外旅行なんてしたいともおもわなかった。

子供たちも豊かなコモンズと町の人々にまもられて、十人、ごくふつうに、まっとうにそだった(のではないかな)。

でも町も少しずつかわってゆく。巨大再開発こそなかったけれど、コンビニやチェーン店は増えた。日曜にはどっと下町散歩の人が増えた。

雑誌やテレビは勝手に「谷根千特集」をする。一方、「芸工展」や「不忍ブックストリート」がはじまり、若い人のあたらしい小さな手作りのお店もできた。

前者はぞっとしないし、後者はうれしく頼もしい。

やりたいことは今少し残っている。でも退場のときだ。もうじゅうぶんやった。

始めた三人は五十代にはいり、健康でも、元気でもない。この何年か、身近で大切な人をなくした痛みがずっと消えない。

あとのいのち、どう生きるか、それぞれが考えて、紙の『谷根千』はいったん閉じることにした。これからはホームページで地域史研究を続けられればと思う。

でも紙の『谷根千』はそれぞれの本棚に、全国の図書館に、古書店に、いや世界の大学図書館にものこり続ける。アーカイブとして、クロニクルとして、世界で一番小さな「まちのエンサイクロペディア」として。

長いことご協力くださった町の皆さん、ありがとう。そのひとりでもある友人河上進さんが迅速にこんな傑作選を作って下さってうれしい、ありがとう。

森まゆみ

あっという間の二十五年

二十五年前、乳飲み子をおぶってモリの取材にくっついて歩いた。それが『谷中スケッチブック』(エルコ)となり、それと前後して『谷根千』も始まった。

ヤマサキとモリは保育園の親同士。初めてヤマサキに会った時、エンピツみたいにとんがった人だなあと思った。モリと私の間には姉妹という力関係が存在したし、手元に赤子がいるというだけで、私は戦闘能力に欠けていた。モリは「地域と家庭に鎖でつながれたプロレタリアートの女たちの青春の爆発」と書いているが、私はどっちかと言うと「地域と家庭というゆりかご」の中で、赤ん坊と、静かに生活したかった。だから爆発に巻き込まれてしまった感がある。家にいるからと電話番の事務局にされた。だから前野堯先生の「かけそば事件」(二百八十ページ参照)も知らない。

新聞で『谷根千』の記事が紹介され、トイレまで電話機を持ち込むほど問い合わせが来て、それを機に忙しくなった。1DKの狭いマンションにバックナンバーを預かり、時には昼から晩まで座り込む来客があり、夕方にはモリやヤマサキがママコートにおぶい紐、オムツバッグという保育園帰りの荷物を置き、子どもまで置いてどこかの寄り合いや会議に出かけた。子ども達のご飯を作り、自分の子には右の乳、モリの子には左の乳をやっているうちにあれよあれよという間に3号、4号と進んでいった。

今、背中にいた長男は私をおぶえるくらい成長し、配達も手伝ってくれる。そんなに長くやってきたんだなあ、とつくづく思う。大きなお腹で会議に参加していた奏楽堂のオルガンが不調で使われていないと聞いてびっくりもした。谷中の近藤邸がスポーツセンターになり、それも解体されて今は広々とした防災広場だ。

なんで一番忙しい最中、あっちの反対運動こっちの保存運動に首を突っ込みながらとりつかれたようにやってきたんだろう。やっぱり青春の爆発だったのだろうか。

毎日喧嘩ばかりしていた私たち三人は、この先も微妙な距離感を持ちつつ仲間でいるのだろうか。両方ともあと二十五年しないと結論は出ないだろう。

仰木ひろみ

中身勝負のゆえ

私たち三人はどういうわけかケンカしながらも破局を迎えない。仲よしごっこなどしたことはないが、考えてることがなぜかお互いにわかってしまう。何をするにも打ち合わせの必要なく役割分担がなされる。不思議だ。そして今回、改めて『谷根千』がいかに無頓着に作られているかがわかった。連載は続かないし、本文と目次でタイトルが違うのもしばしば、漢字や送りの表記、敬称にいたっては開いた口がふさがらない。次号に続くは続かず、一の次に二はなく、字数を削るために送り仮名を減らす。めちゃくちゃである。しかし、それもこれも『谷根千』でしか書けない、中身勝負の結果ではなかったたか。

舞台裏を少し打ち明けると、本書を企画編集した河上進さんは、以前から『谷根千』のアンソロジーづくりに心を砕いてくれていた。流通に乗らない雑誌『谷根千』を、世界の片隅にいるだろう読者予備軍に単行本として届けるために。そして印税という形でわずかでも私たちが現金収入を得られるように。しかしいまの時代、本を出版することは容易でなく、この企画も紆余曲折した。当初、こうしたアンソロジーを組むことに消極的で、作るなら全巻復刻だろうとモリは言っていた。だがこうして、単行本となった『谷根千』が、自転車で運ばなくとも配本されていくなんて夢のようだ。

タイトルの『ベスト・オブ・谷根千』は河上さんの命名で、副題となった「町のアーカイヴス」がより私たちの気持ちに近い。オオギはここに掲載されたのがベストだと思われるのは悔しいし、売らんかなのようなタイトルは恥ずかしいと言う。私も再録されなかったものへの愛着は深い。またモリの著作のなかで甦りそうな文章やテーマはあえて外してある（書いている分量に比べて〈M〉の署名が少ないのはこのため）。まあ、雑誌『谷根千』の作り手の言い分は、93号全部がベストなのよ、という信じられない自負なのだ。

充分にご紹介できなかったが、『谷根千』は実に多くの人の助けで作られている。名前をあげたら数ページが埋まってしまうに違いない。こうしてまとめられた本書だけを見ても、『谷根千』のフィルムを大切に保管してくれていた三盛社の殿内幹雄さん、すべての誌面のデータ化をしてくれたスマイル企画の丸山勇さんと中溝亜貴子さん、第一次セレクトをし校正してくれた山下浩子さん、お世話さまでした。本著の出版を決意した亜紀書房の立川勝得さんの判断が間違っていませんように。無謀にも表記の統一を試みた編集部の田中智沙さん、途中で呆れ返らないでくれてありがとう。印刷は町をよくご存知のトライの青山正さんがいてくれるので安心でした。そして創刊号から手元に揃えてくださっていた板谷成雄さんに装丁していただくことができるなんて、ものすごく幸せです。

最後に、身内ではありますがスタッフ川原理子の献身的な労働と、河上進さんの私たちに対する愛なくしては形になりませんでした。ホントにありがとう。

山﨑範子

［編著者紹介］

仰木ひろみ

1956 年、文京区駒込動坂生まれ。音大のオルガン専攻を出たのがきっかけで上野奏楽堂のパイプオルガン保存に関わる。谷中に 2 年、千駄木に半世紀在住。4 人の母。森まゆみと姉妹で川原理子の叔母。

森まゆみ

1954 年、文京区駒込動坂生まれ。作家として多方面で活躍。『谷根千』に関係する著作に『谷中スケッチブック』『不思議の町根津』『谷根千の冒険』（以上、ちくま文庫）、『鷗外の坂』（新潮文庫）、『とびはねて町を行く』（集英社文庫）などがある。3 人の母。仰木ひろみと姉妹で川原理子と親子。

山﨑範子

1957 年、埼玉県川口生まれ。高校卒業後、日本エディタースクールで学びながら出版社勤務。『谷根千』創刊前は職場を転々、創刊後は住まいを転々。3 人の母。

川原理子

1981 年、文京区千駄木生まれ。汐見小学校、文京区立第八中学校へ通う。子供のころは魔女か修道女になりたかった。2003 年から谷根千工房のスタッフに。森まゆみとは親子で仰木ひろみの姪。

谷根千工房

〒113-0022 東京都文京区千駄木 3-1-1 団子坂マンション内
電話／ファックス　03-3822-7623
電子メール　kobo@yanesen.com
サイト　http://www.yanesen.net/
※バックナンバーの注文も承ります

ベスト・オブ・谷根千　町のアーカイヴス

2009年2月3日　第1版第1刷発行

編著者――――谷根千工房

発行所――――株式会社亜紀書房
〒101-0051　東京都千代田区神田神保町1-32
TEL　03-5280-0261
http://www.akishobo.com/
振替　00100-9-144037

編　集――――河上進
装丁・本文デザイン――板谷成雄　　千社札――本郷松しん　　表紙図案――小林顕一

印　刷――――株式会社トライ
http://www.try-sky.com/

ISBN978-4-7505-0901-3 C0095 ¥2400E